U0936130

2017上海房地产年鉴

华　伟　主编
《上海房地产年鉴》编纂委员会　编

线装书局

图书在版编目（CIP）数据

上海房地产年鉴. 2017 / 华伟主编；《上海房地产年鉴》编纂委员会编. -- 北京：线装书局, 2018.6
ISBN 978-7-5120-3237-8

Ⅰ. ①上… Ⅱ. ①华… ②上… Ⅲ. ①房地产业 - 上海 - 2017 - 年鉴 Ⅳ. ①F299.275.1-54

中国版本图书馆CIP数据核字(2018)第113645号

上海房地产年鉴（2017）

主　　编：华　伟
编　　者：《上海房地产年鉴》编纂委员会
责任编辑：程俊蓉
出版发行：线装书局
地址：北京市丰台区方庄日月天地大厦B座17层（100078）
电话：010-58077126（发行部）010-58076938（总编室）
网址：www.zgxzsj.com
经　　销：新华书店
印　　刷：上海长鹰印刷厂
开　　本：890mm×1240mm　1/16
印　　张：19
字　　数：490千字
版　　次：2018年6月第1版　第1次印刷
印　　数：0001-3000册

线装书局官方微信

定　　价：650.00元

上海市住房和城乡建设管理委员会领导

黄永平　上海市住房和城乡建设管理委员会主任
江小龙　上海市住房和城乡建设管理委员会副主任
袁嘉蓉　上海市住房和城乡建设管理委员会副主任
裴　晓　上海市住房和城乡建设管理委员会副主任
邓建平　上海市住房和城乡建设管理委员会副主任
胡广杰　上海市住房和城乡建设管理委员会副主任
马　韧　上海市住房和城乡建设管理委员会副主任
金　晨　上海市住房和城乡建设管理委员会秘书长
刘千伟　上海市住房和城乡建设管理委员会总工程师

上海市规划和国土资源管理局领导

徐毅松　上海市规划和国土资源管理局局长
韩志强　上海市规划和国土资源管理局局党组书记、副局长
史家明　上海市规划和国土资源管理局局党组成员、副局长
蒋蔚超　中共上海市纪律检查委员会驻上海市规划和国土资源管理局纪律检查组组长、党组成员
王训国　上海市规划和国土资源管理局副局长
岑福康　上海市规划和国土资源管理局局党组成员、副局长
杨联萍　上海市规划和国土资源管理局局党组成员、副局长
许　健　上海市规划和国土资源管理局局党组成员、总工程师

上海实用房产指南
厉无畏

全国政协原副主席　厉无畏

蓝天绿水楼市旺
安居乐业奔小康

庄晓天
二〇〇四年六月

上海市原副市长　庄晓天

上海市房地产经济学会原会长　桑荣林

规范房地产市场
造福于人民群众

陈正兴
2004.7

上海市政协原副主席　陈正兴

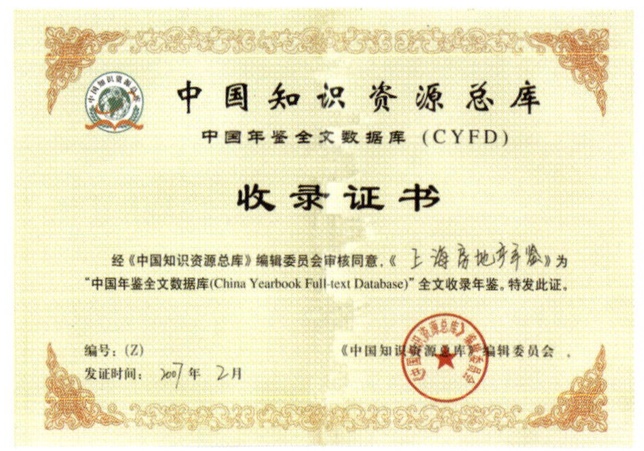
中国知识资源总库
中国年鉴全文数据库（CYFD）
收录证书
经《中国知识资源总库》编辑委员会审核同意，《上海房地产年鉴》为"中国年鉴全文数据库(China Yearbook Full-text Database)"全文收录年鉴，特发此证。
编号：(Z)
《中国知识资源总库》编辑委员会
发证时间：2007年2月

《上海房地产年鉴》被收录进“中国知识资源总库”

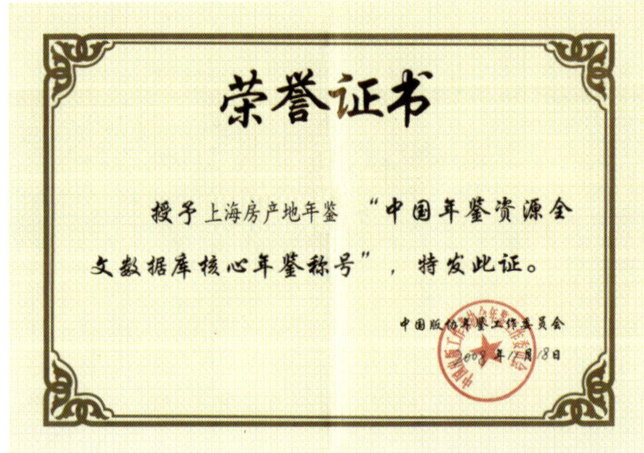
荣誉证书
授予上海房产地年鉴“中国年鉴资源全文数据库核心年鉴称号”，特发此证。
中国版协年鉴工作委员会
2008年11月18日

《上海房地产年鉴》被中国版协年鉴工作委员会
授予“中国年鉴资源全文数据库核心年鉴称号”

1 2017年4月，上海市委副书记、市长应勇调研浦东新区滨江贯通工程。

2 2016年8月，国土资源部副部长、党组成员、国家测绘地理信息局局长库热西·买合苏提带队到上海调研测绘地理信息工作。

1 2016年10月，“2016世界城市日——上海论坛”在上海设计中心南馆正式召开。

2 2016年11月，2016年“土地资源利用和管理”国际研讨会在上海召开，来自美国、日本、新加坡、中国大陆和中国香港等多个国家和地区的专家学者共聚一堂，共同探讨“国土空间用途管制和土地节约集约利用”。

3 2016年8月，市规划展示馆举办《城市探索，上海之旅——看看我们的大上海》关爱农民工子女志愿者活动。

枫泾寻画展新卷
沪上八景今胜昔

枫泾特色小镇保护开发正紧锣密鼓进行中

2016 年枫泾镇入选首批“中国特色小镇”，为上海第一批入选的三个特色小镇之首。同年12 月28日，上海建工集团与金山区政府签订了战略合作框架协议；上海建工房产有限公司及上海建工投资公司与枫泾镇人民政府签订了合作协议。金山区委、区政府和上海建工集团开启了以枫泾古镇保护与开发为切入点的全方位合作，携手共建枫泾特色小镇，枫泾古镇迎来了保护开发的新机遇。

“长三角路演中心”特色小镇保护开发的试金石

2017 年6 月，由上海建工集团控股的上海建工金山建设发展有限公司作为保护与开发枫泾古镇的平台公司正式成立。率先启动首个保护开发项目“长三角路演中心”，拉开了枫泾特色小镇的保护开发帷幕。“中心”项目占地123 亩，保护与改造的建筑面积近1.5万平方米，项目定位于：具备产业转型升级功能性的平台；演艺展示互动交流的平台；对外交流及路演信息服务的平台。目前“中心”包括“路演中心、演艺中心、创客中心、资讯中心、配套服务中心”五大功能板块，除“演艺中心”功能尚需调整外，其他四个板块已基本确定，设计和施工进度正按总体目标推进。1月底项目土建结构全面封顶，9月底，全面竣工，投入使用。

“枫泾寻画”开启古镇保护开发的概念方案策划

枫泾古镇保护方案策划于2017 年9 月底启动，2018 年上半年落地。前期策划团队多次与枫泾镇文史研究室、镇政府土地、规划、交通、水利、环卫、建设等多部门征询，对古镇范围建筑、商业布局调研，收集资料信息，合作双方多次开展头脑风暴，形成了“枫泾寻画·醉梦吴越”的大纲主线。

枫泾寻画是大概念意义上的一幅“画”。这幅“画”包括了“古镇更新·活态化传承；产业更新·众创式转型；社区更新·长三角一体；乡村更新·新时代振兴。”醉梦吴越注重发扬和光大枫泾古镇的历史文脉，提炼吴越界镇、中国画镇、沪上酒镇、江南吃镇、梦里桥镇的主题概念，在此基础上策划夜游产品留住游客。古镇未来目标将着力打造国家5A 级景区、国家人文旅游示范基地、国家特色小镇标杆地。

运营管理开启从建设到管理的全新模式

上海建工金山公司作为枫泾特色小镇保护开发的平台公司，已将“中心”作为一个“建筑全生命周期服务商”的试点项目。上海建工金山公司作为该项目的运营方，将利用社会资源引进专业运营团队，对其中的路演中心、配套服务中心部分区域进行渠道招商、策划和执行整合。目前长三角路演中心的运营管理团队、路演中心的企业路演，新产品发布、商演、创客、商业的招商，物业管理团队正在招聘。预计5 月底前基本确定招商对象和专业运营团队并签约。

枫泾特色小镇的保护开发正在紧锣密鼓地进行之中。2018 年，上海建工金山公司将按照“2+3+1”工作目标展开。其中“2”代表长三角路演中心、枫泾古镇保护与开发策划两项工作；“3”指的是古镇内界河区域的开发启动、一号仓库区域的开发启动、车站小镇的前期策划；“1”是落实对枫泾古镇前广场、古镇门户的改造。

金茂再掀上海传奇　打造上海住宅新地标

从1999年的金茂大厦到今日的大宁金茂府，16年来，金茂品牌始终是上海建筑封面与中国时代地标的代名词。今天，金茂带着对“终极人居”的思考，缔造传奇意义的上海新地标——上海大宁金茂府。

大宁金茂府　上海住宅地标　终极科技人居

欧盟人居标准，上海仅此一府

上海传奇新地标——大宁金茂府，作为中国首座获得英国BREEAM认证的住宅，拥有同步欧盟的十二大顶尖科技系统，达到空气、温度、湿度、声音、光线、水洁净度等全生命周期的极致舒适，从而告别传统住宅的一切困扰。

内环市心王座，上海仅此一府

大宁金茂府傲居上海近5年、内环旁唯一出让超20万方体量的住宅用地——坐拥100万方生态公园、150万方国际商业、13所全国名校。居于市心繁华地，出门享百万公园，入门便是东方布查特的13万方私家花园！

高级定制样板，上海仅此一府

不仅于此，金茂府钦定全球室内设计大师梁志天，悉心打造香奈儿、BV、宾利主题样板，95平方米～192平方米全欧奢装户型，尽镶五星级酒店御用品牌，尽享沪上唯一金茂国礼物业！

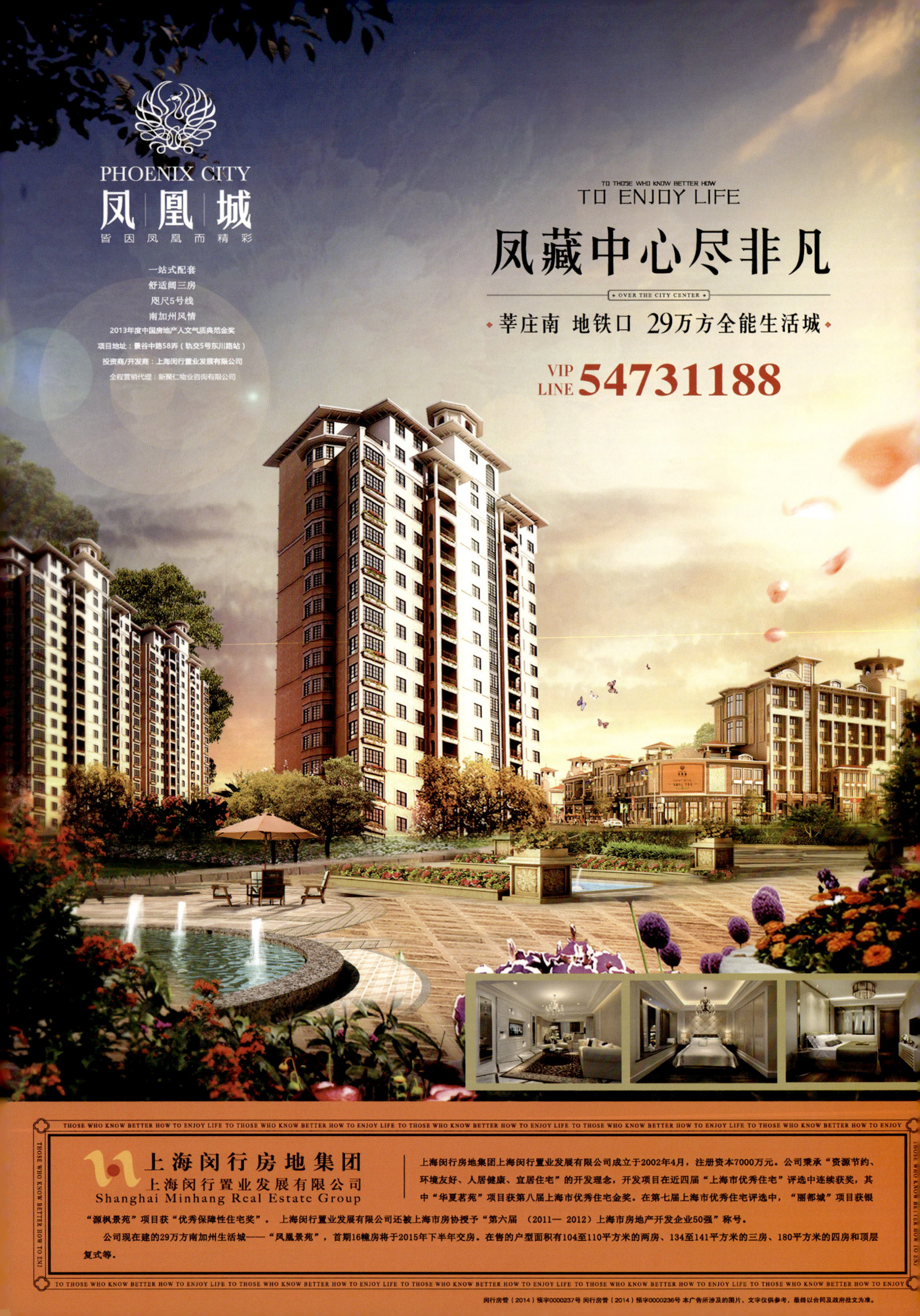
PHOENIX CITY
凤凰城
皆因凤凰而精彩
一站式配套
舒适阔三房
咫尺5号线
南加州风情
2013年度中国房地产人文气质典范金奖
项目地址：景谷中路58弄（轨交5号东川路站）
投资商/开发商：上海闵行置业发展有限公司
全程营销代理：新聚仁物业咨询有限公司
TO THOSE WHO KNOW BETTER HOW
TO ENJOY LIFE
凤藏中心尽非凡
OVER THE CITY CENTER
莘庄南 地铁口 29万方全能生活城
VIP LINE 54731188
THOSE WHO KNOW BETTER HOW TO ENJOY LIFE TO THOSE WHO KNOW BETTER HOW TO ENJOY LIFE TO THOSE WHO KNOW BETTER HOW TO ENJOY LIFE TO THOSE WHO KNOW BETTER HOW TO ENJOY LIFE TO THOSE WHO KNOW BETTER HOW TO ENJOY
上海闵行房地集团
上海闵行置业发展有限公司
Shanghai Minhang Real Estate Group
上海闵行房地集团上海闵行置业发展有限公司成立于2002年4月，注册资本7000万元。公司秉承“资源节约、环境友好、人居健康、宜居住宅”的开发理念，开发项目在近四届“上海市优秀住宅”评选中连续获奖，其中“华夏茗苑”项目获第八届上海市优秀住宅金奖。在第七届上海市优秀住宅评选中，“丽都城”项目获银“源枫景苑”项目获“优秀保障性住宅奖”。上海闵行置业发展有限公司还被上海市房协授予“第六届（2011— 2012）上海市房地产开发企业50强”称号。
公司现在建的29万方南加州生活城——“凤凰景苑”，首期16幢房将于2015年下半年交房。在售的户型面积有104至110平方米的两房、134至141平方米的三房、180平方米的四房和顶层复式等。
TO THOSE WHO KNOW BETTER HOW TO ENJOY LIFE TO THOSE WHO KNOW BETTER HOW TO ENJOY LIFE TO THOSE WHO KNOW BETTER HOW TO ENJOY LIFE TO THOSE WHO KNOW BETTER HOW TO ENJOY LIFE TO THOSE WHO KNOW BETTER HOW TO ENJOY
闵行房管（2014）预字0000237号 闵行房管（2014）预字0000236号 本广告所涉及的图片、文字仅供参考，最终以合同及政府批文为准。

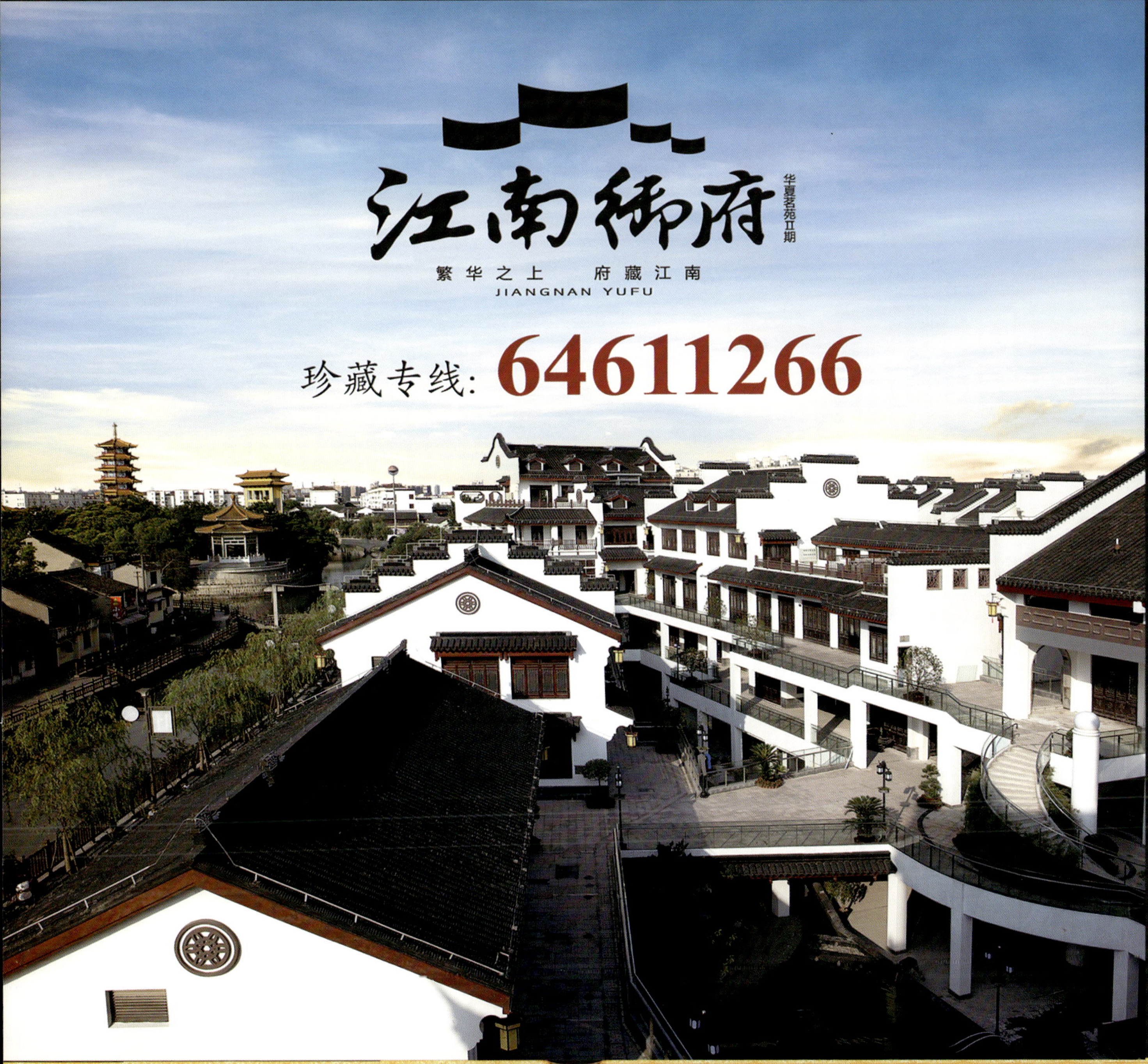

公司简介

上海闵行联合发展有限公司

上海闵行联合发展有限公司（简称闵联公司）是由上海地产（集团）有限公司、香港东银发展（控股）有限公司的 4 家全资附属子公司和东兴投资控股发展公司三方合资的沪港合资企业，成立于 1985 年 2 月，注册资本 4 亿元，负责以企业化、市场化运作的方式对国家级上海闵行经济技术开发区（简称闵行开发区）进行建设、开发和管理。

三十多年以来，闵联公司始终深耕园区建设，立足于开发区现有产业基础，不断完善园区环境，提高服务水平，大力发展战略性新兴产业，推动工业制造向智能制造转型。通过不断的"腾笼换鸟"，闵行开发区逐步形成以装备制造、生物医药和新材料等为主导的先进制造业和以研发、设计、销售、技术服务、地区总部等生产性服务业为主的开发区产业格局。

闵行开发区现已拥有三菱电梯、施贵宝、不凡帝、米其林、强生、英格索兰、贺德克、百事可乐、恒瑞、圣戈班、西门子、法雷奥、ABB、阿尔斯通、富士施乐、亨斯迈、博朗等一批以世界 500 强企业和著名跨国公司投资项目为主的核心企业或企业集群。

近年来，在上海实施建设全球科技创新中心战略的大背景下，闵行开发区积极承接与吸引生产性服务业等优质项目落地。先后引进强生集团、亨斯迈集团、圣戈班集团、米其林集团、艾仕得 5 家世界级研发机构入驻。

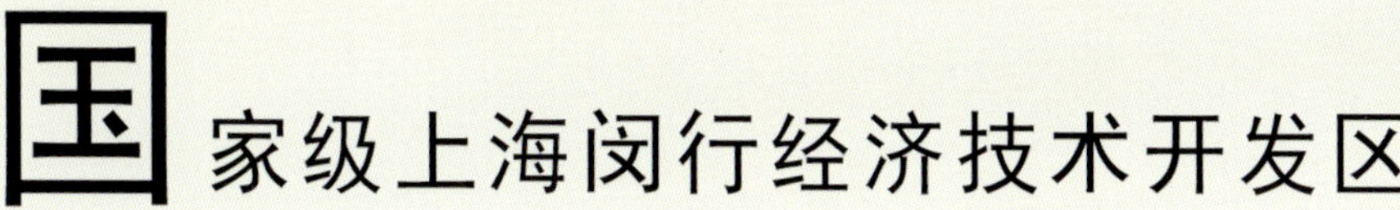

国家级上海闵行经济技术开发区

2016年，闵行开发区销售收入570亿元、企业利润54亿元、上缴税收41.8亿元，在招商引资和企业文化建设等方面均取得了可喜的成绩。

招商引资 吸引了一批优质项目落地：“艾仕得（AXALTA）研发中心”项目正式开业；宝华压缩机项目签约落户；亨斯迈上海园区落成，包含亨斯迈亚太区行政办公室、亚太地区技术中心、聚氨酯事业部闵行系统工厂。与强生（中国）有限公司签署《强生亚洲地区科创产业聚集基地项目协议书》；引进交大实验室孵化项目——上海杰昌基因科技有限公司等。

企业文化 为纪念闵行开发区成立30周年，组织开展30周年系列活动，包括有奖征文与摄像比赛活动、临港滴水湖环湖健康走活动、《新民晚报》夜光杯“十日谈”栏目投稿宣传、举办“城市更新背景下的开发区转型升级与创新发展”高峰论坛。

闵联公司的有关工作获得了上级部门和业界认可。上海闵行联合发展有限公司被命名为第18届上海市文明单位；与天津开发区等国家级开发区共同发起成立“国家级经开区绿色发展联盟”，成为联盟理事单位。

上海新松江置业公司

上海新松江置业（集团）有限公司为区管重点国有企业，公司于1997年3月成立，是原松江县房管局与原松江县土地局合并后，将上述两局中的企业及未合并单位整合而成。根据区委区政府有关指示精神，2006年11月上海新松江置业（集团）有限公司迎来了第一次重组与和上海城凯置业有限公司合并（合署办公）归属于建交委。

2008年12月上海新松江置业（集团）有限公司第二次重组，将上海城凯置业有限公司、上海广源房地产开发有限公司、上海松江茸城动拆迁有限公司划归集团。

2014年经区国资委批准为经营性公司。

2016年12月，上海松江公共租赁住房投资运营有限公司股权划入集团，2017年3月集团重组并经区国资委批准为功能性公司，并迎来第三次重组。

目前集团公司下属共有3家二级公司，上海松江公共租赁住房投资运营有限公司、上海市松江第一房屋征收服务事务所有限公司（上海松江茸城动拆迁有限公司），上海广源房地产开发有限公司，其中集团总部具有房地产开发二级资质。

上海众众房地产开发有限公司

上海众众房地产开发有限公司于1998年联合行业同仁共同组建，注册资金2000万元，房地产开发二级资质，是1996年8月26日成立的上海众众实业发展有限公司在房地产领域的子公司。

公司成立以来，先后开发“众众家园”一期、二期、三期，建造小高层达6.8万平方米，获上海市最佳优秀房型奖、工程质量优质奖，并获建设系统“闵行杯”奖杯；开发“众众德尚世嘉”住宅小区，建筑面积达16多万平方米，总投资约10亿人民币，获上海“四高小区”等称号；开发“众昌金城”酒店公寓约3.6万平方米，上海市莘庄工业区“众众工业园”。2014年完成“众众德尚世嘉”小区东区都市府邸的项目；奉贤区南桥镇光明工业区10万平方米项目，首期已完成2万平方米工业标准厂房的建设。

2016年适逢母公司成立20周年。公司在20年的发展中始终秉承“人、建筑、环境、自然和谐的统一”追求，坚持“有序、节拍、时效、创新”的经营理念，不断发展成长。目前总资产达3亿元，现有员工29人，大专及以上学历占80%，其中中高级人才占53%。公司荣获上海市工商局2002—2012年首批认定的企业合同信用等级A级单位；2003年被推荐为上海市房地产行业协会理事单位；2004年获国家工商行政管理总局、商标局批准公司司标和开发、资本投资商标注册证，并获批续展至2024年；2005年成为中国工商业联合会会员单位，2005年被行业确认为上海市首批诚信守诺120家企业之一；2009年中国房地产诚信品牌企业；2010年“百强”地产杰出贡献企业；2011年11月—2015年12月诚信创建“五星”级企业，2015年上海市房地产开发企业诚信承诺先进单位。

延吉物业
YANJI PROPERTY

上海延吉物业管理有限公司

上海延吉物业管理有限公司成立于1993年，经过企业转制、收购等运作。企业自有资产2亿，公司坚持“精益求精、重信守诺、服务入微、优质高效”的服务理念，提升传统物业管理品质，通过“多元化、集团化”的管理探索物业管理新模式。公司具有国家一级物业管理资质。2013年进入中国物业行业综合实力200强，名列第121位，2015年进入行业百强。是上海市物业管理协会常务理事单位和中国物业管理协会会员单位。

公司服务的物业类型既有为政府排忧解难的公房、售后房，又有高级写字楼、政府办公楼、大学校园、教学楼、留学生公寓以及大规模高品质的商品住宅和高速公路等。公司管理的物业总面积超过500万平方米。其中非住宅项目近270万平方米，员工接近4000人。

目前公司独资、投资公司共计17家，其中外地分公司、海外公司各2家；非民办社团养老机构1所；接受政府委托运营上海市房地产热线962121和上海市城市管理服务热线962151。公司十分重视企业文化的塑造和对社会效益的贡献，公司连续10届被评为上海市文明单位。

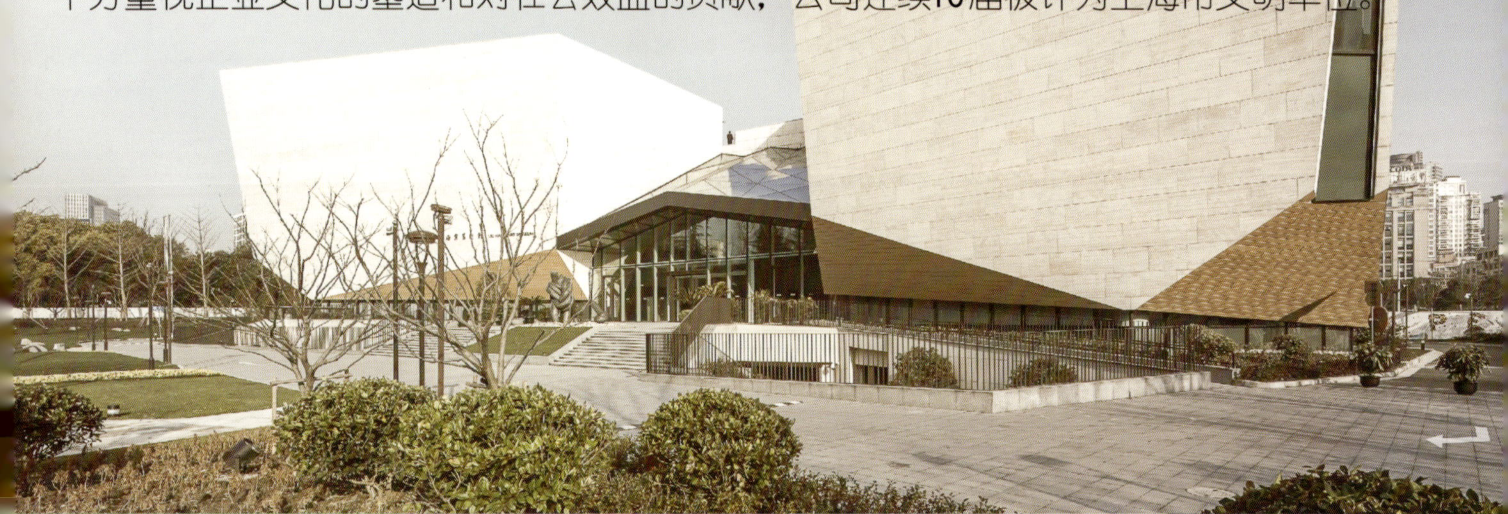

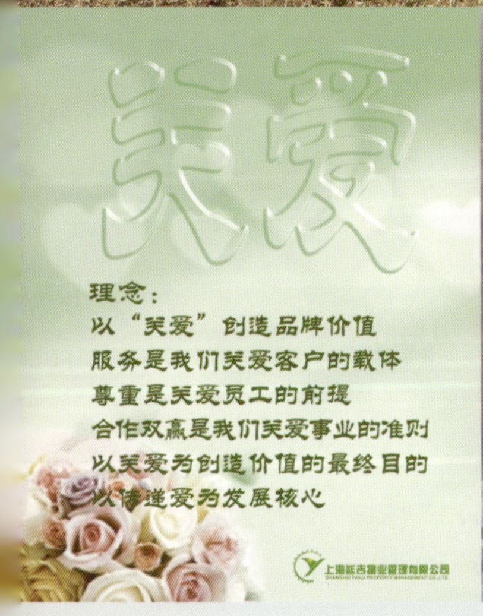

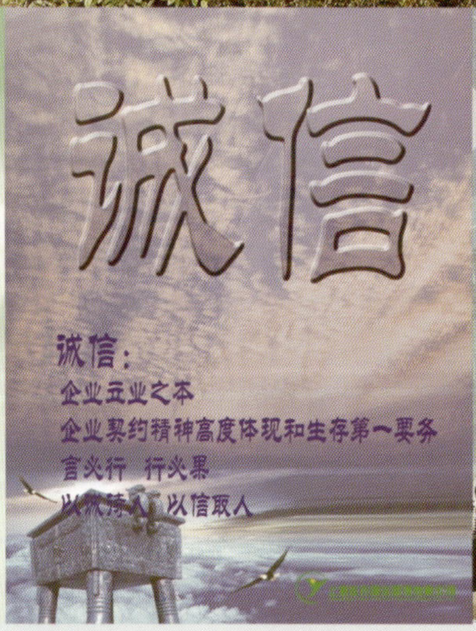

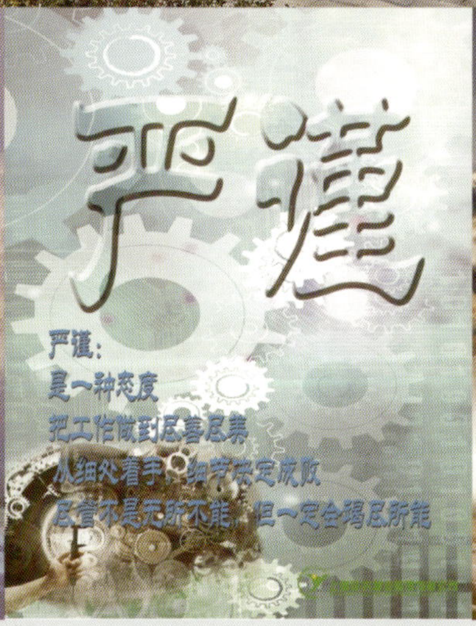

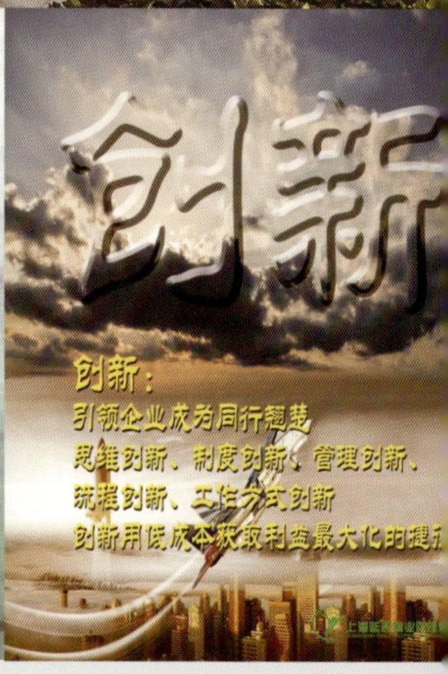

上海芸绮物业管理有限公司

上海芸绮物业管理有限公司成立于1998年，是注册在上海市并具有相当规模、完全市场化、专业化、社会化运作的国家一级资质物业服务企业。

公司在多年的探索和实践中，形成了自己独特的物业服务管理体系。长期以来，公司专注于技术改造、服务升级，在追求经济效益、社会效益的同时，更注重环境效益，打造智慧社区，有利于人与人之间沟通、人与自然和谐、人与文化融会，为业主打造一个健康开放、优美整洁、安全文明、舒适方便的工作环境和生活环境，进而提高物业的使用价值，达到保值增值的目的。

芸绮物业的特色服务受到了小区客户的好评和社会广泛关注。上海电视台、上海物业管理行业协会网站、《浦东物业》杂志先后多次刊登和报道过芸绮物业的特色服务。

芸绮物业为您提供一个家园、一个花园和一个乐园：

家园——把每一个小区打造成温馨之家、幸福之家、安全之家

花园——每个小区内终年有不谢之花、四季有常青之树

乐园——每个小区都是健康之地、文明之地、快乐之地

做正直人

造  牌漆

正欧系列企业集研发、生产、施工服务于一体，总注册资金为1.3亿元，建有先进的生产基地和设施完备的实验中心，是上海市高新技术企业。在国家十多年的质量检验中，从无不达标产品。公司投入1亿多元，优化了设施，采用电脑控制的自动化流水线生产设备，大大改善了工作环境，提高了产品质量和可靠性，同时遏制了污染和“跑冒滴漏”现象的产生，树立了良好的社会责任形象。

从发展之初的产品同质化，无核心竞争力到如今产品的品质可以达到国际先进水平，我们克服了许多困难，在激烈的市场竞争中脱颖而出，在努力做好自有品牌的同时，并为多家世界知名企业代加工地坪漆。公司生产的地坪材料性能优异，产品齐全。施工设备先进，经验丰富，尤擅长大项目突击作业。现已积累2亿多平米各类地坪的施工指导经验，广受客户好评。

公司会不断增加研发投入，坚持创新发展，并一如既往地与客户保持密切联系，了解实际工程中碰到的疑难和新需求，努力使“正欧”成为国际品质商标的象征。

WWW. .中国

上海正欧实业有限公司
上海正欧涂料有限公司
上海正欧化工有限公司

高新科教环境❀书香文韵之脉

位于上海市闵行区东南部的紫竹国家高新技术产业开发区，由大学校区、研发基地和紫竹配套区三部分组成。从2002年奠基至今，已成功发展为集教育、科研、人才、资本、产业等优势于一体的新型高科技产业园区，为世界500强等高精尖企业提供全方位优质服务。

实景图

优教氛围❀梦想起飞

紫江集团携手闵行教育局及华东师范大学，共建包含幼儿园、小学、中学在内的紫竹基础教育园区，毗邻百年名校交大和华师大，文脉书香，伴您成长。与国内外知名高校签约合作共建紫竹国际教育园区，着重在文化创意管理、影视创作、工商管理、生态与科技等学科领域积极引进学位教育项目，打造多领域、多层次、多学制的中外合作办学项目。

示意图

示意图

滨水原生态❀有氧舒居

紫竹半岛位于高新区东南角，总规划面积约324万方。社区外270°黄浦江湾绵延近7公里原生态滨江绿地；社区景观以约40万方竹湖（规划中，暂定名）为核心，盈盈水间，让紫竹半岛的业主愉悦领略四季美景，创造健康有氧润泽的舒居生活。

实景图

精彩纷呈❀时尚生活配套

规划打造集休闲购物、生活便利、运动健身为一体的休闲商业街，目前H3健身会所、上岛咖啡、象王洗衣以及罗森便利店等商家已经入驻，为紫竹居民提供五彩斑斓的生活选择。

实景图 示意图 示意图

多维交通❀便捷归家之路

毗邻轨交5号线、15号线（在建）、23号线（规划中），紧靠S4沪金高速、虹梅南路隧道和高架快速干道，连通中环、内环，快速抵达上海主要区域。

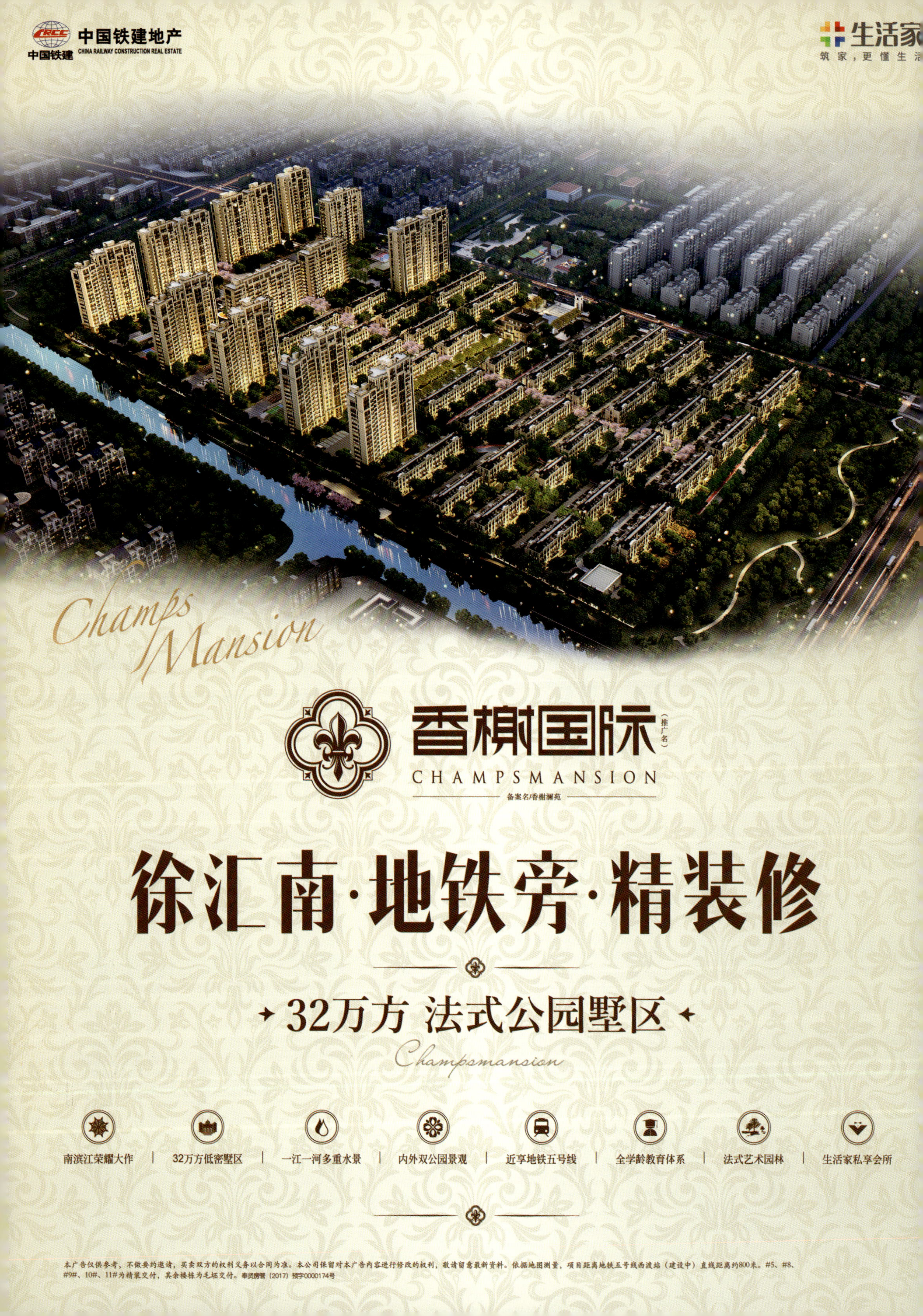
CRCC
中国铁建
中国铁建地产
CHINA RAILWAY CONSTRUCTION REAL ESTATE
生活家
筑家，更懂生活
Champs Mansion
香榭国际
推广名
CHAMPSMANSION
备案名/香榭澜苑
徐汇南·地铁旁·精装修
32万方 法式公园墅区
Champsmansion
南滨江荣耀大作
32万方低密墅区
一江一河多重水景
内外双公园景观
近享地铁五号线
全学龄教育体系
法式艺术园林
生活家私享会所
本广告仅供参考，不做要约邀请，买卖双方的权利义务以合同为准。本公司保留对本广告内容进行修改的权利，敬请留意最新资料。依据地图测量，项目距离地铁五号线西渡站（建设中）直线距离约800米。#5、#8、#9#、10#、11#为精装交付，其余楼栋为毛坯交付。奉贤房管（2017）预字0000174号

目　录

第一篇　专论

第二篇 环境

第三篇 行业

第四篇 类型

第五篇 区域

第六篇 附录

第一篇

专论

ALMANAC OF SHANGHAI REAL ESTATE

第一章　综述

第一节　租购并举，住有所居[1]

从2015年中央经济工作会议提出建立购租并举的住房制度，到2017年中央经济工作会议提出加快建立多主体供应、多渠道保障、租购并举的住房制度，中央政府对于住房制度表述的变化意义非同小可。虽然两次提法中都有购房和租房二者并举，但2015年的并举是“购”在前，“租”在后，2017年是“租”在前，“购”在后，这看起来的次序颠倒，实际上表示的是中央政府对我国要建立的住房制度认知和认可上的变化，那就是过去总认为解决百姓住房问题主要由通过购买产权属于自己的商品房来解决，只有那些临时需要住一下或者实在买不起商品房的人才需要租房住，因此购租并举实际上是购房在前租房在后、购房为主租房为辅的制度。但2017年的提法变成“加快建立多主体供应、多渠道保障、租购并举的住房制度”。这个表述不但把租放到了前面，而且说明了租房市场的供应必须是多主体的，租房市场的需求必须由多渠道来保障。

众所周知，长期以来，我国住房供应体系一直以“购”为主，而“租”的一端过于薄弱，这有深刻原因。我国20世纪90年代末开始住房制度改革后，国家允许也鼓励城市居民购买商品房以改善住房条件，这非常符合中国人希望有自己产权房的传统思想，认为安居乐业就是要有自己的产权房，因此购买商品房的市场需求一下喷发出来并长盛不衰，房价持续上涨更助长了这种购房需求；而房价持续上涨又使房地产开发经营多年来一直成为利润丰厚的行业；商品房的大量开发不但大大改善了城市百姓居住条件，大大改变了城市面貌，还不断增加了政府的土地财政收入，为此多年来政府一直把房地产业作为拉动经济增长的支柱产业。因此，我国住房供应体系一直以“购”为主，既是广大人民改善生活的需要，也是当时发展经济的需要。

为什么自2015年起，又要从“购租并举”变化为“租购并举”，这既与我国社会主要矛盾变化有关，也与我国经济发展阶段变化有关；既与房地产行业本身发展有关，也与我国整个市场经济进一步发展的需要有关。从社会主要矛盾变化看，我国当前社会主要矛盾已转变为人民对美好生活的需要与不均衡、不充分发展的矛盾，而多年来轻租重购造成的房价高企以及有些人占有多套住房而不少居民住房还有很大困难，显然已成为住房方面不均衡不充分发展重要表现和来源，大力发展住房租赁是解决这方面矛盾的有效办法。从我国经济发展阶段看，过去房地产大量开发，拉动了上下游60多个相关行业迅速发展，确实为我国过去经济高速增长发挥了很大作用，但今后我国经济要转向高质量发展，发展动力主要靠创新，而创新人才尤其青年人才引进的一大制约正是高房价带来的解决住房问题的困难。显然，发展包括人才公寓在内的租赁市场正是适应了创新发展的需要。再说，通过租房途径提高许多住房困难居民和进城务工劳务人员的生活水平，本身也是共享发展的要求。高质量发展是新发展理念的发展，是投资为主转向消费为主的经济结构转变的发展，这在房地产领域都表现

1. 作者：尹伯成，复旦大学房地产研究中心主任，《上海房地产年鉴》编委会主任。

出需求要从“购租并举”到“租购并举”的转变。从房地产行业本身发展看，经过近二十年快速发展，我国商品房存量已今非昔比，住房短缺矛盾已基本解决，现在主要问题是如何解决住房上的不均衡不充分发展和提高住房使用效率问题，发展租赁市场正是解决这些问题的重要手段。多年来的重开发、轻租赁局面发展本身要求房地产业有一个从“购租并举”向“租购并举”的转型。从我国市场经济进一步发展的要求看，也需要劳动力能够充分流动，这种流动要求住房租赁市场相当发达。如果人们都住自己的产权房，会给劳动力流动增加很多困难。事实上，欧美一些市场经济发达的国家，租赁人口或房源占比基本要达到 50% 左右，远高于我国 20% 左右的水平，而且许多年轻人租房的比例很高，这不是偶然的。而我国年轻人如果要结婚，就必须要求购房。这不符合市场经济发展要求。总之，从“购租并举”到“租购并举”的转变，不但有利于改善民生，也有利于创新驱动，有利于发展市场经济。

然而，目前在我国推行“租购并举”还面临一些困难，需要补齐租房市场上一些短板，才能达到中央的目标。一是人们思想观念上，不认识租房和购房都是现代市场经济社会中解决“住有所居”的方式，也是商品住房市场发展的两种常见形式，而总认为租房是缺乏一定购买力的家庭不得已的无奈之举，或者是临时需要住一下短期措施，总比购买属于自己的住房要“矮一等，低一等”，因此，不管有条件没有条件都要千方百计购房，特别是年轻人想要结婚的话，非要购房不可，这就是所谓“丈母娘要房”。这是阻碍租赁住房市场发展严重思想障碍。二是住房租赁市场租金回报率偏低，人们不愿意投资租房市场，包括机构。例如，目前上海市商品房均价每平方米五万元左右，一百平方米要五百万元，按 4% 计，如果买房出租，一年收入得要二十万元，每月租金至少一万伍千元，但市场上绝对租不到这个价格，因为租房人大多收入不高，租金价格上不去，租金回报率通常只有 2% 多一些，而如果把资金投入商品住房开发，即使在目前，净利率和毛利率也要有 10% 和 30% 左右。而且经营租房业务，一次投入的大量资金要好多年才能逐步收回，因此机构一般都不大愿意经营租房业务。目前出租住房的，大多是早期房价较低时买进住房的投资客，造成租赁市场上的散兵游勇方式，缺少机构化、专业化方式。三是租房者和购房者的权益不一样。购房者通常可以享受到户籍、医疗、教育等市民的服务，而租房者没有，而且租房者的居住权利缺乏保障，房东随时可叫他搬走，不像自己所购买的房子那样可以一直住下去。所以，“租购并举”说来容易做起来难。

如何才能补齐租房市场上这些短板，达到中央的目标，除了要大力宣传教育，可能更要从以下几方面采取措施。

从需求看，如何提高住房租赁需求能力与积极性，包括可否考虑由政府或者单位给确实需要租房的人一定的租房补贴，允许动用公积金支付租金，在金融政策方面也设法加以支持，同时政府应当出台政策给租房者提供与购房者相同的公共服务等。当然这各方面办法也只能逐步推开，先来一部分办法，先解决一部分人，逐步扩大范围。

从供给看，第一，要从增加租赁住房土地供应着手。国土资源部领导已经表示，我国将研究制定权属不变、符合规划条件下，非房地产企业依法使用权的土地作为住宅用地的办法，深化利用农村集体经营性建设用地建设租赁租房试点，推动建立多主体供应、多渠道保障、租购并举的住房制度，让全体人民住有所居。政府将不再是居住用地唯一提供者。这表示住房用地市场会逐渐放开集体建设用地，但在当前居住用地放开方面，也许只有租赁市场才有机会。除了农村集体建设用地，盘活城市废弃工商企业闲置土地与房产也大有空间。随着产业升级和互联网商品买卖发展，那里的资源低效利用和闲置会大量存在，盘活这些土地和房子用于租赁住房是大有潜力的，当然这要处理好这些单位的利益问题。第二，大力发展机构化、规模化、专业化租赁公司。在市场经济发达国家，就有主要由机构房地产出租人构成的“房地产出租业”成为房地产业主要的行业，以住房出租为主营业务，对出租房进行专业化管理。在我国，国有企业应当在这方面起带头作用。还要设法突破住房租赁市场回报率过低瓶颈，积极用种种办法引导民营资本进入。第三，加强市场秩序和信息平台建设。要大力整合现有房地产中介机构，引导广大中心租户进入机构租赁市场；要利用大数据技术规范租赁市场秩序，实行线上线下整合，将线上看房、签约等标准化流程与线下的合租、换租、维权等个性化服务结合起来。

从制度看，由于我国过去对住房租赁市场一直没有重视，因此很少有这方面制度建设。租房人的权益如何保护，出租方权益如何保护，如何使租房人和购房人在公共服务方面权益对等，都需要有相关制度立法来加以保障。

显然，要达到中央关于推进租购并举制度尤其是补齐租房市场短板的目标，需要一个过程。在这里，中央是定了方向、目标，至于如何按此方向达到目标，我国各地区差异性很大，可能更需要各地政府来因城施策做出努力。现在，全国已经有一批试点城市走在前面，创造了不少经验。

推进租购并举制度不仅会大大有利于解决许多人特别是年轻人的住房困难从而有利于创新和高质量经济发展，而且会有利于我国构建一个符合现代市场经济发展要求的房地产市场体系，推动整个市场真正走向稳定健康发展，具体说会对房地产市场产生这几方面影响。一是租房量和购房量的变化趋势：随着各地尤其是一二线城市对中央政策的逐步落实，租房量会不断增加，购房量会相对减少。但是租房不可能取代购房。随着居民包括原来租房的居民收入增加以及受有条件还是希望买自己产权房的传统观念的影响，购房需求和购房量还是会保持一定的规模。二是房租和商品房价格的变化趋势：租金会逐步上涨，因为前几年一二线城市商品住房价格涨幅过大，而房租涨幅没有那么大，造成了房价租金比下降过多。北京、上海、深圳等低甚至只有 1.4%-1.5% 左右，远低于国际上 3%-6% 水平。租金是租房者消费能力决定的，而前几年商品房价格过快上涨是受投资投机需求影响。房价租金比降得过多了，但终究要走向合理。如何趋向合理，一要靠租金快速上涨，但不可能，因为租金毕竟只能随收入逐步上升；二要靠房价大幅下调，也不可能，因为这会带来金融风险。一二线城市中前几年房价涨幅过大的可能短期内会基本稳定，但长期会因为产业发展和人口导入等还可能“稳中有涨”。租金和房价会相互影响，比例会逐步趋向合理。这些城市的投资和投机短期内都会受到政策抑制，但长期看投资会慢慢放开，投机会继续受到抑制，因为房子是用来住的，不是用来炒的，购房出租也是用来住的，只有为获取买卖差价的投机才会不允许。

第二节　2016 年上海房地产市场回顾

2016 年，上海继续贯彻落实国家“因城施策”的管理要求，适时出台房地产市场调控措施，积极坚持“以居住为主、以市民为主、以普通商品住房为主”的住房市场体系，深化完善“四位一体”的住房保障体系，坚决遏制房价过快上涨的态势，促进本市房地产市场平稳健康有序发展。全年楼市交易波动频繁，在中国房地产去库存的背景下，第一季度，上海房地产市场一时间“量价齐升”，销售火爆。2016 年 3 月，上海官方出台“沪九条”调控政策，市场有所降温。但随着土地市场的火爆和楼市谣言的传播，沪楼市一度出现过热态势，10 月楼市调控政策加码，上海出台了“沪六条”。数据显示，进入第四季度，随着政策效应的积极释放，市场预期趋于平稳，沪楼市成交量有所回落。

一、房地产开发投资状况分析

2016 年上海房地产开发建设保持平稳，房地产开发投资 3 709 亿元，比上年增长 6.9%；投资增速前高后低，增速较上年回落 1.3 个百分点（见图 1-1）。房地产开发投资占全社会固定资产投资比重为 54.9%，比上年提高 0.3 个百分点。

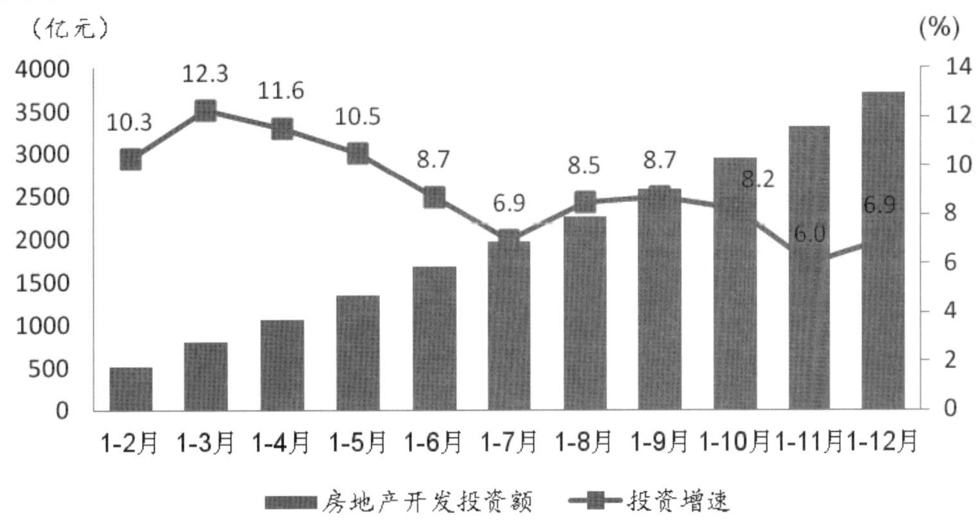

图 1-1　2016 年上海市房地产开发投资情况

从房屋类型看，住宅投资占比提高。2016 年，上海市住宅投资 1 965.43 亿元，比上年增长 8.4%，占全部房地产开发投资的 53.0%，比重提高 0.7 个百分点；办公楼和商业营业用房完成投资 1 215.36 亿元，增长 8.3%，占 32.8%(见表 1-1)。

从全国范围来看，2016 年全国房地产开发投资 102 581 亿元，比上年名义增长 6.9%（扣除价格因素实际增长 7.5%），增速比 1-11 月份提高 0.4 个百分点。其中，住宅投资 68 704 亿元，增长 6.4%，增速提高 0.4 个百分点。住宅投资占房地产开发投资的比重为 67.0%。

表 1-1　上海房地产开发投资情况　　　单位：亿元、万平方米

年份	房地产开发投资		住宅开发投资		商品房新开工面积		住宅新开工面积	
	数值	同比（%）	数值	同比（%）	数值	同比（%）	数值	同比（%）
2016 年	3 709	6.9	1 965	8.4	2 841	9.1	1 436	-8.0
2015 年	3 469	8.2	1 813	5.1	2 605	-6.4	1 560	0.8
2014 年	3 206	13.7	1 725	6.8	2 782	2.8	1 547	-5.8
2013 年	2 820	18.4	1 616	11.3	2 706	-0.7	1 643	5.1
2012 年	2 381	9.7	1 471	5.1	2 910	-20.1	1 563	-36.8

二、房地产建设状况分析

2016 年，上海市房屋新开工面积 2 840.95 万平方米，增长 9.1%。从类型看，住宅新开工面积有所下降，商办新开工面积较快增长。2016 年，上海市住宅新开工面积 1 436.13 万平方米，比上年下降 8.0%；办公楼和商业营业用房新开工面积 384.49 万平方米和 401.78 万平方米，分别增长 26.1% 和 30.6%。

受前几年新开工面积下降影响，上海市商品房竣工面积同比下降。2016 年，上海市商品房竣工面积 2 550.64 万平方米，比上年下降 3.6%。其中，住宅竣工面积 1 532.88 万平方米，下降 3.5%（见表 1-2）。

表 1-2　2016 年上海市房屋新开工及竣工情况

指　标	新开工面积		竣工面积	
	（万平方米）	增速（%）	（万平方米）	增速（%）
全部房屋	2 840.95	9.1	2 550.64	-3.6
# 住宅	1 436.13	-8.0	1 532.88	-3.5
办公楼	384.49	26.1	279.31	27.4
商业营业用房	401.78	30.6	266.06	-13.2

三、上海房地产市场交易状况分析

2016 年，上海市房地产市场成交总体较为活跃，全年新建商品房销售面积 2 705.69 万平方米，比上年同期增长 11.3%，增速比年内高点（1-5 月）回落 18.0 个百分点（见图 1-2）。

从销售结构看，住宅销售面积微增、增速回落明显，办公楼和商业营业用房成交量则保持较快增长。2016 年，上海市商品住宅销售面积 2 019.8 万平方米，增长 0.5%。受限购政策升级影响，上海市商办销售增长明显。其中，办公楼销售面积 306.4 万平方米，增长 55.2%；商业营业用房销售面积 205.87 万平方米，增长 81.1%。

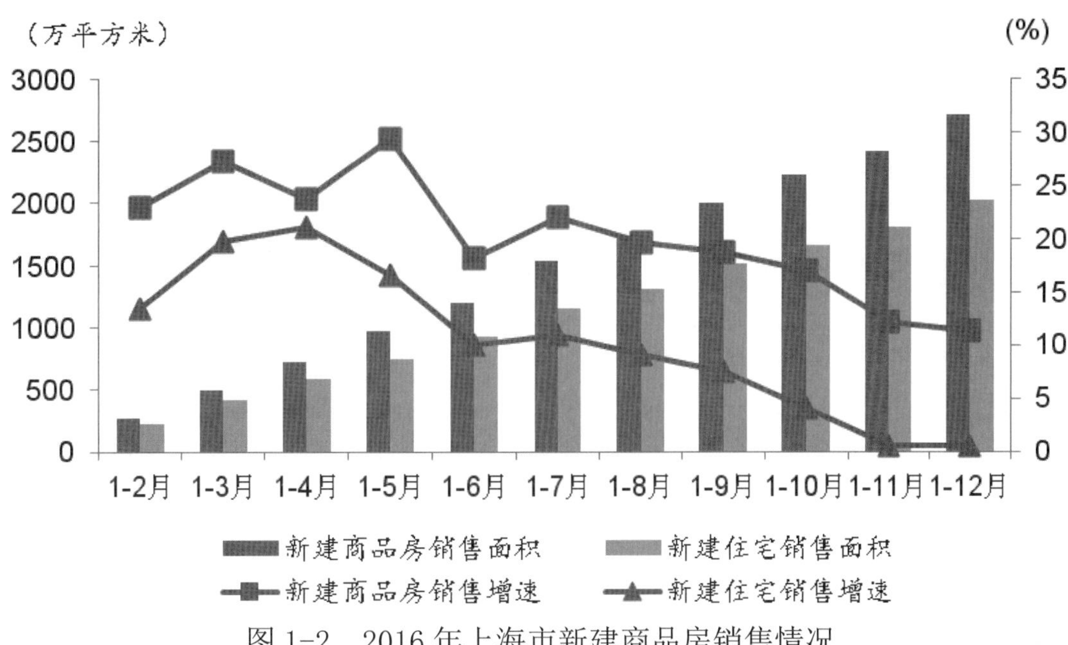

图 1-2　2016 年上海市新建商品房销售情况

2016年，上海市存量房成交量达到历史最高点。全年存量房网签面积3 559.17万平方米，比上年增长6.5%。其中，存量住宅网签面积3 160.66万平方米，增长4.2%。从月度成交情况看，存量住宅成交波动较大（见图1-3）。

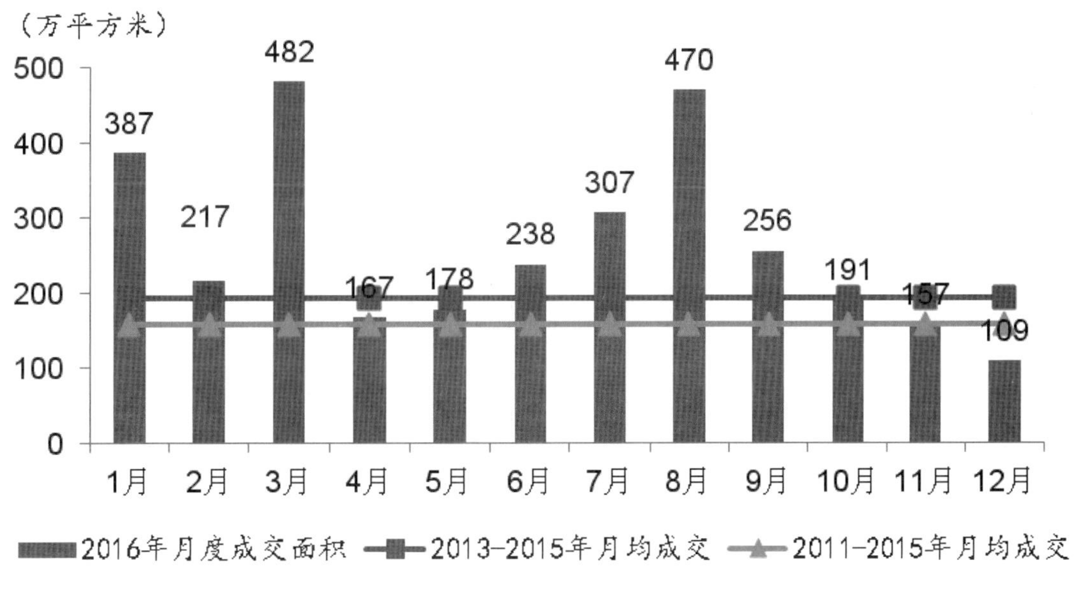

图 1-3　2016 年本市存量住宅月度成交情况

四、商品住宅价格分析

2016 年，上海市新建住宅平均销售价格 25 910 元 / 平方米。从区域分布看，内环线以内 87 426 元 / 平方米，内外环线之间 44 984 元 / 平方米，外环线以外 18 127 元 / 平方米。

剔除共有产权住房和动迁安置住房等保障性住房后的市场化新建商品住宅平均销售价格分别为：内环线以内 87 547 元 / 平方米，内外环线之间 62 265 元 / 平方米，外环线以外

26 778元／平方米。

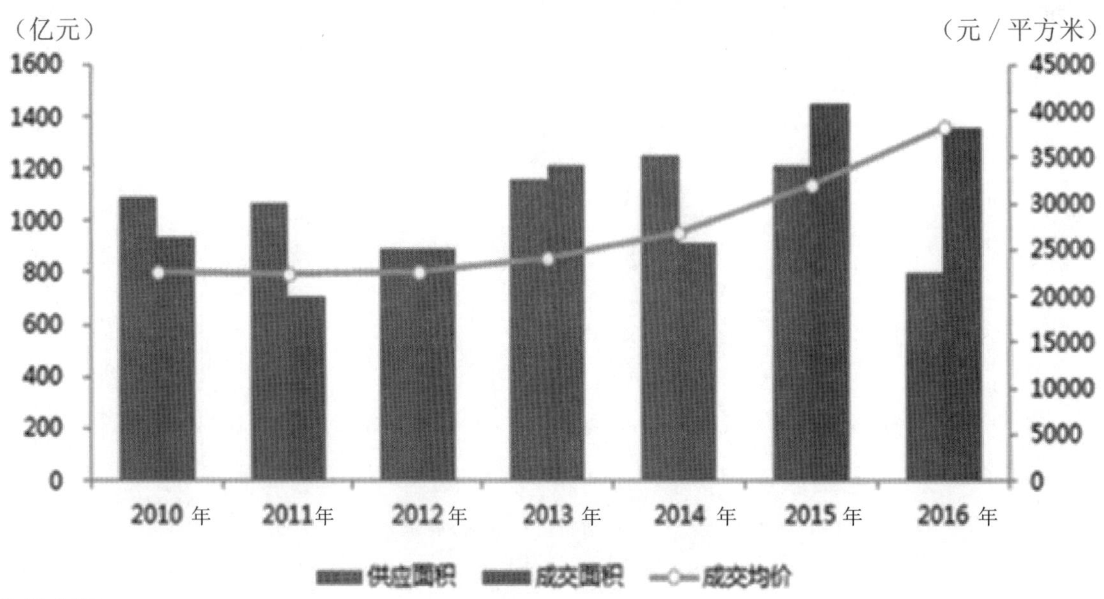

数据来源：CRIC2016。

图1-4 2010～2016年上海商品房供应面积、成交面积、成交均价比较图

五、房地产资金到位情况分析

2016年，上海市房地产开发企业本年到位资金6 408.78亿元，比上年增长15.9%，项目资金到位情况良好（见表1-3）。

表1-3 2016年上海市房地产项目本年到位资金情况

指 标	资金（亿元）	比上年增长（%）	比重（%）
本年到位资金合计	6 408.78	15.9	100.0
国内贷款	1 446.18	-4.6	22.6
利用外资	2.31	-93.2	0.1
自筹投资	1 490.78	-1.9	23.3
其他资金	3 469.51	41.0	54.0
# 定金及预付款	2 563.88	50.3	40.0
个人按揭贷款	663.71	54.3	10.4

截至2016年底，上海市中资银行本外币商业性房地产贷款余额16 737.86亿元，比上年增长20.5%。其中，房地产开发贷款余额4 655.06亿元，下降13.9%；个人购房贷款余额11 412.19亿元，增长43.5%。截至2016年底，上海市公积金贷款余额3 257.77亿元，比上年增长17.6%。

六、土地供应与成交分析

2016 年上海市土地出让宗数共为 199 宗，同比下降 16.03%；2016 年上海市土地出让面积为 842.8 万平方米，同比下降 21.53%。2015 年上海市土地出让宗数为 237 宗，出让面积为 1 074.03 万平方米。

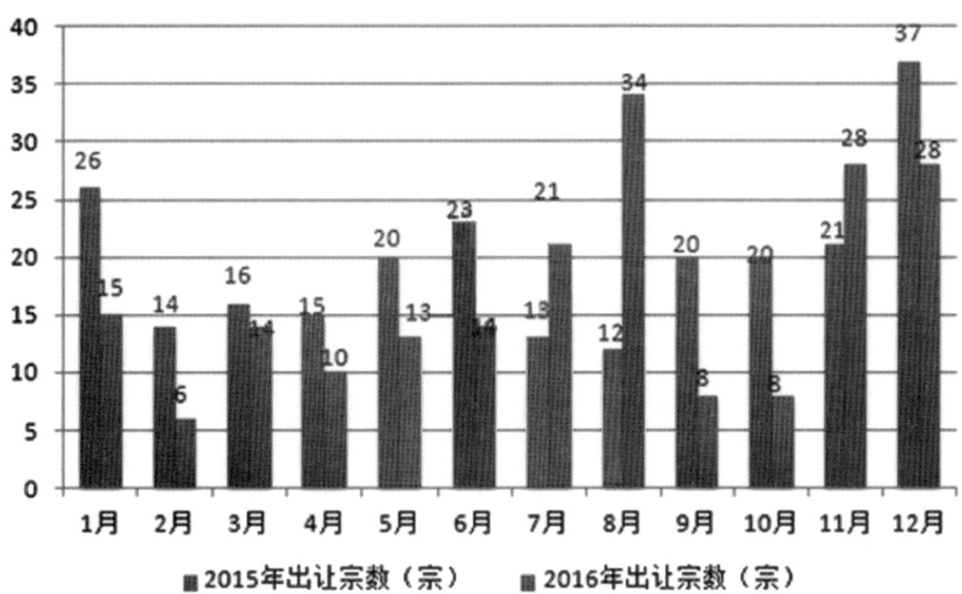

数据来源：资料整理。

图 1-5　2015 ～ 2016 年上海市土地出让宗数走势图

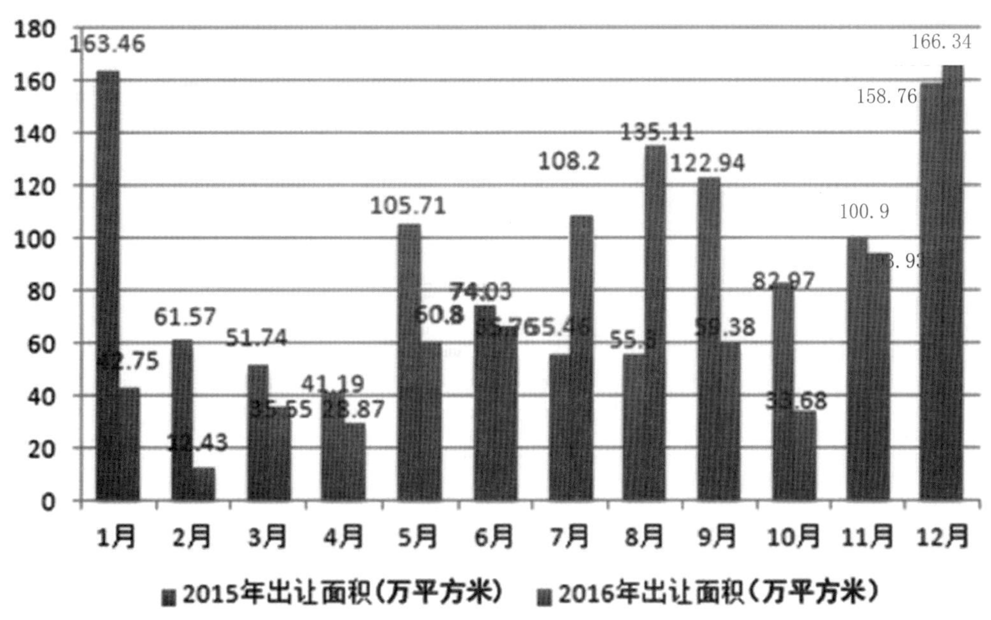

图 1-6　2015 ～ 2016 年上海市土地出让面积走势图

2016 年上海市土地成交宗数共为 184 宗，同比下降 15.98%；2016 年上海市土地成交面积为 789.98 万平方米，同比下降 22.55%；2016 年上海市土地成交价款共 1 550.21 亿元，同比下降 7.40%。2015 年上海市土地成交宗数共为 219 宗，2015 年上海市土地成交面积为 1 019.94 万平方米，2015 年上海市土地成交价款共 1 674.07 亿元。

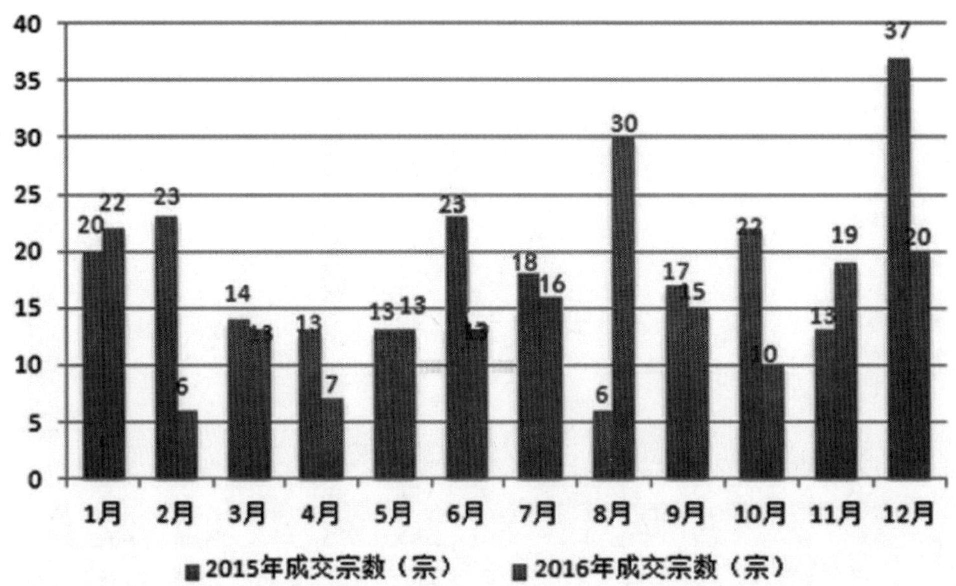

数据来源：资料整理。

图 1-7　2015 ～ 2016 年上海市土地成交宗数走势图

第二章　2016 年上海市国民经济和社会发展统计公报

2016 年，在党中央、国务院和中共上海市委、上海市人民政府的坚强领导下，全市深入贯彻习近平总书记系列重要讲话精神和治国理政新理念新思想新战略，按照当好改革开放排头兵、创新发展先行者的根本要求，主动适应经济发展新常态，坚持稳中求进工作总基调，坚定不移推进供给侧结构性改革，坚持不懈推进创新驱动发展、经济转型升级，完成了市十四届人大四次会议确定的目标任务，实现了“十三五”时期经济社会发展的良好开局。

一、综　合

全年实现上海市生产总值（GDP）27 466.15 亿元，比上年增长 6.8%（见图 2-1）。其中，第一产业增加值 109.47 亿元，增长 6.6%；第二产业增加值 7 994.34 亿元，增长 1.2%；第三产业增加值 19 362.34 亿元，增长 9.5%。第三产业增加值占上海市生产总值的比重为 70.5%，比上年提高 2.7 个百分点。按常住人口计算的上海市人均生产总值为 11.36 万元。

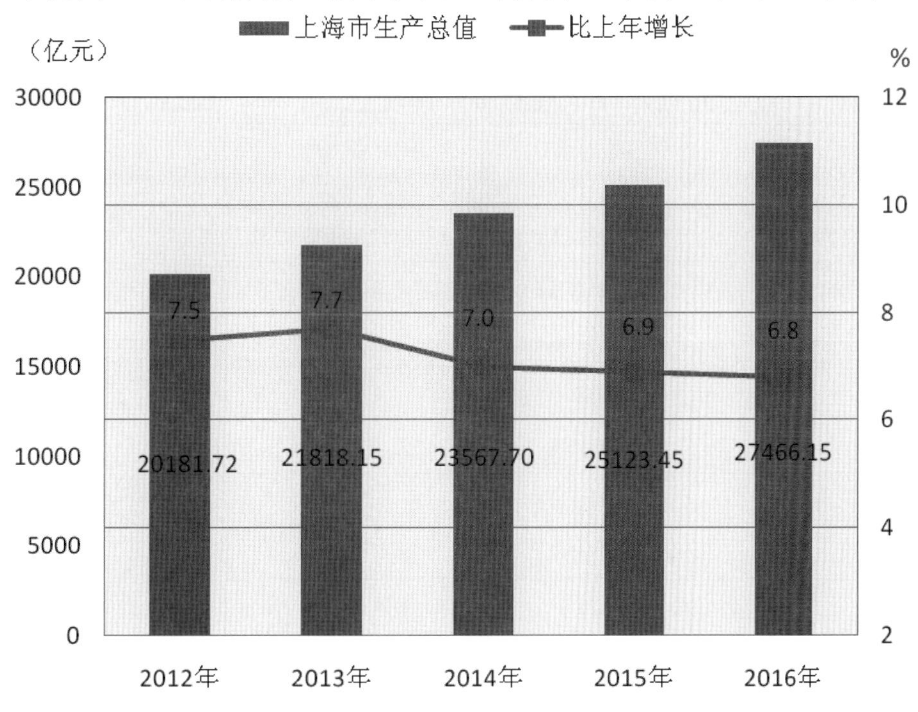

图 2-1　2012 ～ 2016 年上海市生产总值及其增长速度

在上海市生产总值中，公有制经济增加值 13 193.27 亿元，比上年增长 6.8%；非公有制经济增加值 14 272.88 亿元，增长 6.8%。非公有制经济增加值占上海市生产总值的比重为 52.0%，与上年持平。

全年战略性新兴产业增加值 4 182.26 亿元，比上年增长 5.0%。其中，制造业增加值 1 807.75 亿元，增长 2.7%；服务业增加值 2 374.51 亿元，增长 6.9%（见表 2-1）。战略性新兴产业增加值占上海市生产总值的比重为 15.2%。

表 2-1　2016 年战略性新兴产业增加值及其增长速度

指　标	绝对值（亿元）	比上年增长（%）
战略性新兴产业增加值	4 182.26	5.0
制造业	1 807.75	2.7
服务业	2 374.51	6.9

全年经工商登记新设立各类市场主体 34.70 万户，比上年增长 16.9%。其中，内资企业（不含私营企业）5 611 户，下降 6.6%；外商投资企业 8 222 户，下降 6.8%；私营企业 28.15 万户，增长 17.6%；个体工商户 5.10 万户，增长 22.2%。

全年地方一般公共预算收入 6 406.13 亿元，比上年增长 16.1%。地方一般公共预算支出 6 918.94 亿元，增长 11.7%（见表 2-2）。全年税务部门组织的税收收入完成 11 847.05 亿元（不含关税及海关代征税），同比增长 5.5%。

表 2-2　2016 年地方一般公共预算收支及其增长速度

指　标	绝对值（亿元）	比上年增长（%）
地方一般公共预算收入	6 406.13	16.1
# 增值税	2 460.44	10.4
个人所得税	593.08	21.6
企业所得税	1 336.89	21.1
契　税	345.83	27.6
地方一般公共预算支出	6 918.94	11.7
# 一般公共服务支出	302.09	15.3
公共安全支出	337.18	22.3
教育支出	840.97	5.7
社会保障和就业支出	988.81	82.0
医疗卫生与计划生育支出	383.10	21.8
节能环保支出	134.41	18.3
城乡社区支出	1 588.04	-3.6

全年完成全社会固定资产投资总额 6 755.88 亿元，比上年增长 6.3%。其中，第三产业投资占全社会固定资产投资总额的比重为 85.4%；非国有经济投资占全社会固定资产投资总

额的比重为72.7%（见表2-3）。

表2-3　2016年全社会固定资产投资及其增长速度

指　标	绝对值（亿元）	比上年增长（%）
全社会固定资产投资总额	6 755.88	6.3
按经济类型分		
国有经济	1 844.66	-6.6
非国有经济	4 911.22	12.2
# 私营经济	1 074.30	5.6
股份制经济	2 611.71	22.9
外商及港澳台经济	1 153.48	-1.0
按产业分		
第一产业	4.09	3.6
第二产业	982.69	2.5
第三产业	5 769.11	7.0
按行业分		
# 工　业	979.56	2.3
交通运输、仓储和邮政业	944.86	18.9
金融业	18.49	-24.5
卫生和社会工作	52.76	15.8

以上年价格为100，全年居民消费价格指数为103.2。其中，食品烟酒类价格指数为103.7，居住类价格指数为105.1，医疗保健类价格指数为109.0（见表2-4）；固定资产投资价格指数为99.6；工业生产者出厂价格指数为98.8，工业生产者购进价格指数为97.7。

以上年12月价格为100，新建住宅销售价格指数为126.5，其中，商品住宅价格指数为131.7；以上年价格为100，新建住宅销售价格指数为127.0，其中，商品住宅价格指数为132.8。

表2-4　2016年居民消费价格指数

指　标	指　数（以上年价格为100）
居民消费价格指数	103.2
食品烟酒	103.7
衣　着	100.8
居　住	105.1

生活用品及服务	101.2
交通和通信	97.0
教育文化和娱乐	102.7
医疗保健	109.0
其他用品和服务	103.3

二、农　业

全年全市实现农业总产值286.27亿元，比上年下降6.9%。其中，种植业149.14亿元，下降4.2%；林业13.27亿元，增长23.6%；牧业60.71亿元，下降12.9%；渔业52.57亿元，下降8.5%；农林牧渔服务业10.59亿元，下降8.1%。上海域外市属农场实现农业总产值32.16亿元，增长47.7%。

全年全市农作物播种面积29.63万公顷，比上年下降13.3%，其中，粮食播种面积14.01万公顷，下降13.5%。粮食产量99.55万吨，比上年下降11.2%；生牛奶产量26.04万吨，下降6.0%；水产品产量26.05万吨，下降10.7%（见表2-5）。

表2-5　2016年全市及域外主要农副产品产量

产品名称	单 位	全市产量	比上年增长（%）	域外产量	比上年增长（%）
粮　食	万吨	99.55	-11.2	-	-
蔬　菜	万吨	321.17	-8.1	-	-
生猪出栏	万头	171.11	-16.3	79.51	25.7
生牛奶	万吨	26.04	-6.0	10.12	12.8
家禽出栏	万羽	1 713.46	-11.9	23.70	31.9
水产品	万吨	26.05	-10.7	3.64	13.0

至年末，全市有1 670家企业、7 289个产品获得“三品一标”农产品认证。其中，绿色食品证书使用企业209家，绿色食品305个；无公害农产品证书使用企业1 450家，无公害农产品6 957个。

至年末，全市累计建成设施粮田面积86.53千公顷，市级蔬菜标准园150家，标准化畜禽养殖场304家，标准化水产养殖场270家。至年末，全市有农业产业化龙头企业383家，农民专业合作社3202家，经农业主管部门认定的粮食家庭农场3 990个。

三、工业和建筑业

全年实现工业增加值7 145.02亿元，比上年增长1.0%。全年完成工业总产值33 079.72亿元，增长0.7%。其中，规模以上工业总产值31 082.72亿元，增长0.8%。在规模以上工业总产值中，国有控股企业总产值 11 498.09 亿元，增长 1.3%。

全年节能环保、新一代信息技术、生物医药、高端装备、新能源、新材料和新能源汽车等战略性新兴产业制造业完成工业总产值 8 307.99 亿元，比上年增长 1.5%。

全年六个重点行业完成工业总产值 21 001.28 亿元，比上年增长 1.9%，占全市规模以上工业总产值的比重为 67.6%（见表 2-6）。

表 2-6　2016 年全市六个重点行业工业总产值及其增长速度

指 标	绝对值（亿元）	比上年增长（%）
六个重点行业工业总产值	21 001.28	1.9
电子信息产品制造业	6 045.08	-2.2
汽车制造业	5 781.58	12.6
石油化工及精细化工制造业	3 259.33	-0.3
精品钢材制造业	1 060.17	-5.5
成套设备制造业	3 896.48	-2.6
生物医药制造业	958.63	5.9

全年规模以上工业产品销售率为 99.9%。全年原油加工量 2 470.77 万吨，比上年下降 2.0%；工业机器人产量 2.91 万套，增长 24.4%；手机产量 4 801.43 万台，下降 28.8%；汽车产量 260.77 万辆，增长 7.3%（见表 2-7）。

表 2-7　2016 年全市主要工业产品产量及其增长速度

产品名称	单 位	产 量	比上年增长（%）
乳制品	万吨	46.50	-6.9
精制食用植物油	万吨	98.76	-11.4
原油加工量	万吨	2 470.77	-2.0
钢　材	万吨	2 080.14	-5.4
汽　车	万辆	260.77	7.3
工业机器人	万套	2.91	24.4
电力电缆	万千米	176.33	-6.5
移动通信手持机（手机）	万台	4 801.43	-28.8
集成电路	亿块	238.07	9.5
发电机组（发电设备）	万千瓦	2 561.00	21.2

全年规模以上工业企业实现利润总额2 898.52亿元，比上年增长8.1%，实现税金总额1 954.19亿元，下降1.9%。规模以上工业企业亏损面为21.9%。

全年实现建筑业总产值6 046.19亿元，比上年增长7.0%；房屋建筑施工面积36 019.72万平方米，下降1.7%；竣工面积7 481.15万平方米，增长3.1%。

四、批发和零售业

全年实现批发和零售业增加值4 032.43亿元，比上年增长4.6%。

全年实现商品销售总额10.08万亿元，比上年增长7.9%，其中批发销售额9.10万亿元，增长7.9%。

全年实现社会消费品零售总额10 946.57亿元，比上年增长8.0%（见表2-8），其中无店铺零售额1 584.00亿元，增长13.8%。网上商店零售额1 249.77亿元，增长15.8%，占社会消费品零售总额的比重为11.4%，比上年提高0.5个百分点。

表2-8　2016年全市社会消费品零售总额及其增长速度

指　标	绝对值（亿元）	比上年增长（%）
社会消费品零售总额	10 946.57	8.0
#批发零售贸易业	9 874.15	8.4
住宿餐饮业	1 072.42	4.7
#国　有	266.68	-3.8
私　营	2 078.70	2.3
股份有限公司	851.77	9.4
港澳台商投资	1 892.03	9.6
外商投资	2 092.36	10.1
#无店铺零售额	1 584.00	13.8
#网上商店零售额	1 249.77	15.8

至年末，全市已开业城市商业综合体达189家，其中，商场建筑面积10万平方米以上的有68家。全年全市城市商业综合体实现营业额达1 287.20亿元，比上年增长12.2%。

五、交通、邮电和旅游

全年实现交通运输、仓储和邮政业增加值1 160.27亿元，比上年增长6.3%。

全年各种运输方式完成货物运输量88 689.16万吨，比上年下降2.8%。旅客发送量19 564.44万人次，增长5.3%（见表2-9）。

表 2-9 2016 年全市货物运输量与旅客发送量及其增长速度

指 标	单 位	绝对值	比上年增长（%）
货物运输量	万吨	88 689.16	-2.8
铁 路	万吨	460.51	-2.3
水 运	万吨	48 786.73	-2.0
公 路	万吨	39 055.00	-3.9
机 场	万吨	386.92	4.3
旅客发送量	万人次	19 564.44	5.3
铁 路	万人次	10 609.37	9.5
港 口	万人次	171.98	52.2
公 路	万人次	3 402.00	-9.7
机 场	万人次	5 381.09	7.6

全年上海港口货物吞吐量达到 70 176.56 万吨，比上年下降 2.2%；集装箱吞吐量 3 713.31 万国际标准箱，增长 1.6%。集装箱水水中转比例为 46.5%，国际中转比例为 7.2%。上海浦东、虹桥两大国际机场全年共起降航班 74.19 万架次，增长 5.1%；进出港旅客达到 10 646.25 万人次，增长 7.3%。其中，国内航线进出港旅客 6 996.85 万人次，增长 5.3%；国际及地区航线进出港旅客 3 649.40 万人次，增长 11.4%。

全年上海港接待邮轮靠泊 509 艘次，其中，以上海为母港的邮轮 482 艘次。邮轮旅客吞吐量 289.38 万人次，比上年增长 76.2%。

至年末，全市轨道交通运营线路达到 15 条。全年优化调整公交线路 214 条，其中新辟 42 条。至年末，公交运营车辆达 1.67 万辆，其中国Ⅴ及以上标准及零排放车辆 7 019 辆，占全部公交运营车辆的 42.0%；运营出租车 4.73 万辆。全年市内公共交通客运量 67.05 亿人次，比上年增长 1.0%。其中，轨道交通客运量 34.01 亿人次，增长 10.9%；公共汽电车客运量 23.91 亿人次，下降 6.2%。

至年末，全市拥有各类民用汽车 322.94 万辆，比上年增长 14.4%，其中私人汽车 242.71 万辆，增长 16.3%。

全年完成邮政业务总量 564.25 亿元，比上年增长 46.3%；电信业务总量 1 101.73 亿元，增长 41.2%。邮政业全年完成邮政函件业务 8.26 亿件、包裹业务 272.86 万件、快递业务 26.03 亿件；快递业务收入 709.51 亿元。年末固定电话用户 731.62 万户，其中住宅电话 421.80 万户。移动电话用户 3 156.14 万户，比上年末减少 103.79 万户。移动电话用户普及率 130.7 部 / 百人。

全年实现旅游产业增加值 1 689.70 亿元，比上年增长 6.9%。

至年末，全市已有星级宾馆 238 家，旅行社 1 518 家，A 级旅游景区（点）97 个，红色旅游基地 34 个（见表 2-10）。

表 2-10　2016 年旅游设施情况

指 标	单位	绝对值
星级宾馆	家	238
# 五星级	家	70
四星级	家	69
旅行社	家	1 518
# 经营出境旅游业务的旅行社	家	181
A 级旅游景区（点）	个	97
#5A 级景区（点）	个	3
4A 级景区（点）	个	50
红色旅游基地	个	34
# 全国红色旅游基地	个	9
旅游咨询服务中心	个	48
旅游集散中心站点	个	4

全年接待国际旅游入境者 854.37 万人次，比上年增长 6.8%(见图 2-2)。其中，入境外国人 659.83 万人次，增长 7.4%；港、澳、台同胞 194.54 万人次，增长 4.9%。在国际旅游入境者中，过夜旅游者 690.43 万人次，增长 5.6%。全年接待国内旅游者 29 620.60 万人次，增长 7.4%，其中，外省市来沪旅游者 14 679.73 万人次，增长 5.4%。全年入境旅游外汇收入 65.30 亿美元，增长 9.6%；国内旅游收入 3 443.93 亿元，增长 14.6%。

图 2-2　2012 ～ 2016 年国际旅游入境人数

六、金融和保险

全年实现金融业增加值 4 762.50 亿元，比上年增长 12.8%。

至年末，全市各类金融单位达到 1 473 家。其中，货币金融服务单位 622 家；资本市场服务单位 382 家；保险业单位 386 家。至年末，全市各类金融单位中，在沪经营性外资金融单位达到 242 家。

至年末，全市中外资金融机构本外币各项存款余额 110 510.96 亿元，比年初增加 6 750.32 亿元；贷款余额 59 982.25 亿元，比年初增加 6 595.04 亿元（见表 2-11）。

表 2-11　2016 年中外资金融机构本外币存贷款情况

指 标	绝对值（亿元）	比年初增减额（亿元）
各项存款余额	110 510.96	6 750.32
# 住户存款	25 112.99	1 728.23
非金融企业存款	45 105.14	7 062.38
广义政府存款	14 611.70	1 213.74
非银行业金融机构存款	21 737.43	-3 628.09
各项贷款余额	59 982.25	6 595.04
# 住户贷款	16 201.60	4 483.63
非金融企业及机关团体贷款	39 357.72	26.74
非银行业金融机构贷款	333.90	28.82
# 人民币个人消费贷款	15 038.05	4 286.82
# 住房贷款	11 141.86	3 376.05
汽车消费贷款	2 596.32	726.57

全年金融市场交易总额达到 1 364.66 万亿元，比上年减少 6.7%。上海证券交易所总成交金额 283.87 万亿元，增长 6.6%。其中债券成交额 224.72 万亿元，增长 82.9%；股票成交金额 49.79 万亿元，减少 62.4%。全年通过上海证券市场股票筹资 8 056.45 亿元，比上年减少 7.5%；发行公司债 25 547.20 亿元，增长 46.7%。至年末，上海证券市场上市证券 9 647 只，比上年末增加 3 733 只，其中股票 1 226 只，增加 101 只。

上海期货交易所总成交金额 84.98 万亿元，增长 33.7%。中国金融期货交易所总成交金额 18.22 万亿元，减少 95.6%。银行间市场总成交金额 960.15 万亿元，增长 36.3%。上海黄金交易所总成交金额 17.44 万亿元，增长 61.7%。

全年保险公司原保险保费收入 1 529.26 亿元，比上年增长 35.9%。其中，财产险公司原保险保费收入 410.78 亿元，增长 6.5%；寿险公司原保险保费收入 1 118.48 亿元，增长 51.3%。全年保险赔付支出 528.77 亿元，增长 11.7%。其中，财产险赔款支出 222.55 亿元，增长 16.3%；寿险给付 245.86 亿元，增长 7.2%；健康险赔款给付 49.96 亿元，增长 12.8%；

意外险赔款支出 10.41 亿元，增长 19.8%。

七、对外经济

全年上海关区货物进出口总额 52 334.85 亿元，比上年增长 3.3%。其中，进口 20 683.76 亿元，增长 5.1%；出口 31 651.09 亿元，增长 2.1%。

全年上海市货物进出口总额 28 664.37 亿元，比上年增长 2.7%。其中，进口 16 558.92 亿元，增长 5.2%；出口 12 105.45 亿元，下降 0.5%（见表 2-12）。按市场分，对欧盟进口 3 729.41 亿元，增长 6.3%；出口 1 990.54 亿元，下降 10.9%；对美国进口 1 791.99 亿元，增长 2.4%；出口 2 965.08 亿元，增长 5.6%；对东盟进口 2 069.86 亿元，增长 6.2%；出口 1 446.00 亿元，增长 6.3%；对日本进口 1 941.73 亿元，增长 9.7%；出口 1 266.95 亿元，下降 3.5%（见表 2-13）。

表 2-12　2016 年上海市货物进出口总额及其增长速度

指 标	绝对值（亿元）	比上年增长（%）
上海市货物进出口总额	28 664.37	2.7
上海市货物进口总额	16 558.92	5.2
# 国有企业	3 024.38	6.7
外商投资企业	10 749.20	2.0
私营企业	2 618.84	16.1
# 一般贸易	8 870.70	9.5
加工贸易	2 033.48	-5.8
# 机电产品	8 139.15	0.4
# 高新技术产品	5 134.10	-1.1
上海市货物出口总额	12 105.45	-0.5
# 国有企业	1 478.40	-6.3
外商投资企业	8 159.31	0.3
私营企业	2 355.17	0.9
# 一般贸易	5 255.66	1.1
加工贸易	4 847.34	-6.4
# 机电产品	8 506.80	-0.1
# 高新技术产品	5 219.96	-1.4

表 2-13　2016 年上海对主要国家和地区货物进、出口总额及其增长速度

国家和地区	出口额（亿元）	比上年增长（%）	进口额（亿元）	比上年增长（%）
美 国	2 965.08	5.6	1 791.99	2.4
欧 盟	1 990.54	-10.9	3 729.41	6.3
东 盟	1 446.00	6.3	2 069.86	6.2
日 本	1 266.95	-3.5	1 941.73	9.7
中国香港	1 196.48	-0.2	267.37	100.7
韩 国	484.09	-8.1	1 079.57	-14.1
中国台湾	425.55	12.1	1 050.67	8.8
俄罗斯	108.65	2.6	137.10	-21.5

全年新设外商直接投资项目 5 153 项，比上年下降 14.2%；合同金额 509.78 亿美元，下降 13.5%；全年外商直接投资实际到位金额 185.14 亿美元，增长 0.3%。全年第三产业实际到位金额 163.35 亿美元，增长 2.5%，占全市实际利用外资的比重为 88.2%。至年末，在上海投资的国家和地区达 168 个。在上海落户的跨国公司地区总部达到 580 家，投资性公司 330 家，外资研发中心 411 家。年内新增跨国公司地区总部 45 家，其中亚太区总部 15 家；投资性公司 18 家；外资研发中心 15 家。

全年备案和核准对外直接投资项目 1 425 项，比上年增长 6.5%；对外直接投资中方投资额 366.50 亿美元，下降 8.1%。签订对外承包工程合同金额 118.45 亿美元，增长 6.7%；实际完成营业额 66.56 亿美元，下降 10.7%；派出人员 6 497 人次，增长 10.8%。对外劳务合作派出人员 15 290 人次，增长 6.4%。至年末，上海对外承包工程和劳务合作涉及的国家和地区达 178 个。

全年举办各类展览会项目 880 个，总展出面积 1 605.08 万平方米，比上年增长 6.2%。其中，国际展览会项目 287 个，展出面积 1 177.47 万平方米，增长 4.8%；国内展览会项目 593 个，展出面积 427.60 万平方米，增长 10.5%。

八、中国（上海）自由贸易试验区建设

持续推动中国（上海）自由贸易试验区制度创新。开展市场准入负面清单制度试点，深化外商投资、境外投资管理和商事制度改革。至年末，自贸试验区“集中登记地”增至 61 处，已注册企业 21 400 户。推行“企业简易注销登记”，惠及经营者 1289 户；推出网上预约、预登记服务，试行手机 APP“掌上预约”。至年末，受理网上预约登记 29 448 件，企业平均等候时间缩短 2/3。至年末，区内共有企业 79 669 户，其中内资企业 62 365 户，涉及注册资本 41 403.62 亿元；外资企业 17 304 户，涉及注册资本 2 436.86 亿美元。

深化“三互”（信息互换、监管互认、执法互助）大通关建设改革，建立符合高标准贸易便利化规则的贸易监管制度。探索在通关一体化改革试点中引入“三自一重”（自主报

税、自助通关、自动审放、重点稽查）理念，年内受理“三自一重”报关单 5 155 单、货值 69.83 亿元、征收税款 12.04 亿元，同比分别增长 7.5 倍、3.0 倍和 3.1 倍。全年区内外贸进出口总额 7 836.80 亿元，增长 5.9%，其中出口额 2 315.85 亿元，增长 14.5%（见表 2-14）。

推出金融综合监管试点等一批实施细则和创新案例，实施自由贸易账户功能拓展等一批改革举措，金融制度创新框架基本形成。上海保险交易所、上海票据交易所、中国信托登记有限责任公司正式开业，自贸试验区“国际版”大宗商品交易平台已有 7 家通过验收。至年底，上海自贸试验区开设 FT 账户超过 6.34 万个，账户收支总额 5.74 万亿元。人民币跨境交易规模持续扩大，全年保税区跨境人民币境外借款 40.70 亿元，跨境人民币结算总额已达 11518 亿元，跨境双向人民币资金池业务收支总额累计 3 520.13 亿元。

制定实施事中事后监管深化方案，推进市区两级事中事后综合监管平台建设，开通企业信用信息公示系统，形成以政府职能转变为核心的事中事后监管制度构架。

表 2-14　2016 年中国（上海）自由贸易试验区主要经济指标及其增长速度

指 标	单位	绝对值	比上年增长（%）
地方一般公共预算收入	亿元	559.38	23.7
外商直接投资实际到位金额	亿美元	61.79	28.2
全社会固定资产投资总额	亿元	607.93	9.4
工业总产值	亿元	4 312.84	14.2
社会消费品零售额	亿元	1 396.76	6.9
商品销售总额	亿元	33 609.23	6.9
服务业营业收入	亿元	4 167.59	7.0
外贸进出口总额	亿元	7 836.80	5.9
#出口额	亿元	2 315.85	14.5
期末监管类金融机构数	个	815	7.5
新兴金融机构数	个	4 651	11.9

九、城市基础设施和房地产

全年完成城市基础设施建设投资 1 551.87 亿元，比上年增长 8.9%。其中，交通运输邮电通信投资 990.18 亿元；市政建设投资 345.75 亿元；公用事业投资 70.90 亿元（见表 2-15）。

至年末，全市轨道交通运营线路长度达到 617.53 公里，公交专用道路达到 325 公里。建成长江西路越江隧道。国际旅游度假区和迪斯尼乐园开园运营，世博央企总部集聚区全面建成。黄浦江滨江公共空间贯通 10 公里。建成中心城区 228 个排水系统，打通 17 条区区对接道路。

表 2-15 2016 年城市基础设施投资及其增长速度

指 标	绝对值（亿元）	比上年增长（%）
城市基础设施投资	1 551.87	8.9
电力建设	145.04	12.1
交通运输	883.81	16.4
邮电通信	106.27	11.2
公用事业	70.90	6.3
市政建设	345.75	-7.6

全市自来水供水能力为 1 152 万立方米 / 日，比上年增加 15 万立方米 / 日。全年供水总量为 32.04 亿立方米，增长 2.6%；售水总量为 25.24 亿立方米，比上年增长 2.7%。其中，工业用水量、生活用水量分别为 4.82 亿立方米、20.42 亿立方米，分别比上年下降 2.3% 和增长 4.0%。全年全市用电量 1486.02 亿千瓦时，增长 5.7%（见表 2-16）。至年末，全市家庭液化气用户 333.6 万户，家庭天然气用户 675.2 万户。

表 2-16 2016 年公用事业主要指标及其增长速度

指 标	单 位	绝对值	比上年增长（%）
自来水日供水能力	万立方米	1152	1.3
自来水供水总量	亿立方米	32.04	2.6
自来水售水总量	亿立方米	25.24	2.7
# 工业用水	亿立方米	4.82	-2.3
用电量	亿千瓦时	1 486.02	5.7
# 城乡居民生活用电	亿千瓦时	217.72	17.4
液化气销售总量	万 吨	39.79	-6.1
天然气销售总量	亿立方米	73.8	6.6

全年完成房地产开发投资 3 709.03 亿元，比上年增长 6.9%。其中，住宅投资 1 965.43 亿元，增长 8.4%；办公楼投资 695.95 亿元，增长 6.3%；商业营业用房投资 519.41 亿元，增长 11.1%。商品房施工面积 15 111.24 万平方米，增长 0.1%；竣工面积 2 550.64 万平方米，下降 3.6%。商品房销售面积 2 705.69 万平方米，增长 11.3%，其中，住宅销售面积 2 019.80 万平方米，增长 0.5%。全年商品房销售额 6 695.85 亿元，增长 31.5%，其中，住宅销售额 5 233.29 亿元，增长 21.1%。全年存量房买卖登记面积 3 398.31 万平方米，增长 28.3%。

全年新增供应各类保障性住房5.2万套。中心城区实际完成二级旧里以下房屋改造约59万平方米，受益居民约3万户。

十、城市信息化

全年实现信息产业增加值2 994.33亿元，比上年增长8.5%。其中，信息服务业增加值1 963.79亿元，增长11.9%。

至年末，全市光纤到户覆盖总量达941万户，比上年末增加31万户，实际使用用户数达到515.74万户，比上年末增加54.62万户。固定宽带用户平均可用下载速率达14.03Mb/s，比上年末提高2.72Mb/s。下一代广播电视网（NGB）覆盖744万户家庭，比上年末增加24万户。全市第三代移动通信技术（3G）和第四代移动通信技术（4G）用户总数达到2 390.09万户，比上年末增加178.82万户。开展i-Shanghai服务优化升级，公共场所服务场点累计开通1 400余处，比上年末增加近600处。互联网网民数1 791万人，互联网普及率为74.1%。城市公共区域WLAN接入热点累计达13.72万个。互联网宽带接入用户804.12万户，比上年末增加119.30万户。互联网省际出口带宽8.59T，比上年末增加2.99T，互联网国际出口带宽1.08T，比上年末增加0.16T。IPTV用户数达230万户，增加53万户。数字电视用户数达562万户，增加20万户。

全年完成电子商务交易额20 049.30亿元，比上年增长21.9%。其中，B2B交易额14 445.60亿元，增长17.3%，占电子商务交易额的72.1%；网络购物交易额5 603.70亿元，增长35.4%，占27.9%。

全年口岸税费电子支付系统入网企业累计约8.3万家，增长3.7%，报文传输量为2.47亿个，实现电子支付金额13 662亿元，增长7.4%。至年末，已有148万家单位持有有效“一证通”185万张。

至年末，“市民信箱”累计注册用户582万人，比上年增长20.0%。

至年末，市信用平台累计对外提供查询2 223.84万次。其中，法人信用信息被查询713.38万次；自然人信用信息被查询1 510.46万次。97家单位确认向市信用平台提供5 198项信息事项。其中，涉及法人信息事项4 072项，涉及自然人信息事项1 126项。平台可查询数据3.14亿条，法人数据1 064.03万条，自然人数据3.04亿条。

至年末，市信用平台已建21个子平台（16个区以及市商务委、市住建委、市司法局、市社团局、市酒类专卖局5家市级委办局），在建子平台1个（市卫计委）。除市信用平台服务大厅外，已设立13家服务窗口（10个区、自贸试验区和司法局服务窗口、上海图书馆），在建服务窗口1个（宝山区）。

十一、教育和科学技术

2015～2016学年，全市共有普通高等学校64所，普通中等学校885所，普通小学753所，特殊教育学校29所。普通高等学校和普通小学毕业生数均有所增加，普通中等学校的毕业生数有所减少（见表2-17）。全市共有48家机构培养研究生，全年招收研究生4.91万人，在校研究生14.50万人，毕业研究生3.97万人。九年义务教育入学率保持在99.9%以上，高中阶段新生入学率达 98.7%。

表 2-17　2015 ～ 2016 学年各级各类学校学生情况及其增长速度

类 别	在校学生数（万人）	比上学年增长（%）	毕业学生数（万人）	比上学年增长（%）
普通高等学校	51.47	0.6	13.26	3.0
普通中等学校	66.63	-1.1	17.85	-2.2
普通中学	57.11	0.1	14.37	-1.2
高 中	15.78	-0.2	5.19	1.3
初 中	41.33	0.2	9.18	-2.6
中等专业学校	6.68	-7.7	2.39	-4.3
职业学校	2.03	-1.9	0.88	-8.4
技工学校	0.84	7.5	0.22	-14.5
普通小学	78.97	-1.1	14.69	6.6
特殊教育学校	0.43	-3.1	0.08	2.1

2015 ～ 2016 学年，全市共有民办普通高校 20 所，在校学生 10.59 万人；民办普通中学 121 所，在校学生 7.64 万人；民办小学 156 所，在校学生 12.54 万人。全市共有成人中高等学历教育学校 32 所，成人职业技术培训机构 674 所，老年教育机构 291 所。全市共有校外教育机构 20 所。其中，少年宫（含青少年活动中心）16 所，少年科技站 3 所，少年之家 1 所。

全年用于研究与试验发展（R&D）经费支出 1 030.00 亿元，相当于上海市生产总值的比例为 3.80%（见图 2-3）。

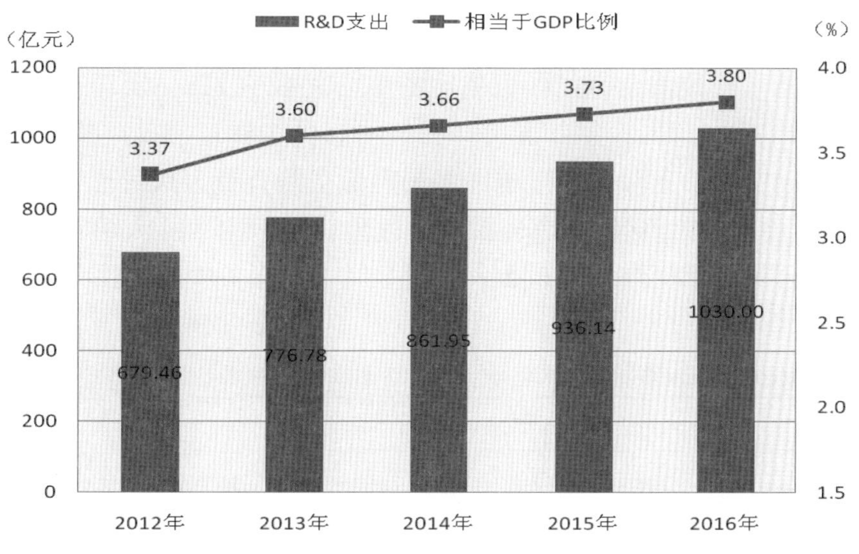

图 2-3　2012 ～ 2016 年 R&D 经费支出及其相当于上海市生产总值的比例

全年受理专利申请119 937件，比上年增长19.9%，其中，受理发明专利申请54 339件，增长15.7%。全年专利授权量为64230件，增长5.9%，其中，发明专利授权量为20 086件，增长14.1%。全年PCT国际专利受理量为1 560件，比上年增长47.2%。至年末，全市有效发明专利达85 049件。全市科技小巨人企业和小巨人培育企业共1 638家，高新技术企业6 938家，技术先进型服务企业272家。年内全市新认定高新技术企业2 306家。年内认定高新技术成果转化项目469项，其中，电子信息、生物医药、新材料等重点领域项目占87.4%。至年末，共认定高新技术成果转化项目10 969项。全年经认定登记的各类技术交易合同2.12万件，比上年下降5.8%；合同金额822.86亿元，增长16.2%。

十二、文化、卫生和体育

年内成功举办第三十三届“上海之春”国际音乐节、第十八届中国上海国际艺术节、第五届上海国际芭蕾舞比赛、首届上海艾萨克·斯特恩国际小提琴比赛、上海国际电影电视节、刘海粟美术馆新馆开馆、第四届市民文化节等重大文化活动。全年市民参与文化活动人数近2 000万人次。继续实施新一轮公共文化从业人员“三年万人培训”项目，年内参训3 597人次。至年末，全市有市、区级文化馆、群众艺术馆24个，艺术表演团体273个，市、区级公共图书馆24个，档案馆50个，博物馆124个。全市共有公共广播节目22套，公共电视节目25套。有线电视用户771.68万户，有线数字电视用户721.55万户。全年生产电视剧52部，共2118集；动画电视10184分钟。全年共出版报纸10.08亿份、各类期刊1.11亿册、图书4.18亿册；摄制完成80部影片。

年内圆满完成第九届全球健康促进大会承办任务。至年末，全市共有医疗卫生机构5011所，卫生技术人员21.72万人（见表2-18）。全年全市医疗机构共完成诊疗人次2.66亿人次；户籍人口期望寿命达到83.18岁，上海地区婴儿死亡率3.76‰，孕产妇死亡率5.64/10万。为1.4万对计划怀孕夫妻提供免费孕前优生健康检查。

全市公立医院药品（除中药饮片）加成率降至5%，共调整660项医疗服务项目价格，调价总补偿率85%左右。在首批65家社区卫生服务综合改革试点基础上，启动第二批121家社区试点，试点社区已覆盖全市社区卫生服务中心总量的77%。至年末，已有215家社区卫生服务中心正式开展“1+1+1”签约服务，已签约居民130万余人，开具延伸处方14万余张。超额完成市政府实事“上海市社区居民大肠癌免费筛查及跟踪管理”项目任务，累计为50.7万余人免费筛查。全年市级公立医院有34家单位共派出414人参加临床主治医师到基层定期工作，区属公立医疗机构派出542人支援社区卫生服务中心、医疗急救机构。

表2-18　2016年卫生机构基本情况

指 标	单 位	绝对值
卫生机构数	所	5011
# 医院	所	349
门诊部	所	683

社区卫生服务中心	所	307
疾病预防控制中心	所	19
卫生监督所	所	17
卫生技术人员数	万人	21.72
#执业（助理）医生	万人	6.55
#医院执业（助理）医生	万人	4.03
注册护士	万人	7.94

注：卫生机构数中含医疗卫生机构的分支机构。

年内成功举办国际滑联“上海超级杯”、世界水上摩托锦标赛、F1中国大奖赛、上海ATP1000网球大师赛、国际田联钻石联赛、汇丰高尔夫球世界锦标赛、世界斯诺克上海大师赛、NBA国际系列赛等67次国际性体育赛事和89次全国性体育赛事。成功举办第二届市民运动会，包括67项总决赛、234项市级赛事以及各级各类赛事9 778项，参赛人数达146.15万人，参与人次达788.99万；举办市级12类主题活动、各类活动7 000余次，参与人次达378万。上海体育健儿在第三十一届奥运会上获得3人次金牌、3人次银牌和4人次铜牌，1人次创1项世界纪录，1人次破1项奥运会纪录，7个小项创中国奥运参赛最好成绩，3个小项创上海奥运参赛最好成绩。年内新建65条市民健身步道，新建改建56片市民球场。

十三、人口和就业

至年末，全市常住人口总数为2 419.70万人。其中，户籍常住人口1 439.50万人，外来常住人口980.20万人。全年常住人口出生21.84万人，出生率为9.0‰；死亡12.08万人，死亡率为5.0‰；常住人口自然增长率为4.0‰。全年户籍常住人口出生12.92万人，出生率为9.0‰；死亡11.4万人，死亡率为7.9‰；户籍常住人口自然增长率为1.1‰。

全市户籍人口平均期望寿命达到83.18岁。其中，男性80.83岁，女性85.61岁。

全年新增就业岗位59.93万个（见图2-4）。全年新安置就业困难人员10 786人，新消除零就业家庭108户。全年帮扶引领成功创业人数11 795人。其中，青年大学生7 538人；帮助8 802名长期失业青年实现就业创业。全年共完成职业培训64.94万人，其中，农民工职业培训27.77万人。至年末，累计有894人入选国家“千人计划”， 798人入选上海“千人计划”。高技能人才占技能劳动者比例达到31.1%。至年末，全市城镇登记失业人员24.26万人，城镇登记失业率为4.1%。

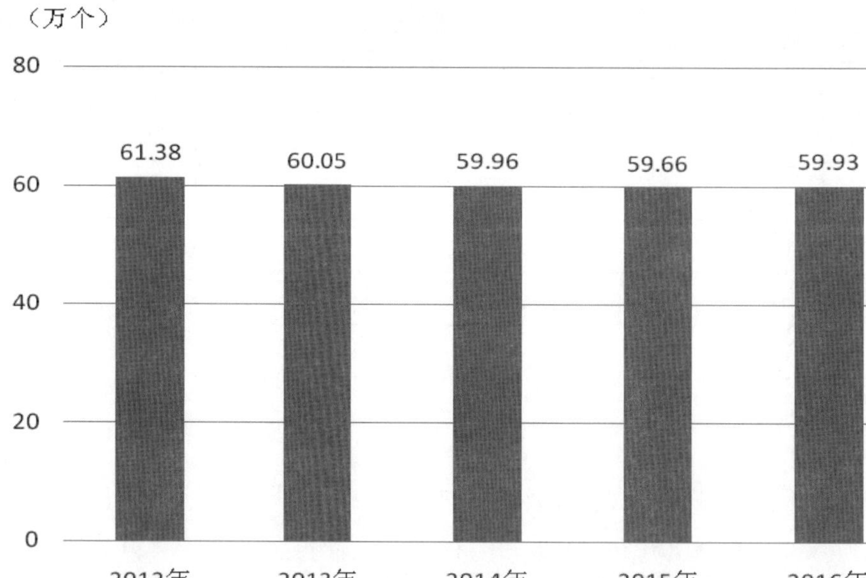

图 2-4　2012 ～ 2016 年新增就业岗位情况

十四、人民生活和社会保障

据抽样调查，全年全市居民人均可支配收入 54 305 元，比上年增长 8.9%，扣除价格因素，实际增长 5.5%。其中，城镇常住居民人均可支配收入 57 692 元，增长 8.9%，扣除价格因素，实际增长 5.5%；农村常住居民人均可支配收入 25 520 元，增长 10.0%，扣除价格因素，实际增长 6.6%。全市居民人均消费支出 37 458 元，比上年增长 7.7%。其中，城镇常住居民人均消费支出 39 857 元，增长 7.9%；农村常住居民人均消费支出 17 071 元，增长 5.7%。

至年末，城镇居民人均住房建筑面积 36.1 平方米（见图 2-5），居民住宅成套率达到 97%。

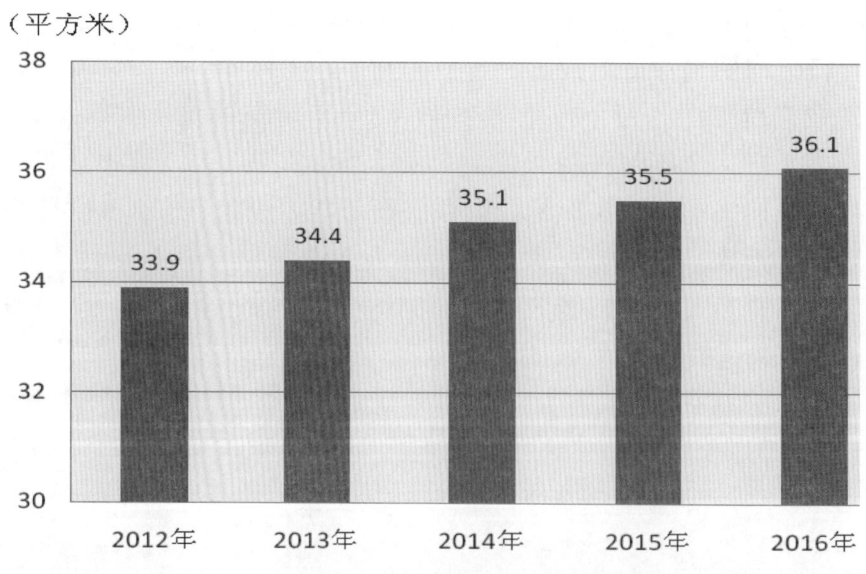

图 2-5　2012 ～ 2016 年城镇居民人均住房建筑面积

至年末，全市共有1 446.85万人（包括离退休人员）参加城镇职工基本养老保险，有79.54万人参加城乡居民基本养老保险。在2015年实现城乡低保标准一体化基础上，2016年继续加大调标力度，最低生活保障标准从上年的每人每月790元提高到880元，增长11.4%。月最低工资标准从2 020元提高到2 190元，小时最低工资标准从18元提高到19元。

至年末，全市共有1 404万人（包括离退休人员）参加职工基本医疗保险，338.03万人参加城乡居民基本医疗保险。

至年末，全市民政部门共有各类提供住宿的收养性社会服务机构738个，床位13.75万张，其中，养老机构702家，床位13.28万张。在全市养老机构中，由社会投资开办的有347家，床位5.94万张。全市建有社区老年人日间服务中心488家，社区老年人助餐服务点633个。

全年各级政府支出城镇居民最低生活保障金15.34亿元、农村居民最低生活保障金2.40亿元、农村五保供养资金0.19亿元、粮油帮困资金0.69亿元、医疗救助金3.47亿元。

年内新办福利企业13家，新安置293名残疾人就业。全市福利企业年销售收入189.22亿元，年利润总额8.49亿元。

十五、环境保护

全年全社会用于环境保护的资金投入823.57亿元，相当于上海市生产总值的比例为3.0%。

全年环境空气质量（AQI）优良率为75.4%，比上年上升4.7个百分点。二氧化硫年日均浓度15微克／立方米，比上年下降11.8%；可吸入颗粒物（PM10）年日均浓度59微克／立方米，下降14.5%；细颗粒物（PM2.5）年日均浓度45微克／立方米，下降15.1%；二氧化氮年日均浓度43微克／立方米，下降6.5%；一氧化碳年日均浓度0.79毫克／立方米，下降8.1%；臭氧日最大8小时滑动平均值达标率89.3%，下降0.6个百分点。全市平均区域降尘量4.5吨／平方公里•月，比上年下降8.2%。

年末，城市污水处理厂日处理能力达815.1万立方米，比上年末增长2.6%；城镇污水处理率达到93%，比上年提高0.2个百分点。全市生活垃圾末端处理能力达22 650吨／日，其中焚烧11 800吨／日。全年清运生活垃圾879.86万吨，生活垃圾无害化处理率达到100%。年内新增生活垃圾分类居住区覆盖家庭100万户，累计达500余万户；“绿色账户”激励机制覆盖200万户。居住区分类达标3 850个，创建分类示范菜场22个。加强道路扬尘防治，20条重点路段得到有效治理，完成412套在线检测设备安装，实时反馈扬尘指数。

全年新建绿地1221公顷，其中公园绿地560公顷；新增林地2 400公顷。至年末，人均公园绿地面积达到7.82平方米，建成区绿化覆盖率达到38.8%，全市森林覆盖率达到15.6%。完成203公里绿道建设，新增立体绿化41万平方米，完成高架桥柱绿化1.2万根。创建命名林阴道22条，全市累计达174条。城市公园增至217座，完成16个老公园改造，89座公园实施延长开放，接待公园游客2.2亿人次以上。长兴、青西2座郊野公园建成开放。至年末，自然保护区达到4个，其中国家级自然保护区2个。成功举办第二届市民绿化节，推出家庭园艺、绿色展示、体验互动、科普服务四大系列42项市级活动，组织活动逾1 500场次，参与人数逾千万人。

十六、城市运行安全和生产安全

全年查处食品安全违法犯罪案件 7 240 起，罚没金额 16 300.10 万元。开展日常巡查、监督检查和专项执法检查共计 45.90 万户次，共监督抽检各类食品样品 198 630 件，合格率为 98.5%。各类食品检测总体合格率为 97.3%，年食品抽检数达到 10 件 / 千人。全年共报告发生集体性食物中毒 7 起，中毒人数 229 人（无死亡），中毒发生率为 0.95 例 /10 万人。建立食品安全信息追溯平台，制定 9 大类 20 个重点监管品种信息追溯目录，数据已达 7695 万余条。

全年共发生道路交通、工矿商贸、火灾、铁路交通、农业机械生产安全事故 5 497 起，造成死亡 1 027 人，分别比上年下降 7.7% 和 10.5%。其中，工矿商贸生产安全事故 223 起，造成死亡 219 人，分别下降 24.4% 和 3.1%；道路交通事故 794 起，造成死亡 759 人，分别下降 24.0% 和 12.6%；火灾事故 4 475 起，造成死亡 46 人，分别下降 2.8% 和 11.5%；铁路交通事故 3 起，比上年上升 50.0%，死亡 1 人。农业机械事故 2 起，下降 71.4%，死亡 2 人。全年亿元生产总值生产安全事故死亡人数为 0.037 人。

上海市统计局
国家统计局上海调查总队
2017 年 3 月 1 日

说明：

1. 本公报数据为初步统计数。

2. 上海市生产总值、各产业增加值和总产值绝对数按当年价格计算，增长速度按可比价格计算。2016 年上海市生产总值数据执行国家统计局 2012 年制定的《三次产业划分规定》。

3. 公有制经济增加值按国有经济、集体经济以及国有或集体控股的混合所有制经济口径计算。

4. 战略性新兴产业包含战略性新兴制造业和战略性新兴服务业两个部分，是本市根据国家制定的战略性新兴产品目录进行的行业划分。其中，战略性新兴产业制造业增加值和总产值均为规模以上口径。

5. 域外市属农场是指上海光明食品（集团）有限公司所属的外地农场，其产量和产值不包括在上海市总量中。

6. 城市商业综合体是指以区域为中心、以购物中心为主导，融合了商业零售、餐饮、休闲养生、娱乐、文化、教育等多项城市主要功能活动，面向各类消费人群，提供综合性服务的大型建筑综合体。城市商业综合体（购物中心）需同时满足以下条件：（1）由企业有计划地管理运营，有统一的名称，如 XX 中心、XX 广场、XX 城等；（2）涵盖超市、百货店、专业店、专卖店等商品零售业态，以及餐饮、文化、娱乐、健身、游艺、培训等两项及以上主要服务业态；（3）营业面积一般不少于 1 万平方米、独立开展经营活动的商户一般不少于 50 个。

7. 电信业务总量按 2010 年不变价格计算。

8. 旅游产业和信息产业的增加值是依据若干行业的有关资料进行跨行业核算的，不能将其与上海市生产总值中其他行业的增加值进行简单加总，否则会造成重复计算。

9. 银行间市场成交额包括银行间本币市场和外汇市场成交额。上海黄金交易所成交额按双边计算，上海证券交易所、上海期货交易所、中国金融期货交易所、银行间市场成交额按单边计算。

10. 学年是指教育年度，即从第一年的 9 月 1 日（学年初）至第二年的 8 月 31 日（学年末）。

11.2012 年四季度，国家统计局实施了城乡一体化住户调查改革，统一了城乡居民收入名称、分类和统计标准，在上海选取 6000 宅（户）城乡居民家庭，直接开展调查。2015 年起，发布城乡可比的新口径全市居民人均可支配收入以及城乡常住居民人均可支配收入。

12. 环境空气质量优良率（AQI）是国家发布的新环境空气质量评价标准。AQI 监测体系包括二氧化硫、二氧化氮、可吸入颗粒物 (PM10)、细颗粒物 (PM2.5)、一氧化碳和臭氧六项污染物指标。

第二篇

环境

ALMANAC OF
SHANGHAI REAL ESTATE

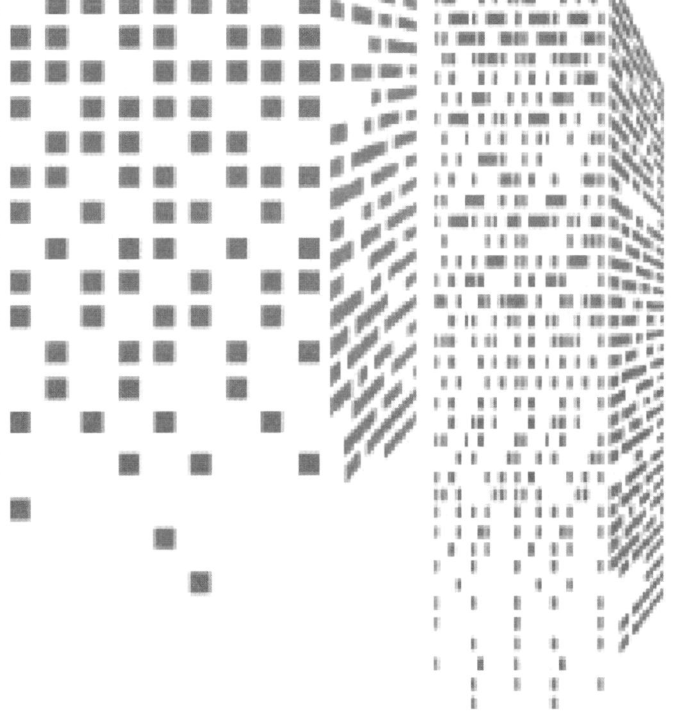

第三章　政策制度环境

第一节　上海房地产市场政策制度环境构成

2016年，房地产市场呈现新局面，政策环境也呈现新的变化。两会提出因城施策去库存，但随着热点城市房价地价快速上涨，政策分化进一步显现。国家层面，年末多次表态抑制资产泡沫防范金融风险。地方层面，地方调控经历了从宽松到热点城市持续收紧的过程 一方面，热点城市调控政策不断收紧，限购限贷力度及各项措施频频加码，遏制投机性需求，防范市场风险；另一方面，三四线城市仍坚持去库存策略，从供需两端改善市场环境。同时，加强房地产长效机制建设，1亿非户籍人口在城市方案、产权保护意见等一系列规范性文件落地，区域一体化、新型城镇化等继续突破前行，住房租赁市场顶层设计出台，住房制度建设逐步完善，为房地产平稳健康发展构建良好的环境。

上海市面对房地产市场存在的各种新特点，贯彻落实国家“因城施策”的管理要求，适时出台房地产市场调控措施，积极坚持“以居住为主、以市民为主、以普通商品住房为主”的住房市场体系，深化完善“四位一体”的住房保障体系，坚决遏制房价过快上涨的态势，促进上海市房地产市场平稳健康有序发展。

一、土地政策制度

土地政策制度一般是指：中央或地方政府、行政机构，为调整土地关系（包括人地关系与人与人之间的利益关系），实现土地的合理利用及其所代表的社会阶级集团的经济利益而制定的行为准则。

2016年，中央贯彻落实创新、协调、绿色、开放、共享新发展理念，适应、把握、引领经济发展新常态，积极推进供给侧结构性改革，严守十八亿亩耕地红线，维护国家粮食安全，继续坚持最严格的耕地保护制度和最严格的节约用地制度，按照严守底线、调整结构、深化改革的思路，实施建设用地总量控制和减量化管理，严控增量，盘活存量，优化结构，提升效率。

农村土地制度改革逐步落实。3月24日，央行会同相关部门联合印发《农村承包土地的经营权抵押贷款试点暂行办法》和《农民住房财产权抵押贷款试点暂行办法》。6月3日，中国银监会、国土资源部发布《农村集体经营性建设用地使用权抵押贷款管理暂行办法的通知》，明确在试点地区，对符合规划、用途管制、依法取得要求，以出让、租赁、作价出资（入股）方式入市和具备入市条件的农村集体经营性建设用地使用权可以办理抵押贷款。6月6日，财政部、国土资源部联合印发《农村集体经营性建设用地土地收益调节金征收使用管理暂行办法》，对农村集体经营性建设用地土地收益管理做出规范。10月30日，印发《关于完善农村土地权承包权经营权分置办法的意见》，对农村土地产权制度改革做出新部署，明确完善“三权分置”办法，逐步形成“三权分置”格局，确保“三权分置”有序实施。12月16日，国土资源部发布《关于进一步加快宅基地和集体建设用地确权登记发证有关问题的通知》，进一步加快农村宅基地和集体建设用地确权登记发证工作，有效支撑农村土地制度改革。12月29日，国务院印发《关于稳步推进农村集体产权制度改革的意见》，明确全面加强农村集体资产管理，由点及面开展集体经营性资产产权制度改革。产权保护意见出台，宅地到期后续期将有法可依。11月27日，《中共国务院关于完善产权保护制度依法保护产权的意见》出台，提出要“研究住宅建设用地等土地使用权到期后续期的法律安排，推动形成全社会对公民财产长久受保护的良好和稳定预期”。还提出，深化农村土地制度改革，坚持土地公有制性质不改变、耕地红线不突破、粮食生产能力不减弱、农民利益不受损的底线，从实际出发，因地制宜，落实承包地、宅基地、集体经营性建设用地的用益物权，赋予农民更多财产权利，增加农民财产收益。12月8日，国土资源部厅发布《关于妥善处理少数住宅建设用地使用权到期问题的复函》，在尚未对住宅建设用地等土地使用权到期后续期作出法律安排前，少数住宅建设用地使用权期间届满的，可按过渡性办法处理，即不需要提出续期申请，不收取费用，正常办理交易和登记手续（见表4-1）。

表3-1　2016年国家土地方面的主要政策制度

土地政策制度	颁布日期	颁布机构
国务院关于全国土地整治规划（2016—2020年）的批复	2016～12～29	国务院
国土资源部办公厅关于妥善处理少数住宅建设用地使用权到期问题的复函	2016～12～06	国土资源部办公厅
土地利用年度计划管理办法	2016～05～12	国土资源部
国土资源部关于印发《国土资源“十三五”规划纲要》的通知	2016～04～12	国土资源部
国土资源部关于修改《建设用地审查报批管理办法》的决定	2016～11～29	国土资源部
国土资源部关于修改《建设项目用地预审管理办法》的决定	2016～11～29	国土资源部
建设项目用地预审管理办法	2016～11～25	国土资源部
国土资源部办公厅关于印发《城市周边永久基本农田划定情况专项督察工作方案》的通知	2016～03～15	国土资源部办公厅
中国银监会 国土资源部关于印发农村集体经营性建设用地使用权抵押贷款管理暂行办法的通知	2016～06～03	中国银监会、国土资源部

上海市最近五年来相关的土地政策制度根据时间顺序可归纳为表3-2。

表 3-2 上海市现行的主要土地政策制度

土地政策制度	颁布日期	颁布机构
关于全面开展 2017 年违法用地综合整治行动的通知	2016～12～29	上海市规划和国土资源管理局
国土资源部关于修改《建设用地审查报批管理办法》的决定	2016～11～29	国土资源部
国土资源部关于修改《建设项目用地预审管理办法》的决定	2016～11～29	国土资源部
市政府批转市国资委等七部门关于推进市属国有企业改制重组和清理调整中划拨土地使用权处置意见的通知	2016～08～01	上海市人民政府
关于进一步完善设施农用地管理支持设施农业健康发展的通知	2016～04～01	上海市规划和国土资源管理局、上海市农业委员会、上海市林业局
上海市人民政府办公厅转发市规划和国土资源局制订的《关于加强本市工业用地出让管理的若干规定》的通知	2016～03～30	上海市人民政府办公厅
上海市人民政府办公厅转发市规划和国土资源局制订的《关于本市盘活存量工业用地的实施办法》的通知	2016～03～30	上海市人民政府办公厅
上海市市级土地整治项目和资金管理办法	2015～11～30	上海市规划和国土资源管理局
上海市土地交易市场监督管理办法	2015～11～23	上海市规划和国土资源管理局
上海市国有建设用地使用权出让预申请管理办法	2015～11～23	上海市规划和国土资源管理局
上海市征地房屋补偿争议协调和处理试行办法	2015～09～30	上海市规划和国土资源管理局
关于遏制“投机种植”牟取法外高额征地补偿问题的若干意见	2015～06～01	上海市规划和国土资源管理局
上海市国有建设用地土地核验管理规定	2015～05～07	上海市规划和国土资源管理局
上海市农用地转用、土地征收、使用集体土地和土地供应报批程序	2015～04～30	上海市规划和国土资源管理局
关于国有建设用地使用权招标拍卖挂牌出让投标竞买保证金专户管理有关问题的通知	2015～04～29	上海市规划和国土资源管理局
上海市外商投资企业土地使用管理办法实施中若干问题的说明与规定	2015～04～29	上海市规划和国土资源管理局
上海市房屋立面改造工程规划管理规定	2014～12～17	上海市规划和国土资源管理局

上海市征收集体土地房屋补偿评估管理规定	2014～05～05	上海市规划和国土资源管理局
上海市征地房屋补偿争议协调和处理试行办法	2013～11～09	上海市规划和国土资源管理局
关于做好本市集体土地所有权日常登记工作的意见	2013～11～06	上海市规划和国土资源管理局
上海市土地违法案件查处现场勘测工作规定	2013～07～16	上海市规划和国土资源管理局
关于下达 2013 年土地利用计划的通知	2013～05～21	上海市规划和国土资源管理局
上海市征地房屋补偿争议协调和处理试行办法	2012～09～28	上海市规划和国土资源管理局
上海市农村集体土地所有权总登记实施细则	2012～09～25	上海市规划和国土资源管理局
上海市市级土地整治项目和资金管理暂行办法	2012～06～01	上海市规划和国土资源管理局
上海市征收集体土地房屋补偿评估技术规范	2012～05～10	上海市规划和国土资源管理局
上海市征收集体土地房屋补偿评估管理暂行规定	2012～05～10	上海市规划和国土资源管理局
上海市征收集体土地房屋补偿实施单位及工作人员管理试行办法	2012～05～10	上海市规划和国土资源管理局

二、房地产税费政策

房地产税费政策是调节房地产各经济利益主体经济利益的主要手段，主要包括房地产各阶段需要发生的各种税收及费用。

2016 年，营改增细则正式落地，房地产营改增方面，税率、计税方式、过渡时期办法、二手房交易纳税均进行了细节上的说明，由于一、二线城市土地价格相对较高，营改增将土地成本扣除，将大大减少企业税负。此外，占成本比重较大的建安成本进项税抵扣，将促使企业产品线升级多业态并行，同时对于企业内控水平和财务管理提出更高的要求。从目前企业管控来看，龙头企业的管理能力和谈判议价空间明显优于中小企业，未来龙头企业凭借其管理能力将获得更大的优势（见表 3-3）。

表 3-3　2016 年国家房地产税费方面的主要政策制度

房地产税费政策制度	颁布日期	颁布机构
关于房地产开发企业土地增值税清算涉及企业所得税退税有关问题的公告	2016～12～09	国家税务总局

关于明确金融 房地产开发 教育辅助服务等增值税政策的通知	2016～12～21	财政部、国家税务总局
关于营改增后土地增值税若干征管规定的公告	2016～11～10	国家税务总局
关于营改增后契税 房产税 土地增值税 个人所得税计税依据问题的通知	2016～04～25	财政部、国家税务总局
关于发布《房地产开发企业销售自行开发的房地产项目增值税征收管理暂行办法》的公告	2016～03～31	国家税务总局
关于调整房地产交易环节契税 营业税优惠政策的通知	2016～02～17	财政部、国家税务总局、住房和城乡建设部
关于发布《耕地占用税管理规程（试行）》的公告	2016～01～15	国家税务总局

2016 年，上海市严格落实财政部、国家税务总局、住房城乡建设部联合发布的《关于调整房地产交易环节契税 营业税优惠政策的通知》，按照上海市的具体情况，出台了一系列的刺激楼市、稳定市场的政策，受此影响，本市房地产逐渐恢复稳健局面，并且总结往年经验，注重长效机制。上海市最近六年来相关的房地产税费政策制度根据时间顺序可归纳为表 3-4。

表 3-4 上海市现行的有关房地产税费政策方面的相关政策制度

房地产税费政策制度	颁布日期	颁布机构
关于明确金融 房地产开发 教育辅助服务等增值税政策的通知	2016～12～21	财务部、国家税务总局
关于转发《财政部 国家税务总局住房和城乡建设部关于调整房地产交易环节契税 营业税优惠政策的通知》的通知	2016～03～17	上海市财政局、上海市地方税务局上海市住房和城乡建设管理委员会
关于调整个人住房转让营业税政策的通知	2015～03～30	上海市财政局、上海市地方税务局
关于调整本市普通住房标准的通知	2014～11～13	上海市住房保障和房屋管理局、上海市财政局、上海市地方税务局
于本市农产品批发市场及农贸市场免征房产税和城镇土地使用税备案事项的通知	2013～05～24	上海市地方税务局
关于《上海市人民政府关于印发〈上海市开展对部分个人住房征收房产税试点的暂行办法〉的通知》继续有效的通知	2012～12～26	上海市人民政府

上海市人民政府关于印发《上海市开展对部分个人住房征收房产税试点的暂行办法》的通知	2011 ～ 01 ～ 27	上海市人民政府
上海市地方税务局关于本市个人住房房产税征收管理有关事项的公告	2011 ～ 01 ～ 30	上海市地方税务局

三、开发政策制度

房地产开发是相当复杂的管理过程，涉及规划、计划、建筑等方面的各种管理政策制度。

2016 年 2 月 6 日，国务院印发《关于深入推进新型城镇化建设的若干意见》，全面部署深入推进新型城镇化建设。主要解决仍然存在农业转移人口市民化进展缓慢、城镇化质量不高、对扩大内需的主动力作用没有得到充分发挥等问题。完善土地利用机制，规范推进城乡建设用地增减挂钩，建立城镇低效用地再开发激励机制，因地制宜推进低丘缓坡地开发，完善土地经营权和宅基地使用权流转机制。完善城镇住房制度，建立购租并举的城镇住房制度，完善城镇住房保障体系，加快发展专业化住房租赁市场，健全房地产市场调控机制（见表 3-5）。

表 3-5　2016 年国家房地产开发方面的主要政策制度

房地产开发政策制度	颁布日期	颁布机构
国务院关于深入推进新型城镇化建设的若干意见	2016 ～ 02 ～ 06	国务院
国务院办公厅关于加快培育和发展住房租赁市场的若干意见	2016 ～ 06 ～ 03	国务院办公厅
关于优化 2015 年住房及用地供应结构促进房地产市场平稳健康发展的通知	2015 ～ 03 ～ 25	国土资源部、住房和城乡建设部
国家新型城镇化规划（2014—2020 年）	2014 ～ 03 ～ 16	国务院
关于继续做好房地产市场调控工作的通知	2013 ～ 02 ～ 26	国务院办公厅
关于开展国家智慧城市试点工作的通知	2012 ～ 11 ～ 22	住房和城乡建设部办公厅
关于严格执行土地使用标准大力促进节约集约用地的通知	2012 ～ 09 ～ 06	国土资源部
关于做好 2012 年房地产用地管理和调控重点工作的通知	2012 ～ 02 ～ 15	国土资源部
关于进一步加强住房公积金监管工作的通知	2012 ～ 02 ～ 06	住房和城乡建设部

最近6年来上海市相关的房地产开发政策制度根据时间顺序可归纳为表3-6。

表3-6 上海市现行的有关房地产开发方面的相关政策制度

房地产开发政策制度	颁布时间	颁布机构
上海市共有产权保障住房管理办法	2016～03～16	上海市人民政府
市住房和城乡建设管理委员会、市规划和国土资源局关于进一步加强本市房地产市场监管促进房地产市场平稳健康发展的意见	2016～10～08	上海市住房和城乡建设管委员会、上海市规划和国土资源管理局
市物价局等关于开展上海市商品房销售明码标价专项检查的通知	2016～11～14	上海市物价局、上海市住房和城乡建设管理委员会
上海市人民政府关于印发《上海市城乡建设和管理“十三五”规划》的通知	2016～10～17	上海市人民政府
住房和城乡建设部关于住房公积金异地个人住房贷款有关操作问题的通知	2015～09～15	住房和城乡建设部办公厅
上海市人民政府关于《上海市人民政府关于印发〈上海市开展对部分个人住房征收房产税试点的暂行办法〉的通知》继续有效的通知	2014～12～11	上海市人民政府
关于调整本市普通住房标准的通知	2014～11～13	上海市住房保障和房屋管理局 、上海市规划和国土资源管理局、上海市财政局、上海市地方税务局
上海市人民政府办公厅印发关于本市贯彻《国务院办公厅关于继续做好房地产市场调控工作的通知》实施意见的通知	2013～03～30	上海市人民政府办公厅
上海市人民政府办公厅关于进一步严格执行房地产市场各项调控政策的通知	2012～07～26	上海市人民政府办公厅
上海市人民政府办公厅关于进一步严格执行房地产市场调控政策完善本市住房保障体系的通知	2012～02～27	上海市人民政府办公厅
上海市人民政府办公厅关于公布本市2012年度新建住房价格控制目标的通知	2011～03～24	上海市人民政府办公厅

四、拆迁与租赁政策制度

拆迁与租赁政策制度主要涉及房屋拆迁的管理、租赁管理、廉租房相关政策。

发展住房租赁市场，是深化住房制度改革的重要内容，有利于加快改善居民尤其是新市民住房条件，推动新型城镇化进程。2016年5月4日李克强主持召开国务院常务会议，确定培育和发展住房租赁市场的四条措施；多部委联合发布《关于促进消费带动转型升级的行动方案》中也提出，要给予地方调控自主权，“因城施策”化解房地产库存，建立租购并举的住房制度，满足居民改善性住房消费需求。6月3日，《国务院厅关于加快培育和发展住房租赁市场的若干意见》正式出台，对加快培育和发展租赁市场有了更具体的规范，推动住房租赁市场更规模化、集约化、专业化，住房租赁市场发展将迎来新阶段。意见提出未来五年发展目标，到2020年，基本形成供应主体多元、经营服务规范、租赁关系稳定的住房租赁市场体系，基本形成保基本、促公平、可持续的公共租赁住房保障体系，基本形成市场规则明晰、政府有力、权益保障充分的住房租赁法规制度体系，推动实现城镇居民住有所居的目标。2016年我国相关的拆迁与租赁政策制度根据时间顺序可归纳为表3-7。

表3-7 2016年国家有关房屋拆迁与租赁方面的主要政策制度

拆迁与租赁政策制度	颁布时间	颁布机构
国务院办公厅关于加快培育和发展住房租赁市场的若干意见	2016～06～03	国务院办公厅
国务院办公厅关于印发推动1亿非户籍人口在城市落户方案的通知	2016～10～11	国务院办公厅

上海市最近五年来相关的拆迁与租赁政策制度根据时间顺序可归纳为表3-8。

表3-8 上海市现行的有关房屋拆迁与租赁的相关政策制度

拆迁与租赁政策制度	颁布时间	颁布机构
上海市廉租住房申请审核实施细则	2016～12～16	上海市住房保障和房屋管理局、上海市民政局
上海市廉租住房保障家庭复核管理试行办法	2016～12～16	上海市住房保障和房屋管理局
上海市公共租赁住房房地产登记技术规定	2015～01～08	上海市住房保障和房屋管理局、上海市规划和国土资源管理局
关于房管系统集中开展打非治违专项行动的通知	2014～08～22	上海市住房保障和房屋管理局
关于做好市筹公共租赁住房换租工作的通知	2013～12～20	上海市住房保障和房屋管理局
上海市人民政府关于调整和完善本市廉租住房政策标准的通知	2013～04～08	上海市住房保障和房屋管理局
关于做好涉及市政建设项目“先拆迁腾地，后处理纠纷”裁决后遗留矛盾有关工作的通知	2012～12～28	上海市住房保障和房屋管理局

五、交易政策制度

房地产交易政策制度主要有两个部分：房地产登记制度与政策及房地产销售管理政策制度。

2016年，不动产登记加紧落实。1月20日，国土资源部发布《不动产登记暂行条例实施细则》，该细则已于1月1日起正式实施。国土资源部部长姜大明表示，今年的重点是整合工作在基层得到全面落实，加强统计登记信息系统运转，争取在2017年全面发挥作用。各地不动产登记工作抓紧落实。6月14日，国土资源部印发《建立和实施不动产统一登记制度专项督查方案》，确保督查范围中的 31 个省（区、市）的市县的不动产统一登记制度在基层落地实施，以 2016 年 12 月 31 日为时间节点，力争实现市县颁发新证、停发旧证。同时国土资源部确定了督查时间表，今年 7 月至 9 月为地方自查阶段；10 月至 12 月为督查实施阶段，其间，国土部将会同有关部门组成若干督查组，对工作进展缓慢或工作难度较大的省份开展重点督查。2017 年 1 月 15 日前，形成专项督查情况报告按程序报送国务院，同时抄送省级人民政府。

中介市场指导意见出台，多角度规范中介市场秩序。8 月 16 日，住房和城乡建设部、国家发改委、工业和信息化部、中国人民银行、国家税务总局、国家工商行政管理总局、中国银监会七部门联合印发《关于加强房地产中介管理促进行业健康发展的意见》，针对当前中介市场乱象制定了严格的规范措施，包括规范中介服务行为、完善行业管理制度、加强中介市场等。随着二手房市场以及住房租赁市场快速发展，房地产中介行业发展较快，但由于缺乏严格的法律规范进行制约，导致市场存在诸多问题。该意见的出台，使中介市场的管理有了顶层指导意见，有利于规范房地产中介市场秩序，切实维护群众合法权益，推进中介市场健康发展（表 3-9）。

表 3-9　2016 年国家房地产交易方面的主要政策制度

房地产交易政策制度	颁布日期	颁布机构
关于加强房地产中介管理促进行业健康发展的意见	2016～08～16	住房和城乡建设部、国家发改委、工业和信息化部、中国人民银行、国家税务总局、国家工商行政管理总局、中国银监会
建立和实施不动产统一登记制度专项督查方案	2016～06～14	国土资源部
不动产登记暂行条例实施细则	2016～01～20	国土资源部
关于规范房地产市场外资准入和管理的意见	2015～08～19	中华人民共和国住房和城乡建设部和国家发展和改革委员会
关于做好不动产登记信息管理基础平台建设工作的通知	2015～08～06	国土资源部
不动产登记暂行条例	2014～11～24	中华人民共和国国务院
关于印发《商品房买卖合同示范文本》的通知	2014～04～09	中华人民共和国住房和城乡建设部、中华人民共和国国家工商行政管理总局
住房和城乡建设部关于进一步规范房地产估价机构管理工作的通知	2013～10～24	中华人民共和国住房和城乡建设部
住房和城乡建设部关于修改《房地产估价机构管理办法》的决定	2013～10～16	中华人民共和国住房和城乡建设部
国务院办公厅关于继续做好房地产市场调控工作的通知	2013～02～26	国务院办公厅

上海市最近 5 年来相关的房地产交易政策制度根据时间顺序可归纳为表 3-10。

表 3-10　上海市最近五年颁布的有关房地产交易的相关政策制度

房地产交易政策制度	颁布时间	颁布机构
上海市人民政府办公厅转发市住房和城乡建设管理委员会等四部门关于进一步完善本市住房市场体系和保障体系促进房地产市场平稳健康发展若干意见的通知	2016～03～24	上海市人民政府办公厅
关于开展房地产估价管理工作检查的通知	2015～09～21	上海市住房保障和房屋管理局
关于区县年度房屋征收计划上报备案的通知	2015～03～12	上海市住房保障和房屋管理局
关于调整本市普通住房标准的通知	2014～11～13	上海市住房保障和房屋管理局、上海市规划和国土资源管理局、上海市财政局、上海市地方税务局
关于严格执行住房限购措施有关问题的通知	2013～11～08	上海市住房保障和房屋管理局
关于加强商品住房项目附属会所交易和使用管理的通知	2012～12～26	上海市住房保障和房屋管理局
关于对本市房地产估价机构进行检查的通知	2012～10～26	上海市住房保障和房屋管理局
关于开展住房限售政策等执行情况检查的通知	2012～09～06	上海市住房保障和房屋管理局
关于进一步严格执行房地产市场各项调控政策的通知	2012～07～26	上海市人民政府办公厅
关于执行住房限售政策中查验社会保险缴纳证明材料问题的通知	2012～07～05	上海市住房保障和房屋管理局
关于进一步严格执行房地产市场调控政策完善本市住房保障体系的通知	2012～02～27	上海市人民政府办公厅
关于调整本市普通住房标准的通知	2012～02～13	上海市住房保障和房屋管理局、上海市规划和国土资源管理局、上海市财政局、上海市地方税务局

六、物业管理政策制度

物业管理政策制度是指为规范物业管理活动，维护业主和物业服务企业的合法权益，改善人民群众的生活和工作环境而制定的相关政策制度。

上海市最近五年来相关的物业管理政策制度根据时间顺序可归纳为表 3-11。

表 3-11　上海市近五年颁布的有关物业管理的相关政策制度

物业管理政策制度	颁布日期	颁布机构
关于印发《上海市共有产权保障住房价格管理办法》的通知	2016～07～28	上海市人民政府
市政府批转市住房和城乡建设管理委员会关于进一步贯彻实施《上海市住宅物业管理规定》若干意见的通知	2016～11～24	上海市住房和城乡建设管理委员会
关于推进本市住宅物业使用领域信用信息管理工作若干问题的通知	2015～04～24	上海市住房保障和房屋管理局、上海市征信管理办公室
关于加强住宅小区烟花爆竹燃放管控的紧急通知	2015～02～17	上海市住房保障和房屋管理局
关于调整公有住宅售后小区物业服务收费标准的通知	2014～12～26	上海市住房保障和房屋管理局、上海市物价局
关于调整公有住宅售后小区物业服务收费标准的通知	2013～11～22	上海市住房保障和房屋管理局、上海市物价局
上海市物业管理招标代理机构管理规则	2012～07～24	上海市住房保障和房屋管理局
上海市物业管理招投标管理办法	2012～07～24	上海市住房保障和房屋管理局
上海市物业服务企业和项目经理信用信息评价试行标准	2012～07～24	上海市住房保障和房屋管理局
上海市物业服务企业和项目经理信用信息管理办法	2012～07～24	上海市住房保障和房屋管理局
关于调整公有住宅售后物业服务费收费标准的通知	2012～07～31	上海市住房保障和房屋管理局、上海市物价局

七、 住房保障政策制度

住房保障政策，是指有关社会保障性质的住房相关政策制度，保障性住房主要包括两限商品住房、经济适用住房、政策性租赁住房以及廉租房等方面。

2016 年，中央始终强调要促进房地产市场平稳健康发展，坚持“房子是用来住的、不是用来炒的”的定位，千方百计抓好房地产调控，确保房地产市场平稳健康发展，继续加快棚户区改造，不断完善住房保障体系，狠抓农村人居环境改善，促进城乡统筹发展，加大工作力度，不断推进装配式建筑发展（表 3-12）。

表 3-12 近五年国家住房保障方面的主要政策制度

住房保障政策制度	颁布日期	颁布机构
住房和城乡建设部 财政部关于做好城镇住房保障家庭租赁补贴工作的指导意见	2016～12～08	中华人民共和国住房和城乡建设部、中华人民共和国财政部
住房和城乡建设部办公厅 国家发展和改革委员会办公厅 财政部办公厅关于印发《棚户区改造工作激励措施实施办法（试行）》的通知	2016～12～19	中华人民共和国住房和城乡建设部办公厅、国家发展和改革委员会办公厅、财政部办公厅
国务院关于进一步做好城镇棚户区和城乡危房改造及配套基础设施建设有关工作的意见	2015～06～25	国务院
关于运用政府和社会资本合作模式推进公共租赁住房投资建设和运营管理的通知	2015～04～21	财政部、国土资源部、住房和城乡建设部、中国人民银行、国家税务总局、中国银行业监督管理委员会
关于《城镇住房保障条例（征求意见稿）》公开征求意见的通知	2014～03～28	国务院法制办公室
关于公共租赁住房和廉租住房并轨运行的通知	2013～12～02	住房和城乡建设部、财政部、国家发展和改革委员会
住房和城乡建设部关于做好 2013 年城镇保障性安居工程工作的通知	2013～04～03	住房和城乡建设部
关于加快推进棚户区（危旧房）改造的通知	2012～12～12	住房和城乡建设部、国家发展和改革委员会、财政部、农业部、国家林业局、国务院侨务办公室、中华全国总工会
关于印发《住房保障档案管理办法》的通知	2012～11～06	住房和城乡建设部
关于鼓励民间资本参与保障性安居工程建设有关问题的通知	2012～06～20	住房和城乡建设部、国家发展和改革委员会、财政部、国土资源部、中国人民银行、国家税务总局、中国银行业监督管理委员会
公共租赁住房管理办法	2012～05～28	住房和城乡建设部
关于做好 2012 年住房保障信息公开工作的通知	2012～05～28	住房和城乡建设部办公厅
关于做好 2012 年城镇保障性安居工程工作的通知	2012～03～14	住房和城乡建设部

表 3-13 上海市近五年颁布的有关住房保障的相关政策制度

住房保障政策制度	颁布时间	颁布机构
上海市共有产权保障住房管理办法	2016 ~ 04 ~ 11	上海市人民政府
关于调整本市住房公积金个人贷款政策的通知	2016 ~ 11 ~ 28	上海市住房公积金管理委员会
关于大型居住社区商业配套用房房地产交易与登记相关问题的通知	2015 ~ 07 ~ 28	上海市住房保障和房屋管理局
关于公有住宅售后维修资金列支物业服务费有关问题的通知	2015 ~ 07 ~ 27	上海市住房保障和房屋管理局、上海市公积金管理中心
关于做好提取住房公积金支付房屋租赁费用 申请人房屋状况查询比对的通知	2015 ~ 04 ~ 27	上海市住房保障和房屋管理局、上海市公积金管理中心
关于调整本市普通住房标准的通知	2014 ~ 11 ~ 13	上海市住房保障和房屋管理局 上海市规划和国土资源管理局 上海市财政局 上海市地方税务局
于做好市筹公共租赁住房换租工作的通知	2013 ~ 12 ~ 20	上海市住房保障和房屋管理局
关于本市廉租住房和公共租赁住房统筹建设、并轨运行、分类使用的实施意见	2013 ~ 07 ~ 12	上海市住房保障和房屋管理局、上海市发展和改革委员会、上海市城乡建设和交通委员会、上海市国有资产监督管理委员会、上海市财政局
关于对部分共有产权保障住房（经济适用住房）申请对象调整住房面积核算方式的意见	2013 ~ 04 ~ 09	上海市住房保障和房屋管理局
关于调整和完善本市廉租住房政策标准的通知	2013 ~ 04 ~ 08	上海市人民政府
关于加强共有产权保障住房（经济适用住房）申请审核、严肃查处隐瞒虚报行为的通知	2012 ~ 08 ~ 03	上海市住房保障和房屋管理局、上海市民政局
上海市廉租住房保障家庭复核管理试行办法	2012 ~ 07 ~ 02	上海市住房保障和房屋管理局
上海市廉租住房实物配租实施细则（试行）	2012 ~ 06 ~ 20	上海市住房保障和房屋管理局
上海市廉租住房申请审核实施细则	2012 ~ 06 ~ 19	上海市住房保障和房屋管理局、上海市民政局
上海市廉租住房申请对象住房面积核查办法	2012 ~ 06 ~ 12	上海市住房保障和房屋管理局
关于保障性住房房源管理的若干规定（试行）	2012 ~ 06 ~ 01	上海市住房保障和房屋管理局、上海市发展和改革委员会、上海市城乡建设和交通委员会、上海市规划和国土资源管理局、上海市财政局
上海市廉租住房实物配租申请条件和配租标准	2012 ~ 02 ~ 15	上海市住房保障和房屋管理局
上海市 2012 年共有产权保障房（经济适用住房）准入标准和供应标准	2012 ~ 02 ~ 07	上海市住房保障和房屋管理局、上海市发展和改革委员会、上海市城乡建设和交通委员会、上海市民政局

八、 金融政策制度

房地产金融政策制度是指为调节房地产市场健康发展，降低金融风险，中央或地方政府所采取的包括银行信贷、信托、证券、债券、保险等政策制度。

2016 年，央行综合运用多种货币政策工具，保持流动性水平合理充裕，实现货币信贷及社会融资规模合理增长。在灵活运用传统货币政策工具的同时，不断创新和完善调控思路和方式，包括建立公开市场每日操作常态化机制，以每日一次的频率稳定开展 7 天期逆回购操作，重启 14 天期、28 天期逆回购，进一步提高流动性管理的精细化程度；每月进行常备借贷便利（SLF）、中期借贷便利（MLF）、抵押补充贷款（PSL）等工具的运用，以逆回购进行流动性管理，提供不同期限流动性。2 月 2 日，中国人民银行、中国银行业监督管理委员会发布《关于调整个人住房贷款政策有关问题的通知》，在不实施“限购”措施的城市，首套房商贷 低首付比例可向下浮动 5 个百分点至 20%，二套房商贷首付比例降至 30%。2 月末，央行宣布普遍下调金融机构人民币存款准备金率 0.5 个百分点，为供给侧结构性改革营造适宜的货币金融环境（表 3-14、表 3-15）。

表 3-14 2016 年国家房地产金融方面的主要政策制度

房地产金融政策制度	颁布日期	颁布机构
国务院关于印发降低实体经济企业成本工作方案的通知	2016 ～ 08 ～ 22	国务院
关于调整个人住房贷款政策有关问题的通知	2016 ～ 02 ～ 01	中国人民银行、中国银行业监督管理委员
关于进一步发挥住宅专项维修资金在老旧小区和电梯更新改造中支持作用的通知	2015 ～ 10 ～ 17	住房和城乡建设部办公厅、财政部办公厅
关于个人住房贷款政策有关问题的通知	2015 ～ 03 ～ 30	中国人民银行、住房和城乡建设部、中国银行业监督管理委员会
于贯彻落实住房公积金基础数据标准的通知	2014 ～ 12 ～ 09	住房和城乡建设部办公厅
关于发展住房公积金个人住房贷款业务的通知	2014 ～ 10 ～ 09	住房和城乡建设部、财政部、中国人民银行
中国银行业监督管理委员会关于进一步做好住房金融服务工作的通知	2014 ～ 09 ～ 29	中国人民银行、中国银监会
关于调整住房公积金存贷款利率的通知	2012 ～ 06 ～ 08	住房和城乡建设部
关于进一步加强住房公积金监管工作的通知	2012 ～ 02 ～ 06	住房和城乡建设部

表 3-15　上海市近年颁布的有关房地产金融的政策制度

房地产金融政策制度	颁布日期	颁布机构
上海市城镇个体工商户及其雇用人员、自由职业者缴存、提取和使用住房公积金实施办法	2016～09～21	上海市公积金管理中心
关于 2016 年度上海市调整住房公积金缴存基数、比例以及月缴存额上下限的通知	2016～06～24	上海市公积金管理中心
关于印发《上海市降低住房公积金缴存比例或缓缴住房公积金操作细则》的通知	2016～07～15	上海市公积金管理中心
关于在沪工作的外籍人员、获得境外永久（长期）居留权人员和台湾香港澳门居民参加住房公积金制度若干问题的通知	2015～09～24	上海市公积金管理中心
关于开展 2015 年度全市住房公积金缴存情况执法检查的通知	2015～04～08	上海市公积金管理中心
关于试行上海住房公积金网上缴存跨行支付业务的通知	2015～03～20	上海市公积金管理中心
《上海市低收入经济困难职工家庭提取住房公积金支付物业服务费实施办法》操作细则	2014～09～22	上海市公积金管理中心
《上海市提取住房公积金支付房屋租赁费用实施办法》操作细则	2014～09～22	上海市公积金管理中心
上海市住房公积金账户封存管理办法实施细则	2014～04～22	上海市公积金管理中心
上海市住房公积金信息公开办法（试行）	2014～04～18	上海市住房公积金管理委员会
关于开展全市住房公积金缴存情况执法检查的通知	2013～04～15	上海市住房公积金管理委员会
关于 2012 年度上海市调整住房公积金缴存基数和月缴存额上下限的通知	2012～06～13	上海市住房公积金管理委员会
关于调整本市住房公积金存贷款利率的通知	2012～06～08	上海市公积金管理中心
关于调整购买第二套住房公积金个人贷款首付比例的通知	2011～02～01	上海市公积金管理中心
关于印发《上海市降低住房公积金缴存比例或缓缴住房公积金审批办法》的通知	2010～01～21	上海市公积金管理中心

第二节　上海房地产市场法律环境构成

根据宪法规定，省、自治区、直辖市的人民代表大会及其常务委员会，在不同宪法、法律、行政法规相抵触的前提下，可以制定地方性法规，报全国人民代表大会常务委员会和国务院备案。地方性法规是地方人民代表大会及其常务委员会制定和发布的规范性文件。地方性法规只能在本地方范围内有效，其法律效力低于宪法、法律和行政法规。

行政法规是指最高国家行政机关国务院根据宪法和法律制定的有关行政管理活动的规范性文件。国务院所属的各部委在各部门权限内，发布具有规范性的规章，指示和命令等，属于广义的行政管理法规，其地位低于国务院的行政法规和其他规范性文件，但高于地方性法规。

对与房地产有关的法律和行政法规的归纳如下。

一、国家法规

房地产相关的国家法规按时间顺序可归纳为表 3-16。

表 3-16　近些年来有关房地产市场的国家法规

时间	名称
2016～04～12	国务院办公厅关于印发互联网金融风险专项整治工作实施方案的通知
2015～08～19	关于调整房地产市场外资准入和管理有关政策的通知
2014～11～24	《不动产登记暂行条例》
2013～02～26	《关于继续做好房地产市场调控工作的通知》
2012～11～28	《中华人民共和国土地管理法修正案（草案）》
2011～01～21	《国有土地上房屋征收与补偿条例》
2010～12～25	《中华人民共和国水土保持法》

二、部门法规及其他相关法规

（一）住房和城乡建设部

根据第十一届全国人民代表大会第一次会议批准的国务院机构改革方案和《国务院关于机构设置的通知》（国发〔2008〕11 号），设立住房和城乡建设部，为国务院组成部门。将原建设部的职责划入住房和城乡建设部。

1. 住房和城乡建设部的主要职责

住房和城乡建设部的职责主要包括：

（1）承担保障城镇低收入家庭住房的责任。拟订住房保障相关政策并指导实施。拟订廉租住房规划及政策，会同有关部门做好中央有关廉租住房资金安排，监督地方组织实施。编制住房保障发展规划和年度计划并监督实施。

（2）承担推进住房制度改革的责任。拟订适合国情的住房政策，指导住房建设和住房制度改革，拟订全国住房建设规划并指导实施，研究提出住房和城乡建设重大问题的政策建议。

（3）承担规范住房和城乡建设管理秩序的责任。起草住房和城乡建设的法律法规草案，制定部门规章。依法组织编制和实施城乡规划，拟订城乡规划的政策和规章制度，会同有关部门组织编制全国城镇体系规划，负责国务院交办的城市总体规划、省域城镇体系规划的审查报批和监督实施，参与土地利用总体规划纲要的审查，拟订住房和城乡建设的科技发展规划和经济政策。

（4）承担建立科学规范的工程建设标准体系的责任。组织制定工程建设实施阶段的国家标准，制定和发布工程建设全国统一定额和行业标准，拟订建设项目可行性研究评价方法、经济参数、建设标准和工程造价的管理制度，拟订公共服务设施（不含通信设施）建设标准并监督执行，指导监督各类工程建设标准定额的实施和工程造价计价，组织发布工程造价信息。

（5）承担规范房地产市场秩序、监督管理房地产市场的责任。会同或配合有关部门组织拟订房地产市场监管政策并监督执行，指导城镇土地使用权有偿转让和开发利用工作，提出房地产业的行业发展规划和产业政策，制定房地产开发、房屋权属管理、房屋租赁、房屋面积管理、房地产估价与经纪管理、物业管理、房屋征收拆迁的规章制度并监督执行。

（6）监督管理建筑市场、规范市场各方主体行为。指导全国建筑活动，组织实施房屋和市政工程项目招投标活动的监督执法，拟订勘察设计、施工、建设监理的法规和规章并监督和指导实施，拟订工程建设、建筑业、勘察设计的行业发展战略、中长期规划、改革方案、产业政策、规章制度并监督执行，拟订规范建筑市场各方主体行为的规章制度并监督执行，组织协调建筑企业参与国际工程承包、建筑劳务合作。

（7）研究拟订城市建设的政策、规划并指导实施，指导城市市政公用设施建设、安全和应急管理，拟订全国风景名胜区的发展规划、政策并指导实施，负责国家级风景名胜区的审查报批和监督管理，组织审核世界自然遗产的申报，会同文物等有关主管部门审核世界自然与文化双重遗产的申报，会同文物主管部门负责历史文化名城（镇、村）的保护和监督管理工作。

（8）承担规范村镇建设、指导全国村镇建设的责任。拟订村庄和小城镇建设政策并指导实施，指导村镇规划编制、农村住房建设和安全及危房改造，指导小城镇和村庄人居生态环境的改善工作，指导全国重点镇的建设。

（9）承担建筑工程质量安全监管的责任。拟订建筑工程质量、建筑安全生产和竣工验收备案的政策、规章制度并监督执行，组织或参与工程重大质量、安全事故的调查处理，拟订建筑业、工程勘察设计咨询业的技术政策并指导实施。

（10）承担推进建筑节能、城镇减排的责任。会同有关部门拟订建筑节能的政策、规划并监督实施，组织实施重大建筑节能项目，推进城镇减排。

（11）负责住房公积金监督管理，确保公积金的有效使用和安全。会同有关部门拟订住房公积金政策、发展规划并组织实施，制定住房公积金缴存、使用、管理和监督制度，监督全国住房公积金和其他住房资金的管理、使用和安全，管理住房公积金信息系统。

（12）开展住房和城乡建设方面的国际交流与合作。

（13）承办国务院交办的其他事项。

2．住房和城乡建设部颁发的与房地产相关的法规（见表 3-17）

表 3-17 住房和城乡建设部（包括原建设部）近年来颁发的与房地产相关的法规

时间	名称
2016～12～19	关于印发《棚户区改造工作激励措施实施办法（试行）》的通知
2015～03～27	关于优化 2015 年住房及用地供应结构促进房地产市场平稳健康发展的通知
2014～04～09	关于印发《商品房买卖合同示范文本》的通知
2013～12～02	关于公共租赁住房和廉租住房并轨运行的通知
2012～07～19	关于进一步严格房地产用地管理巩固房地产市场调控成果的紧急通知
2011～01～20	房地产经纪管理办法
2010～12～01	商品房屋租赁管理办法

（二）国土资源部

1．国土资源部的职责

根据第十一届全国人民代表大会第一次会议批准的国务院机构改革方案和《国务院关于机构设置的通知》（国发〔2008〕11 号），设立国土资源部，为国务院组成部门。

承担保护与合理利用土地资源、矿产资源、海洋资源等自然资源的责任。承担规范国土资源管理秩序的责任。承担优化配置国土资源的责任。负责规范国土资源权属管理。承担全国耕地保护的责任，确保规划确定的耕地保有量和基本农田面积不减少。承担及时准确提供全国土地利用各种数据的责任。承担节约集约利用土地资源的责任。承担规范国土资源市场秩序的责任。负责矿产资源开发的管理。负责管理地质勘查行业和矿产资源储量。承担地质环境保护的责任。承担地质灾害预防和治理的责任。依法征收资源收益，规范、监督资金使用，拟订土地、矿产资源参与经济调控的政策措施。推进国土资源科技进步。开展对外合作与交流。承办国务院交办的其他事项。

2. 国土资源部近年颁布的与房地产相关的法规（见表 3-18）

表 3-18 国土资源部颁发的与房地产相关的法规

时间	名称
2016～11～16	关于印发《国土资源部立案查处国土资源违法行为工作规范（试行）》的通知
2015～07～10	关于做好不动产统一登记与房屋交易管理衔接的指导意见
2014～05～07	国土资源行政处罚办法
2012～12～27	土地复垦条例实施办法

2012～06～01	闲置土地处置办法
2011～12～21	闲置土地处置办法（修订草案）
2011～06～03	国有土地上房屋征收评估办法

（三）财政部

1．财政部的主要职责

财政部是中华人民共和国国务院的组成部门，是国家主管财政收支、财税政策、国有资本金基础工作的宏观调控部门。其在房地产方面的调控职责有：

(1) 拟订财税发展战略、规划、政策和改革方案并组织实施，分析预测宏观经济形势，参与制定各项宏观经济政策，提出运用财税政策实施宏观调控和综合平衡社会财力的建议，拟订中央与地方、国家与企业的分配政策，完善鼓励公益事业发展的财税政策。

(2) 起草财政、财务、会计管理的法律、行政法规草案，制定部门规章，组织涉外财政、债务等的国际谈判并草签有关协议、协定。

(3) 承担中央各项财政收支管理的责任。负责编制年度中央预决算草案并组织执行。受国务院委托，向全国人民代表大会报告中央、地方预算及其执行情况，向全国人大常委会报告决算。组织制订经费开支标准、定额，负责审核批复部门（单位）的年度预决算。完善转移支付制度。

(4) 负责政府非税收入管理，负责政府性基金管理，按规定管理行政事业性收费。管理财政票据。制定彩票管理政策和有关办法，管理彩票市场，按规定管理彩票资金。

(5) 组织制定国库管理制度、国库集中收付制度，指导和监督中央国库业务，按规定开展国库现金管理工作。负责制定政府采购制度并监督管理。

(6) 负责组织起草税收法律、行政法规草案及实施细则和税收政策调整方案，参加涉外税收谈判，签订涉外税收协议、协定草案，制定国际税收协议和协定范本，研究提出关税和进口税收政策，拟订关税谈判方案，参加有关关税谈判，研究提出征收特别关税的建议，承担国务院关税税则委员会的具体工作。

(7) 负责制定行政事业单位国有资产管理规章制度，按规定管理行政事业单位国有资产，制定需要全国统一规定的开支标准和支出政策，负责财政预算内行政机构、事业单位和社会团体的非贸易外汇和财政预算内的国际收支管理。

(8) 负责审核和汇总编制全国国有资本经营预决算草案，制定国有资本经营预算的制度和办法，收取中央本级企业国有资本收益，制定并组织实施企业财务制度，按规定管理金融类企业国有资产，参与拟订企业国有资产管理相关制度，按规定管理资产评估工作。

(9) 负责办理和监督中央财政的经济发展支出、中央政府性投资项目的财政拨款，参与拟订中央建设投资的有关政策，制定基本建设财务制度，负责有关政策性补贴和专项储备资金财政管理工作。负责农业综合开发管理工作。

(10) 会同有关部门管理中央财政社会保障和就业及医疗卫生支出，会同有关部门拟订社会保障资金（基金）的财务管理制度，编制中央社会保障预决算草案。

（11）拟订和执行政府国内债务管理的制度和政策，编制国债余额限额计划，依法制定地方政府性债务管理制度和办法，防范财政风险。负责统一管理政府外债，制定基本管理制度。代表我国政府参加有关的国际财经组织，开展财税领域的国际交流与合作。

（12）负责管理全国的会计工作，监督和规范会计行为，制定并组织实施国家统一的会计制度，指导和监督注册会计师和会计师事务所的业务，指导和管理社会审计。

（13）监督检查财税法规、政策的执行情况，反映财政收支管理中的重大问题，负责管理财政监察专员办事处。

（14）承办国务院交办的其他事项。

2．财政部颁发的与房地产相关的法规（见表 3-19）

表 3-19　财政部颁发的与房地产相关的法规

时间	名称
2016 ～ 06 ～ 18	关于进一步明确全面推开营改增试点有关再保险、不动产租赁和非学历教育等政策的通知
2015 ～ 01 ～ 28	关于放宽提取住房公积金支付房租条件的通知
2014 ～ 10 ～ 17	城镇保障性安居工程贷款贴息办法
2013 ～ 12 ～ 02	关于棚户区改造有关税收政策的通知
2012 ～ 09 ～ 03	关于农产品批发市场农贸市场房产税城镇土地使用税政策的通知
2011 ～ 05 ～ 04	关于进一步推进公共建筑节能工作的通知
2011 ～ 04 ～ 26	关于购房人办理退房有关契税问题的通知

（四）国家税务总局

1．国家税务总局的职责

国家税务总局的主要职责主要包括：

（1）具体起草税收法律法规草案及实施细则并提出税收政策建议，与财政部共同上报和下发，制订贯彻落实的措施。负责对税收法律法规执行过程中的征管和一般性税政问题进行解释，事后向财政部备案。

（2）承担组织实施中央税、共享税及法律法规规定的基金（费）的征收管理责任，力争税款应收尽收。

（3）参与研究宏观经济政策、中央与地方的税权划分并提出完善分税制的建议，研究税负总水平并提出运用税收手段进行宏观调控的建议。

（4）负责组织实施税收征收管理体制改革，起草税收征收管理法律法规草案并制定实施细则，制定和监督执行税收业务、征收管理的规章制度，监督检查税收法律法规、政策的贯彻执行，指导和监督地方税务工作。

（5）负责规划和组织实施纳税服务体系建设，制定纳税服务管理制度，规范纳税服务行为，制定和监督执行纳税人权益保障制度，保护纳税人合法权益，履行提供便捷、优质、高效纳税服务的义务，组织实施税收宣传，拟订注册税务师管理政策并监督实施。

（6）组织实施对纳税人进行分类管理和专业化服务，组织实施对大型企业的纳税服务和税源管理。

（7）负责编报税收收入中长期规划和年度计划，开展税源调查，加强税收收入的分析预测，组织办理税收减免等具体事项。

（8）负责制定税收管理信息化制度，拟订税收管理信息化建设中长期规划，组织实施金税工程建设。

（9）开展税收领域的国际交流与合作，参加国家（地区）间税收关系谈判，草签和执行有关的协议、协定。

（10）办理进出口商品的税收及出口退税业务。

（11）对全国国税系统实行垂直管理，协同省级人民政府对省级地方税务局实行双重领导，对省级地方税务局局长任免提出意见。

（12）承办国务院交办的其他事项。

2. 国家税务总局颁发的与房地产相关的法规（见表 3-20）

表 3-20　国家税务总局颁发的与房地产相关的法规

时间	名称
2016～11～24	关于纳税人转让不动产缴纳增值税差额扣除有关问题的公告
2015～03～30	关于调整个人住房转让营业税政策的通知
2014～08～11	关于促进公共租赁住房发展有关税收优惠政策的通知
2014～06～16	关于房地产开发企业成本对象管理问题的公告
2013～08～02	关于房改房用地未办理土地使用权过户期间城镇土地使用税政策的通知
2013～06～20	关于进一步做好土地增值税征管工作的通知
2012～01～20	于物流企业大宗商品仓储设施用地城镇土地使用税政策的通知
2011～08～30	关于房屋 土地权属由夫妻一方所有变更为夫妻双方共有契税政策的通知
2011～08～17	关于纳税人转让土地使用权或者销售不动产同时一并销售附着于土地或者不动产上的固定资产有关税收问题的公告
2011～04～26	关于购房人办理退房有关契税问题的通知
2011～01～27	关于调整个人住房转让营业税政策的通知
2010～12～24	关于房地产开发企业注销前有关企业所得税处理问题的公告
2010～09～29	关于调整房地产交易环节契税 个人所得税优惠政策的通知
2010～09～27	关于支持公共租赁住房建设和运营有关税收优惠政策的通知
2010～05～25	关于加强土地增值税征管工作的通知
2010～03～09	关于首次购买普通住房有关契税政策的通知

（五）中国人民银行

1．中国人民银行的职责

（1）拟订金融业改革和发展战略规划，承担综合研究并协调解决金融运行中的重大问题、促进金融业协调健康发展的责任，参与评估重大金融并购活动对国家金融安全的影响并提出政策建议，促进金融业有序开放。

（2）起草有关法律和行政法规草案，完善有关金融机构运行规则，发布与履行职责有关的命令和规章。

（3）依法制定和执行货币政策；制定和实施宏观信贷指导政策。

（4）完善金融宏观调控体系，负责防范、化解系统性金融风险，维护国家金融稳定与安全。

（5）负责制定和实施人民币汇率政策，不断完善汇率形成机制，维护国际收支平衡，实施外汇管理，负责对国际金融市场的跟踪监测和风险预警，监测和管理跨境资本流动，持有、管理和经营国家外汇储备和黄金储备。

（6）监督管理银行间同业拆借市场、银行间债券市场、银行间票据市场、银行间外汇市场和黄金市场及上述市场的有关衍生产品交易。

（7）负责会同金融监管部门制定金融控股公司的监管规则和交叉性金融业务的标准、规范，负责金融控股公司和交叉性金融工具的监测。

（8）承担最后贷款人的责任，负责对因化解金融风险而使用中央银行资金机构的行为进行检查监督。

（9）制定和组织实施金融业综合统计制度，负责数据汇总和宏观经济分析与预测，统一编制全国金融统计数据、报表，并按国家有关规定予以公布。

（10）组织制定金融业信息化发展规划，负责金融标准化的组织管理协调工作，指导金融业信息安全工作。

（11）发行人民币，管理人民币流通。

（12）制定全国支付体系发展规划，统筹协调全国支付体系建设，会同有关部门制定支付结算规则，负责全国支付、清算系统的正常运行。

（13）经理国库。

（14）承担全国反洗钱工作的组织协调和监督管理的责任，负责涉嫌洗钱及恐怖活动的资金监测。

（15）管理征信业，推动建立社会信用体系。

（16）从事与中国人民银行业务有关的国际金融活动。

（17）按照有关规定从事金融业务活动。

（18）承办国务院交办的其他事项。

2．中国人民银行颁发的与房地产相关的法规（见表 3-21）

表 3-21 中国人民银行颁发的与房地产相关的法规

时间	名称
2016～02～02	关于调整个人住房贷款政策有关问题的通知

2012～06～20	关于鼓励民间资本参与保障性安居工程建设有关问题的通知
2008～12～08	廉租住房建设贷款管理办法
2004～09～02	商业银行房地产贷款风险管理指引
2002～04～01	中国农业银行住房按揭贷款流程
2002～04～01	中国农业银行个人住房抵押贷款流程
2002～04～01	中国农业银行个人营业用房贷款流程
2002～04～01	中国农业银行公积金贷款流程
2001～02～01	中国人民银行行政复议办法
2001～02～09	中国人民银行行政处罚程序规定

第四章　经济社会环境[1]

第一节　经济增长

一、上海市总体经济状况

2016 年，全年全市生产总值完成 28 178.65 亿元，按可比价格计算，比上年增长 6.9%，增速比上年上升 3.0 个百分点。其中，第一产业增加值 109.47 亿元，下降 13.2%；第二产业增加值 8 406.28 亿元，增长 1.2%；第三产业增加值 19 662.90 亿元，增长 10.6%。第三产业增加值占全市生产总值的比重达到 67.8%，比上年提高 3.0 个百分点（见表 4-1）。

表 4-1　2016 年上海市经济状况表

指标	2015 年	2016 年	2016 年比 2015 年增长（%）
上海市生产总值（亿元）	25 643.47	28 178.65	6.9
第一产业增加值	109.82	109.47	-6.6
第二产业增加值	8 259.03	8 406.28	1.2
第三产业增加值	17 274.62	19 662.90	9.6
全社会固定资产投资总额（亿元）	6 352.70	6 755.88	6.3
地方财政收入（亿元）	5 519.50	6 406.13	16.1
工业总产值（亿元）	7 431.36	7 555.34	1.7
外贸进出口总额（亿美元）	4 517.33	4 338.05	-4.0
社会消费品零售总额（亿元）	10 131.50	10 946.57	8.0

二、上海社会经济主要指标占全国比重

表 4-2　2016 年上海社会经济主要指标占全国比重

指　　标	全　　国	上　　海	上海占全国比重（%）
生产总值（亿元）	744 127.2	28 178.65	3.8
第一产业增加值	63 670.7	109.47	0.2
第二产业增加值	296 236.0	8 406.28	2.8
第三产业增加值	384 220.5	19 662.90	5.1
港口货物吞吐量（亿吨）	81.09	6.45	8.0
全社会固定资产投资总额（亿元）	606 465.7	6 755.88	1.1

1 本章所有数据均来自：2017 年《上海统计年鉴》，2017 年《上海统计公报》，2017 年《国家统计公报》。

社会消费品零售总额（亿元）	332 316.3	10 946.57	3.3
外商直接投资实际到位金额（亿美元）	1 260.01	185.14	14.7

三、上海市生产总值增长情况

表 4-3 2016 年上海市生产总值比上年增长情况（按三次产业分）

指标	2015 年	2016 年	2016 年比 2015 年增长（%）
上海市生产总值	25 643.47	28 178.65	6.9
第一产业	109.82	109.47	-6.6
第二产业	8 259.03	8 406.28	1.2
工 业	7 431.36	7 555.34	1.0
建筑业	855.22	879.81	3.1
第三产业	17 274.62	19 662.90	9.6
交通运输、仓储和邮政业	1 133.73	1 237.32	6.3
信息传输、计算机服务和软件业	1 398.59	1 647.66	15.3
批发和零售业	3 824.22	4 119.59	4.6
住宿和餐饮业	374.63	388.98	0.6
金融业	4 162.70	4 765.83	12.8
房地产业	1 699.78	2 125.62	4.5

四、吸收外资

2016 年上海市合同利用外资达到 509.78 亿美元，同比下降 13.5%，实际利用外资 185.14 亿美元，同比微增 0.3%，连续第 17 年实现增长。对外直接投资总额 535.50 亿美元，同比下降 6.6%。2016 年上海市政府批准外商直接投资合同项目 5 153 项，比上年减少 14.2%。其中，第一产业签订合同项目 0 个，第二产业签订合同项目 95 个，第三产业签订合同项目 5 058 个，实际吸收外资金额分别为 0.25 亿美元、21.54 亿美元、163.35 亿美元。

第二节 居民收入与消费水平结构

据抽样调查，2016 年全年全市居民人均可支配收入 54 305 元，比上年增长 8.9%，扣除价格因素，实际增长 5.5%。其中，城镇常住居民人均可支配收入 57 692 元，增长 8.9%，扣除价格因素，实际增长 5.5%；农村常住居民人均可支配收入 25 520 元，增长 10.0%，扣除价格因素，实际增长 6.6%。全市居民人均消费支出 37 458 元，比上年增长 7.7%。其中，城镇常住居民人均消费支出 39 857 元，增长 7.9%；农村常住居民人均消费支出 17 071 元，增长5.7%。

一、从业人员收入

表4-4　2016年上海市各行业职工工资总额　单位：亿元

行　业	合　计	国有单位	集体单位	港澳台及外商投资单位	其他单位
总　计	78 045	119 397	55 815	119 364	58 016
按产业分					
第一产业	43 493	67 246	50 257	53 280	41 056
第二产业	61 011	121 856	48 927	84 655	48 577
第三产业	88 316	119 508	58 373	153 449	63 753
按行业分					
农、林、牧、渔业	43 875	69 056	55 017	53 010	41 143
采矿业	138 656				138 656
制造业	62 941	96 175	45 437	84 060	47 690
电力、热力、燃气及水的生产和供应业	148 990	177 046	72 833	137 291	134 072
建筑业	50 780	86 368	60 505	129 821	49 067
批发和零售业	69 032	70 010	43 692	135 549	40 350
交通运输、仓储和邮政业	82 581	101 065	30 285	101 420	73 926
住宿和餐饮业	44 678	64 970	41 545	55 528	39 338
信息传输、软件和信息技术服务业	124 414	97 767	45 578	207 255	91 331
金融业	223 339	222 282	48 522	291 975	209 436
房地产业	64 585	81 460	40 267	109 207	56 007
租赁和商务服务业	78 964	57 416	54 304	216 717	44 940
科学研究和技术服务业	109 502	148 140	102 712	202 180	79 716
水利、环境和公共设施管理业	64 913	91 875	43 752	159 526	64 923
居民服务、修理和其他服务业	37 292	56 715	41 613	65 858	33 031
教　育	105 164	119 086	88 238	119 820	60 487
卫生和社会工作	123 920	152 692	95 965	186 475	61 068
文化、体育和娱乐业	80 124	107 042	58 748	83 600	70 146
公共管理、社会保险和社会组织	117 362	129 605	62 902	0	83 919

二、城市居民家庭生活基本情况

表 4-5　2016 年上海城市居民家庭生活基本情况表

项目	年份	
	2015	2016
调查户数（户）	1 000	1 000
平均每户家庭人口（人）	2.62	2.69
平均每一就业者负担人数　（人）	2.03	2.09
平均每人可支配收入（元）	49 867	54 305
平均每人消费支出（元）	34 784	37 458
可支配收入比上年增长（%）（按当年价格）	8.5	8.9
恩格尔系数	26.6	25.5

三、城市居民家庭消费支出及其构成

表 4-6　2015 ～ 2016 年上海城市居民家庭消费支出及其构成　单位：元

	2015 年	2015 年（%）	2016 年	2016 年（%）
消费支出	34 784	100	37 458	100
食品烟酒	9 272	26.6	9 564	25.5
衣着	1 623	4.7	1 734	4.6
生活用品及服务	1 485	4.3	1 755	4.7
医疗保健	2 268	6.5	2 721	7.3
交通和通信	4 206	12.1	4 228	11.3
教育文化娱乐服务	3 718	10.7	4 174	11.2
居住	11 308	32.5	12 264	32.7
其他商品和服务	904	2.6	1 018	2.7

四、农村居民家庭生活基本情况

表 4-7　2016 年上海农村居民家庭生活基本情况

项目	2015 年	2016 年
调查户数（户）	1 200	1 200
平均每人可支配收入（元）	23 205	25 520
平均每人生活消费总支出（元）	16 152	17 071
平均每人年底居住房屋面积（平方米）	-	36.1

五、居民消费水平

表 4-8　2016 年上海城乡居民人均消费支出

居民消费支出（元/人）	2015 年	2016 年
农村居民	16 152	17 071
城镇居民	36 946	39 857

第三节　固定资产投资

一、固定资产投资概况

2016 年全年完成全社会固定资产投资总额 6 755.88 亿元，比上年增加 6.3%。其中，第三产业投资占全社会固定资产投资总额的比重为 85.4%；非国有经济投资占全社会固定资产投资总额的比重为 72.7%。从投资主体看，国有经济、集体经济、联营经济和外商经济与 2015 年相比有所下降，非国有经济、私营经济、股份制经济、港澳台经济和其他经济与 2015 年相比有所增加，其中其他经济增幅较大。

表 4-9　2016 年上海市固定资产投资概况

指标	2016 年（亿元）	2016 年比 2015 年增长（%）	占全社会固定资产投资总额（%）
从产业投向看			
第一产业	4.09	3.6	0.06
第二产业	982.69	2.5	14.5
第三产业	5 769.11	7.0	85.4
# 房地产业	3 709.03	7.0	54.9
从投资主体看			
国有经济	1 844.66	-6.6	27.3
非国有经济	4 911.22	12.2	72.7
集体经济	33.85	-36.9	0.5
私营经济	1 074.30	5.6	15.9
联营经济	1.03	-81.4	0.02
股份制经济	2 611.71	22.9	38.7
外商经济	490.38	-8.2	7.3
港澳台经济	663.10	5.2	9.8
其他经济	36.85	181.1	0.6

二、固定资产投资构成

2016 年上海市固定资产投资结构发生略有变化，全社会固定资产投资总额比上年增加 403.18 亿元。一、二、三产业投资呈现增长势头，房地产投资占第三产业比重较大，占整个固定资产投资一半还多，其中房地产施工面积略有下降，增长比率为 -0.7%，住宅施工面积增长 -3.4%，住宅竣工面积增加 -3.7%。

表 4-10　2016 年上海市固定资产投资的构成情况　　单位：亿元

指标	2015 年	2016 年	2016 年比 2015 年增加（%）
投资总额	6 352.70	6 755.88	6.3
按隶属关系分			
中央项目	593.78	685.18	15.4
地方项目	5 758.92	6 070.70	5.4
按构成分			
建筑安装工程	3 787.88	3 869.12	2.1
设备、工具、器具购置	761.20	823.89	8.2
其他费用	1 803.63	2 062.87	14.4
按建设性质分			
# 新 建	1 837.92	1 980.30	7.7
扩 建	289.65	311.49	7.5
改 建	345.03	277.67	-19.5
单纯购置	391.54	447.97	14.4
按产业分			
第一产业	3.95	4.09	3.6
第二产业	958.84	982.69	2.5
第三产业	5 389.91	5 769.11	7.0
按经济类型分			
国有经济	1 974.08	1 844.66	-6.6
非国有经济	4 378.62	4 911.22	12.2
集体经济	53.62	33.85	-36.9
私营经济	1 017.10	1 074.30	5.6
联营经济	5.55	1.03	-81.4
股份制经济	2 124.52	2 611.71	22.9
港澳台经济	630.61	663.10	-8.2

外商经济	534.11	490.38	5.2
其他经济	13.11	36.85	181.1
新增固定资产	3 281.26	2 958.65	-9.8
固定资产交付使用率 （%）	51.70	43.80	-15.3
房屋建筑面积 （万平方米）			
施工面积	17 885.94	17 733.25	-0.7
# 住 宅	8 443.82	8 157.21	-3.4
竣工面积	2 923.42	2 840.03	-2.9
# 住 宅	1 617.86	1 557.98	-3.7

注：按建设性质分中不包括房地产开发投资和农户投资。

第四节 人口总量与结构

至2016年末，全市常住人口总数为2 419.70万人。其中，户籍常住人口1 439.50万人，外来常住人口980.20万人。全年常住人口出生21.84万人，出生率为9.0‰；死亡12.08万人，死亡率为5.0‰；常住人口自然增长率为4.0‰。全年户籍常住人口出生12.92万人，出生率为9.0‰；死亡11.4万人，死亡率为7.9‰；户籍常住人口自然增长率为1.1‰。

一、人口主要构成情况

表4-11 2016年上海市户籍人口主要构成情况

指 标	年末数（万人）	比重（%）
全市总人口	1 450.00	100.0
其中：男性	719.35	49.6
女性	730.65	50.4
其中：0-17岁	168.37	11.6
18-34岁	275.59	19.0
35-59岁	548.24	37.8
60岁及以上	457.80	31.6

二、家庭户规模及户籍人口期望寿命

2016年，全市共有家庭户541.62万户，持较慢增长趋势。平均每个家庭的人口为2.68人，户籍人口期望寿命83.18岁，男性为80.83岁，女性为85.61岁，略有提升。

三、在校学生数

表 4-12 2016 年上海市在校学生数 单位：万人

指 标	2015 年	2016 年	2016 年比 2015 年增加（%）
普通高等学校	51.16	51.47	0.61
普通中等学校	67.39	66.76	-0.93
其中：中等专业学校	7.24	6.68	-7.73
普通中学	57.05	57.11	0.11
职业学校	2.32	2.04	-12.1
技工学校	0.78	0.84	7.7
普通小学	79.87	78.97	-1.1
特殊教育学校	0.45	0.43	-4.4

四、人口迁移

表 4-13 2016 年上海市户籍人口迁移情况

年 份	迁 入		迁 出		机械增长	
	人 口（万人）	迁入率（‰）	人 口（万人）	迁出率（‰）	人 口（万人）	增长率（‰）
2015	11.61	8.06	5.32	3.69	6.29	4.37
2016	11.25	7.78	4.64	3.21	6.61	4.57

五、各区县人口数和人口密度

表 4-14 2016 年上海各区县人口数和人口密度

地 区	土地面积（平方公里）	年末常住人口（万人）	其 中	人口密度（人 / 平方公里）
			外来人口	
全 市	6 340.50	2 419.70	980.20	3816
浦东新区	1 210.41	550.10	234.19	4 545
黄浦区	20.46	65.62	16.66	32 072
徐汇区	54.76	108.56	26.75	19 825
长宁区	38.30	68.87	16.75	17 982
静安区	7.62	106.78	26.08	28 953
普陀区	54.83	128.23	33.41	23 387

虹口区	23.46	80.50	15.52	34 314
杨浦区	60.73	130.94	25.92	21 561
闵行区	370.75	253.98	127.04	6 850
宝山区	270.99	203.05	84.46	7 493
嘉定区	464.20	157.96	90.68	3 403
金山区	586.05	80.51	27.55	1 374
松江区	605.64	176.48	108.11	2 914
青浦区	670.14	121.49	72.22	1 813
奉贤区	687.39	116.74	60.09	1 698
崇明区	1 185.49	69.89	14.77	590

第五节　建筑业主要指标

一、建筑业宏观情况

表 4-15　2016 年上海建筑业宏观主要指标

类　别	企业数（个）	年末从业人员（万人）	竣工产值（亿元）	总产值（亿元）	其　中		房屋建筑面积（万平方米）	
					# 建筑工程	# 安装工程	施工面积	竣工面积
总　计	2 942	65.45	3 310.39	6 046.19	5 080.29	848.38	36 019.72	7 481.15
按登记注册类型分								
内　资	2 821	64.07	3 246.46	5 882.92	4 969.75	803.16	35 828.58	7 446.94
# 国　有	27	0.50	47.70	80.14	36.15	41.58	15.69	2.54
集　体	27	0.89	14.48	20.94	16.61	4.30	69.90	39.55
股份合作	13	0.20	4.05	4.32	2.44	1.88		
联　营	3	0.04	0.50	1.15	0.75	0.15	14.89	
有限责任公司	57	21.45	1 748.34	3 648.26	3 224.72	364.07	24 386.81	4 160.26
股份有限公司	58	3.86	473.89	502.56	359.31	141.28	3 985.87	1 103.80
私　营	2 114	37.12	957.44	1 625.49	1 329.79	249.85	7 355.42	2 140.79
港澳台商投资	64	0.70	21.79	70.52	41.39	28.80	76.46	
外商投资	57	0.68	42.13	92.76	69.15	16.42	114.68	34.21
按行业分								

房屋建筑业	895	40.51	2 136.16	3 330.68	3 038.03	232.68	35 227.69	7 256.70
土木工程建筑业	585	9.91	596.90	1 575.07	1 382.98	166.73	689.84	175.45
建筑安装业	701	7.64	301.90	558.45	124.69	412.64	91.54	42.65
建筑装饰和其他建筑业	761	7.40	275.43	582.00	534.60	36.33	10.64	6.35
按资质标准分								
施工总承包	1 394	51.24	2 807.23	5 067.05	4 408.71	561.74	35 683.42	7 367.60
专业承包	51.24	14.22	503.16	979.15	671.59	286.64	7 367.60	113.55

表 4-16　上海建筑业主要指标（2007 ~ 2016 年）

年　份	年末从业人员（万人）	总产值（亿元）	房屋竣工面积（万平方米）	平均每个职工房屋竣工面积（平方米 / 人）	全员劳动生产率（按总产值计算）（元 / 人）
2007	69.33	2 524.18	6 090.22	87.84	228 710
2008	80.79	3 245.77	5 723.90	70.85	293 520
2009	88.88	3 830.53	5 719.93	64.36	312 360
2010	96.09	4 300.19	6 217.15	64.70	344 720
2011	96.86	4 586.28	5 984.74	61.79	359 232
2012	88.08	4 843.44	6 476.07	73.52	451 564
2013	81.54	5 102.84	6 274.25	76.95	417 313
2014	77.65	5 499.94	7 580.77	97.63	416 002
2015	69.19	5 652.47	7 258.69	104.91	445 768
2016	65.45	6 046.19	7 481.15	114.30	477 994

二、建筑业区县情况

表 4-17　2016 年上海各区、县建筑业主要指标

地　区	企业数（个）	年末从业人员（万人）	总产值（亿元）	房屋施工面积（万平方米）	房屋竣工面积（万平方米）	其　中
						# 住宅房屋
总　计	2 942	65.45	6 046.19	36 019.72	7 481.15	4 068.83
浦东新区	541	11.62	1 546.87	12 566.29	2 148.27	922.22
黄浦区	148	2.34	207.09	371.57	103.53	69.67
徐汇区	217	4.71	551.92	682.92	269.20	234.26
长宁区	142	3.32	203.66	2 282.86	521.50	269.56

静安区	192	5.83	629.22	1 378.27	322.51	176.77
普陀区	206	4.89	374.65	2 576.81	685.62	572.05
虹口区	146	3.74	449.14	3 079.92	759.86	549.87
杨浦区	225	4.81	341.71	801.68	149.16	109.51
闵行区	163	5.21	416.85	5 239.25	655.43	337.47
宝山区	229	5.83	616.55	3 322.96	673.42	213.53
嘉定区	166	2.41	141.28	954.15	352.96	277.92
金山区	127	2.20	112.88	193.86	45.79	11.92
松江区	134	2.78	176.10	1 036.05	423.75	148.27
青浦区	74	1.59	89.74	525.65	136.52	91.63
奉贤区	174	3.38	148.30	947.07	191.31	69.79
崇明区	58	0.79	40.23	60.41	42.33	14.36

三、建筑业签订合同、承包工程完成情况

表 4-18　2016 年上海建筑业签订合同情况　　单位：亿元

类别	签订的合同额	上年结转合同额	本年新签合同额
总　计	17 225.06	8 538.23	8 686.82
按经济类型分			
内　资	16 892.07	8 352.43	8 539.65
# 国　有	129.69	46.32	83.36
集　体	29.94	11.68	18.26
股份合作	5.35	2.32	3.03
联　营	2.25	1.84	0.41
有限责任公司	11 507.72	5 608.19	5 899.53
股份有限公司	2 410.04	1 356.33	1 053.71
私　营	2 807.03	1 325.75	1 481.28
港澳台商投资	136.23	77.39	58.84
外商投资	196.75	108.41	88.34
按隶属关系分			
# 中 央 属	7 209.97	3 350.88	3 859.10
市　属	4 138.42	2 256.02	1 882.40
区（县）属	742.79	345.78	397.01

按资质等级分			
#特　级	8 373.66	4 272.15	4 101.52
一　级	6 383.13	3 308.73	3 074.41
二　级	1 571.50	667.50	904.01
三　级	869.53	273.47	596.05
按行业类别分			
房屋建筑业	10 790.58	5 524.15	5 266.42
土木工程建筑业	4 525.34	2 287.43	2 237.92
建筑安装业	1 024.24	402.75	621.49
建筑装饰和其他建筑业	884.90	323.91	561.00
按资质标准分			
施工总承包	15 844.53	8 074.98	7 769.54
专业承包	1 380.53	463.25	917.28

表4-19　2016年上海建筑业承包工程完成情况　单位：亿元

类　别	直接从建设单承揽工程完成产值	自行完成施工产值	分包出去工程的产值	从建设单位外承揽工程完成产值
总　计	6 187.34	5 357.62	829.72	688.57
按经济类型分				
内　资	6 030.47	5 230.39	800.07	652.52
#国　有	81.36	70.73	10.63	9.40
集　体	20.18	19.77	0.41	1.17
股份合作	4.19	4.19	0.00	0.13
联　营	1.14	0.88	0.26	0.27
有限责任公司	3 697.46	3 270.1	427.36	378.16
股份有限公司	726.23	418.02	308.2	84.53
私　营	1 499.84	1 446.64	53.20	178.9
港澳台商投资	57.66	51.07	6.59	19.46
外商投资	99.22	76.16	23.05	16.59
按隶属关系分				
#中央属	2 087.25	2 039.54	47.71	52.45
市　属	1 404.79	808.10	596.70	184.92
区（县）属	370.20	314.40	55.80	29.22

按资质等级分				
# 特　级	2 247.97	1 731.80	516.18	145.44
一　级	2 500.31	2 282.88	217.43	384.89
二　级	948.76	896.33	52.43	89.21
三　级	480.92	438.05	42.86	68.30
按行业类别分				
房屋建筑业	3 541.18	2 923.80	617.37	406.88
土木工程建筑业	1 631.70	1 465.68	166.02	109.39
建筑安装业	528.68	495.25	33.43	63.19
建筑装饰和其他建筑业	485.78	472.88	12.90	109.12
按资质标准分				
施工总承包	5 373.13	4 570.24	802.89	496.81
专业承包	814.21	787.38	26.83	91.77

第六节　金融业主要指标

一、个人贷款总额

表 4-20　个人消费贷款及公积金贷款年末余额（2014 ～ 2016 年）　　单位：亿元

指　标	2014 年	2015 年	2016 年
金融机构人民币个人消费贷款余额	8 753.46	10 751.60	15 038.05
# 个人住房贷款	6 258.86	7 765.81	11 141.86
汽车消费贷款	1 524.11	1 869.75	2 596.32
个人住房贷款占金融机构人民币个人消费贷款额比重（%）	71.5	72.2	74.1
公积金贷款余额	2 012.00	2 770.08	3 257.77

二、金融机构贷款年末余额

表 4-21　金融机构贷款年末余额　　单位：亿元

指　标	2016 年	比 2016 年初增加
各项贷款余额	59 982.25	6 595.04
境内贷款	55 893.22	4 539.20
住户贷款	16 201.60	4 483.63

短期贷款	1 315.06	94.57
中长期贷款	14 886.54	4 389.06
非金融企业及机关团体贷款	39 357.72	26.74
# 短期贷款	13 303.40	324.79
中长期贷款	19 424.47	- 478.08
票据融资	3 203.16	- 264.03
非银行业金融机构贷款	333.90	28.82
境外贷款	4 089.03	2 055.84

三、主要年份主要要素市场交易情况和资金拆借情况

表 4-22 主要金融市场成交概况（2013 ～ 2016 年） 单位：亿元

指 标	2014 年	2015 年	2016 年
上海证券交易所成交额	1 281 497.98	2 663 690.84	2 838 724.47
上海期货交易所成交额	1 264 706.51	635 552.63	849 774.90
中国金融期货交易所成交额	1 640 169.72	4 177 604.71	182 191.10
银行间市场成交额	3 615 067.75	7 042 637.12	9 601 511.38
上海黄金交易所成交额	65 139.91	107 841.61	174 413.43

注：银行间市场成交额包括银行间本币市场和外汇市场成交额。本表数据中上海黄金交易所成交额和 2014 年上海期货交易所成交额按双向计算，其他成交额数据均按单向计算。

第五章　土地市场

第一节　上海市城市总体规划

一、自然条件

上海地处太平洋西岸，亚洲大陆东沿，长江三角洲前缘，东濒东海，南临杭州湾，西接江苏、浙江两省，北界长江入海口，长江与东海在此交汇。全市辖17区1县，区域总面积为8 239平方公里，其中陆域面积6 787平方公里。

上海属北亚热带季风性气候，四季分明，日照充分，雨量充沛。年平均气温17.5℃，日照时数1 534.7小时，无霜期294天，年降水量约1 512.8毫米。

上海属江南古陆的东北延伸地带，为冲积形成的三角洲平原，土壤肥沃，平均海拔高度为4米左右，地势低平坦荡，河湖水网纵横。

二、土地利用现状

根据2005年土地利用变更调查，全市土地利用现状为：

（一）农用地。农用地面积380 200公顷（570万亩），占土地总面积的46.15%。其中，耕地面积273 100公顷（410万亩），占33.15%；园地11 100公顷（17万亩），占1.35%；林地面积为20 700公顷（31万亩），占2.51%；无牧草地；其他农用地面积75 300公顷（113万亩），占9.14%。

（二）建设用地。建设用地面积240 100公顷，占土地总面积的29.14%。其中，城乡建设用地217 000公顷，占90.38%；交通、水利基础设施用地21 300公顷，占8.87%；其他建设用地18公顷，占0.75%。其中城镇工矿用地161 200公顷，以2005年城镇人口1 584万计算，人均城镇工矿用地102平方米。

（三）未利用地现状。未利用地面积203 600公顷，占土地总面积的24.71%。其中，河湖水面155 800公顷，占18.91%；苇地滩涂42 200公顷，占5.12%。

三、土地利用的重点任务

以“保护资源、保障发展、引领布局”为目标，强化土地利用综合调控作用，落实最严格的土地管理制度，深化土地节约集约利用，形成切实保护耕地资源、有效保障各类用地需求、引领城市空间发展布局的土地利用规划格局。

（一）严格保护耕地特别是基本农田。按照落实最严格的耕地保护制度要求，立足于保证城市粮食安全和生态体系，以建设促保护，确保耕地和基本农田数量，提高耕地和基本农田质量。

（二）有力培育城市发展战略地区。适应上海城市新一轮空间发展趋势，继续提升中心城区功能，重点培育浦东、虹桥等战略地区，通过规划引导和土地调控的双重手段，以土地供应的硬约束引导土地利用结构和布局优化，促进形成具有世界城市地位的都市空间结构。

（三）综合推进土地节约集约利用。按照建设资源节约型社会的要求，以供给引导需求，综合运用经济、行政等手段，促进节约集约利用土地，推动产业结构优化升级和经济发展方式转变。

（四）切实维护城市生态安全格局。按照建设环境友好型社会的目标，优先重视并切实维护上海城市的生态安全格局，统筹安排城市生活、生态和生产用地，实现土地资源永续利用。

四、土地利用主要调控指标

落实《全国土地利用总体规划纲要（2006～2020年）》要求，切实保护耕地特别是基本农田，因地制宜推动土地综合整治，严格控制各项建设用地规模，不断提高节约集约用地水平，确保各项用地调控目标实现。

（一）耕地保有量。至2020年全市耕地保有量保持在249 300公顷（374万亩）以上，近期至2020年耕地保有量保持在258 000公顷（387万亩）以上。

（二）基本农田保护面积。规划期内全市基本农田保护面积不低于218 700公顷（328万亩），并且质量有所提高。

（三）城乡建设用地规模。至2020年全市城乡建设用地规模控制在260 000公顷以内，近期至2020年城乡建设用地规模控制在230 000公顷以内。

（四）新增建设占用耕地规模。至2020年全市新增建设占用耕地控制在45 200公顷（67.8万亩）以内，近期至2020年新增建设占用耕地控制在16 000公顷（24万亩）以内。

（五）整理复垦开发补充耕地义务量。至2020年全市整理复垦开发补充耕地义务量45 200公顷（67.8万亩），近期至2020年整理复垦开发补充耕地义务量16 000公顷（24万亩）。

（六）人均城镇工矿用地面积。至2020年全市人均城镇工矿用地控制在110平方米/人以内，近期至2020年人均城镇工矿用地控制在106平方米/人以内。

五、土地利用总体布局

落实国家发展战略，贯彻上海城市总体规划确定的基本原则、指导思想和发展方向，深化市域“1966”（1个中心城、9个新城、60个左右新市镇、600个左右中心村）城乡规划体系，优化和提升市域“多轴、多层、多核”空间布局体系和中心城区“多心、开敞”布局结构，科学、有序引导城市化和城市郊区化的发展趋势，形成适应上海现代化国际大都市区发展的“多中心、轴线切线组合和多层次的城乡生态安全网络”的总体空间布局结构。

（一）多中心格局

中心城区，提升和强化上海中心城区的（国际）高端服务、资源配置、生活品质和文化创源功能，发展成为国际经济、金融、贸易、航运中心功能的核心载体。

城市东翼，充分发挥浦东综合配套改革的带动效应，抓住南汇整体并入浦东新区的契机，发展具有较强综合性的集临海产业、空港、海港、铁路和主题公园为一体的东翼综合性组合新城群。

城市西翼，依托虹桥商务区建设，整合提升紧邻江浙两省、具有较高区位优势和高度市场活力的嘉青松虹地区，形成具有较强综合性的、面向长三角地区的西翼组合新城群。

中心城的（国际）高端服务、资源配置和文化创源功能、东翼新城群的国际门户和全球先进的临海制造业基地、西翼新城群的长三角资本、信息、服务交流和创新能力紧密联系、有序分工、互为补充。引导建立东翼、西翼反磁力中心，形成新的空间发展引擎，改变单中心发展格局，构筑与具有国际影响力、竞争力的世界城市相匹配的多中心土地利用格局。

（二）东西主轴和双切线组合

继续提升和展伸上海城市发展的东西主轴。东西主轴西自淀山湖、青西生态保护区、虹桥商务区，中间贯穿虹桥经济技术开发区、中心城区浦西地区、外滩和黄浦江两岸功能区、陆家嘴金融贸易区、张江高科技园区，东至浦东空港枢纽、大型民用客机总装基地、临港（芦潮港）新城和洋山深水港，是集中体现上海现代化、国际化的功能主轴和联系西翼组合新城群、中心城区、东翼组合新城群的空间链接。

培育发展东部的临海切线和西部的长三角切线。东部临海切线，进一步向北向南延伸，北至沪崇苏沿海通道、南迄杭州湾北岸地区，是培育上海临海战略产业、发挥亚太国际门户的主要城镇和产业发展走廊。西部长三角切线，承继沪宁、沪杭两大传统发展轴线，以西翼新城群为核心，积极服务长三角地区、服务长江流域、服务全国。双切线格局将有力提升上海面向世界、服务全国两个功能扇面的服务能力和水平。

（三）多层次的城乡生态安全网络

综合运用城市公园、郊野公园、生态隔离林带、基本农田集中区、城市水源地保护、滩涂湿地、江河湖海水域等生态空间保护的各种手段，构造市域“环、廊、区、源”的多层次生态空间网络，发挥生态锚固功能，维护生态底线，防止建设用地的无序蔓延，抢救性保护生态安全。

继续强化中心城区外环绿带的生态保护和空间维护作用，同时构筑“上海绕城高速北线（原 A30）—沈海高速（原嘉金高速）—黄浦江大治河—滨江临海”市域绿环。沿中心城区外环绿带、市域绿环向外指状延伸，构建嘉宝、青松等 8 条放射形市域生态走廊，连接环外 20 片大型生态保育区，并依托长江口岛群、淀山湖水源地、杭州湾海湾休闲地带和东海海域湿地，形成市域北、西、南、东四大生态源地，形成城市融合自然的“双环八廊二十区四大源地”的生态开敞空间体系。

六、城乡区域土地利用

（一）中心城区土地利用

1. 区域范围。指外环线以内区域以及宝山、嘉定、闵行等部分区域。

2. 功能定位。上海面向世界的服务经济主导区域和上海国际经济、金融、贸易、航运中心功能的核心载体。

3. 土地利用调控。进一步提升与现代化国际大都市相匹配的面向世界的综合服务功能，着力调整优化土地利用结构和布局，进一步增加城市公共绿地、增加公共空间，切实转变土地利用方式。

保障中国2010年上海世博会建设用地需求。开展传统工业集中地区综合整治，进一步加大存量土地的二次开发和综合利用力度；加快发展现代服务业，优化配置高新技术产业及无污染、高附加值的都市型工业用地；积极推动地下空间有序利用，提高土地集约节约利用水平。

（二）中心城区周边地区土地利用

1. 区域范围。指中心城区外围城市化相对集中的区域。

2. 功能定位。承载中心城区功能完善、能级提升、生态间隔保护功能的重要区域。

3. 土地利用调控。推进建设用地空间整合，加大土地集约利用力度，促进功能转换升级。

推动虹桥商务区和协调区建设，促进零星分散工业用地和农民宅基地的归并集中，加强市政基础设施整合力度，改善地区环境。

根据农业布局和农业资源特点，建设旅游农业基地，构建城市绿色屏障。发挥郊野公园和基本农田的生态功能，有效隔离集中建设区域，提高区域环境质量。

（三）浦东拓展地区土地利用

1. 区域范围。指中心城区及中心城区周边地区以外的浦东新区、奉贤区瓦洪公路以东区域。

2. 功能定位。形成上海东翼城市发展核心，承载对外开放门户职能和沿海先进制造业基地职能。

3. 土地利用调控。统筹安排新增建设用地，推动临海城镇产业一体化发展，加快国际航运中心建设。

保障临港新城、大型民用客机总装基地、主题公园、港口、内河航道等项目的建设发展要求，有序增加临空、临港、物流等现代服务业和先进制造业用地。推进轨道交通及区域交通网络建设，合理安排基础设施用地。

保护农用地和生态用地，发展都市现代农业。建设沿海防护林带，合理开发滩涂资源。

（四）嘉青松虹地区土地利用

1. 区域范围。指中心城区及中心城区周边地区以外的嘉定区、松江区、青浦区等区域。

2. 功能定位。形成上海西翼城市发展核心，以虹桥商务区为依托，强化对长三角地区的服务职能和创新引领职能。

3. 土地利用调控。统筹安排新增建设用地，保障城镇用地需求。积极调整土地利用结构，以嘉定、松江、青浦新城为重点，加快面向长江三角洲的区域商务中心建设。

促进产业集约发展，优化产业布局，归并零星工业用地，促进工业向园区集中，提高工业用地产出率；探索实施城镇建设用地增加与农村建设用地减少相挂钩试点；保障长江三角洲重大基础设施一体化建设用地。

促进基本农田集中连片，建设黄浦江上游农业区。保护水源地及水源涵养林。

（五）杭州湾北岸地区土地利用

1. 区域范围。指金山区、奉贤区瓦洪公路以西区域。

2. 功能定位。上海滨海休闲地带和临海生态开敞源地，也是港口作业区及石化、装备等临海产业带的组成部分。

3. 土地利用调控。严格控制建设用地总量，有效推进生态保护，落实土地用途管制。

以基本农田为“生态锚固”手段，保持生态走廊和生态保育区的生态用地格局。加强滩涂资源保护和适度开发利用。建设沿海防护林带和防污染隔离带。

强化城镇用地集聚发展，保障面向国际、面向海洋的新型产业发展需求。适度归并农村居民点，推进土地整理复垦。优先安排基础设施用地。

（六）长江口三岛地区土地利用

1. 区域范围。指崇明县，含崇明岛、长兴岛及横沙岛。

2. 功能定位。上海重要的生态涵养区和可持续发展的重要战略空间。

3. 土地利用调控。加快推进崇明生态岛建设，保护优质耕地和基本农田，大力推进高效生态农业建设。推动青草沙水源地建设。加强滩涂资源保护和适度开发利用，保护崇明长江三角洲国家地质公园和自然保护区。

保障船舶工业基地，配置清洁型和资源节约型的工业用地。

七、区县土地利用调控目标土地利用

各区（县）要以本规划确定的功能定位、土地利用调控目标为指导，以各区（县）分解规划控制指标为依据，严格保护耕地特别是基本农田，严格控制建设用地规模，有效调控土地供应节奏，控制生产用地，保障生活用地，提高生态用地比例，提高土地节约集约利用水平。各项约束性指标层层分解，不得突破，预期性指标通过采取措施，力争实现。（见表5-1、表5-2、表5-3）

（一）浦东新区。至2020年，全区耕地保有量35 200公顷（52.7万亩），基本农田保护面积29 240公顷（43.86万亩），建设用地总规模76 000公顷。

（二）宝山区。至2020年，全区耕地保有量4 300公顷（6.44万亩），基本农田保护面积2 000公顷（3万亩），建设用地总规模23 100公顷。

（三）闵行区。至2020年，全区耕地保有量4 600公顷（6.90万亩），基本农田保护面积3 130公顷（4.7万亩），建设用地总规模27 400公顷。

（四）嘉定区。至2020年，全区耕地保有量13 300公顷（20.02万亩），基本农田保护面积11 670公顷（17.5万亩），建设用地总规模25 200公顷。

（五）金山区。至2020年，全区耕地保有量31 600公顷（47.43万亩），基本农田保护面积27 330公顷（41万亩），建设用地总规模20 000公顷。

（六）松江区。至2020年，全区耕地保有量20 500公顷（30.71万亩），基本农田保护面积19 730公顷（29.6万亩），建设用地总规模25 100公顷。

（七）青浦区。至2020年，全区耕地保有量29 200公顷（43.74万亩），基本农田保护面积25 520公顷（38.28万亩），建设用地总规模20 800公顷。

（八）奉贤区。至2020年，全区耕地保有量32 700公顷（48.98万亩），基本农田保护面积31430公顷（47.15万亩），建设用地总规模23 000公顷。

（九）崇明县。至2020年，全县耕地保有量78 000公顷（117.04万亩），基本农田保护面积73 300公顷（110万亩），建设用地总规模25 600公顷。

表 5-1　土地利用主要调控指标表

指标		2005 年	2010 年	2020 年	指标属性
总量指标（单位：公顷）					
农用地	耕地保有量	273 100（410 万亩）	258 000（387 万亩）	249 300（374 万亩）	约束性
	基本农田面积	214 800（322 万亩）	218 700（328 万亩）	218 700（328 万亩）	约束性
	园地面积	11 100	13 000	15 000	预期性
	林地面积	20 700	22 000	27 200	预期性
	牧草地面积	0	0	0	预期性
建设用地	建设用地总规模	240 100	259 000	298 100	预期性
	城乡建设用地规模	217 000	230 000	260 000	约束性
	城镇工矿用地规模	161 200	183 000	220 000	预期性
增量指标（单位：公顷）					
新增建设用地总量		——	26 000	86 900	预期性
新增建设占用农用地规模		——	21 300（32 万亩）	65 000（97.5 万亩）	预期性
新增建设占用耕地规模		——	16 000（24 万亩）	45 200（67.8 万亩）	约束性
整理复垦开发补充耕地义务量		——	16 000（24 万亩）	45 200（67.8 万亩）	约束性
效率指标（单位：平方米）					
人均城镇工矿用地		102	106	110	约束性

表 5-2　土地利用结构调整表　　单位：公顷

地类			2005 年	2010 年	2020 年
农用地	耕地		273 100（410 万亩）	258 000（387 万亩）	249 300（374 万亩）
	园地		11 100（17 万亩）	13 000（20 万亩）	15 000（23 万亩）
	林地		20 700（31 万亩）	22 000（33 万亩）	27 200（41 万亩）
	牧草地		0	0	0
	其他农用地		75 300（113 万亩）	91 800（138 万亩）	96 000（144 万亩）
	小计		380 200（570 万亩）	384 800（577 万亩）	387 500（581 万亩）
建设用地	城乡建设用地	城镇工矿用地	161 200	183 000	220 000
		农村居民点用地	55 800	47 000	40 000
		小计	217 000	230 000	260 000
	交通、水利及其他用地	交通、水利基础设施用地	21 300	26 500	34 600
		其他建设用地	1 800	2 500	3 500
		小计	23 100	29 000	38 100
	小计		240 100	2 590	2 981
未利用地			203 600	180 100	138 300
合计			823 900	823 900	823 900

表 5-3　各区县建设用地指标表　　单位：公顷，平方米

名称	2005 年建设用地总规模	2010 年各项建设用地规模				2020 年各项建设用地规模			
		建设用地总规模	城乡用地规模	城镇工矿用地规模	人均城镇工矿用地	建设用地总规模	城乡用地规模	城镇工矿用地规模	人均城镇工矿用地
国家下达	240 100	259 000	230 000	183 000	106	298 100	260 000	220 000	110
机动量	——	——	——	——	——	3 000	——	——	——
中心九城区	28 900	28 900	28 900	28 900	48	28 900	28 900	28 900	52
浦东新区	58 800	64 500	56 900	44 500	139	76 000	67 300	58 000	141
宝山区	21 900	22 200	19 400	14 700	123	23 100	21 300	20 000	127
闵行区	23 700	25 200	22 000	16 900	129	27 400	25 400	24 200	137

嘉定区	20 600	22 300	19 500	14 800	130	25 200	21 600	19 000	134
金山区	14 600	16 000	13 900	10 600	134	20 000	17 300	13 600	123
松江区	24 100	24 600	21 500	16 400	142	25 100	21 000	17 800	133
青浦区	14 800	16 300	14 000	10 600	132	20 800	17 100	13 500	111
奉贤区	15 700	17 900	15 500	11 700	152	23 000	18 600	13 000	130
崇明县	17 000	21 100	18 400	13 900	152	25 600	21 600	12 000	120

注：表中长兴岛、横沙岛的 2005 年现状建设用地面积仍计入宝山区。

第二节　土地收费

表 5-4　土地依法收费项目、标准和依据

序号	收费项目名称		收费标准	法律依据
	一级项目	二级项目		
1	土地使用权出让金		招标、拍卖挂牌或协议确定	《土地管理法》
2	外商投资企业土地使用费	商业金融办公	10 ~ 170 元 / 平方米．年	财企〔2008〕293 号、市政府令 1996 年第 29 号
		居住	8 ~ 110 元 / 平方米．年	财企〔2008〕293 号、市政府令 1996 年第 29 号
		工业仓储——一般	4 ~ 130 元 / 平方米．年	财企〔2008〕293 号、市政府令 1996 年第 29 号
		工业仓储——先进技术	2 ~ 100 元 / 平方米．年	财企〔2008〕293 号、市政府令 1996 年第 29 号
		教育卫生科技	2 ~ 45 元 / 平方米．年	财企〔2008〕293 号、市政府令 1996 年第 29 号
		种植养殖——一般	0.5 ~ 14 元 / 平方米．年	财企〔2008〕293 号、市政府令 1996 年第 29 号
		种植养殖——先进技术	0.5 ~ 7 元 / 平方米．年	财企〔2008〕293 号、市政府令 1996 年第 29 号
3	耕地开垦费		120 元 / 平方米	《土地管理法》
4	土地收益金		见文件	沪府发〔1999〕44 号
5	不动产登记费		见文件	发改价格规〔2016〕2559 号
6	不动产权属证书工本费		见文件	发改价格规〔2016〕2559 号
7	土地复垦费		破坏耕地 15 元 / 平方米；破坏非耕农用地 7.5 元 / 平方米	《土地管理法》
8	土地闲置费		见文件	《土地管理法》

第三节 上海市基准地价

一、上海市基准地价土地级别（基准日 2010 年 1 月 1 日）

土地级别范围说明：根据不同用途土地价格分布的情况，居住、商业、办公分为10个级别，工业分为 9 个级别。以上级别范围及下述级别范围说明均不含滩涂。

（一）居住用地

上海市居住用地共分为 10 级，外环以内以 1 ～ 6 级为主，外环以外以 7 ～ 10 级为主。总体上以人民广场为中心，越接近市中心级别越高、越远离市中心级别越低。位于外环以内的西南区域土地级别相对较高、位于外环以外除崇明外的北部区域土地级别高于南部区域。局部规划重点发展的区域呈岛状分布，级别高于周边区域，如外环以内的世纪公园、联洋、碧云、古北、北外滩、天山、田林等区域，外环以外的各郊区县中心城镇、规划新城区等区域。

具体定级范围说明如下：

1 级：黄浦江以西：北京西路—万航渡路—华山路—延安西路—江苏路—华山路—广元西路—恭城路—虹桥路—文定路—南丹路—南丹东路—宛平路—建国西路—襄阳南路—永嘉路—瑞金二路—复兴中路—西藏南路—西藏中路—北京西路；北外滩：秦皇岛路—杨树浦路—东大名路—大名路—黄浦江—秦皇岛路；黄浦滨江：中山东路、中山东一路、中山南路（苏州河—南浦大桥）；徐汇滨江：黄浦江—沪杭铁路新日支线—宛平南路—龙华港—黄浦江；黄浦江以东：黄浦江—张家浜—浦明路—浦电路—浦城路—陆家嘴环路—黄浦江。

2 级：黄浦江以西：黄浦江—秦皇岛路—杨树浦路—大连路—周家嘴路—海宁路—河南北路—苏州河—长寿路—武宁路—苏州河—中山西路（内环）—延安西路—虹许路（中环）—古羊路—宋园路—吴中路—中山西路（内环）—延安西路（延安路高架）—虹许路（中环）—古羊路—宋园路—吴中路—中山西路（内环）—中山南二路（内环）—宛平南路—龙华港—黄浦江所围范围内 1 级以外的其他地区；黄浦江以东：黄浦江—陆家嘴环路—浦城路—浦电路—浦明路—张家浜—黄浦江—塘桥新路—浦建路—东方路—浦电路—灵山路—民生路—黄浦江；联洋：杨高中路—民生路—锦绣路—芳甸路—花木路—罗山路（内环）—杨高中路；世纪公园：花木路—锦绣路—梅花路—白杨路—龙阳路—芳甸路—花木路。

3 级：内环内除杨浦区，1 ～ 2 以外的其他区域黄浦江以西：杨浦滨江：杨树浦路—秦皇岛路—黄浦江—宁国路（内环）—杨树浦路；天山：苏州河—双流路—天山路—古北路—延安西路—中山西路（内环）—苏州河；田林龙华世博滨江：吴中路—桂林路—桂林南路—沪杭铁路—龙吴路—上中路（中环）—黄浦江—龙华港—宛平南路—中山南二路（内环）—中山西路（内环）—吴中路；新江湾城：军工路—杨浦区西部行政边界（逸仙路）—政立路—淞沪路—闸殷路—军工路；黄浦江以东：世博会场址规划区；碧云：杨高中路—罗山路（内环）—锦绣东路—金桥路（中环）—杨高中路。

4 级：政立路—逸仙路高架—纹水东路—粤秀路—彭江路—共和新路—灵石路—岚皋路—石泉路—中宁路—武宁路—大渡河路—苏州河—北虹路—天山西路—环西一大道（外环）

—吴中路—莲花路—沪闵路—虹梅路（中环）—上中西路（中环）—上中路（中环）—龙吴路—黄浦江—耀华路—浦东南路—高科西路—张江路（中环）—金桥路（中环）—黎平路（中环）—军工路（中环）—翔殷路（中环）—国和路—政立路，所围范围内1～3级以外的其他地区。

5级：黄浦江—杨浦区北部行政边界—逸仙路高架—场中路—共和新路—汶水路（中环）—真北路（中环）—沪宁铁路—祁连山南路—普陀区西部行政边界—苏州河—环西—大道（外环）—环南二大道（外环）—黄浦江—中环—华夏西路（中环）—华夏中路（中环）—张江路（中环）—高科中路—申江路—唐陆公路—东陆公路—杨高北路—赵家沟—黄浦江，所围范围内1～4级以外的其他区域。

6级：外环内1～5级以外的其他区域；普陀区、长宁区、徐汇区1～5级以外的其他区域；嘉定区：真新新村街道外环外区域；宝山区：友谊路街道、吴淞街道规划建设区；闵行区：闵行边界—北横泾—沪青平公路—中春路—春申塘—闵行区边界—环南大道（外环）—环西大道（外环）—闵行边界。

7级：黄浦江以西，闵行区：华漕镇、颛桥镇、马桥镇、吴泾镇、江川街道规划建设区；宝山区：顾村镇、杨行镇、大场镇规划建设区，嘉定区：江桥镇、南翔镇规划建设区；松江区：九亭镇、新桥镇规划建设区，青浦区：徐泾镇规划建设区。黄浦江以东，浦东新区：高桥镇、高东镇规划建设区内6级以外的其他区域；A30以西1～6级以外的其他区域；浦东新区（原南汇区）：周浦康桥镇规划建设区；闵行区：浦江镇沈杜公路以北区域。

8级：黄浦江以西，宝山区：月浦镇、罗店镇规划建设区；嘉定区：新成路街道、菊园新区、嘉定镇街道、安亭镇、马陆镇、嘉定工业区规划建设区；松江区：岳阳街道、永丰街道、方松街道、中山街道，佘山镇、泗泾镇、洞泾镇、车墩镇、小昆山镇规划建设区；青浦区：朱家角镇、赵巷镇、盈浦街道、夏阳街道、香花桥街道规划建设区；金山区：朱泾镇建成区（健康路—亭枫公路—仙业路—临源街）、金山新城建成区（龙翔路—东平北路—东平南路—临桂路—卫零路—隆平路—卫一路—大堤路—荔浦路—海滨路—沪杭公路—亭卫南路—亭卫公路—龙翔路）、枫泾镇建成区、枫泾新镇区。黄浦江以东，闵行区：浦江镇沈杜公路以南区域；浦东新区（原南汇区）：惠南镇规划建设区、临港新城中心区；奉贤区：南桥镇规划建设区（奉浦大道—沪杭公路—沪金高速—上海绕城高速—奉浦大道）。

9级：上海市（不含金山区、崇明县）1～8级以外的其他区域，金山区：金山新城中心城区未建成区、亭林老镇区、亭林大型居住社区、张堰镇建成区；崇明县：城桥镇规划建设区。

10级：上海市1～9级以外的其他区域。

（二）商业用地

上海市商业用地共分为10级，外环以内以1～6级为主，外环以外以7～10级为主。总体上以人民广场为中心，越接近市中心级别越高、越远离市中心级别越低。结合上海市商业发展的特点，在商业用地的1级、2级以及其他环状级别内的带状、岛状分布的区域，多为发展较好的商业街和商圈，土地级别高于周边区域。

具体定级范围说明如下：

1 级：黄浦江以西，外滩：中山东一路—延安东路—苏州河；南京东（西）路：中山东一路—乌鲁木齐北路；西藏中路：南京东路—福州路；淮海东（中）路：西藏南路—襄阳北路；新天地：淮海路—马当路—自忠路—黄陂南路—淮海路；徐家汇：虹桥路—肇家浜路：恭城路—天平路，华山路：广元路—虹桥路，天钥桥路：肇家浜路—南丹路，漕溪路：虹桥路—南丹路。

2 级：黄浦江以西，四川北路：苏州河—东江湾路；福州路：河南中路—西藏中路；金陵东路：中山东二路—西藏南路；衡山路：乌鲁木齐北路—宛平南路；豫园：人民路—河南南路—方浜中路—人民路；静安寺：北京西路—乌鲁木齐北路—华山路—延安中路—常德路—北京西路；中山公园：汇川路—凯旋路—长宁路—汇川路；长宁路：定西路—汇川路；虹桥：仙霞路—古北路—延安西路—仙霞路。黄浦江以东，陆家嘴：黄浦江—东昌路—浦东南路—黄浦江；新上海城：商城路—浦东南路—张杨路—崂山东路；张杨路：崂山东路—浦东南路。

3 级：黄浦江以西，周家嘴路—海宁路—河南北路—天目东路—共和新路—沪宁铁路—苏州河—中山西路（内环）—天山路—古北路—仙霞路—延安西路—中山西路（内环）—卢湾区边界—黄浦江—秦皇岛路—杨树浦路—大连路—周家嘴路，所围范围内 1 ～ 2 级以外的其他地区；虹桥：天山路—古北路—仙霞路—延安西路—中山西路（内环）—天山路；古北：延安西路—虹许路（中环）—古羊路—宋园路—吴中路—中山西路（内环）—延安西路；五角场：政立路—国定路—国定东路—国和路—政立路；大宁商务区：大宁路—万荣路—延长中路—共和新路—大宁路；虹口足球场：大连西路—中山北一路（内环）—花园路—四川北路—四达路—欧阳路—大连西路。黄浦江以东，黄浦江—塘桥新路—浦建路—东方路—浦电路—源深路—张杨路—东方路—黄浦江；联洋：杨高中路—民生路—锦绣路—罗山路（内环）—杨高中路。

4 级：内环内 1 ～ 3 级以外的其他区域。黄浦江以西，江湾：殷高路—淞沪路西侧规划道路（江湾—五角场城市副中心西边界）—三门路—国定路—政立路—国京路—殷高路，曹杨：梅岭北路—杨柳青路—梅岭南路—梅岭北路；天山：苏州河—双流路—天山路—中山西路（内环）—苏州河；仙霞路：古北路—北虹路（中环）；金汇路：吴中路—红松路；田林路：桂林路—虹漕路；田林龙华世博：吴中路—桂林路—钦州南路—钦州路—龙华港—黄浦江—外马路—中山南路—中山南一路（内环）—中山南二路（内环）—中山西路（内环）—吴中路。黄浦江以东，碧云：杨高中路—罗山路（内环）—锦绣东路—金桥路（中环）—杨高中路；张江：碧波路—高科中路—科苑路—碧波路；龙汇路：莲溪路—沪南路，世博会场址规划区。

5 级：中环内 1 ～ 4 级以外的其他区域。黄浦江以西，五角场辐射区：国和路—政立路—国权北路—三门路—逸仙路—邯郸路—翔殷路（中环）—包头路—国和路；大柏树：纪念路—广纪路—坟水东路—逸仙路—纪念路；曹安梅川：曹安路—真光路—梅川路—真北路（中环）—曹安路；梅川路：真光路—万镇路；南方商城：古美西路—万源路—沪闵路—古方路—古美西路；彭浦：保德路—三泉路—闻喜路—阳曲路—保德路；新泾金汇：天山西路—环西一大道（外环）—吴中路—虹许路（中环）—北虹路（中环）—天山西路；虹桥商务功能核心区：扬虹路—华翔路—建虹路—申贵路—甬虹路—申虹路—锡虹路—申贵路—扬虹路。

6 级：外环内 1 ～ 5 级以外的其他区域。黄浦江以西，普陀区、长宁区、徐汇区 1 ～ 5 级以外的其他区域，宝山区：友谊路街道、吴淞街道规划建设区；闵行区：虹桥商务区（北翟路—华翔路—沪青平公路—环西大道外环部分—北翟路），沪青平公路—中春路—春申塘—闵行区边界—环南大道（外环）—环西大道（外环）—沪青平公路。黄浦江以东，浦东新区，川沙：川杨河—唐陆公路—栏学路—城丰路—妙境路—川环南路—浦东运河—川杨河。

7 级：闵行区：华漕镇、七宝镇、莘庄镇、梅龙镇规划建设区内除 6 级以外的其他区域，颛桥镇、吴泾镇、江川路街道规划建设区；浦江镇规划建设区内沈杜公路以北的区域，宝山区：杨行镇、顾村镇、大场镇规划建设区内 6 级以外的其他区域；嘉定区：南翔镇规划建设区，真新新村街道、江桥镇规划建设区内 6 级以外的其他区域；青浦区：徐泾镇规划建设区；松江区：九亭镇、新桥镇规划建设区；浦东新区：高桥镇、高东镇规划建设区内 6 级以外的其他区域；A30 以西 1 ～ 6 级以外的其他区域；浦东新区（原南汇区）：康桥镇规划建设区内除 6 级以外的区域；周浦镇规划建设区。

8 级：闵行区：1 ～ 7 级以外的其他区域；宝山区：月浦镇、罗店镇规划建设区；嘉定区：新成路街道、菊园新区、嘉定镇街道，马陆镇、安亭镇、嘉定工业区规划建设区；青浦区：夏阳街道、盈浦街道、香花桥街道规划建设区；松江区：岳阳街道、永丰街道、方松街道、中山街道、泗泾镇、洞泾镇、车墩镇、佘山镇、小昆山镇规划建设区；金山区：朱泾镇建成区（健康路—亭枫公路—仙业路—临源街）、金山新城建成区（龙翔路—东平北路—东平南路—临桂路—卫零路—隆平路—卫一路—大堤路—荔浦路—海滨路—沪杭公路—亭卫南路—亭卫公路—龙翔路）、枫泾镇建成区、枫泾新镇区；奉贤区：南桥镇规划建设区（奉浦大道—沪杭公路—沪金高速—上海绕城高速—奉浦大道）；浦东新区（原南汇区）：惠南镇规划建设区、临港新城中心区及洋山保税港。

9 级：上海市（不含金山区、崇明县）1 ～ 8 级以外的其他区域。金山区：金山新城中心城区未建成区、亭林老镇区、亭林大型居住社区、张堰镇建成区，崇明县：城桥镇规划建设区。

10 级：上海市 1 ～ 9 级以外的其他区域。

（三）办公用地

上海市办公用地共分为 10 级，外环以内以 1 ～ 6 级为主，外环以外以 7 ～ 10 级为主。总体上以人民广场为中心，越接近市中心级别越高、越远离市中心级别越低。位于外环以内的西南区域土地级别较高、位于外环以外除崇明外的北部区域土地级别高于南部区域。局部规划重点发展的区域呈岛状分布，土地级别高于周边区域，如外环以内的大宁、长风、张江、五角场、金桥等区域，外环以外的各郊区县中心城镇等区域。

具体定级范围说明如下：

1 级：黄浦江以西，黄浦江—苏州河—河南中路—天津路—贵州路—牛庄路—凤阳路—石门二路—奉贤路—南阳路—铜仁路—愚园东路—愚园路—愚园支路—乌鲁木齐北路—延安西路—延安中路—威海路—成都北路—重庆中路—长乐路—襄阳北路—襄阳南路—南昌路—兴业路—淡水路—复兴中路—西藏南路—方浜西路—人民路—云南南路—云南中路—九江路—河南中路—河南南路—人民路—兴东路—豆市街—白渡路—中山南路—王家码头路—外仓桥街—南仓街—陆家浜路—黄浦江；徐家汇：广元路—广元西路—乐山路—虹桥路—文定路—南丹路—南丹东路—天钥桥路—肇家浜路—天平路—广元路；北外滩：秦皇岛路—杨树浦路—东大名路—大名路—黄浦江—秦皇岛路。黄浦江以东，黄浦江—东昌路—浦东南路—栖霞路—南泉北路—乳山路—东方路—黄浦江。

2 级：黄浦江以西，苏州河—安远路—长寿路—万航渡路—苏州河—中山西路（内环）—天山路—古北路—虹桥路—伊犁路—延安西路—中山西路（内环）—虹桥路—恭城路—广元西路—广元路—天平路—肇家浜路—徐家汇路—陆家浜路—黄浦江—苏州河，所围范围内 1 级以外的其他地区，北外滩：东长治路—长治路—大名路—东大名路—公平路—东长治路。黄浦江以东，黄浦江—浦东南路—东昌路—黄浦江—塘桥新路—浦建路—东方路—浦电路—民生路—黄浦江。

3 级：黄浦江以西，内环线内除杨浦，1 ～ 2 级以外的其他区域，杨浦滨江：杨树浦路—秦皇岛路—黄浦江—宁国路（内环）—杨树浦路，五角场：政立路—国定路—国定东路—国和路—政立路。黄浦江以东，黄浦江—民生路—浦东大道—罗山路（内环）—黄浦江，浦电路—东方路—浦建路—锦绣路—民生路—浦电路，塘桥新路—黄浦江—龙阳路（内环）—浦东南路—塘桥新路。

4 级：黄浦江以西，殷高路—淞沪路西侧规划道路（江湾—五角场城市副中心西边界）—三门路—国定路—政立路—逸仙路高架—汶水东路—水电路—广中路—广中西路—志丹路—光新路—真如港—岚皋路—石泉路—中宁路—武宁路—桃浦—虬江—杨柳青路—枣阳路—金沙江路—真北路（中环）—苏州河—芙蓉江路—天山路—水城路—水城南路—延安西路（延安路高架）—虹许路（中环）—古羊路—宋园路—桂林路—钦州南路—钦州路—龙华港—黄浦江—宁国路（内环）—黄兴路（内环）—国定东路—国和路—政立路—国京路—殷高路，所围范围内 1 ～ 3 级以外的其他区域。黄浦江以东，内环内 1 ～ 3 级以外的其他区域，世博会场址规划区，碧云张江：杨高中路—罗山路（内环）—高科中路—张江路—金桥路—杨高中路。

5 级：中环内 1 ～ 4 级以外的其他区域。黄浦江以西，新泾：天山西路—环西—大道（外环）—延安西路—北虹路（中环）—天山西路；虹桥商务区：北翟路—华翔路—沪青平公路—环西大道（外环）—北翟路；大柏树：场中路—广粤路—汶水东路—逸仙路—场中路；新江湾城：军工路—杨浦区西部行政边界（逸仙路）—政立路—淞沪路—闸殷路—军工路。黄浦江以东，外高桥保税区：海高公路—杨高北路—五洲大道—高川河—海高公路；金桥出口加工区：金海路—杨高中路—金桥路（中环）—川桥路—唐陆公路—东陆公路—金海路；张江集成电路产业区：龙东大道—张江路（中环）—高科中路—环东二大道（外环）—龙东大道。

6 级：外环内 1 ～ 5 级以外的其他区域。黄浦江以西，普陀区、长宁区、徐汇区 1 ～ 4 级以外的其他区域，宝山区：友谊路街道、吴淞街道规划建设区；闵行区：虹桥交通枢纽（北翟路—华翔路—沪青平高速公路—环西大道外环部分—北翟路），莘庄（沪杭高速公路—中春路—沪杭铁路—A4—沪杭高速公路）。

7 级：闵行区：华漕镇、七宝镇、莘庄镇、梅龙镇规划建设区内 6 级以外的其他区域，颛桥镇、吴泾镇、江川路街道规划建设区，浦江镇规划建设区内沈杜公路以北的区域；宝山区：杨行镇、顾村镇、大场镇规划建设区内除6级以外的区域；嘉定区：南翔镇规划建设区，真新新村街道、江桥镇规划建设区内6级以外的其他区域；青浦区：徐泾镇规划建设区；松江区：九亭镇、新桥镇规划建设区；浦东新区：高桥镇、高东镇规划建设区内6级以外的其他区域，A30以西1～6级以外的其他区域，浦东新区（原南汇区）：康桥镇规划建设区内6级以外的其他区域，周浦镇规划建设区。

8级：闵行区：1～7级以外的其他区域；宝山区：月浦镇规划建设区；嘉定区：新成路街道、菊园新区、嘉定镇街道，马陆镇、安亭镇、嘉定工业区规划建设区；青浦区：夏阳街道、盈浦街道、香花桥街道规划建设区；松江区：岳阳街道、永丰街道、方松街道、中山街道、泗泾镇、洞泾镇、车墩镇、佘山镇、小昆山镇规划建设区；金山区：朱泾镇建成区（健康路—亭枫公路—仙业路—临源街）、金山新城建成区（龙翔路—东平北路—东平南路—临桂路—卫零路—隆平路—卫一路—大堤路—荔浦路—海滨路—沪杭公路—亭卫南路—亭卫公路—龙翔路）、枫泾镇建成区、枫泾新镇区，奉贤区：南桥镇规划建设区（奉浦大道—沪杭公路—沪金高速—上海绕城高速—奉浦大道）；浦东新区（原南汇区）：惠南镇规划建设区、临港新城中心区及洋山保税港。

9级：上海市（不含金山区、崇明县）1～8级以外的其他区域。金山区：金山新城中心城区未建成区、亭林老镇区、亭林大型居住社区、张堰镇建成区；崇明县：城桥镇规划建设区。

10级：上海市1～9级以外的其他区域。

（四）工业用地

上海市工业用地共分为9级，外环以内以1～5级为主，外环以外以6～9级为主。总体上以人民广场为中心，越接近市中心级别越高、越远离市中心级别越低。在级别划分时，充分考虑了上海市内各工业园区的分布情况及土地开发程度。

具体定级范围说明如下：

1级：黄浦江以西，黄浦江—苏州河—石门二路—北京西路—乌鲁木齐北路—乌鲁木齐中路—复兴中路—复兴东路—黄浦江，北外滩：黄浦江—溧阳路—大名路—长治路—苏州河—黄浦江。黄浦江以东，黄浦江—张杨路—东方路—黄浦江。

2级：黄浦江以西，内环内除杨浦，1级以外的其他区域，虹桥经济技术开发区。黄浦江以东，黄浦江—东方路—张杨路—黄浦江—塘桥新路—浦建路—东方路—峨山路—杨高南路—源深路—浦东大道—民生路—黄浦江。

3级：黄浦江以西，杨浦内环内区域、中环内除杨浦、1～2级以外的其他区域、五角场、市北工业区：政立路—场中路—沪太路—汶水路（中环）—邯郸路（中环）—国定路—国定东路—国和路—政立路、漕河泾经济技术开发区（超出中环的部分）。黄浦江以东，内环内1～2级以外的其他区域，世博会场址规划区。

4级：中环内1～3级以外的其他区域，张江高科技园区（超出中环的部分）。

5级：外环内的1～4级以外的其他区域（浦东新区原南汇区部分、嘉定区行政范围内的区域除外），普陀区、长宁区、徐汇区1～4级以外的其他区域，宝山区：友谊路街道、吴淞街道规划建设区，虹桥商务区（北翟路—华翔路—沪青平公路—环西大道（外环）—北翟路）、上海紫竹高新技术产业园区、上海闵行经济技术开发区闵行园区、上海浦东空港工业园区机场分园、上海浦东空港工业园区川沙分园、上海外高桥保税区（超出外环的部分）。

6级：闵行区、浦东新区1～5级以外的其他区域，浦东新区（原南汇区）：洋山保税港区、上海周浦都市型工业园。

7级：宝山区：月浦镇、杨行镇、顾村镇、大场镇规划建设区、上海宝山工业园区（宝山城市园北区块、罗店园、嘉定徐行园东区块、嘉定徐行园西区块）、宝山钢铁集团公司；嘉定区：新成路街道、真新新村街道、菊园新区、嘉定镇街道，马陆镇、南翔镇、安亭镇、江桥镇、嘉定工业区规划建设区；青浦区：夏阳街道、盈浦街道、徐泾镇规划建设区、上海西郊经济开发区（华新绿色园区块1～5)，上海青浦工业园区（区块1～5)；松江区：岳阳街道、永丰街道、方松街道、中山街道，九亭镇、新桥镇、泗泾镇、洞泾镇、车墩镇、佘山镇、小昆山镇规划建设区；金山区：上海石油化工股份有限公司、上海化学工业园区；奉贤区：南桥镇规划建设区；浦东新区（原南汇区）：惠南镇、周浦镇、康桥镇规划建设区、临港新城中心区、上海浦东空港工业园区祝桥分园。

8级：上海市（不含崇明县）1～7级以外的其他区域：崇明县：城桥镇规划建设区、长兴岛、上海崇明工业园区。

9级：上海市1～8级以外的其他区域。

二、上海市基准地价表

表5-5　上海市基准地价表（楼面地价）（基准日2013年1月1日）

用途	住宅		商业		办公		研发总部		工业	
级别	价格	设定容积率	价格	设定容积率	价格	设定容积率	价格	设定容积率	价格	设定容积率
1	25 840	2.5	34 060	4.0	22 850	4.0	—	—	6 500	2.0
2	18 890	2.5	27 090	4.0	17 040	4.0	—	—	4 350	2.0
3	15 220	2.0	19 670	2.0	12 910	4.0	—	—	2 740	1.6
4	12 750	2.0	15 270	2.0	10 990	3.5	—	—	1 450	1.6
5	10 730	2.0	11 130	1.8	7 350	3.5	—	—	990	1.6
6	8 200	1.8	8 120	1.8	5 780	3.5	1 550	2.0	860	1.2
7	6 160	1.8	5 770	1.6	4 230	2.5	920	2.0	615	1.0
8	4 370	1.4	4 400	1.6	3 090	2.5	675	2.0	450	1.0
9	2 810	1.4	2 910	1.2	2 070	2.0	450	2.0	300	1.0
10	2 090	1.2	2 230	1.2	1 370	2.0	—	—	—	—

注：本市基准地价成果为分用途各级别国有建设用地在一定设定条件下的土地使用权平均价格。内涵包括：1. 基准日为2013年1月1日；2. 使用年限为对应用途的法定最高出让年限；3. 开发强度为各用途各级别的设定容积率；4. 住宅、商业、办公用地开发程度为“七通一平”，指宗地外通路、供电、通信、通上水、通下水、通污水、通燃气及宗地内场地平整；研发总部类和工业用地开发程度为“五通

一平”，指宗地外通路、供电、通信、通上水、通下水及宗地内场地平整。

三、上海市基准地价容积率修正系数

基准地价一般根据平均的土地利用程度来确定其容积率。当宗地的容积率水平与基准地价所设定的不一致时，就需进行容积率修正。目前工业用地容积率对地价的影响较小，工业用地原则上不设容积率修正。对居住、商业和办公用地的修正系数表（见表 5-6、表 5-7、表 5-8）（本系数是对楼面地价的修正）。

表 5-6　上海市基准地价容积率修正系数表（居住用地）

居住容积率	1～2级	3～5级	6～7级	8～9级	10级	居住容积率	1～2级	3～5级	6～7级	8～9级	10级
1.0	1.195	1.166	1.142	1.079	1.000	3.6	0.947	0.924	0.905	0.855	0.792
1.1	1.170	1.141	1.119	1.056	0.979	3.7	0.943	0.920	0.902	0.851	0.789
1.2	1.148	1.120	1.098	1.036	0.961	3.8	0.938	0.915	0.897	0.847	0.785
1.3	1.127	1.100	1.077	1.017	0.943	3.9	0.933	0.910	0.892	0.842	0.781
1.4	1.108	1.081	1.059	1.000	0.927	4.0	0.928	0.905	0.887	0.838	0.777
1.5	1.090	1.063	1.042	0.984	0.912	4.1	0.924	0.901	0.883	0.834	0.773
1.6	1.074	1.048	1.027	0.969	0.899	4.2	0.919	0.897	0.879	0.829	0.769
1.7	1.059	1.033	1.012	0.956	0.886	4.3	0.914	0.892	0.874	0.825	0.765
1.8	1.046	1.020	1.000	0.944	0.875	4.4	0.909	0.887	0.869	0.820	0.761
1.9	1.035	1.010	0.989	0.934	0.866	4.5	0.904	0.882	0.864	0.816	0.756
2.0	1.025	1.000	0.980	0.925	0.858	4.6	0.900	0.878	0.860	0.812	0.753
2.1	1.017	0.992	0.972	0.918	0.851	4.7	0.895	0.873	0.856	0.808	0.749
2.2	1.010	0.985	0.966	0.912	0.845	4.8	0.890	0.868	0.851	0.803	0.745
2.3	1.005	0.980	0.961	0.907	0.841	4.9	0.885	0.863	0.846	0.799	0.741
2.4	1.002	0.978	0.958	0.904	0.838	5.0	0.881	0.860	0.842	0.795	0.737
2.5	1.000	0.976	0.956	0.903	0.837	5.1	0.876	0.855	0.837	0.791	0.733
2.6	0.995	0.971	0.951	0.898	0.833	5.2	0.871	0.850	0.833	0.786	0.729
2.7	0.990	0.966	0.946	0.894	0.828	5.3	0.866	0.845	0.828	0.782	0.725
2.8	0.986	0.962	0.943	0.890	0.825	5.4	0.861	0.840	0.823	0.777	0.721
2.9	0.981	0.957	0.938	0.885	0.821	5.5	0.857	0.836	0.819	0.773	0.717
3.0	0.976	0.952	0.933	0.881	0.817	5.6	0.852	0.831	0.815	0.769	0.713
3.1	0.971	0.947	0.928	0.876	0.813	5.7	0.847	0.826	0.810	0.764	0.709
3.2	0.967	0.943	0.924	0.873	0.809	5.8	0.842	0.821	0.805	0.760	0.705
3.3	0.962	0.939	0.920	0.868	0.805	5.9	0.837	0.817	0.800	0.755	0.700
3.4	0.957	0.934	0.915	0.864	0.801	6.0	0.833	0.813	0.796	0.752	0.697

3.5	0.952	0.929	0.910	0.859	0.797						

表 5-7 上海市基准地价容积率修正系数表（商业用地）

商业容积率	1～2级	3～4级	5～6级	7～8级	9～12级	商业容积率	1～2级	3～4级	5～6级	7～8级	9～12级
1.0	2.190	1.472	1.359	1.257	1.078	3.6	1.042	0.700	0.646	0.598	0.512
1.1	2.110	1.418	1.309	1.211	1.038	3.7	1.031	0.693	0.640	0.592	0.507
1.2	2.033	1.366	1.261	1.167	1.000	3.8	1.021	0.686	0.633	0.586	0.502
1.3	1.957	1.315	1.214	1.123	0.963	3.9	1.010	0.679	0.627	0.580	0.497
1.4	1.882	1.265	1.168	1.080	0.926	4.0	1.000	0.672	0.620	0.574	0.492
1.5	1.811	1.217	1.124	1.039	0.891	4.1	0.991	0.666	0.615	0.569	0.488
1.6	1.743	1.171	1.081	1.000	0.857	4.2	0.981	0.659	0.608	0.563	0.482
1.7	1.676	1.126	1.040	0.962	0.824	4.3	0.970	0.652	0.602	0.557	0.477
1.8	1.612	1.083	1.000	0.925	0.793	4.4	0.961	0.646	0.596	0.552	0.473
1.9	1.549	1.041	0.961	0.889	0.762	4.5	0.951	0.639	0.590	0.546	0.468
2.0	1.488	1.000	0.923	0.854	0.732	4.6	0.942	0.633	0.584	0.541	0.463
2.1	1.430	0.961	0.887	0.821	0.704	4.7	0.933	0.627	0.579	0.535	0.459
2.2	1.374	0.923	0.852	0.788	0.676	4.8	0.923	0.620	0.572	0.529	0.454
2.3	1.327	0.892	0.824	0.762	0.653	4.9	0.914	0.614	0.568	0.524	0.449
2.4	1.284	0.863	0.797	0.737	0.632	5.0	0.905	0.608	0.561	0.519	0.445
2.5	1.246	0.837	0.773	0.715	0.613	5.1	0.896	0.602	0.556	0.514	0.441
2.6	1.210	0.813	0.751	0.694	0.595	5.2	0.887	0.596	0.550	0.509	0.436
2.7	1.176	0.790	0.729	0.675	0.578	5.3	0.878	0.590	0.545	0.504	0.432
2.8	1.146	0.770	0.711	0.658	0.564	5.4	0.869	0.584	0.539	0.499	0.428
2.9	1.118	0.751	0.693	0.641	0.550	5.5	0.860	0.578	0.534	0.494	0.423
3.0	1.106	0.743	0.686	0.635	0.544	5.6	0.853	0.573	0.529	0.489	0.419
3.1	1.095	0.736	0.680	0.629	0.539	5.7	0.844	0.567	0.524	0.484	0.415
3.2	1.085	0.729	0.673	0.623	0.534	5.8	0.835	0.561	0.518	0.479	0.411
3.3	1.073	0.721	0.666	0.616	0.528	5.9	0.827	0.556	0.513	0.475	0.407
3.4	1.063	0.714	0.659	0.610	0.523	6.0	0.818	0.550	0.508	0.470	0.403
3.5	1.052	0.707	0.653	0.604	0.518						

表 5-8 上海市基准地价容积率修正系数表（办公用地）

办公容积率	1～3级	4～6级	7～8级	9～10级	办公容积率	1～3级	4～6级	7～8级	9～10级
1.0	1.386	1.325	1.194	1.025	3.6	1.036	0.990	0.892	0.766

1.1	1.369	1.309	1.179	1.013	3.7	1. 027	0.982	0.885	0.760
1.2	1.352	1.293	1.165	1.000	3.8	1.017	0.972	0.876	0.752
1.3	1.336	1.277	1.151	0.988	3.9	1.008	0.964	0.868	0.746
1.4	1.320	1.262	1.137	0.976	4.0	1.000	0.956	0.861	0.740
1.5	1.304	1.247	1.123	0.964	4.1	0.988	0.945	0.851	0.731
1.6	1.288	1.231	1.109	0.953	4.2	0.976	0.933	0.841	0.722
1.7	1.273	1.217	1.096	0.942	4.3	0.964	0.922	0.830	0.713
1.8	1.258	1.203	1.084	0.930	4.4	0.951	0.911	0.821	0.705
1.9	1.243	1.188	1.071	0.919	4.5	0.941	0.900	0.811	0.696
2.0	1.229	1.175	1.059	0.909	4.6	0.930	0.889	0.801	0.688
2.1	1.214	1.161	1.046	0.898	4.7	0.919	0.879	0.792	0.680
2.2	1.200	1.147	1.034	0.888	4.8	0.908	0.868	0.782	0.672
2.3	1.187	1.135	1.022	0.878	4.9	0.897	0.858	0.773	0.663
2.4	1.174	1.122	1.011	0.868	5.0	0.886	0.847	0.763	0.655
2.5	1.161	1.110	1.000	0.859	5.1	0.876	0.837	0.755	0.648
2.6	1.148	1.098	0.989	0.849	5.2	0.865	0.827	0.745	0.640
2.7	1.135	1.085	0.978	0.839	5.3	0.855	0.817	0.736	0.632
2.8	1.123	1.074	0.967	0.831	5.4	0.844	0.807	0.727	0.624
2.9	1.111	1.062	0.957	0.822	5.5	0.834	0.797	0.718	0.617
3.0	1.100	1.052	0.947	0.814	5.6	0.824	0.788	0.710	0.609
3.1	1.089	1.041	0.938	0.805	5.7	0.814	0.778	0.701	0.602
3.2	1.078	1.031	0.929	0.797	5.8	0.805	0.770	0.693	0.595
3.3	1.067	1.020	0.919	0.789	5.9	0.795	0.760	0.685	0.588
3.4	1.056	1.010	0.910	0.781	6.0	0.785	0.750	0.676	0.581
3.5	1.046	1.000	0.901	0.774					

说明：1. 容积率低于 1.0 时按容积率为 1.0 对应的地面价计算；

2. 容积率高于 6.0 时按容积率为 6.0 对应的楼面价计算；

3. 当宗地容积率介于上述所列的容积率之间时，可用直线插值法确定其对应的修正系数。

第四节　土地交易

2016 年上海市土地出让宗数共为 199 宗，同比下降 16.03%；2016 年上海市土地出让面积为 842.8 万平方米，同比下降 21.53%。2015 年上海市土地出让宗数为 237 宗，出让面积为 1 074.03 万平方米。

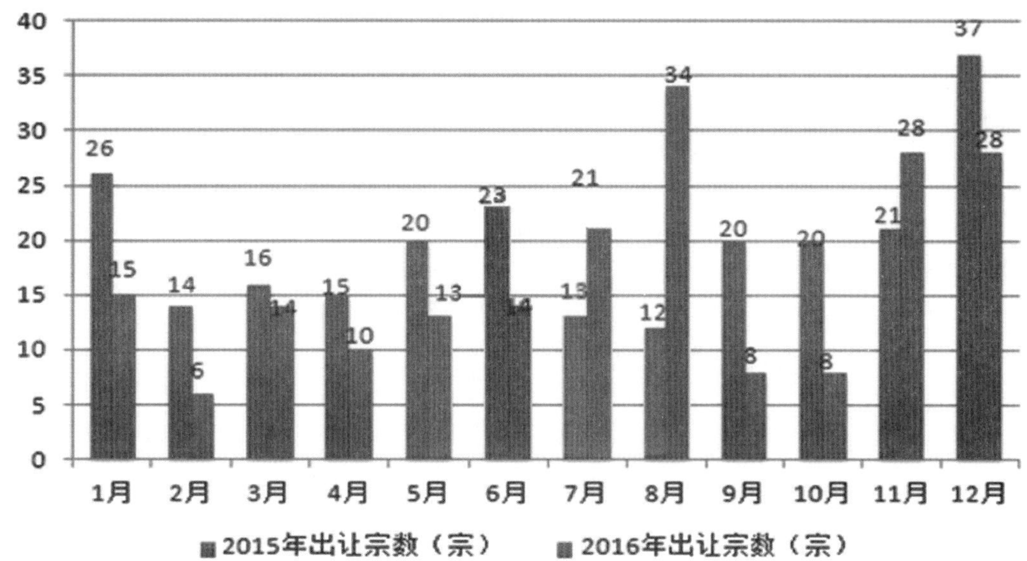

数据来源：资料整理。

图 5-1　2015 ～ 2016 年上海市土地出让宗数走势图

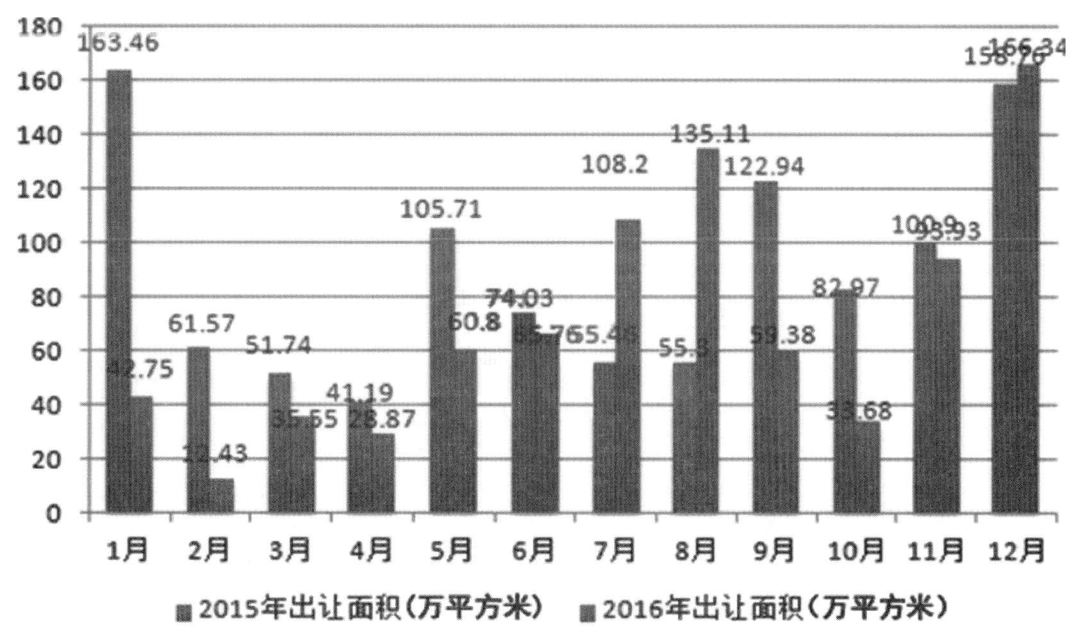

数据来源：资料整理。

图 5-2　2015 ～ 2016 年上海市土地出让面积走势图

2016 年上海市土地成交宗数共为 184 宗，同比下降 15.98%；2016 年上海市土地成交面积为 789.98 万平方米，同比下降 22.55%；2016 年上海市土地成交价款共 1 550.21 亿元，同比下降 7.40%。2015 年上海市土地成交宗数共为 219 宗，2015 年上海市土地成交面积为 1 019.94 万平方米，2015 年上海市土地成交价款共 1 674.07 亿元。

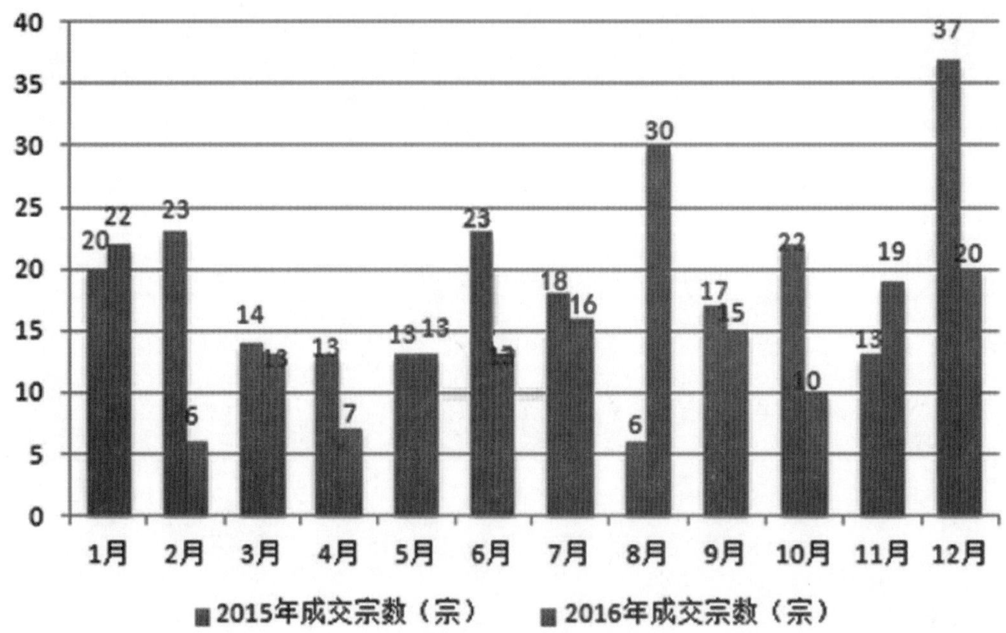

数据来源：资料整理。

图 5-3　2015 ～ 2016 年上海市土地成交宗数走势图

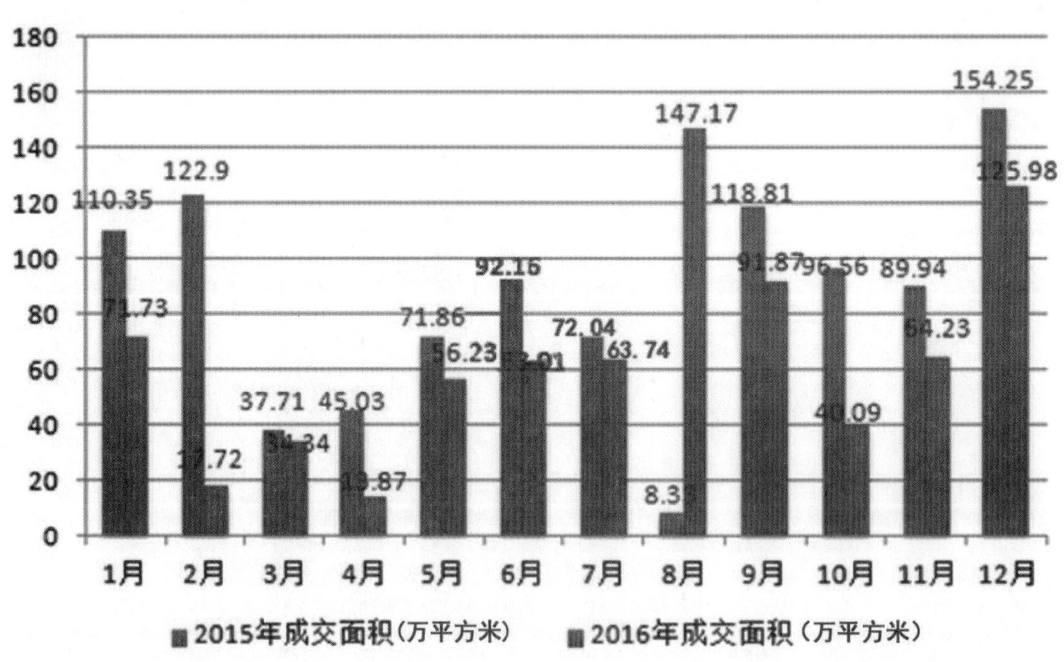

数据来源：资料整理。

图 5-4　2015 ～ 2016 年上海市土地成交面积走势图

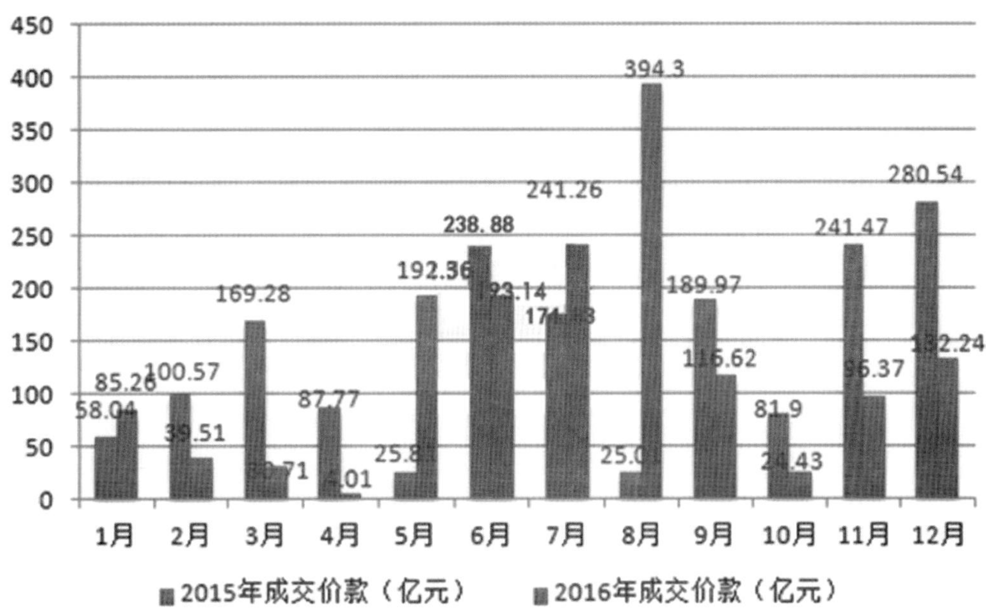

数据来源：资料整理。

图 5-5　2015 ～ 2016 年上海市土地成交价款分月走势图

2016 年 1-12 月上海市土地出让地面均价为 14　117 元 / 平方米，成交地面均价为 19　623 元 / 平方米，溢价率为 48.76%；2015 年 1-12 月上海市土地出让地面均价为 13　783 元 / 平方米，成交地面均价为 16　413 元 / 平方米，溢价率为 21.94%。

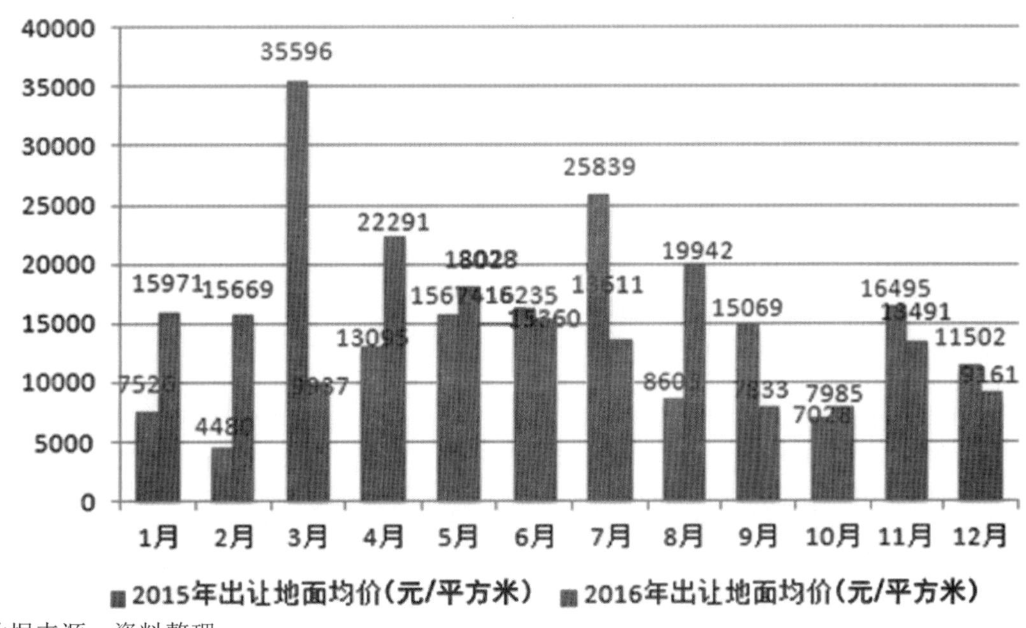

数据来源：资料整理。

图 5-6　2015 ～ 2016 年上海市土地出让地面均价走势图

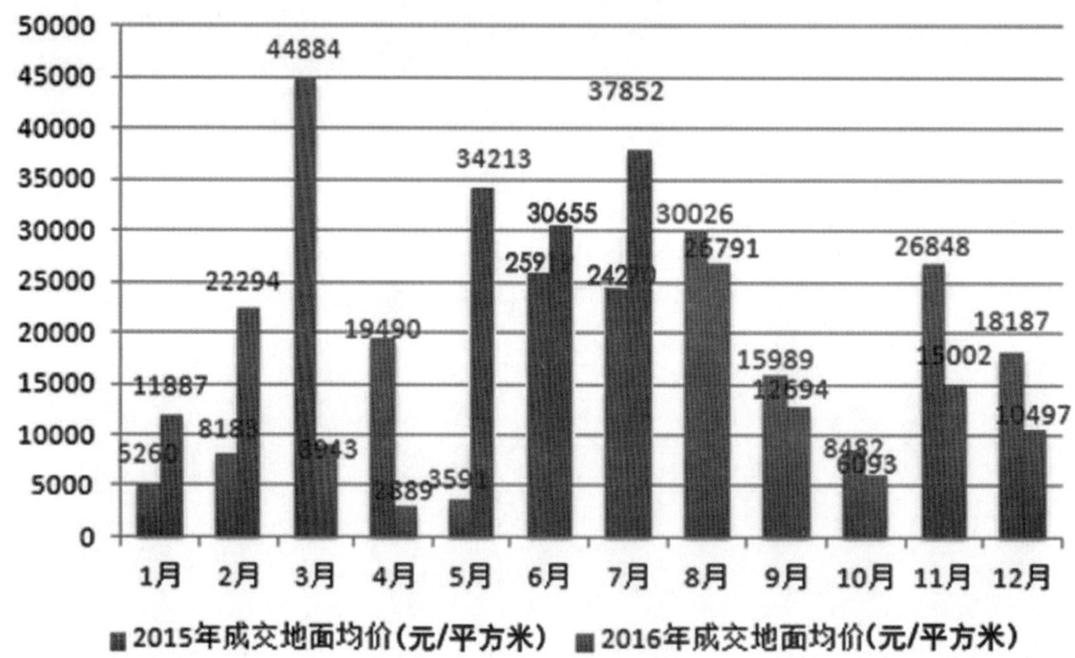

数据来源：资料整理。

图 5-7　2015 ～ 2016 年上海市成交地面均价分月走势图

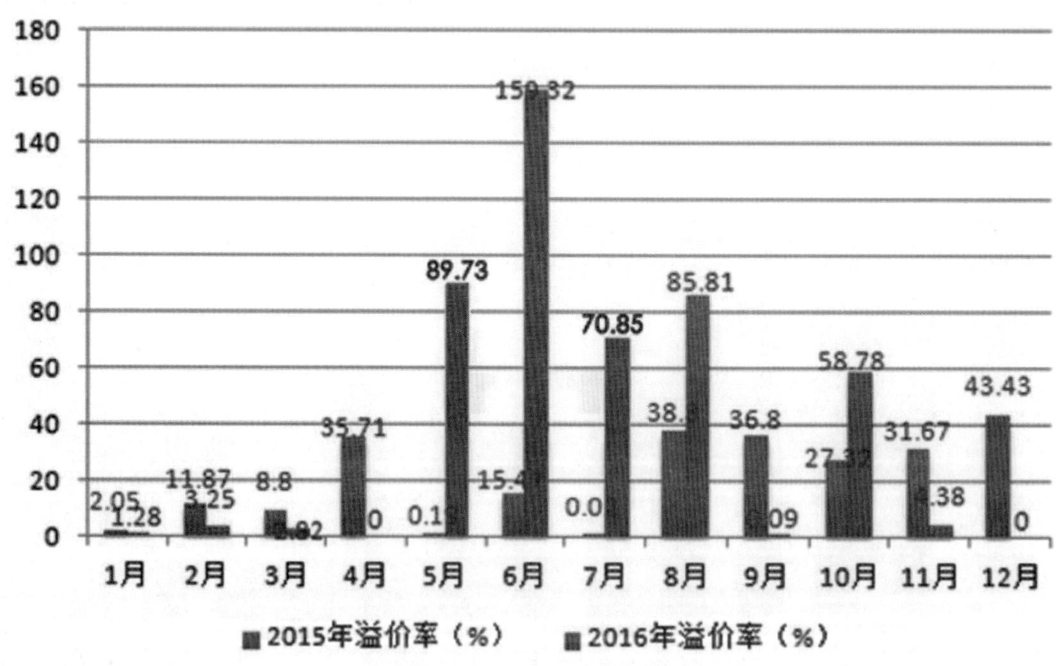

数据来源：资料整理。

图 5-8　2015 ～ 2016 年上海市土地未成交宗数分月走势图

2016 年上海市土地未成交宗数为 12 宗，同比下降 25.00%；2016 年上海市土地未成交面积为 41.67 万平方米，同比下降 31.55%。2015 年上海市土地成交宗数为 16 宗，2015 年上海市土地未成交面积为 60.88 万平方米。

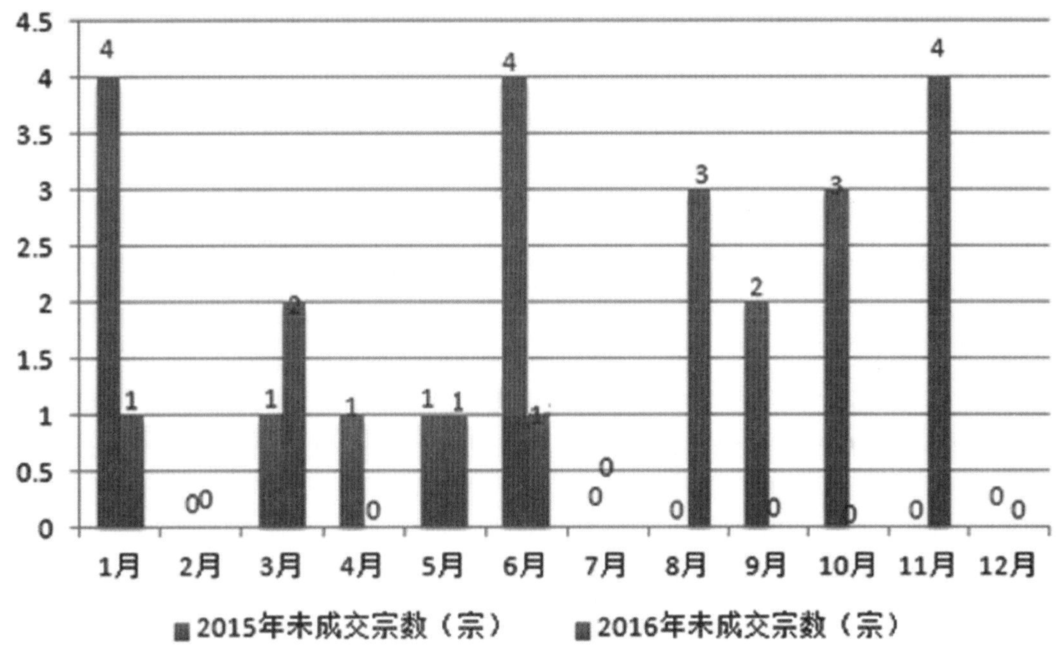

数据来源：资料整理。

图 5-9 2015 ～ 2016 年上海市土地未成交宗数分月走势图

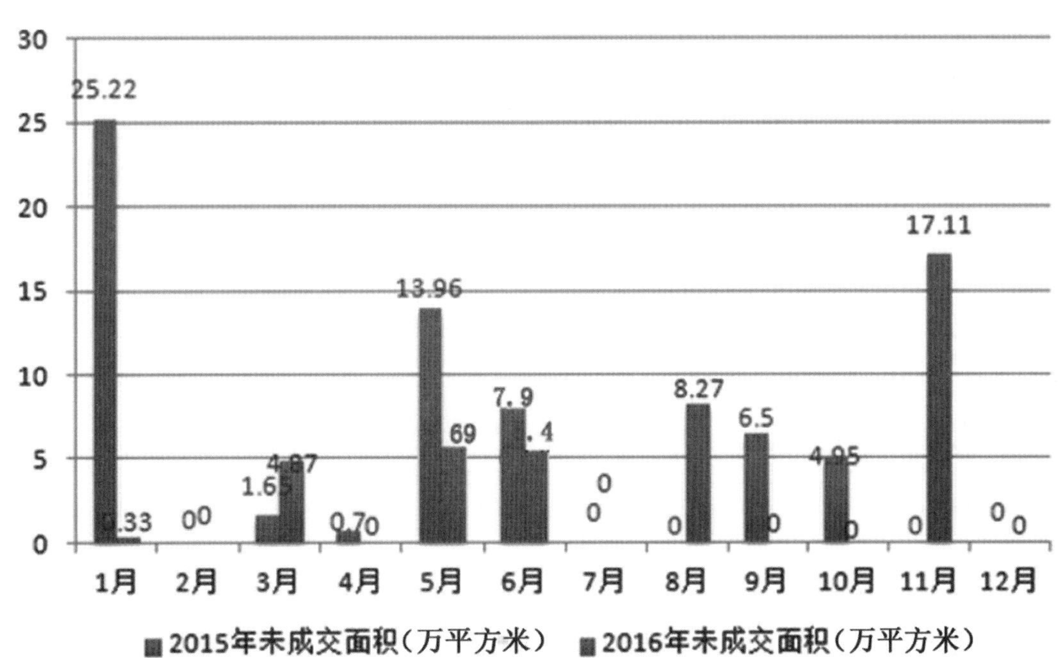

数据来源：资料整理。

图 5-10 2015 ～ 2016 年上海市土地未成交面积分月走势图

第六章 房地产金融

第一节 房地产金融概述

一、房地产开发投资

2016 年，上海市贯彻落实国家“因城施策”的管理要求，适时出台房地产市场调控措施，继续坚持“以居住为主、以市民为主、以普通商品住房为主”的原则，深化完善“四位一体”的住房保障体系，坚决遏制房价过快上涨的态势，促进本市房地产市场平稳健康有序发展。在宏观政策的调控下，2016 年上海市房地产开发投资 3 709.03 亿元，比上年增长 6.9%，增速较上年回落 1.3 个百分点。其中住宅投资 1 965.43 亿元，比上年增长 8.4%，占全部房地产开发投资的 53.0%，比重提高 0.7 个百分点；办公楼和商业营业用房完成投资 1 215.36 亿元，增长 8.3%，占 32.8%。

二、房地产信贷利率

2016 年以来，全球主要经济体走势更趋分化，世界经济发展不确定性有增无减，同时我国经济运行也出现了很多新变化。面对极其复杂的内外部环境，人民银行和国家外汇管理局坚定推动金融领域各项改革，有效应对来自宏观格局变化和金融创新的挑战。

近年，随着住房公积金的提取使用范围的不断拓展，提取金额迅速上升。2014 年上海市住房公积金提取金额为 447.18 亿元，2016 年达到 659.37 亿元，三年内上升了 47.45%。2016 年，发放个人住房贷款 18.30 万笔，金额 1 184.59 亿元，同比降低 8.29%、0.69%；回收个人住房贷款 384.88 亿元。当年因资产证券化转出个人住房贷款额 312.02 亿元。截至 2016 年底，累计发放个人住房贷款 233.81 万笔，金额 6 472.82 亿元，贷款余额 3 257.77 亿元，同比分别增长 8.50%、22.40%、17.61%。个人住房贷款率为 102.39%，比上年同期增加 4.25 个百分点。

表 6-1 金融机构人民币存款基准利率调整情况表（2007 ～ 2016） 单位：年利率 %

调整时间	活期存款	定期存款					
		三个月	半年	一年	二年	三年	五年
2007.03.18	0.72	1.98	2.43	2.79	3.33	3.96	4.41
2007.05.19	0.72	2.07	2.61	3.06	3.69	4.41	4.95
2007.07.21	0.81	2.34	2.88	3.33	3.96	4.68	5.22
2007.08.22	0.81	2.61	3.15	3.60	4.23	4.95	5.49
2007.09.15	0.81	2.88	3.42	3.87	4.50	5.22	5.76
2007.12.21	0.72	3.33	3.78	4.14	4.68	5.40	5.85

2008.10.09	0.72	3.15	3.51	3.87	4.41	5.13	5.58
2008.10.30	0.72	2.88	3.24	3.60	4.14	4.77	5.13
2008.11.27	0.36	1.98	2.25	2.52	3.06	3.60	3.87
2008.12.23	0.36	1.71	1.98	2.25	2.79	3.33	3.60
2010.10.20	0.36	1.91	2.20	2.50	3.25	3.85	4.20
2010.12.26	0.36	2.25	2.50	2.75	3.55	4.15	4.55
2011.02.09	0.40	2.60	2.80	3.00	3.90	4.50	5.00
2011.04.06	0.50	2.85	3.05	3.25	4.15	4.75	5.25
2011.07.07	0.50	3.10	3.30	3.50	4.40	5.00	5.50
2012.06.08	0.40	2.85	3.05	3.25	4.10	4.65	5.10
2012.07.06	0.35	2.60	2.80	3.00	3.75	4.25	4.75
2014.11.22	0.35	2.35	2.55	2.75	3.35	4.00	——
2015.03.01	0.35	2.10	2.30	2.50	3.10	3.75	——
2015.05.11	0.35	1.85	2.05	2.25	2.85	3.50	——
2015.06.28	0.35	1.60	1.80	2.00	2.60	3.25	——
2015.08.26	0.35	1.35	1.55	1.75	2.35	3.00	——
2015.10.24	0.35	1.10	1.30	1.50	2.10	2.75	——
2016.2.21	1.50	1.50	1.30	1.50	2.10	2.75	——

注：资料来源于中国人民银行网。

表 6-2　金融机构人民币贷款基准利率的历年调整情况表（2007 ～ 2016）单位：年利率 %

调整时间	六个月以内(含六个月)	六个月至一年（含一年）	一至三年（含三年）	三至五年（含五年）	五年以上
2007.03.18	5.67	6.39	6.57	6.75	7.11
2007.05.19	5.85	6.57	6.75	6.93	7.20
2007.07.21	6.03	6.84	7.02	7.20	7.38
2007.08.22	6.21	7.02	7.20	7.38	7.56
2007.09.15	6.48	7.29	7.47	7.65	7.83
2007.12.21	6.57	7.47	7.56	7.74	7.83
2008.09.16	6.21	7.20	7.29	7.56	7.74
2008.10.09	6.12	6.93	7.02	7.29	7.47
2008.10.30	6.03	6.66	6.75	7.02	7.20
2008.11.27	5.04	5.58	5.67	5.94	6.12
2008.12.23	4.86	5.31	5.40	5.76	5.94

2010.10.20	5.10	5.56	5.60	5.96	6.14
2010.12.26	5.35	5.81	5.85	6.22	6.40
2011.02.09	5.60	6.06	6.10	6.45	6.60
2011.04.06	5.85	6.31	6.40	6.65	6.80
2011.07.07	6.10	6.56	6.65	6.90	7.05
2012.06.08	5.85	6.31	6.40	6.65	6.80
2012.07.06	5.60	6.00	6.15	6.40	6.55
2014.11.22	5.60		5.60		6.15
2015.03.01	5.35		5.75		5.90
2015.05.11	5.10		5.50		5.65
2015.06.28	4.85		5.25		5.40
2015.08.26	4.60		5.00		5.15
2015.10.24	4.35		4.75		4.90

注：资料来源于中国人民银行网。

三、房地产信贷情况

2016 年，上海市货币信贷运行平稳，各项存款增速企稳，非金融部门存款大幅增长，各项贷款增长平稳，信贷结构不断优化。个人住房贷款增速减缓，年末余额同比增长 41.2%，增速较年内最高点回落 2.4 个百分点，12 月个人住房贷款增量创新低，表明调控新政促进房产市场和住房信贷稳健发展的效果显著。

商用房开发贷款平稳增长，全年本外币房地产开发贷款减少 764.2 亿元，同比多减 704 亿元。按贷款投向分，本外币地产开发贷款和住房开发贷款全年分别减少 417.7 亿元和 473.7 亿元，同比分别多减 113.3 亿元和 420.6 亿元；而本外币商用房开发贷款新增 207.7 亿元，同比少增 91.1 亿元。

个人住房贷款增速回落，年末贷款月增量创新低。随着房地产调控效果不断显现，个人贷款增速和增量占比明显回落。从贷款投向分，本外币个人住房贷款全年新增 3 352.4 亿元，同比多增 1812.8 亿元。分季度看，一至四季度个人住房贷款分别增加 917.3 亿元、1 015.5 亿元、747.7 亿元和 671.9 亿元，贷款季度增量呈“∧”走势，其中 12 月份新增个人住房贷款 154.7 亿元，创近 14 个月个人住房贷款月增量新低，环比和同比分别少增 101.2 亿元和 51.7 亿元。

四、2016 年房地产金融运行特点

2016 年房地产政策经历了从宽松到热点城市持续收紧的过程：两会提出“因城施策”去库存，但随着热点城市房价地价快速上涨，政策分化进一步显现。纵观全年房地产金融领域有如下特点：

（一）房地产政策由松趋紧，货币供应增速放缓，货币环境整体偏松。2016年货币环境前松后紧，整体表现宽松，企业融资环境向好，全年融资规模得到大幅提升。2016年央行五年以上长期贷款利率仍保持在4.9%的历史低点，企业资金压力得到有效释放。除此之外，房企利用资本市场进行融资的规模也大幅增长，据不完全统计，2016年房企债券融资达9 039亿元，同比增长77%，平均利率为5.07%，低于2015年1.2个百分点。受益于房地产行业贷款和融资成本降低，企业融资环境趋好，资金压力有所减轻。

（二）直接融规模扩大，房地产资金加强，风险防范力度加大。企业增发、公司债、企业债等募资规模基本已经赶超去年全年水平，全年募资总额创新高。除此之外，互联网金融、资产证券化等多渠道融资途径继续发力，帮助企业补充流动资金、助力企业实现转型。但同时我们也注意到，随着房地产市场不断升温，金融层面政策转紧，旨在引导楼市资金降低，未来房地产金融风险防范力度会继续加强。

（三）地产与金融加速融合，行业整合趋势多元化。进入白银时代的房地产行业，资金成为企业发展的重中之重。房地产企业布局大金融，入股或并购金融机构，实现企业多元化发展。参股或并购银行、保险机构，成立股权公司，除此之外，发起设立小额贷款、资管服务机构、股权私募基金等也是地产企业进入金融的新业务方向。在房地产行业转型和调整的背景下，近几年房企开始根据自身特点和发展战略开启转型之路，房地产与金融业务的结合成为行业发展的一大趋势，不少房企频频参与或并购金融机构，打造多元化业务格局，大型房企成立综合性金融集团加速金融布局，业务类型十分丰富，基本覆盖了银行、保险、信托，基金和贷款公司等多个金融领域。其中，入股银行、保险机构、成立股权公司成为2016年房企参与金融业务的主要方式。

第二节　房地产融资渠道

一、房地产融资渠道概述

房地产企业融资渠道主要有两种：一是内部融资渠道。内部融资主要包括自有资金、预收的购房定金或购房款、企业职工内部集资等。二是外部融资渠道。外部融资又可分为债务性融资和权益性融资。其中，债务性融资的渠道有：银行贷款、发行企业债券、融资租赁、债务性信托和资产证券化；权益性融资渠道有：合作开发、权益性信托、房地产产业投资基金、房地产企业上市、股权投资等。

当前上海房地产主要的融资渠道主要还是自有资金，商业银行贷款进一步压缩，信托、专业的房地产信托基金（REITS），以及境外的投资银行、基金、境外地产基金、境外直接投资机构等进入中国的房地产领域，房地产企业的融资渠道日渐拓宽，融资渠道也在慢慢实现多元化。多种融资渠道逐步打开，呈现多样化的趋势，这对未来中国房地产企业具有深远的影响。

表 6-3 2012 ～ 2016 年上海市房地产资金来源情况表 单位：亿元

指 标	2013 年	2014 年	2015 年	2016 年
资金来源合计	6 851.29	7 422.19	7 483.72	8 255.04
上年末结余资金	1 758.62	2 152.29	1 951.86	1 846.26
本年资金来源小计	5 092.67	5 269.90	5 531.86	6 408.78
国内贷款	1 292.36	1 638.84	1 516.59	1 446.18
利用外资	38.14	69.61	33.92	2.31
# 外商直接投资	37.32	67.73	32.36	2.31
自筹资金	1 569.91	1 560.83	1 519.99	1 490.78
其他资金	2 192.26	2 000.62	2 461.36	3 469.51

表 6-4 2016 年上海市房地产企业本到位资金情况

指 标	2015 年资金（亿元）	2016 年资金（亿元）	增长（%）	比重（%）
本年到位资金合计	5 531.86	6 408.78	15.85	100.00
国内贷款	1 516.59	1 446.18	-4.64	22.56
利用外资	33.92	2.31	-93.19	0.04
自筹投资	1 519.99	1 490.78	-1.92	23.26
其他资金	2 461.36	3 469.51	40.96	54.14

数据来源：上海市统计局。

二、主要房地产融资渠道

（一）内部融资

上海房地产开发商内部融资中，自有资金、预收的购房定金是其资金的一个重要来源，而其中又以预售款最受重视，因为预售款的财务成本很低而监控条件极松。据统计，2016 年，上海房地产投资资金来源合计 6 408.78 亿元，比 2015 年增长 15.85%；上年末结余资金 1 846.26 亿元；自筹资金 1 490.78 亿元，较上年下降 1.9%，占本年到位资金比重 23.3%；其他资金 3 469.51 亿元。

（二）外部融资

1. 国内银行贷款

除了自筹资金和预售款外，银行贷款是仍是房地产融资的另一个重要渠道。不过近年来，受国家宏观调控，2016 年上海房地产开发资金来源中，国内银行贷款为 1 446.18 亿元，较上年下降 4.6%，在本年到位资资金中占比 22.6%，较上一年有所下降。

2. 利用外资

近年来，随着国内外经济不确定因素增加，房地产泡沫的预期，上海房地产企业利用外资 2016 年急剧下降，全年利用外资 2.31 亿元，较上年大幅下降 93.2%，在本年到位资资金中占比不到 0.1%，几乎可以忽略不计。

3. 其他融资

信托、股票、债权等融资方式成为房地产融资的重要方式。2016 年上海银行融资和利用外资虽然双双下降，不过其他类融资确明显上升，达到 3 469.51 亿元，较上年增长 41.0%，在所有融资方式中占有较高比重达 54.0%。

第三节　住房公积金

一、住房公积金管理机构

上海市住房公积金管理委员会（以下简称“公积金管委会”）为市政府领导下的住房公积金管理的决策机构。主要职责为依据有关法律、法规和政策，制定和调整住房公积金的具体管理措施，并监督实施；拟订住房公积金的具体缴存比例；确定住房公积金的最高贷款额度；审批住房公积金归集、使用计划；审议住房公积金增值收益分配方案；审批住房公积金归集、使用计划执行情况的报告等。

上海市公积金管理中心为直属市政府不以营利为目的的独立的事业单位，主要负责全市住房公积金的缴存、提取、使用以及保值增值和核算。

二、住房公积金缴存情况

本市受委托办理住房公积金缴存业务的银行 1 家。2016 年全年实缴单位 31.39 万家，实缴职工 764.74 万人，缴存额 1 018.58 亿元，同比增长 15.62%。当年新开户单位 5.20 万家，新开户职工 93.33 万人，净增单位 4.39 万家，净增职工 50.37 万人。截至 2016 年底，缴存总额 7 115.14 亿元，缴存余额 3 181.79 亿元，分别同比增长 16.71%、12.73%。

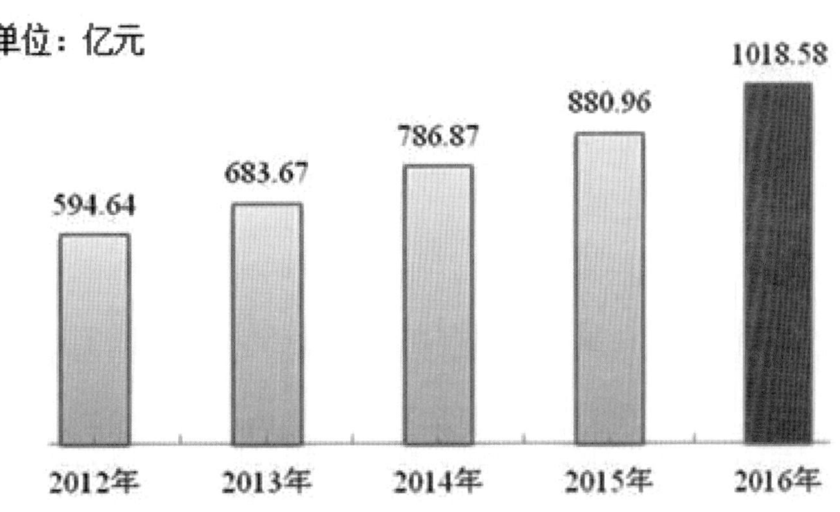

图 6-1　2012 ～ 2016 年缴存额情况

三、住房公积金提取情况

2016 年住房公积金提取 659.37 亿元，占当年缴存额的 64.73%，比上年同期增加 29.17 个百分点。截至 2016 年底，提取总额 3 933.35 亿元，同比增长 20.14%。

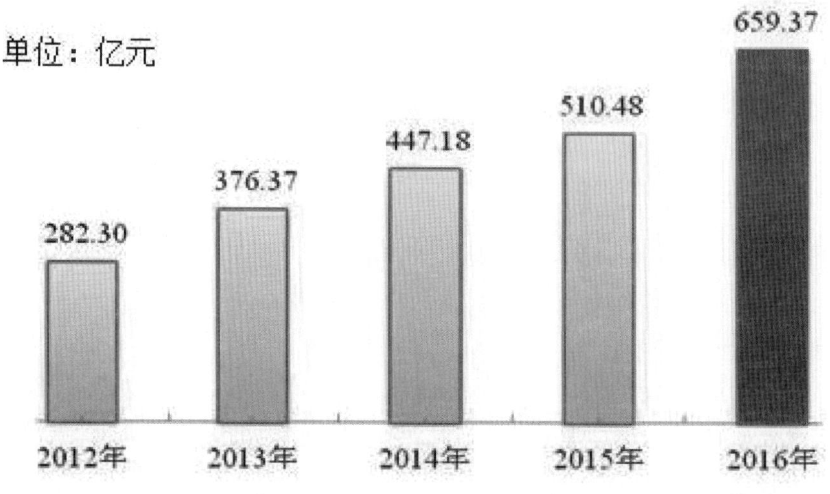

图 6-2　2012 ～ 2016 年提取额情况

四、住房贷款

2016 年，全年发放个人住房贷款 18.30 万笔 1 184.59 亿元，同比降低 8.29%、0.69%。回收个人住房贷款 384.88 亿元。当年因资产证券化转出个人住房贷款额 312.02 亿元。截至 2016 年底，全市累计发放个人住房贷款 233.81 万笔 6 472.82 亿元，贷款余额 3 257.77 亿元，同比增长 8.50%、22.40%、17.61%。个人住房贷款率为 102.39%，比上年同期增加 102.39% 个百分点。

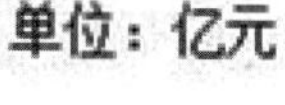

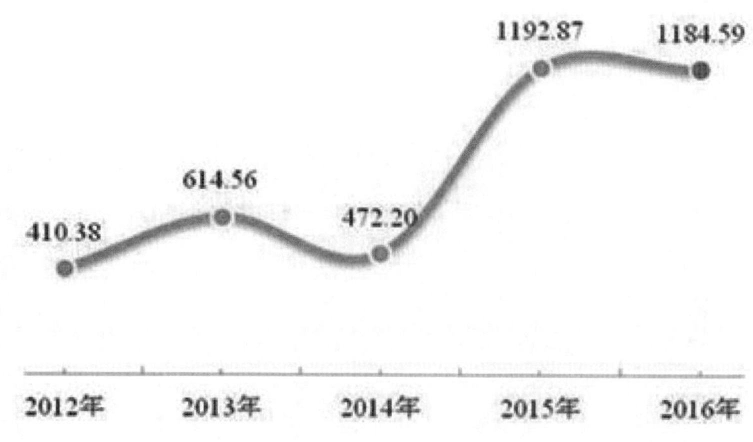

图 6-3　2012 ～ 2016 年公积金个人住房贷款发放额情况

全年发放支持保障性住房建设项目贷款 2.86 亿元，无应收贷款本金，实收贷款本金 4.19 亿元。截至 2016 年底，累计发放项目贷款 95.47 亿元，余额 5.98 亿元。

五、资金存储

截至 2016 年底，全市结余资金存款 61.60 亿元。其中，1 年以上定期 2.24 亿元，其他（协议、协定、通知存款等）59.36 亿元。

六、住房公积金财务情况

（一）业务收入：全年，住房公积金业务收入共计 108.41 亿元，同比增长 5.66%。其中，存款利息收入 10.21 亿元，委托贷款利息收入 96.45 亿元，其他收入 1.75 亿元。

（二）业务支出：全年，住房公积金业务支出共计 68.38 亿元，同比增长 108.16%。，住房公积金利息支出 51.96 亿元，归集手续费用支出 2.13 亿元，委托贷款手续费支出 4.00 亿元，其他支出 10.29 亿元（主要包括个贷资产证券化业务支出 8.96 亿元，住房公积金贴息贷款支出 0.55 亿元）。

（三）增值收益：2016 年，增值收益 40.03 亿元，同比降低 51.22%。其中，增值收益率 1.33%，比上年同期减少 1.77 个百分点。

（四）增值收益分配：2016 年，提取贷款风险准备金 31.25 亿元，提取管理费用 1.35 亿元，提取城市廉租房（公共租赁住房）建设补充资金 7.43 亿元。

2016 年，上交财政管理费用 1.35 亿元。上缴财政的城市廉租房（公共租赁住房）建设补充资金 0 万元。

截至 2016 年底，贷款风险准备金余额 260.87 亿元。累计提取城市廉租房（公共租赁住房）建设补充资金 160.05 亿元。

管理费用支出：全年，2016 年，管理费用支出 1.14 亿元，同比增长 22.54%。其中，人员经费 0.55 亿元，公用经费 0.17 亿元，专项经费 0.42 亿元。

七、社会经济效益

（一）缴存业务 :2016 年，实缴单位数、实缴职工人数和缴存额增长率分别为 16.30%、7.05% 和 15.62%。实缴职工的构成情况：

按单位性质，国家机关和事业单位占 2.93%，国有企业占 2.48%，城镇集体企业占 1.38%，外商投资企业占 7.77%，城镇私营企业及其他城镇企业占 83.75%，民办非企业单位和社会团体占 0.61%，其他占 1.08%。

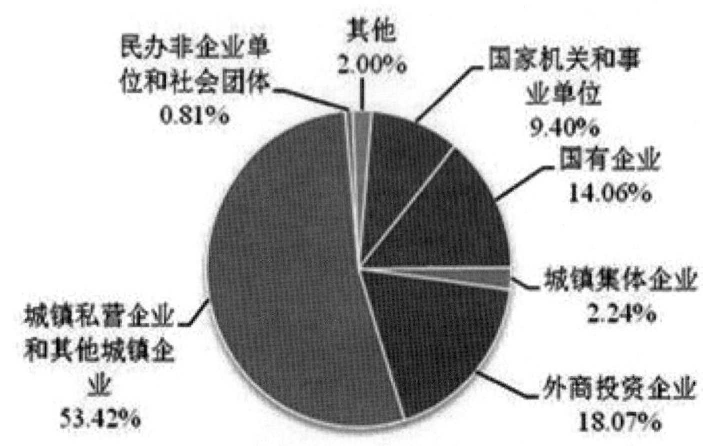

图 6-4 2016 年实缴职工数按所在单位性质分类

按收入水平，低收入群体占 57.44%，中等收入群体占 33.65%，高收入群体占 8.91%。

提取业务 :2016 年，全年提取住房公积金 2 010.53 万笔 659.37 亿元。提取的金额中，住房消费提取占 83.91%（偿还购房贷款本息占 72.49%，购买、建造、翻建、大修自住住房占 8.35%，租赁住房占 3.06%，其他占 0.01%）；非住房消费提取占 16.09%（离休和退休占 14.43%，完全丧失劳动能力并与单位终止劳动关系占 0.01%，户口迁出本市或出境定居占 0.11%, 其他占 1.54%）。

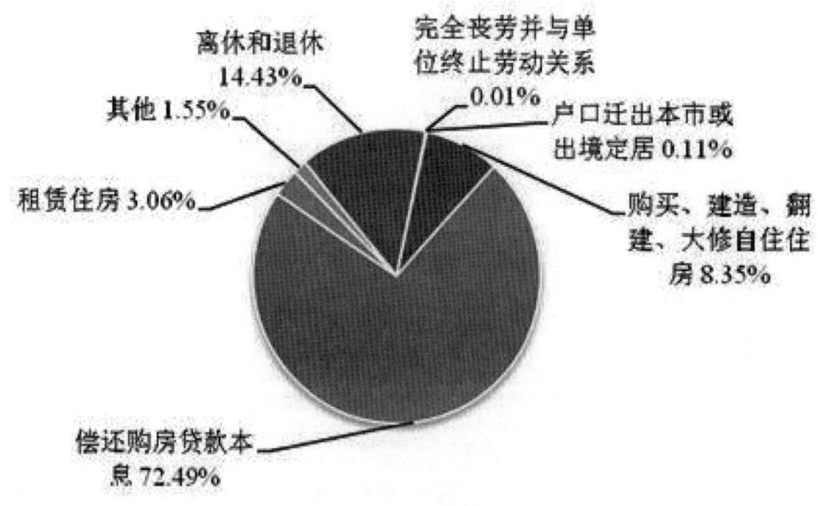

图 6-5 2016 年住房公积金提取额按提取原因分类

（三）贷款业务

1. 个人住房贷款：全年支持职工购建房 1 545.59 万平方米，年末个人住房贷款市场占有率为 22.98%，比上年同期减少 3.79 个百分点（2016 年住建部对个人住房贷款市场占有率计算口径进行调整，同比数已按新口径重新计算）。当年通过申请住房公积金个人住房贷款，按当时利率水平测算，在贷款合同约定的存续期内可节约职工购房利息支出 218.84 亿元。

职工贷款所购住房套数中，90（含）平方米以下占 64.16%，90-144（含）平方米占 30.54%，144 平方米以上占 5.30%；新房占 27.17%，二手房占 72.83%。

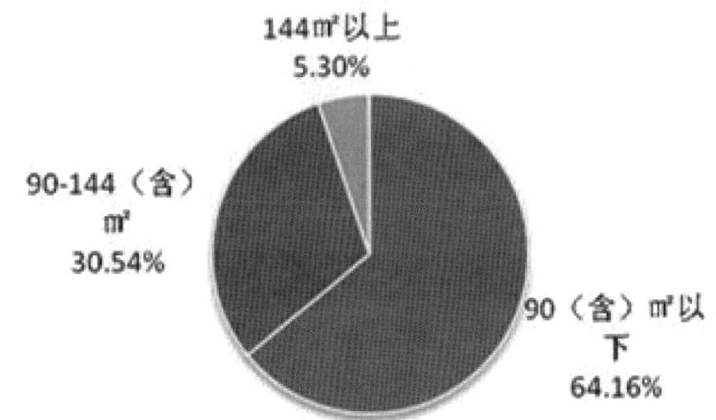

图 6-6　2016 年个人住房贷款所购住房套数按面积分类

贷款职工中，低收入群体占 35.36%，中等收入群体占 62.10%，高收入群体占 2.54%

图 6-7　2016 年个人住房住房贷款职工按收入水平分类

2. 住房公积金支持保障性住房建设项目贷款：本市共有住房公积金试点项目 15 个，发放贷款 119.82 亿元，其中，经济适用房项目 3 个 27.7 亿元，棚户区改造安置用房项目 9 个 60.68 亿元，公共租赁住房项目 3 个 31.44 亿元。13 个试点项目贷款资金已发放并还清贷款本息。

（四）住房贡献率：2016 年，个人住房贷款发放额、住房公积金贴息贷款发放额、项目贷款发放额、住房消费提取额的总和与当年缴存额的比率为 195.51%，比上年同期增加 14.41 个百分点。

第三篇

行业

ALMANAC OF SHANGHAI REAL ESTATE

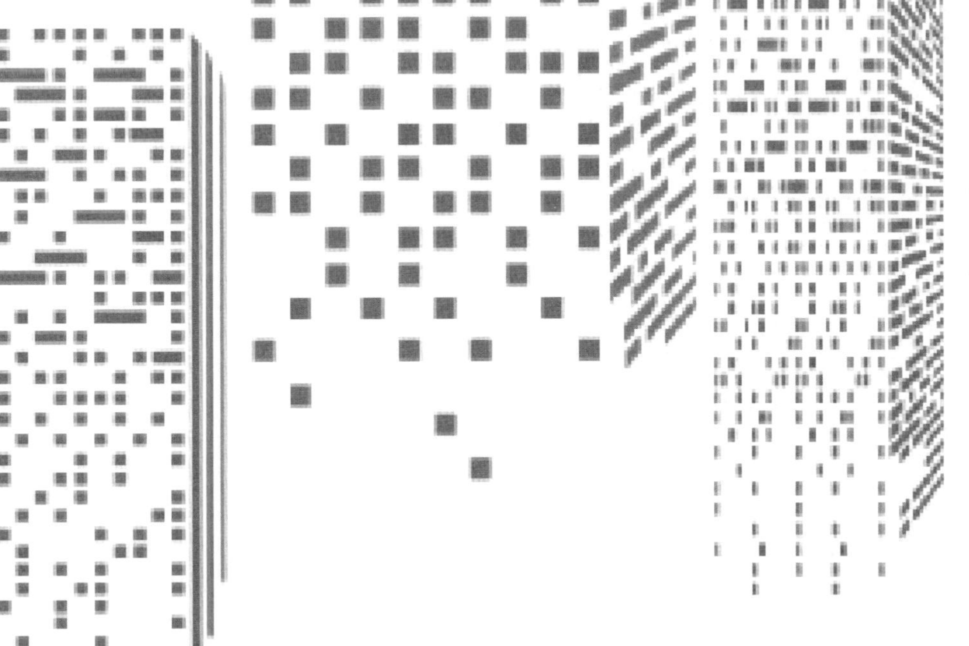

第七章 房地产开发

第一节 房地产开发概述

2016年可谓是上海史上最严限购年。3月25日上海发布《关于进一步完善本市住房市场体系和保障体系促进房地产市场平稳健康发展的若干意见》，简称“沪九条”，规范从业行为，严肃查处违法违规行为，加强商品房预销售管理，防止捂盘惜售，强化房产中介机构和从业人员管理，建立二手房交易资金第三方监管制度。10月8日上海（楼盘）市住建委和规土委联合发布《关于进一步加强本市房地产市场监管促进房地产市场平稳健康发展的意见》（简称“沪六条”），在“沪九条”原调控政策基础上进一步加强房地产市场行为的监管和土地供应调控。在一系列政策的调控下，上海市房地产市场继续坚持“以居住为主、市民消费为主、普通商品住房为主”原则，切实推进住房地产市场的平稳发展。2016年，本市房地产开发投资3 709.03亿元，比上年增长6.9%，增速较上年回落1.3个百分点；本市房地产开发投资占全社会固定资产投资比重为54.9%，比上年提高0.3个百分点。从投资结构看，土地购置费较快增长。2016年，本市房地产开发投资中建安工程投资2 220.89亿元，比上年增长0.4%，占全部房地产开发投资的59.9%；土地购置费1 208.28亿元，增长20.3%，占32.6%，比上年提高3.6个百分点。

一、开发投资

（一）固定资产投资

固定资产投资是国民经济再生产活动的一个重要部分。固定资产投资额是以货币形式表现的在一定时期内建造和购置固定资产的工作量以及与此有关的费用总称。它是反映固定资产投资规模、结构和发展速度的综合性指标。按照现行国家统计制度，全社会固定资产投资包括建设改造、房地产开发、城乡集体经济单位、城乡私人建房和其他经济单位投资。

上海市2016年全年完成全社会固定资产投资总额6 755.88亿元，比上年增长6.3%。其中，第一产业投资4.09亿元，增长3.6%；第二产业投资982.69亿元，增长2.5%；第三产业投资5 769.11亿元，增长7.0%，全年完成房地产开发投资3 720.67亿元，比上年增长6.7%。其中，住宅投资1 965.43亿元，增长8.4%（见图7-1）。

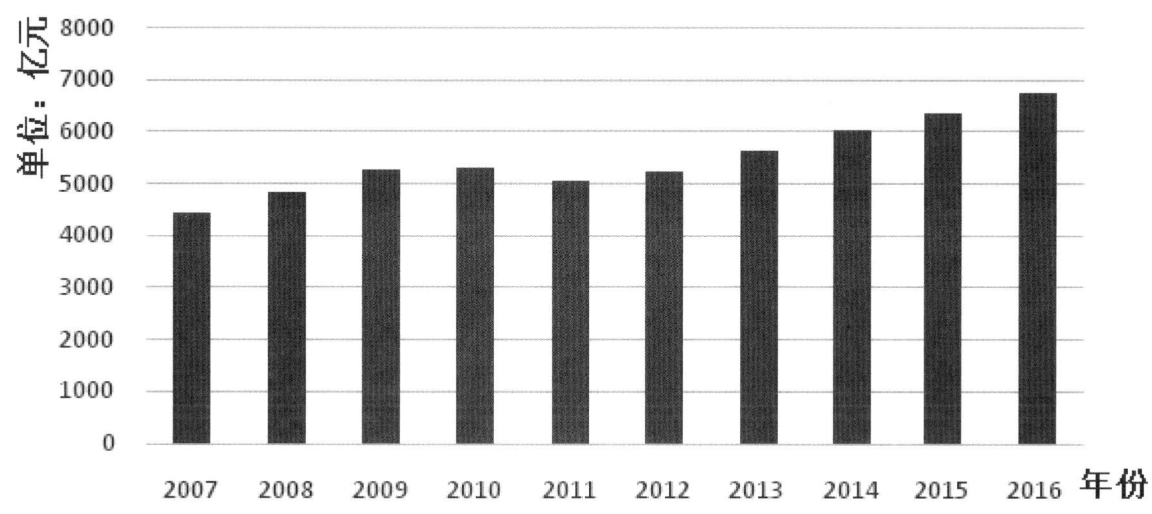

图 7-1　2007 ～ 2016 年上海市固定资产投资总额走势图（单位：亿元）

房地产开发投资是指各种登记注册类型的房地产开发公司、商品房建设公司及其他房地产开发法人单位和附属于其他法人单位实际从事房地产开发或经营活动的单位统一开发的包括统代建、拆迁还建的住宅、厂房、仓库、饭店、宾馆、度假村、写字楼、办公楼等房屋建筑物和配套的服务设施，土地开发工程（如道路、给水、排水、供电、供热、通信、平整场地等基础设施工程）的投资；不包括单纯的土地交易活动。

1. 房地产开发投资总额

2007 ～ 2016 年，上海市房地产开发总额基本呈逐年上升趋势，固定资产投资在 2011 年有所回调，而房地产投资一路高歌，从 2009 年开始增长速度稍有加快，2013 年较上年暴增 18.4%，2014 年有所放缓，但增幅仍然在两位数上方，达 13.7％，2016 年继续放缓，较上年增长 7.3%。

从固定资产总额和房地产开发总额曲线对比来看，2007 年到 2009 年，房地产开发额占固定资产总额的比例趋于变小，基本建设、更新改造及其他投资等额度占比越来越大。但从 2010 年起，房地产开发总额占固定资产总额的比重变大，2012 年达 45.3%，2013 年更是首次占比超过半数，达到 50.2%，2014 年继续上升，达 53.3％这种发展值得忧虑，2016 年继续扩大到 55.1%，达十年内最高。（见图 7-2，表 7-1）

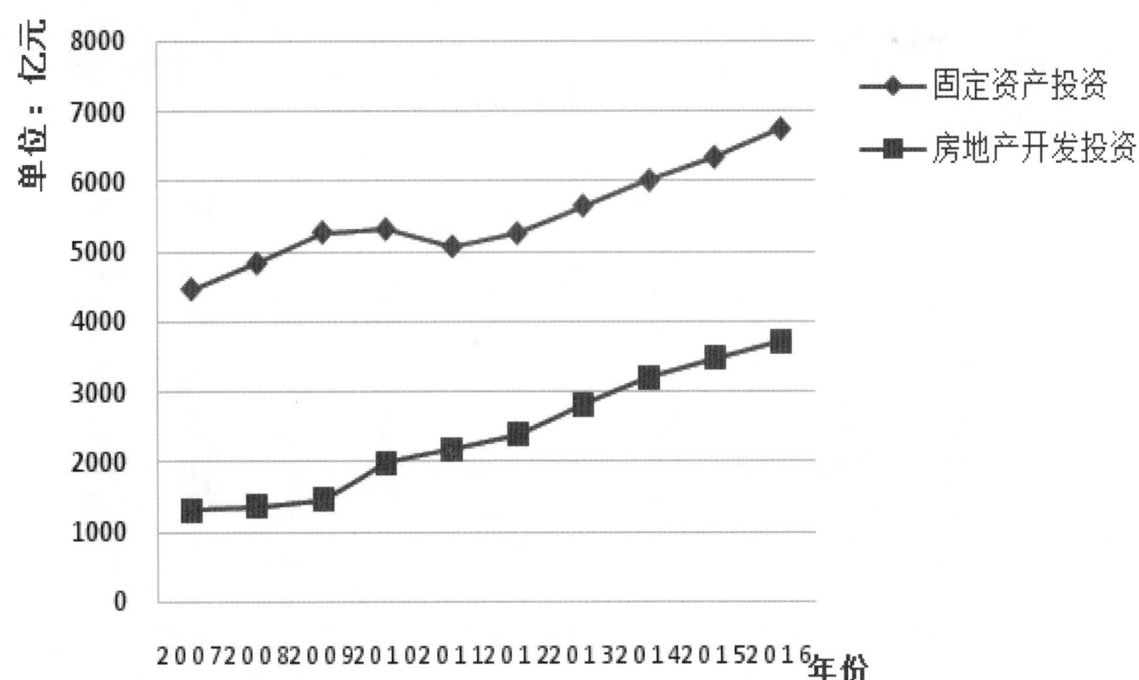

图 7-2 2007 ～ 2016 年上海市房地产开发投资总额趋势图（单位：亿元）

表 7-1 2007 ～ 2016 年房地产开发总额占全社会固定资产投资总额比率 单位：亿元

年份	固定资产投资总额	房地产开发总额	房地产开发总额占固定资产投资总额比率（%）
2007	4 458.61	1 307.53	29.3
2008	4 829.45	1 366.87	28.3
2009	5 273.33	1 464.18	27.8
2010	5 317.67	1 980.68	37.2
2011	5 067.09	2 170.31	42.8
2012	5 254.38	2 381.36	45.3
2013	5 647.79	2 835.09	50.2
2014	6 016.43	3 206.48	53.3
2015	6 352.70	3 468.94	54.6
2016	6 755.88	3 720.67	55.1

从投资结构看，土地购置费快速增长。土地购置费继续较快增长。

2. 房地产开发投资各月情况

2016 年，上海房地产开发投资较上年增幅趋缓，全年投资 3 709.03 亿元，从占全社会固定资产投资比重来看，继续呈上升趋势，达 55.1%，比上年提高 0.5 个百分点。（见表 7-2，图 7-3）

表 7-2　上海市 2016 年 1 ～ 12 月房地产开发投资额　　　　　　单位：亿元

月份	本月	比去年同月增长（%）	本月累计
2016 ～ 01	1 月份免报，因此无 1 月当月数		
2016 ～ 02	2 月份免报，因此无 2 月当月数		499.81
2016 ～ 03	300.69	15.7	800.50
2016 ～ 04	259.70	9.4	1 060.21
2016 ～ 05	288.46	6.9	1 348.67
2016 ～ 06	336.64	2.1	1 685.31
2016 ～ 07	277.14	-2.9	1 962.44
2016 ～ 08	299.92	19.9	2 262.37
2016 ～ 09	319.15	10.3	2 581.52
2016 ～ 10	363.32	5.0	2 944.84
2016 ～ 11	368.81	-9.0	3 313.65
2016 ～ 12	395.38	15.4	3 709.03

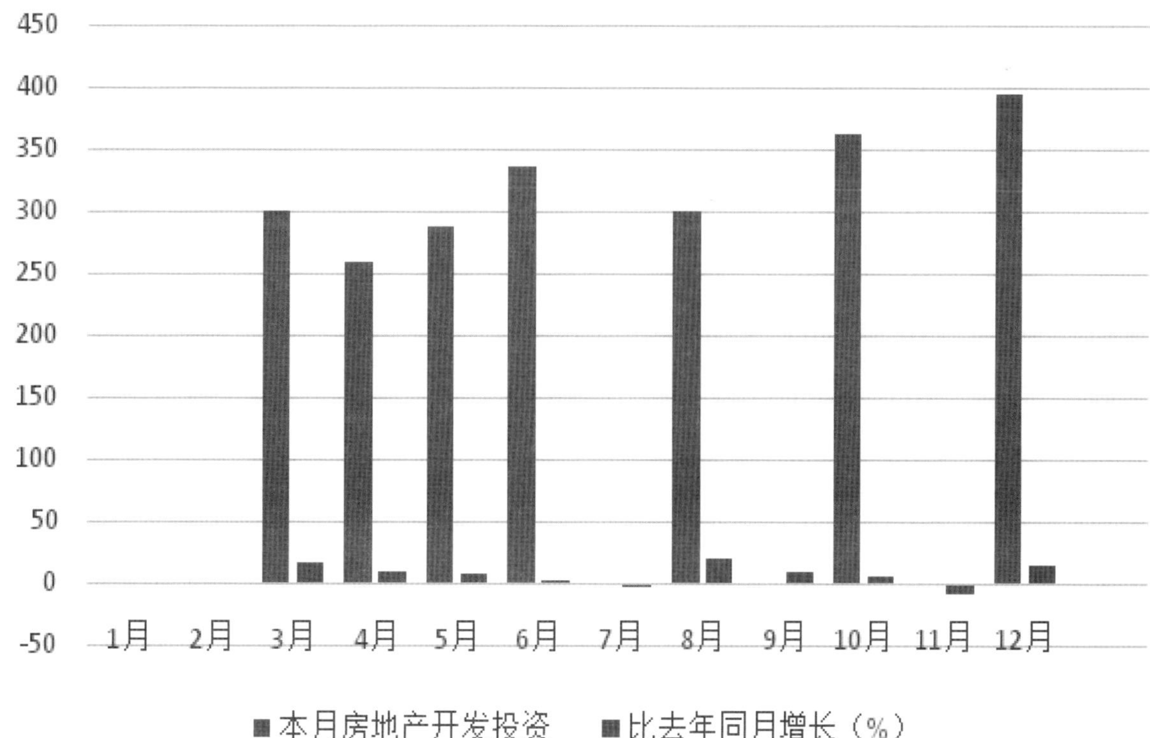

图 7-3　2016 年各月上海市房地产开发投资月度情况（单位：亿元）

其中，2016 年 1 ～ 12 月上海市住宅投资额月度情况如表 7-3 所示。

表 7-3　2016 年 1 ～ 12 月上海市住宅投资额　　　　单位：亿元

月份	本月投资额	比去年同月增长（%）	本月累计
2016 ～ 01	1 月份免报，因此无 1 月当月数		
2016 ～ 02	2 月份免报，因此无 2 月当月数		268.94
2016 ～ 03	142.67	1.4	411.61
2016 ～ 04	156.55	9.8	568.16
2016 ～ 05	165.88	25.3	734.04
2016 ～ 06	182.50	16.1	916.54
2016 ～ 07	145.92	22.2	1 062.45
2016 ～ 08	150.36	18.2	1 212.82
2016 ～ 09	171.61	5.1	1 384.42
2016 ～ 10	203.98	-3.4	1 588.40
2016 ～ 11	195.10	-12.0	1 783.51
2016 ～ 12	181.92	15.2	1 965.43

二、开发规模

（一）土地开发规模

2016 年全年，上海市出让土地共 226 幅，较上年减少 20 快；出让面积为 908.36 万平方米，较上年减少 280.47 万平方米（见表 7-4）。

表 7-4　2016 年上海市土地出让权使用情况

指 标	出让地块（幅）	出让面积（万平方米）
总　计	226	908.36
商业服务	55	145.70
住　宅	93	406.70
工业仓储	63	313.90
公共建筑	15	42.06

（二）房地产开发规模

2016 年全年，上海市房地产开发施工面积为 15 111.24 万平方米，竣工 2 550.64 万平方米，建筑面积竣工率为 16.9%。从 2007 年以来，房地产施工面积平稳上升趋势没有改变，中间略有波动，2015 年施工面积较上年略有下降，2016 年施工面积下降明显；从 2007 年开始，竣工面积总体呈下降趋势，中间略有波动，2016 年达到十年最低值 2 550.64 万平方米。通过数据来看，施工面积先增后降，竣工面积保持在低位水平，基本可以判断，房地产企业受调控的影响比较大。住宅施工面积自 2007 年来相对比较平稳，总体呈 W 型，2009 年由于是美国金融危机影响降到最低，或逐渐上升，几年表现为平稳态势；住宅竣工面积自 2007 年以来总体呈平稳态势，住宅竣工率保持低位水平反映了开发商对未来住宅市场的信心（见表 7-5）。

表 7-5　2007 ～ 2016 年上海市房地产施工面积与竣工面积

年　份	施工面积（万平方米）	其　中	竣工面积（万平方米）	其　中	建筑面积竣工率（%）	其　中
		# 住　宅		# 住　宅		# 住　宅
2007	14 979.37	7 789.91	5 068.46	2 843.62	33.8	36.5
2008	14 083.52	7 060.19	3 828.79	1 899.40	27.2	26.9
2009	13 553.64	6 581.16	2 970.92	1 522.07	21.9	23.1
2010	15 020.76	7 344.07	2 776.21	1 415.44	18.5	19.3
2011	16 553.86	8 423.11	2 913.78	1 568.83	17.6	18.6
2012	16 874.72	8 350.83	2 838.97	1 626.73	16.8	19.5
2013	17 180.27	8 188.56	2 698.35	1 439.20	15.7	17.6
2014	18 010.06	8 573.04	2 682.42	1 549.64	14.9	18.1
2015	17 885.94	8 443.82	2 923.42	1 617.86	16.3	19.2
2016	15 111.24	8 073.94	2 550.64	1 532.88	16.9	19.0

1. 商品房新开工面积

2016 年上海商品房新开工面积全年累计上升 9.1 个百分点。月度具体情况如表 7-6 所示。

表 7-6　206 年各月上海市商品房新开工面积　　　　单位：万平方米

月　　份	本月累计	比去年同期增长（%）
2016 ～ 01 ～ 02	352.73	43.0
2016 ～ 03	511.21	49.0
2016 ～ 04	587.43	-4.2
2016 ～ 05	861.06	8.7
2016 ～ 06	1 094.51	8.5
2016 ～ 07	1 378.51	15.0
2016 ～ 08	1 646.22	10.0
2016 ～ 09	1 970.33	10.3
2016 ～ 10	2 342.84	19.4
2016 ～ 11	2 534.13	9.9
2016 ～ 12	2 840.95	9.1

2．商品房施工面积

施工面积是指报告期内施工的全部房屋建筑面积。包括本期新开工的面积和上期开工跨入本期继续施工的房屋面积，以及上期已停建在本期恢复施工的房屋面积。本期竣工和本期施工后又停缓建的房屋，其建筑面积仍计入本期房屋施工面积中。

2016 年商品房全年累计施工面积较上年继续增长，增幅较小（见表 7-7、表 7-8）。

表 7-7　2009 ～ 2016 年上海市商品房施工面积情况表

指　　标	2009 年	2010 年	2011 年	2012 年	2013 年	2014 年	2015 年	2016 年
施工面积（万平方米）	9 961.60	11 295.03	12 983.32	13 249.97	13 516.58	14 690.18	15 095.33	15 111.24
住　　宅	6 550.73	7 313.85	8 386.26	8 315.68	8 125.74	8 525.85	8 372.12	8 073.94
# 别墅、高档公寓	1 302.04	1 584.11	1 682.51	1 425.77	1 448.75	1 575.97	1 647.69	1 632.93
办公楼	958.64	1 103.18	1 158.34	1 284.68	1 431.73	1 779.04	1 978.49	2 180.50
商业营业用房	1 112.33	1 292. 96	1 365.89	1 449.91	1 500.72	1 751.99	1 944.02	1 990.81
其　　他	1 339.90	1 585.04	2 072.83	2 199.69	2 458.39	2 633.30	2 800.70	2 865.99

表 7-8　2016 年上海市各月累计商品房施工面积　单位：万平方米

月　　份	本月累计	比去年同期增长（%）
2016 ～ 01 ～ 02	11 911.46	3.2
2016 ～ 03	12 378.50	2.8
2016 ～ 04	12 638.63	1.7
2016 ～ 05	12 982.66	2.1
2016 ～ 06	13 234.65	0.0
2016 ～ 07	13 523.60	1.2
2016 ～ 08	13 815.21	0.6
2016 ～ 09	14 201.28	0.8
2016 ～ 10	14 577.26	2.0
2016 ～ 11	14 800.47	0.4
2016 ～ 12	15 111.24	0.1

3．商品房竣工面积

竣工面积是指在报告期内房屋建筑按照设计要求已经全部完工，达到住人和使用条件，经验收鉴定合格（或达到竣工验收标准），正式移交使用单位的各栋房屋建筑面积的总和。

2016 年上海市商品房全年竣工面积较上年有所下降，全年所有月份竣工面积与 2015 年相比都处于下降趋势，3 月份最为明显，比 2015 年同期下降 13.2 个百分点（见表 7-9、表 7-10）。

表 7-9　2009 ～ 2016 年上海市商品房竣工面积情况表

指　　标	2009 年	2010 年	2011 年	2012 年	2013 年	2014 年	2015 年	2016 年
房屋竣工面积（万平方米）	2 104.98	1 941.25	2 240.62	2 305.06	2 254.44	2 313.29	2 647.18	2 550.64
住宅	1 508.81	536.66	646.06	1 609.13	1 417.41	1 535.55	1 588.95	1 532.88
# 别墅、高档公寓	205.00	178.27	199.44	275.91	236.40	180.10	340.65	195.82
办公楼	135.02	74.23	118.45	206.87	176.01	165.03	219.23	279.31
商业营业用房	201.05	87.13	137.63	177.65	253.45	208.36	306.45	266.06
其他	260.10	81.91	109.44	311.41	407.57	404.35	532.55	472.39
房屋竣工价值（亿元）	705.80	779.93	1 011.57	1 060.07	1 052.76	1 058.42	1 488.32	1 472.33
住宅	441.11	536.66	646.06	692.63	610.71	644.47	881.17	839.28
# 别墅、高档公寓	98.49	178.27	199.44	183.52	125.54	106.73	285.39	176.05
办公楼	81.70	74.23	118.45	135.49	127.12	133.96	174.90	231.21
商业营业用房	78.35	87.13	137.63	106.09	155.00	123.62	176.58	180.78
其他	104.64	81.91	109.44	125.87	159.93	156.37	255.67	221.06

表 7-10　2016 年各月上海市商品房竣工面积　　单位：万平方米

月　　份	本月累计	比去年同期增长（%）
2016 ～ 01 ～ 02	553.81	-7.8
2016 ～ 03	722.29	-13.2
2016 ～ 04	865.61	-9.0
2016 ～ 05	964.22	-6.0
2016 ～ 06	1 081.00	-12.4
2016 ～ 07	1 317.34	-1.3
2016 ～ 08	1 414.83	-5.1
2016 ～ 09	1 555.77	-1.9
2016 ～ 10	1 689.49	-11.1
2016 ～ 11	1 877.76	-9.7
2016 ～ 12	2 550.64	-3.6

第二节　房地产开发主体

2016 年全国房地产市场政策面呈现“前松后紧”的特点。上海市认真执行中央的各项调控政策，针对上海房地产市场过热的情况，进一步收紧调控政策，上海市的房地产开发企业面临着国内外各种风险与机遇，这就需要各大中小型房地产开发企业勇于变革转型，不断创新，及时调整产品策略，提供符合市场需求的产品和服务，积极应对各种不利因素。

一、房地产开发企业的资质

上海市住房和城乡建设管理委员会资料显示，2016 年上海共有 5 755 家房地产开发企业。其中，一级资质企业 41 家，二级资质企业 380 家，三级资质企业 481 家，四级资质企业 0 家，未定等级企业 4 853 家。资质企业较上年略有增加（见表 7-11）。

表 7-11　2016 年上海一级资质的房地产开发企业的名单

上海城建置业发展有限公司	上海瀛通（集团）有限公司
上海陆家嘴金融贸易区开发股份有限公司	上海城投置地（集团）有限公司
农工商房地产（集团）股份有限公司	上海景瑞地产（集团）股份有限公司
上海市漕河泾新兴技术开发区发展总公司	上海安居房产开发有限责任公司
上海中房置业股份有限公司	上海顾村房地产开发（集团）有限公司
上海华丽家族（集团）有限公司	上海祝桥新镇投资发展有限公司
上海嘉宝实业（集团）股份有限公司	上海绿洲投资控股集团有限公司
上海实业发展股份有限公司	上海西部企业（集团）有限公司
天地源股份有限公司	上海新黄浦置业股份有限公司
上海房地产经营（集团）有限公司	上海静安地产（集团）有限公司
复地（集团）股份有限公司	上海嘉定区房地产（集团）有限公司
上海中环投资开发（集团）有限公司	上海三湘（集团）有限公司
绿地控股集团有限公司	上海万科房地产有限公司
上海建工房产有限公司	上海鹏欣房地产开发有限公司
上海中虹（集团）有限公司	经纬置地有限公司
上海中星（集团）有限公司	中邦置业集团有限公司
大华（集团）有限公司	中华企业股份有限公司
上海永业企业（集团）有限公司	保利置业集团有限公司
旭辉集团股份有限公司	上海铁路房地产开发经营有限公司
上海汇成房产经营有限公司	上海金外滩（集团）发展有限公司
上海城开（集团）有限公司	

二、上海房地产开发企业 50 强

上海房地产开发企业 50 强是由上海市房地产协会研究发布，每两年一次。“2015～2016 年上海房地产开发企业 50 强研究”显示，上海房地产 50 强企业在近两年表现突出，销售业绩大幅增长、开发后劲持续提升、自持物业发展迅速、经营利润快速增长。从本次 50 强企业来看，绿地集团、上海万科、大华集团、光明地产和中建东孚等企业针对市场需求精准定位，发挥企业品牌优势，辅以有效的营销手段，取得了优异的企业业绩。以下从销售业绩、物业经营、竞争情况、发展后劲和社会保障五个方面对 2015～2016 年上海房地产开发企业 50 强情况作总体分析（见表 7-12、表 7-13）。

表 7-12 2015～2016 年上海房地产开发企业 50 强

绿地控股集团股份有限公司	上海万科房地产有限公司
大华有限公司	光明房地产集团股份有限公司
上海中建东孚投资发展有限公司	上海建工房产有限公司
复地股份有限公司	上海城投置地有限公司
上海城建置业发展有限公司	碧桂园集团沪苏区域
中华企业股份有限公司	上海中星有限公司
中海发展有限公司	上海三湘有限公司
上海宝华企业集团有限公司	上海市漕河泾新兴技术开发区发展总公司
上海鹏欣有限公司	上海闵行置业发展有限公司
宝龙地产控股有限公司	上海实业城市开发集团有限公司
上海市浦东新区房地产有限公司	上海市浦东新区房地产交易市场有限公司
上海铁路房地产开发经营有限公司	上海新城万嘉房地产有限公司
上海地产住房保障有限公司	上海仲骏房地产开发有限公司
上海东渡丰汇投资发展有限公司	上海同济房地产有限公司
阳光城集团企业管理有限公司	上海新长宁有限公司
上海万业企业股份有限公司	上海永业企业有限公司
上海中环投资开发有限公司	上海汇成房产经营有限公司
上海西部企业有限公司	上海金外滩发展有限公司
上海保集房产投资有限公司	上海新静安有限公司
上海刚泰置业集团有限公司	上海月星环球家饰博览中心有限公司
上海绿洲投资控股集团有限公司	上海安居房产开发有限责任公司
上海江海置业有限公司	上海中建房产有限公司
上海新湖房地产开发有限公司	上海东鼎投资集团有限公司
上海凯迪企业有限公司	上海莘松房地产有限公司
嘉凯城集团股份有限公司	上海协信远定房地产开发有限公司

表 7-13　2015～2016 年上海房地产开发企业保障性住房建设 10 强

上海中建东孚投资发展有限公司	上海建工房产有限公司
上海地产住房保障有限公司	上海城投置地有限公司
上海城建置业发展有限公司	上海永业企业有限公司
上海浦东新区房地产有限公司	上海江海置业有限公司
上海铁路房地产开发经营有限公司	上海金外滩发展有限公司

（一）上海开发企业 50 强总体情况

1. 50 强企业销售业绩回升

2015～2016 年总体来看，上海房地产 50 强企业在近两年表现突出，销售业绩大幅增长、开发后劲持续提升、自持物业发展迅速、经营利润快速增长。从本次 50 强企业来看，绿地集团、上海万科、大华集团、光明地产和中建东孚等企业针对市场需求精准定位，发挥企业品牌优势，辅以有效的营销手段，取得了优异的企业业绩。2015 年 50 强企业总销售面积为 3 173 万平方米，总销售金额为 4 203 亿元。

2016 年，中央的“去库存”政策吸引了社会投资进入楼市，大量资金出于保值增值的目的涌入房地产领域，同时受央行放宽信贷、降准降息等货币政策影响，房贷利率为近年来最低，宽松的货币信贷环境让大量改善型需求提前入市，商品房销售面积和销售金额大幅上升。2016 年 50 强企业总销售面积为 3 921 万平方米，总销售金额为 5 349 亿元（见图 7-4、图 7-5）。

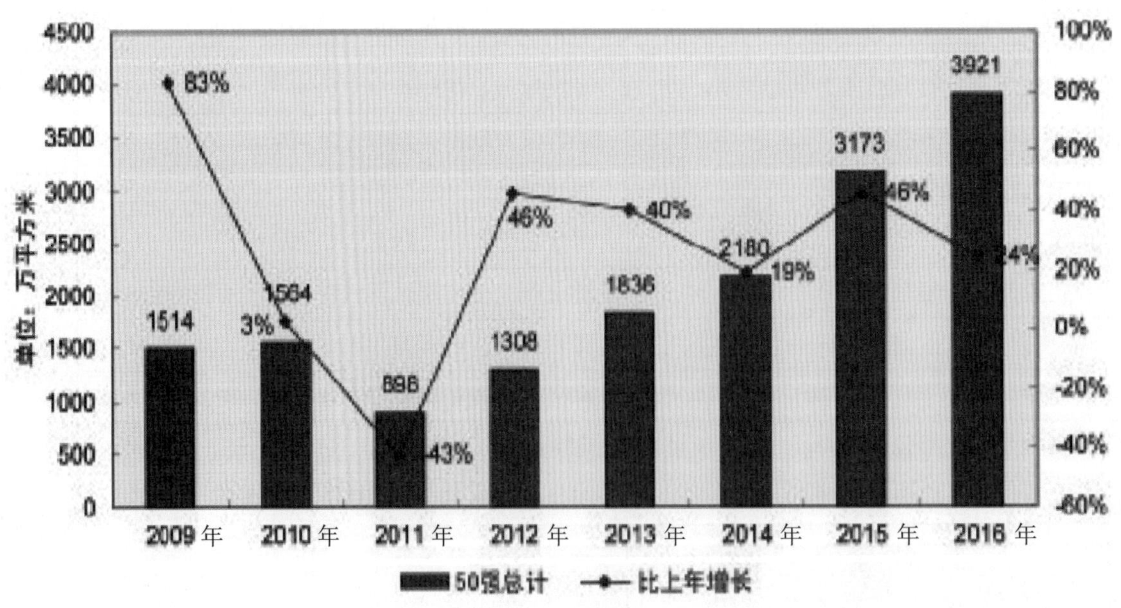

图 7-4　2009～2016 年上海房产开发企业 50 强销售面积

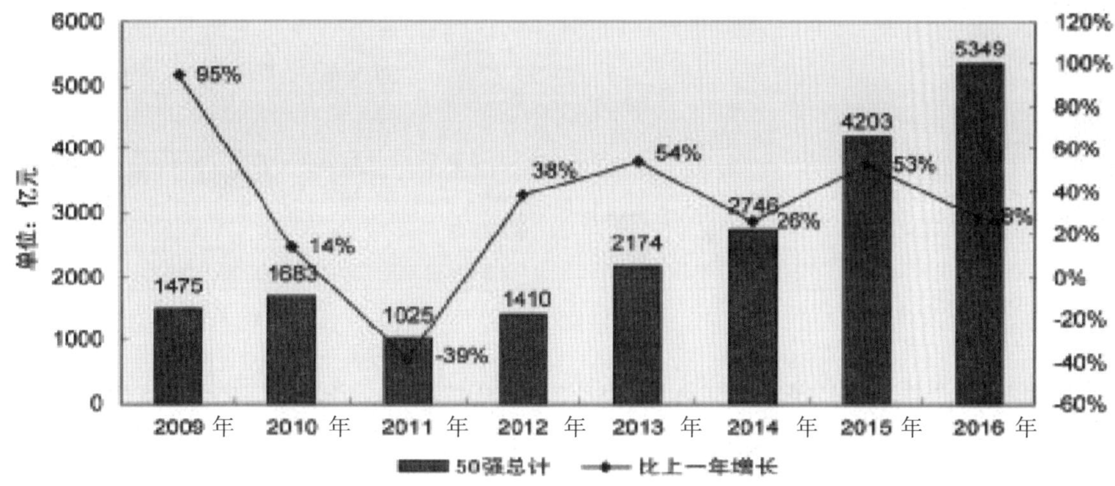

图 7-5　2009 ～ 2016 年上海房产开发企业 50 强销售金额

2. 50 强企业集中度持续提升

近年来，上海房地产行业的集中度持续提升。大型房企凭借其品牌、资金和销售渠道的优势，进一步拉开与中小房企在资金和成本等方面的差距，在市场竞争中处于优势地位。同时，中小型房企的生存境况越发困难，随着拿地的难度加大，传统的房地产开发模式已经难以为继，中小房企的生存空间十分狭窄。

从 2015 ～ 2016 年上海房地产开发企业 50 强榜单来看，入榜企业出现了很大的变动，大部分企业名次均出现了变化，大量实力雄厚的央企、私企和闽系企业取代了原有的一些本土开发企业，共有 9 家是新入榜的企业。随着竞争的不断加剧，企业之间的差距也被进一步拉大。

房产行业集中度主要表现在销售面积和金额。2015 ～ 2016 年 50 强销售面积前 10 位和前 20 位占 50 强总销售面积的比重比 2013 ～ 2014 年有比较明显的增长；2015 ～ 2016 年 50 强销售金额前 10 位和前 20 位占 50 强总销售金额比重也比 2013 ～ 2014 年也有比较明显的增长（见图 7-6、图 7-7）。

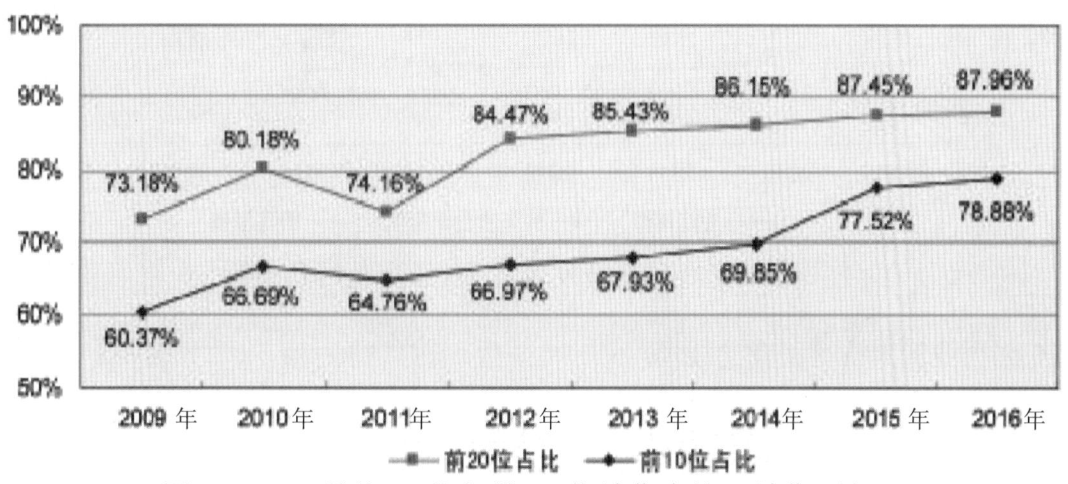

图 7-6　50 强前 10 位与前 20 位销售占比（销售面积）

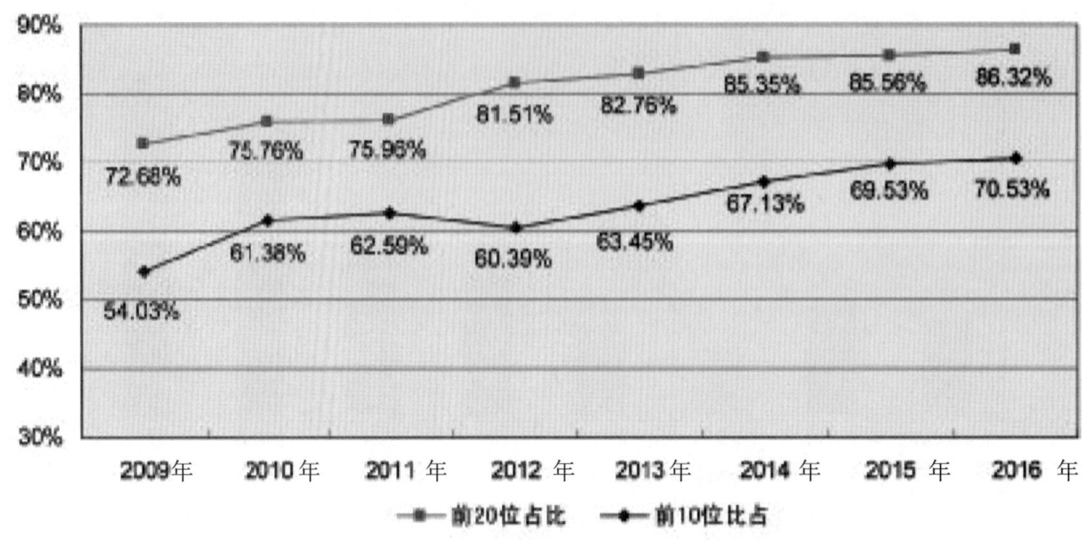

图 7-7 50 强前 10 位与前 20 位销售占比（销售金额）

3. 50 强企业开发后劲充足

2015 ～ 2016 年，全国房地产市场销售火热，房企回笼了大量资金，有强烈的补货需求，再加上社会资金面宽松，房企资金面普遍充裕，加大了拿地的力度。2015 ～ 2016 年，50 强企业积极拿地，增加项目供应，使待开发土地面积、新开工面积、在建面积均大幅呈增长（见图 7-8）。

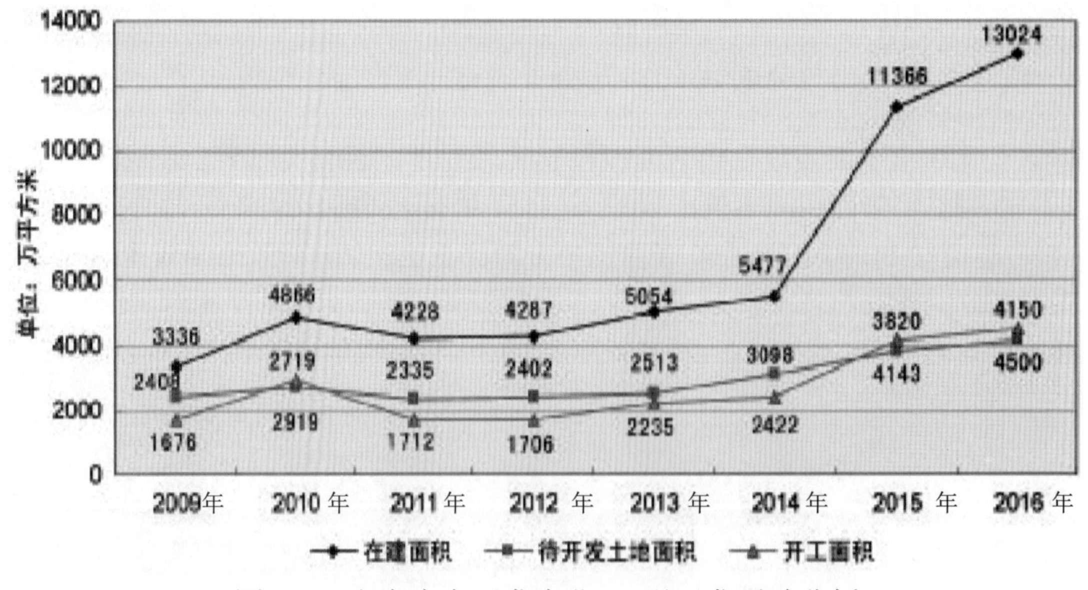

图 7-8 上海房产开发企业 50 强开发后劲分析

4. 50 强企业加大持有物业的规模

从 2015 年开始，中央明确要大力发展租赁住房市场，并出台了多项鼓励政策。50 强企业积极探索如何适应政策导向，大幅增加了持有物业的数量。从 2015 ～ 2016 年 50 强企业出租总面积以及出租收入情况看，总出租面积和租金收入水平都有大幅度提高。其中，出租总面积分别为 1 045 万平方米和 1 273 万平方米，租金收入分别为 173 亿元和 206 亿元，都比 2013 ～ 2014 年有较大幅度的增长（见图 7-9）。

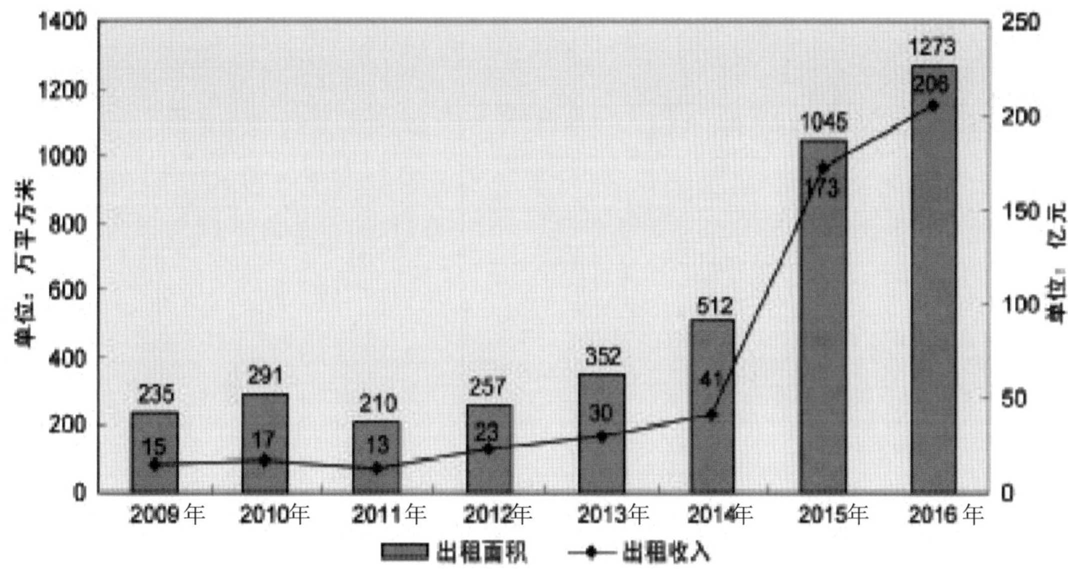

图 7-9　上海开发企业 50 强持有物业经营情况

5. 50 强企业积极参与保障性住房建设

2015 ～ 2016 年，50 强企业继续大力配合全市保障性住房建设。参与保障性住房建设既为房地产企业提供新的业绩增长点，又要求房地产企业做好资金等统筹安排，更体现了房地产企业履行社会责任的义务。上海本地国有房地产企业基本都是多年来积极参与保障性住房建设的企业。根据数据分析，2015 ～ 2016 年 50 强企业中有 19 家参与了保障房建设，共计投入保障性住房建设资金 460.1 亿元，新开工面积 605 万平方米，竣工面积 587 万平方米。

（二）上海房地产开发企业 50 强分项指标分析

1. 50 强企业经营业绩指标

2015 年，上海房地产市场呈现持续升温的走势，一季度，受春节等传统淡季的影响，市场在低位徘徊；二季度受“330”新政等政策影响，市场快速回暖；三季度，受央行两次降准降息的影响，市场进一步升温；四季度，受到央行第五次“双降”和房企冲刺年度销售业绩指标等因素影响，楼市火热，成交井喷。2016 年，市场呈现出“一波三折”的走势。一季度受国家层面“降税负、宽信贷”等政策影响，成交量维持高位；二季度“沪九条”出台后，政策效应显现，市场有所降温；三季度由于受到土地市场“地王”频出，楼市预期改变的影响，成交量快速上升；四季度上海再一次加大调控力度，各大商业银行贯彻去杠杆政策，严格执行限贷，市场成交量迅速萎缩。2015 ～ 2016 年 50 强企业把握市场节奏，抓住时间窗口，加快销售速度，销售业绩持续上升。销售业绩前 10 位（按销售面积、销售金额得分之和排序）的企业见表 7-14。

表 7-14　2015 ～ 2016 年上海开发企业 50 强销售业绩前十位

排序	企业名称
1	绿地控股集团有限公司
2	农工商房地产股份有限公司
3	上海中建东孚投资发展有限公司
4	上海建工房产有限公司
5	上海新碧房地产开发有限公司
6	宝龙地产控股有限公司
7	上海城建置业发展有限公司
8	大华有限公司
9	上海城投置地有限公司
10	复地股份有限公司

在市场调整与整合的过程中，50 强企业的市场地位进一步巩固，从销售面积、销售金额的分布情况看，前 5 位企业的销售面积和销售金额分别占到了 50 强企业的 69% 和 60%（见图 7-10）。

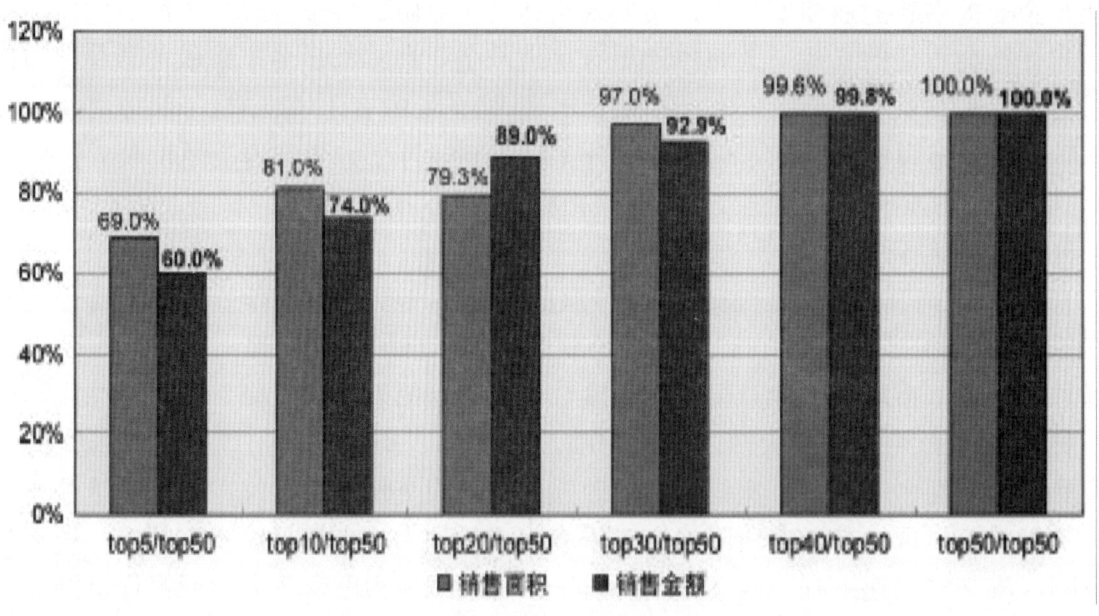

图 7-10　上海开发企业 50 强销售业绩累计百分比

在经营利润方面，绿地、上海万科、大华名列前三，城投、宝龙、建工、中海等进入前十，见表 7-15。如图 7-11 所示，排名前五位的企业利润总额占 50 强总利润总额的 47.6%。

表 7-15　2015 ～ 2016 年上海开发企业 50 强利润总额前十位

排序	企业名称
1	绿地控股集团有限公司
2	上海万科房地产有限公司
3	大华有限公司
4	上海城投置地有限公司
5	宝龙地产控股有限公司
6	上海建工房产有限公司
7	上海中星有限公司
8	中海发展有限公司
9	上海仲骏房地产开发有限公司
10	复地股份有限公司

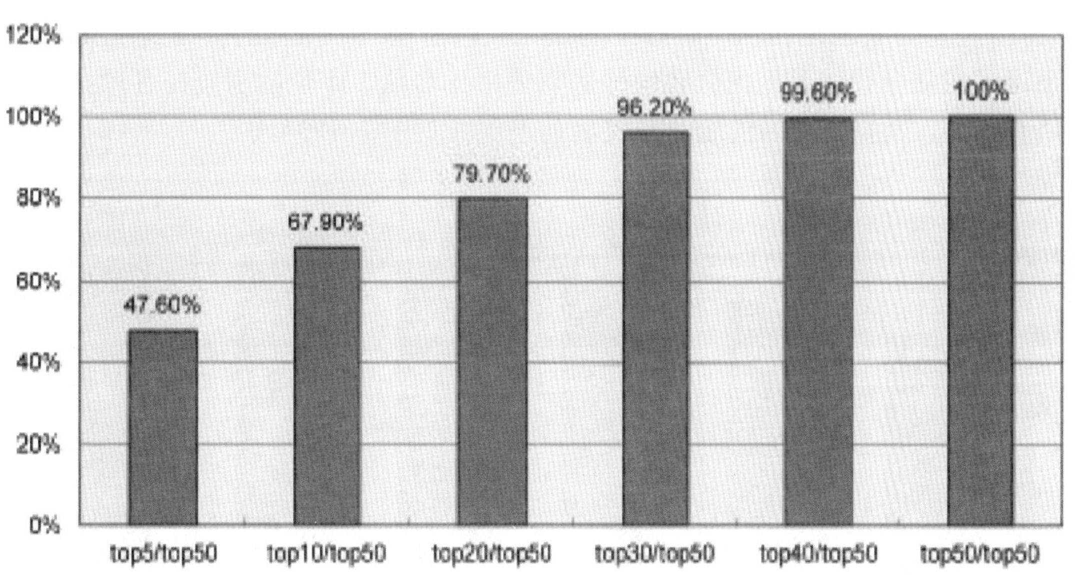

图 7-11　上海开发企业 50 强利润总额累计百分比

2. 50 强企业开发后劲指标

2015 ～ 2016 年，50 强企业待开发土地面积分别为 3 820 公顷和 4 150 公顷、新开工面积分别为 4 143 万平方米和 4 500 万平方米、在建面积分别为 11 366 万平方米和 13 024 万平方米。开发后劲（按待开发土地面积、在建面积、新开工面积得分之和排序）前十位排名显示，绿地、大华和光明地产名列前三（见表 7-16）。

表 7-16　2015 ～ 2016 年上海开发企业 50 强开发后劲前十位

排序	企业名称
1	绿地控股集团有限公司
2	大华集团有限公司
3	光明房地产集团股份有限公司
4	上海城投置地集团有限公司
5	上海中建东孚投资发展有限公司
6	上海新碧房地产开发有限公司
7	上海城建置业发展有限公司
8	上海建工房产有限公司
9	上海实业城市开发集团有限公司
10	复地集团股份有限公司

从 2016 年待开发土地面积、新开工面积、在建面积三个指标的分布情况来看，50 强企业之间出现了明显分化，呈现出强者恒强的态势，排名前二十位的房企在各项指标中就基本占据了所有份额，而排名靠后的企业开发后劲不足（见图 7-12）。

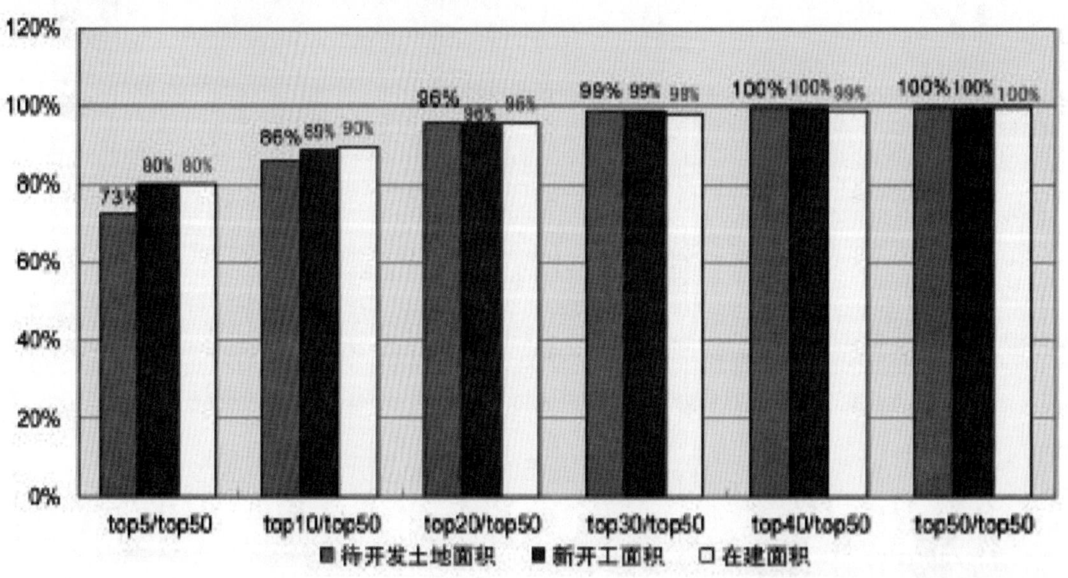

图 7-12　上海开发企业 50 强待开发土地、新开工及在建面积累计百分比

3. 50 强企业经济实力指标

2015 ～ 2016 年，50 强企业的净资产（所有者权益合计）持续增长，其经济实力总体上保持上升的态势。从前十位排名来看，绿地、万科、大华凭借强大的资金实力和销售渠道占据前三（见表 7-17、图 7-13）。

表 7-17　2015～2016 年上海开发企业 50 强经济实力前十位

排序	企业名称
1	绿地控股集团有限公司
2	上海万科房地产有限公司
3	大华集团有限公司
4	宝龙地产控股有限公司
5	复地集团股份有限公司
6	光明房地产集团股份有限公司
7	上海鹏欣集团有限公司
8	上海中建东孚投资发展有限公司
9	上海城建置业发展有限公司
10	中海发展上海有限公司

说明：本表中各企业集团的净资产为集团本部公司的“所有者权益合计”与其在上海市和外地的各项目公司的“（所有者权益合计－注册资金）× 股权比例”之和。

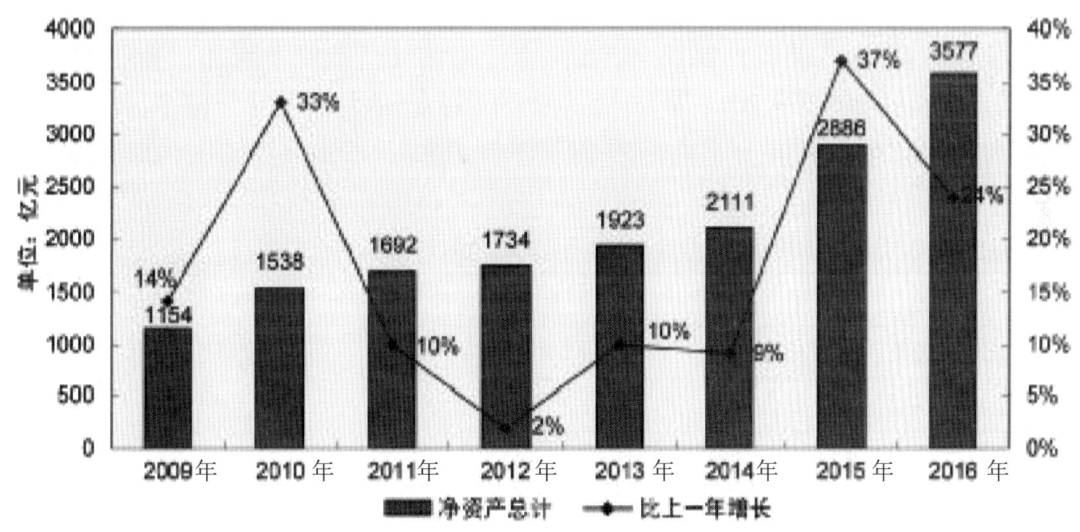

图 7-13　上海开发企业 50 强净资产规模变化趋势

从 50 强企业净资产分布情况看，排名前 5、10、20 位的企业，净资产规模占到 50 强企业总计的 41%、58% 和 80%（见图 7-14）。

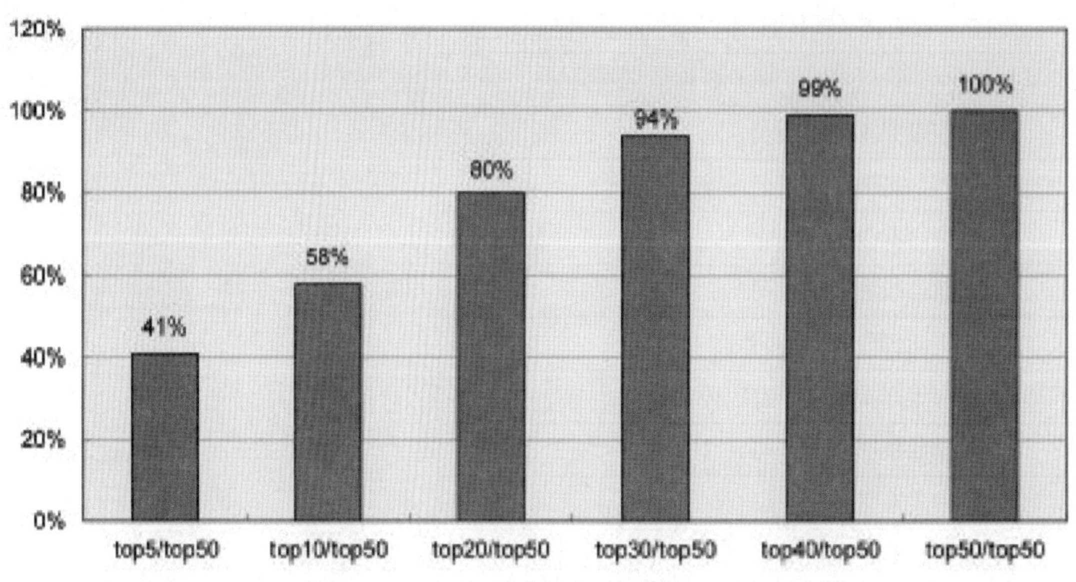

图 7-14　上海开发企业 50 强净资产规模累计百分比

4. 50 强企业社会贡献指标

50 强企业社会贡献的指标包括房地产企业的营业税及附加、企业所得税、以及慈善、救助、社会公益等捐助。2015 ～ 2016 年 50 强企业缴税（营业税及附加、企业所得税两项）总计 1000 亿元，相比 2013 ～ 2014 年 50 强企业的 422 亿元大幅上升一倍多。前十位企业中，绿地、万科和中建东孚占据前三（见表 7-18、图 7-15）。

表 7-18　2015 ～ 2016 年上海开发企业 50 强缴税额前十位

排序	企业名称
1	绿地控股集团有限公司
2	上海万科房地产有限公司
3	上海中建东孚投资发展有限公司
4	大华（集团）有限公司
5	中华企业股份有限公司
6	光明房地产集团股份有限公司
7	宝龙地产控股有限公司
8	上海城投置地（集团）有限公司
9	上海建工房产有限公司
10	复地（集团）股份有限公司

说明：本表中各企业集团缴税额为集团本部公司及其在上海市与外地的项目公司缴税额之和，各项目公司的缴税额按股权比例折算。

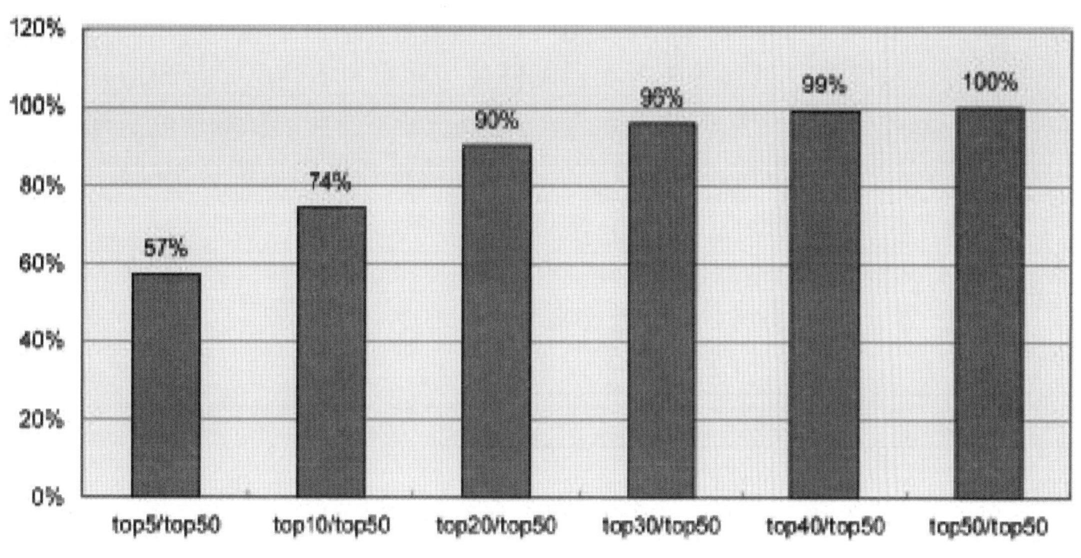

图 7-15 上海开发企业 50 强缴税额累计百分比

5. 50 强企业品牌管理指标

随着房地产行业集中度的提高，房企的品牌意识越来越强，50 强企业都非常重视品牌管理的建设，无论是大型房企还是中小房企都注重通过建立良好的口碑来增强企业的综合竞争能力，企业之间品牌得分差距并不明显。通过对参研企业在房地产开发企业诚信承诺活动、优秀住宅评选、建设工程白玉兰奖、著名商标、银行资信等级、合同信用等级以及节能低碳建设方面的贡献等综合分析和评估研究，前十位名单如表 7-19 所示。

表 7-19 2015 ～ 2016 年上海开发企业 50 强品牌管理前十位

排序	企业名称
1	中华企业股份有限公司
2	上海市浦东房地产（集团）有限公司
3	绿地控股集团有限公司
4	大华（集团）有限公司
5	上海三湘（集团）有限公司
6	上海汇成房产经营有限公司
7	上海闵行置业发展有限公司
8	上海中环投资开发（集团）有限公司
9	上海绿洲投资控股集团有限公司
10	宝龙地产控股有限公司

（三）上海房地产开发企业保障性住房建设 10 强

参与保障性住房建设，一直是上海本地房地产企业履行社会责任的重要体现。在本届

50强企业研究中，继续了保障性住房建设10强的研究。近两年，上海不断加强保障性住房建设，成效显著。2015年，新建筹措各类保障性住房和实施旧住房综合改造共19.7万套；2016年新增供应各类保障性住房5.2万套。通过对参研开发企业的保障性住房建设情况分析，2015～2016年保障性住房建设十强企业共计投入保障性住房建设资金460亿元，新开工面积605万平方米，新竣工面积587万平方米（见表7-20）。

表7-20　2015～2016年上海房地产开发企业保障性住房建设十强

排序	企业名称
1	上海建工房产有限公司
2	上海城建置业发展有限公司
3	农工商房地产（集团）股份有限公司
4	上海城投置地（集团）有限公司
5	上海永业企业（集团）有限公司
6	上海中建东孚投资发展有限公司
7	上海中环投资开发（集团）有限公司
8	上海莘松房地产有限公司
9	上海绿洲投资控股集团有限公司
10	上海市浦东新区房地产（集团）有限公司

第八章 房地产营销

第一节 房地产营销概述[1]

2016 年，我国房地产政策经历了从宽松到热点城市持续收紧的过程：两会提出因城施策去库存，但随着热点城市房价地价快速上涨，政策分化进一步显现，同时，加强房地产长效机制建设，区域一体化、新型城镇化等继续突破前行，为行业长期发展积极构建良好环境。随着调控政策的步步深入，沪上楼市“风起云涌”。从新政“沪九条”的颁发，到上海营改增全面推开，到新“沪六条”发布， 再到明确年底开征个人住房房产税和认房认贷加首付、公积金贷款收紧，这些政策对2016上海楼市产生了深刻的变化，楼市格局正在不断地调整中。2016 年上海市房地产市场成交总体较为活跃，全年新建商品房销售面积 2 705.69 万平方米，比上年同期增长 11.3%；增速比年内高点（1-5 月）回落 18.0 个百分点。

一、商品房销售额

2016 年，上海市商品房销售额为 6 695.85 亿元，比较 2015 年增长 31.45%。其中，住宅销售额达到 5 233.29 亿元，办公楼销售额为 903.17 亿元，商业营业用房销售额为 470.49 亿元。商品房销受政策影响明显，2016 年房地产市场继续火爆，主要指标较上年都有显著上升，其中住宅销售增长 21.14%。

表 8-1 上海市 2011 ～ 2016 年商品房销售额

指标	2011 年	2012 年	2013 年	2014 年	2015 年	2016 年
商品房销售额（亿元）	2 568.88	2 669.49	3 911.57	3 499.53	5 093.55	6 695.85
住宅	1 981.91	2 208.96	3 264.03	2 923.44	4 319.93	5 233.29
# 别墅、高档公寓	637.27	661.35	908.58	859.54	1 462.81	1 903.48
办公楼	371.81	234.62	380.85	300.43	488.68	903.17
商业营业用房	181.66	194.62	224.71	226.44	227.89	470.49
其他	33.49	31.29	41.98	49.22	57.05	88.90

从商品房销售额总体来看，2008 年受金融危机影响严重，有大幅额度降低，2009 年是报复性上扬。2010 年到 2011 年商品房销售额呈下降趋势，2012 年走出下降趋势，2013 年出现爆发式增长，各类指标接近 2009 年房地产市场，2014 年受政策调控影响，改变上升趋势，2015 年中国经济进入新常态，上海受益于其他省份的救市政策，房地产销售暴增。2016 年上海房地产销售市场继续增长。

1 数据来源：上海市统计局。

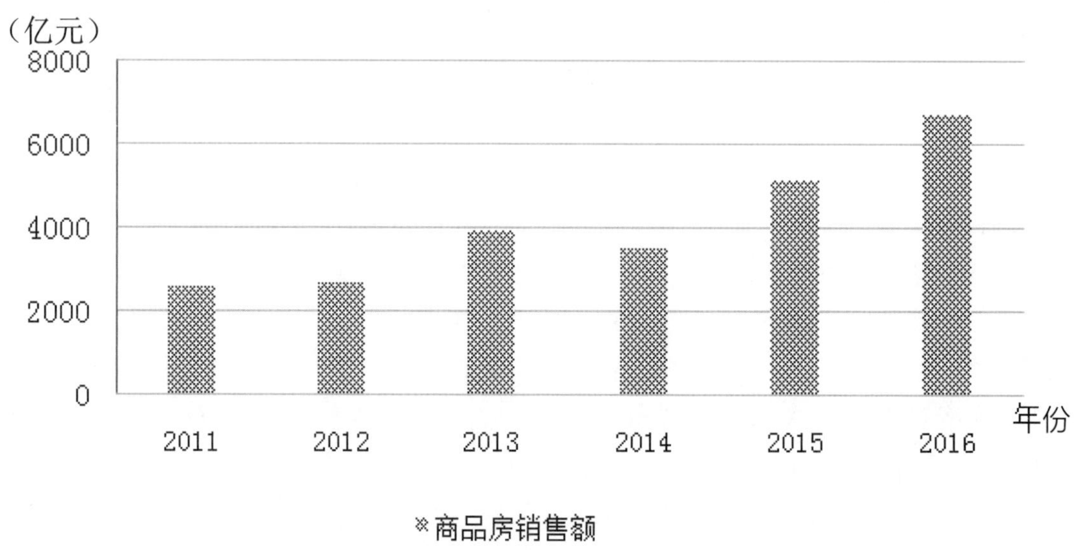

图 8-1　上海市 2010 ～ 2016 年商品房销售额

二、商品房销售面积

2016 年上海市商品房实际销售面积共有 2 705.69 万平方米，较 2015 年上升 11.3%。其中住宅销售面积 2 019.8 万平方米，办公楼销售面积 306.4 万平方米，商业营业用房 205.87 万平方米（见表 8-2）。

表 8-2　上海市 2011 ～ 2016 年商品房销售面积　　单位：万平方米

指标	2011 年	2012 年	2013 年	2014 年	2015 年	2016 年
商品房销售面积	1 771.30	1 898.46	2 382.20	2 084.66	2 431.36	2 705.69
住　　宅	1 473.72	1 592.63	2 015.81	1 780.91	2 009.17	2 019.80
# 别墅、高档公寓	237.32	234.56	314.20	257.24	390.97	445.42
办公楼	147.40	111.73	161.22	120.28	197.41	306.40
商业营业用房	95.57	120.01	116.47	102.86	113.70	205.87
其　　他	54.61	74.10	88.71	80.61	111.08	173.62

从销售面积总体走势来看，从 2011 年开始呈上升趋势，2014 年销售有所下降，随后继续上升。从分类市场来看，主要销售面积的发生均在住宅市场，走势与总体商品房销售量保持一致（见图 8-2）。

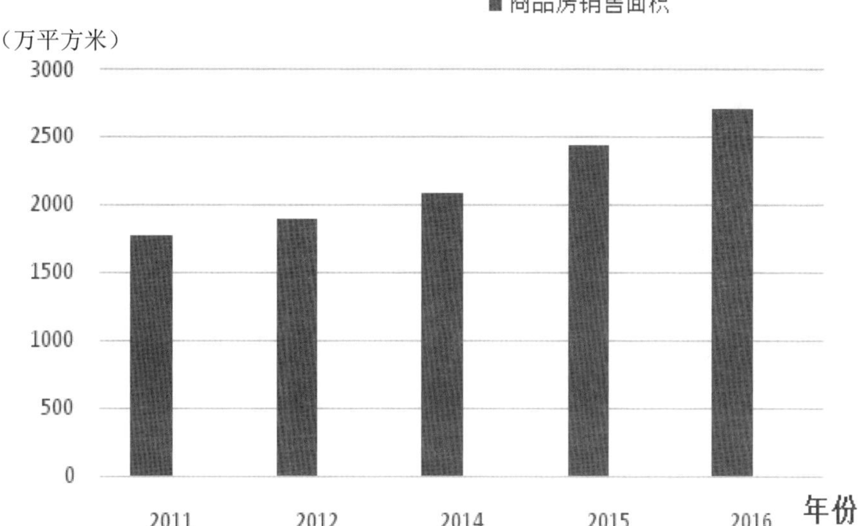

图 8-2　上海市 2011 ～ 2016 年商品房销售面积

从全年度来看，2016 年全年所有月份销售面积都较上年有所增加，增速呈下降趋势，个别月份略显不同，全年累计销售面积相比上年上升 11.3%（见表 8-3）。

表 8-3　2016 年 1 ～ 12 月商品房累积销售面积　　单位：万平方米

月　　份	本月累计	比去年同期增长（%）
2016 ～ 01 ～ 02	274.78	22.9
2016 ～ 03	501.83	27.3
2016 ～ 04	717.65	23.7
2016 ～ 05	970.03	29.3
2016 ～ 06	1 199.61	18.2
2016 ～ 07	1 533.81	22.0
2016 ～ 08	1 742.16	19.6
2016 ～ 09	1 999.03	18.7
2016 ～ 10	2 228.53	16.9
2016 ～ 11	2 419.80	12.1
2016 ～ 12	2 705.69	11.3

从商品住宅销售面积来看，趋势与整个商品房市场较为一致，到 2016 年底，比去年同期累计上升 0.5%（见表 8-4）。

表 8-4　2016 年 1 ～ 12 月商品住宅销售面积　　单位：万平方米

月　　份	本月累计	比去年同期增长（%）
2016 ～ 01 ～ 02	226.98	13.5
2016 ～ 03	420.33	19.7
2016 ～ 04	592.39	21.1
2016 ～ 05	742.60	16.6
2016 ～ 06	927.97	10.1
2016 ～ 07	1 152.68	11.0
2016 ～ 08	1 310.25	9.1
2016 ～ 09	1 507.22	7.5
2016 ～ 10	1 662.16	4.1
2016 ～ 11	1 809.77	0.5
2016 ～ 12	2 019.80	0.5

三、商品房销售价格

2016 年，上海市商品房平均销售价格为 24 747 元 / 平方米，较 2015 年上涨 18.13%。其中，住宅的平均售价为 25 910 元 / 平方米，比上年暴增 20.5%；办公楼为 29 477 元 / 平方米，商业营业用房为 22 854 元 / 平方米，办公楼和商业营业用房价格回升（见表 8-5）。

表 8-5　上海市 2011 ～ 2016 年商品房平均销售价格　　单位：元 / 平方米

指标	2011 年	2012 年	2013 年	2014 年	2015 年	2016 年
商品房销售价格	14 503	14 061	16 420	16 787	20 949	24 747
住　　宅	13 448	13 870	16 192	16 415	21 501	25 910
# 别墅、高档公寓	26 853	28 195	28 917	33 414	37 415	42 735
办公楼	25 225	20 999	23 623	24 978	24 755	29 477
商业营业用房	19 008	16 217	19 293	22 014	20 043	22 854
其　　他	6 133	4 223	4 732	6 106	5 136	5 120

2016 年，上海市新建住宅平均销售价格 25 910 元 / 平方米。从区域分布看，内环线以内 87 426 元 / 平方米，内外环线之间 44 984 元 / 平方米，外环线以外 18 127 元 / 平方米。

四、存量房交易

2016 年，与新建房市场相比，存量房市场更为火爆，上海市存量房成交量达到历史最高点。2016 年本市存量房交易量 3 219.80 万平方米，比上年下降 3.7%。其中，存量住宅 2 225.42 万平方米，叫上年暴跌 26.7%。

表 8-6　2007 ～ 2016 年存量房交易情况

年　份	成交套数（套）	成交面积（万平方米）	其　中		
			# 住　宅	办公楼	商业营业用房
2007	213 733	1 992.59	1 715.05	49.73	36.34
2008	142 224	1 413.41	1 107.17	40.61	42.04
2009	312 857	2 809.45	2 490.58	48.19	43.59
2010	202 511	1 966.86	1 522.21	68.31	70.61
2011	146 151	1 398.67	1 058.71	62.87	51.21
2012	157 585	1 446.77	1 136.17	57.34	46.71
2013	291 176	2 575.70	2 228.02	65.59	47.18
2014	177 083	1 586.14	1 324.18	52.61	40.90
2015	303 414	2 647.83	2 351.30	52.27	41.62
2016	347 667	3 219.80	2 225.42	450.89	261.04

五、出租市场情况

2016 年上海租赁市场，自春节后市场行情开始上扬，持续至 9 月长达半年之久，这是同期买卖市场强势上涨呈现的售租联动效应。随着 10 月、11 月年内第二、第三次上海调控政策出台，抑制房价过快上涨，租赁市场也进入调整，租金最终出现下跌。2016 年，相对于买卖市场来说，租赁市场走势合理。12 月末，中央经济工作会议提出要加快住房租赁市场立法，加快机构化、规模化租赁企业发展。2017 年，租赁市场将进入新的发展阶段，租售并举成为供给侧改革的重要方面。可以预期，随着房价逐步合理回归，租售比不合理将有所改观。全年上海市商品房出租面积为 1 322.51 万平方米，较 2015 年增加 10%（见表 8-6）。

表 8-7　2011 ～ 2016 年商品房出租情况　　单位：万平方米

指标	2011 年	2012 年	2013 年	2014 年	2015 年	2016 年
商品房出租面积	1 305.47	1 355.20	1 206.37	1 142.46	1 202.42	1 322.51
住　　宅	87.68	92.43	75.32	72.16	120.59	83.41
# 别墅、高档公寓	75.40	73.26	63.61	60.39	66.26	62.08
办公楼	578.23	643.83	558.19	502.65	501.86	578.44
商业营业用房	392.70	396.45	364.00	373.99	367.02	415.25
其　　他	246.86	222.48	208.87	193.66	212.95	245.41

第二节 房地产营销主体

房地产市场可以分为一级市场、二级市场以及三级市场。不同的房地产市场具有不同的交易主体和营销主体。在一级市场中，政府是卖方，用地单位是买方；在二级市场中，最重要的交易是新上市商品房的交易，因此主要的营销主体是房地产开发商和代理商；在三级市场中，房地产中介起着信息交流、信用担保等促进交易完成的作用，是市场交易的重要环节，是市场的“催化剂”，因此，三级市场中的主要营销主体是中介公司。

从1992年首批12家房地产经纪机构获批成立以来，上海房地产经纪行业从无到有，从小到大，至今已有上万机构，近10万从业大军。20余年来，上海房地产经纪行业已经成为房地产业的重要组成部分，在提高人们的居住水平和促进经济与社会发展等方面发挥了重要作用。

行业竞争越来越激烈，上海的房地产经纪行业正由传统服务业向现代服务业转变，网络和信息技术得道广泛应用。电商模式，也已在新房销售和楼盘代理中广泛运用。搜房、安居客、新浪 、优房网等进入房地产经纪领域，同经纪机构合作，而经纪机构在这样的合作中，也尝到了便捷、高效的甜头。近年来，58同城、房价网、Q房网、房博士、057找房、房多多、爱屋吉屋等网站又从全国各地 、某一细分领域进入房地产经纪行业。

网络和信息技术的快速发展，给房地产经纪机构带来了便捷和效率，但随着网络机构之间竞争的激烈和成本的提高，以及经纪机构对网络的依赖度的提升 ，网络平台使用费用不断上涨，于是经纪机构和网络平台的矛盾便激化了。在同业同盟与网络机构谈判化解矛盾的同时，一些规模较大、实力较强的经纪机构或入股网络结成战略联盟，或成立独立网站。

未来，房地产交易线上线下的有效衔接、经纪机构和网络平台的合作共赢、网络机构的竞争与合作都将是房地产经纪行业由传统服务业向现代服务业发展必须面对的问题。

一、房地产代理公司

房地产代理公司是指专门从事地产领域专业服务的咨询类公司，主要业务范围包括商品房屋的估价、营销、策划、销售等。随着互联网的发展，房地产代理行业正在发生一场蜕变，基于互联网综合平台，为开发商伙伴提供房地产全面的服务价值新型代理业态正在崛起。上海房地产代理行业从6 000多家代理销售企业的行业“春秋战国”时期，进化演变到几十家代理销售企业的“王者割据”时代，再到近年上海的房地产代理行业的“三足鼎立”的垄断格面，2016年，伴随着上海链家物业代理公司的迅速发展，上海房地产代理行业形成“四国争雄”竞争格局。

二、房地产中介公司

房地产中介公司是主要从事是二手房交易。2016年随着互联网、云数据的快速发展，大量资本进入房地产中介行业，一些新的中介企业出现，最知名的主要有链家、爱屋及屋、房多多、悟空找房、房天下、屋托邦二手房、安个家等新型互联网中介企业。根据上海市住

房和建设管理委员会网站，2016 年登记销售套数最多企业为上海中原物业代理有限公司。详见表 8-9

表 8-9 2016 年房屋中介企业交易套数前 20 家企业

上海中原物业代理有限公司	德佑房地产经纪有限公司
上海九间伴房地产经纪有限公司	上海晟曜资产管理有限公司
上海中原物业顾问有限公司	美联物业顾问（上海）有限公司
上海智恒加诚房地产经纪有限公司	上海南宏房地产服务有限公司
上海住商房地产经纪有限公司	上海兴荣企业有限公司
上海康健房屋置换有限公司康健新村分公司	上海乐居房地产经纪有限公司
上海远见房地产经纪有限公司	上海安廷房地产经纪事务所
上海先原房地产经纪有限公司	上海汇成房产置换有限公司
上海鼎铭房地产经纪有限公司	上海盛家房地产服务有限公司桂林西街分公司
上海我爱我家房地产经纪有限公司大木桥路分公司	上海虹民房地产经纪有限公司

第九章　物业管理

第一节　物业管理概述

一、2016 年上海物业管理市场概况

（一）物业管理概况

2016 年，上海市具有资质的物业服务企业约有 3 707 多家，其中一级资质企业 109 家，较上年增加 1 家；二级资质 584 家，较上年增长 4 家，三级资质（包括暂定）为 3360 家，较上年增加 571 家。

（二）上海物业行业发展的特点

物业管理行业作为传统服务业，行业集中度低、与资本市场关联较小，盈利水平较低。不过，近年以来，物业管理行业作为新经济的重要增长点和提高居民生活品质的重要载体，受到了社会和资本市场的广泛关注。法规政策的进一步完善、监管体系的建立、定价机制的转变、税收政策的突破，将为行业发展打造更为健康的外部环境。市场竞争的加剧，将极大地推进行业专业化、市场化、规范化进程城镇化战略的实施。

1. 运营模式的创新转变。随着物业管理行业竞争的不断加剧，物业管理企业愈来愈需要顺应瞬息万变的市场，商业模式的创新对改善物业行业生存状况产生深远影响。物业企业通过尝试改变劳动密集型和简单服务提供者的现状，向依托现代科学技术、现代信息技术、现代企业经营管理方式的转变，提高服务模式需与市场需求的匹配程度，以此为契机改变传统的物业服务运作模式。

2. 服务的多元化发展。随着市场环境的变化，物业管理紧跟市场需求的多样化的特点，已呈现提档升级的多元化发展态势，积极开拓创新多远业务，促进营业收入快速增长。物业管理在清洁、绿化、秩序维护、设施设备维护等基本服务的基础上，已纵向延伸至房地产开发前期的规划、设计、设施设备选用顾问等整个链条，横向涵盖消费者居家养老、家政服务、房屋租赁、电子商务等各类个性化需求，不断挖掘出物业服务产品的附加值和边际效益，体现出物业管理丰富的商业价值，中国物业管理行业仍将是有较好发展前景的行业。

3. 管理的专业化能力提升。物业管理是由专业的管理企业——物业管理公司实施对物业的统一管理，除了物业管理公司从事专业服务外，绿化公司、保安公司、清洁公司、清洁公司等专业化公司提供专业服务已逐步成为一种趋势。物业管理公司仅仅是一个管理机构，而将一些专业管理以经济合同的方式交予相应的专业经营服务公司，这有利于提高城市管理的专业化和社会化程序，并能进一步推进城市管理向现代化管理方式转换。

（三）物业小区情况

上海市共有登记住宅物业小区 12 305 个，2015 年，上海市出台《上海市加强住宅小区综合治理三年行动计划（2015-2017）》，计划指出，住宅小区是市民群众生活的基本场所，是城市管理的基本单元，也是社会治理的重要领域，加强住宅小区综合治理是政府治理体系和治理能力现代化的具体举措。当前，本市住宅小区数量较大，类型较多，随着经济社会快速发展，各类矛盾和问题相对突出，亟待研究解决。《计划》规定的主要任务有：完善管理体制机制，提高住宅小区综合管理水平，发挥市场作用，促进物业行业健康发展，发挥居民自治和社区共治作用，增强住宅小区综合治理能力，整合各方资源，解决住宅小区民生突出问题等。

（四）房屋维修的专业化机构

上海现已建立了一个全市性的房屋维修监督中心和23个房屋应急维修中心，并要求他们在小区内的醒目处公开报修电话，急修，2小时到场，24小时处置；小修三天解决，中、大修项目可行采取应急措施，安排计划后予以解决。另外，落实必要力量，确保做到全年365天、每天24小时受理居民报修以确保全市人民的正常生活。

二、物业管理基本服务内容

物业管理涉及的领域很广泛，其基本内容按服务的性质和提供的方式可分为以下三类：

（一）常规性的公共服务。

是物业管理企业向所有业主提供的最基本的公共性的管理和服务，目的是为了确保物业的完好与正常使用，保证物业管理区域内的秩序和环境。具体内容和要求应在物业管理合同中明确规定，物业管理企业有义务按时按质提供约定的服务，业主享受服务时也不需要事先进行约定。常规性公共服务一般包括以下内容：

1．房屋建筑主体的管理，包括房屋的日常养护和修缮。

2．房屋设备、设施的管理，包括卫生设备、电气工程设备和智能化技术设备的养护、管理和维修，以保持房屋及其配套设备设施的正常使用。

3．环境卫生管理服务，为净化物业环境、保持社区卫生进行的服务。

4．绿化管理服务，为了美化环境，使环境更舒适、健康进行的服务。

5．治安管理服务，为防盗、防破坏及人为突发事故而对物业进行的一系列管理。

6．消防管理服务，为保护业主人生、财产安全进行的防范性管理。

7．交通管理服务，对物业区域内车辆道路的管理，以保证交通顺畅和便利。

除以上所列公共服务外，物业管理企业还应为所管物业进行档案和资料的管理，以保障物业公司和业主的沟通，更好地掌握各类管理的状况。

（二）针对性的专项服务。

是物业管理企业为提高住用人的工作、生活条件和质量，为满足其中一些住户、群体和单位的特定需要而提供的各项服务。物业管理企业事先设定各种便民服务项目，并将服务内容、质量和收费标准公布，以便住用人需要时自行选择。专项服务是指上是一种代理服务，属于物业经营服务。专项服务涉及日常生活的方方面面，内容繁杂，一般有以下几大类：

1．日常生活类，包括衣食住行等各方面的家政、家务服务。

2．商业服务类，指物业企业提供的各种商业经营服务项目，如商业网点的开设管理。

3．文化、教育、卫生、体育类，包括相关设施的建立与管理，以及各类活动的展开。

4．金融、中介服务类，指由具有相关金融知识或具有相应资格的员工为业主办理保险、金融业务，或接受业主委托开展各类中介代理服务，如进行房地产评估与公证等。其中有些工作需要委托其他具有相应资质的机构和人员进行。

5．社会福利类，指带有社会福利性质的各项服务，如照顾孤寡老人等，一般以低偿或无偿方式提供。

（三）委托性的特约服务。

是物业管理企业为满足业主的个别需求而为其提供的服务，通常是在物业管理合同中未要求，专项服务中未设立，而由业主专门提出的需求。特约服务实质上是专项服务的补充，当有较多的业主有某种需求时，物业企业可将其纳入专项服务。

三、物业管理主要环节

物业管理是房地产开发的延续和发展，是一个完整、复杂的系统工程。为保证物业管理的有效运行，从规划设计到全面运作，每一个环节都紧密相连不可忽视（见图 10-2）。

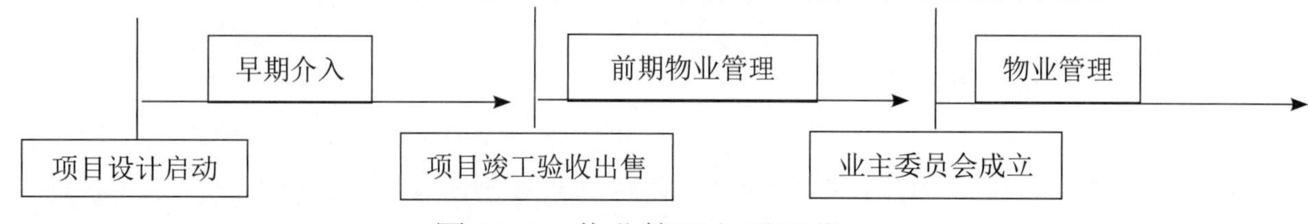

图 10-2 物业管理主要环节

见图 10-2 清楚地界定了物业管理的三大阶段，传统的物业管理仅只房屋出售业主入住后的物业管理，但随着物业管理的现代化发展，早期介入和前期物业管理的重要性越发显现。以下是物业管理的 7 个具体环节，有的环节可能会跨越不同的阶段。

（一）物业管理的早期介入

物业管理企业在接管物业之前就参与介入房地产开发的规划设计、施工建设等各个阶段，从业主和物业管理运作的角度对物业的环境布局、功能规划、楼宇设计、材料选用、配套设施、施工质量、竣工验收等各方面提供意见，协助开发商把好关，以确保物业的设计和建造质量，为物业投入使用后的良好管理以及避免纠纷提供条件。

物业管理的早期介入在未确定物业管理企业之前由开发商主持，一旦确定了前期物业管理企业，则早期介入就进入了前期物业管理，由物业管理企业主持运作。

（二）选聘物业管理企业

首次选聘物业管理企业由房地产开发企业在预售房屋之前进行并完成。房地产开发企业应根据物业类型、功能等客观条件以及住用人的群体特征和需求等主观条件来规划物业消费水平，确定物业管理的档次和相应的管理服务标准，选聘具有相应资质的物业管理企业，并与之签订前期物业服务合同。选聘过程，一般通过招标形式，2012 年，共有 419 个项目的物业选聘通过公开招标形式。

（三）人员选聘与培训

签订前期物业服务合同后，物业管理企业即着手进行前期准备。首先应根据所管物业的规模和特点合理设置机构和各岗位。其次则需选聘专业的管理和技术人员，其中管理人员和一些特殊工种应取得相关执业资格证书，其他人员应由专业人员进行培训。

（四）制定规章制度

应依据有关法律、法规、政策和示范文本，结合所管物业的实际情况，制定一些必要、适用的规章制度，包括业主公约和其他管理文件如各项守则、管理规定、员工岗位职责及工作程序等。物业销售前，应由建设单位制定业主临时公约并向物业买受人明示。

（五）物业的接管验收

物业接管验收是关系到今后物业管理工作能否顺利进行的重要环节，包括新建物业的接管验收和原有物业的接管验收。开发商或业主委员会应向物业管理企业移交有关物业的所有资料，办理交接手续，完成后即标志着物业管理正式启动。物业管理企业应当在物业服务合同终止时将资料交给业主委员会。

（六）用户入住

大量的用户入住发生在物业交付使用的初期，物业管理企业需通过各种宣传手段使用户了解物业管理的有关规定，配合日后的管理工作。当房屋出售并交付使用的建筑面积达50%以上，或者首套房屋出售并交付使用已满两年的，应当召开首次业主大会会议，成立业主大会。

（七）建立档案资料

包括业主或住户的资料和物业的档案资料。物业档案资料是对前期建设开发成果的纪录，是以后实施物业管理时不可少的依据，也是更换物业管理企业时必须移交的资料。

（八）物业管理的正常运作

用户入住物业管理证实启动后，物业管理企业全面实施物业管理所做的各项工作，即物业的日常管理和维修养护，基本内容已在上文中介绍。

四、物业管理收费

根据上海市房屋土地资源管理局和上海市物价局发布的《上海市住宅物业服务分等收费暂行办法》，上海市从 2005 年 10 月 1 日起开始实行菜单式的物业管理收费模式。

《上海市住宅物业服务分等收费标准》将住宅物业服务项目分为综合管理服务、公共区域清洁卫生服务、公共区域秩序维护服务、公共区域绿化养护服务，以及共用部位、共用设施设备的日常运行、保养及维修服务五项，根据服务内容、服务要求和设施设备配置等情况，除第五项外均从低到高划分为一到五级，分别规定最高收费标准，第五项也按各项内容的不同标准划分为多个等级（见表 9-1）。

表 9-1　上海市住宅物业服务分等收费标准　　单位：元 / 平方米

项目	服务内容	分级最高标准				
		一级	二级	三级	四级	五级
综合管理	管理处设置	0.09	0.14	0.2	0.26	0.35
	管理人员要求					
	服务时间					
	日常管理与服务					

<table>
<tr><td rowspan="2">公共区域清洁卫生</td><td>楼内公共区域</td><td rowspan="2">0.07</td><td rowspan="2">0.11</td><td rowspan="2">0.15</td><td rowspan="2">0.21</td><td rowspan="2">0.28</td></tr>
<tr><td>楼外公共区域</td></tr>
<tr><td rowspan="5">公共区域秩序维护</td><td>人员要求</td><td rowspan="5">0.1</td><td rowspan="5">0.16</td><td rowspan="5">0.27</td><td rowspan="5">0.4</td><td rowspan="5">0.5</td></tr>
<tr><td>门岗</td></tr>
<tr><td>巡逻岗</td></tr>
<tr><td>技防设施和救助</td></tr>
<tr><td>车辆管理</td></tr>
<tr><td rowspan="3">公共区域绿化养护</td><td>草坪</td><td rowspan="3">1.3</td><td rowspan="3">2</td><td rowspan="3">3</td><td rowspan="3">4.5</td><td rowspan="3">6.5</td></tr>
<tr><td>树木</td></tr>
<tr><td>花坛花境</td></tr>
<tr><td rowspan="11">共用设施保养及维修</td><td>公共部位</td><td colspan="2">0.04</td><td colspan="2">0.07</td><td>0.1</td></tr>
<tr><td>供水系统</td><td colspan="3">多层 0.03；高层 0.06</td><td colspan="2">0.06</td></tr>
<tr><td>排水系统</td><td colspan="5">0.04</td></tr>
<tr><td rowspan="2">公共照明</td><td colspan="2">多层</td><td>0.03</td><td>0.06</td><td>0.08</td></tr>
<tr><td colspan="2">高层</td><td>0.05</td><td>0.08</td><td>0.1</td></tr>
<tr><td>消防系统</td><td colspan="2">0.015</td><td colspan="3">0.03</td></tr>
<tr><td>避雷系统</td><td colspan="5">0.015</td></tr>
<tr><td>弱电系统</td><td colspan="3">多层 0.02；高层 0.01</td><td colspan="2">0.08</td></tr>
<tr><td>升降系统</td><td colspan="5">0.4</td></tr>
<tr><td>水景（动力）</td><td colspan="5">按实分摊</td></tr>
<tr><td>保险费用及其他</td><td colspan="5">按实分摊</td></tr>
</table>

注：第四项绿化养护等级收费标准的单位是每年每平方米绿地面积，分摊公式为：
每月每平方米建筑面积绿化养护费用 = 收费标准 × 绿地面积 ÷ 可分摊建筑面积 ÷12。

该收费标准对每一条服务内容均规定了非常详细、具有可操作性的标准，如楼梯扶手是每日擦一次还是隔日擦一次。各住宅物业管理区域可以按照自身需求，分别选择适合的服务项目标准并进行组合，相应的物业服务收费标准即为各物业服务项目收费标准的总和，采用包干式结算。各物业服务项目的收费标准原则上不超过规定的相应最高收费标准，因提供分等收费暂行办法中未涵盖的服务内容和设施设备而提高物业服务水平的，可适当提高收费标准，但需经区（县）价格主管部门确认备案。

业主大会成立前的物业服务收费，由建设单位根据物业特点和服务要求，选择服务项目、服务等级并拟定收费标准，并报物业所在地的区县价格主管部门确认，在确认的收费标准范围内进行物业管理招标或确定协议价格。业主大会成立后的物业服务收费，则由业主大会与物业管理企业根据实际情况“点单”，并按暂行办法规定协商具体的收费标准。

物业管理期间，业主应按时交纳物业服务费。前期物业服务费用，在前期物业服务合同生效之日至出售房屋交付之日的当月，由建设单位承担。出售房屋交付之日的次月至前期物业服务合同终止之日的当月发生的物业服务费用，由物业买受人按照房屋销售合同约定的前期物业服务收费标准承担；房屋销售合同未约定的，由建设单位承担。

物业服务收费一般以每月每平方米建筑面积为计价单位，经业主大会同意也可以每月每户为单位。物业管理企业应按规定实行明码标价，做到价目齐全、内容真实、标示醒目、字迹清晰，并可采取公示栏、公示牌、收费表、收费清单、收费手册、多媒体终端等方式在物业管理区域内进行公示。物业服务收费明码标价的内容包括：物业管理企业名称、服务内容、服务标准、计费方式、计费起始时间、收费项目、收费标准、监督举报电话等。

五、上海市加强住宅小区综合治理三年行动计划（2015-2017）

按照上海市委、市政府总体工作部署，制定本市加强住宅小区综合治理三年行动计划。其主要任务是

（一）完善管理体制机制，提高住宅小区综合管理水平

1．细化完善住宅小区综合管理职责清单。按照“谁监管行业谁负责、谁主管市场主体谁负责、谁收费谁负责”的原则，进一步明确和细化职责分工、明晰管理边界，配套编制涉及住宅小区综合管理若干问题的业务流程和操作指导手册，明确发现渠道、处置要点、操作路径、时间节点要求等。

2．做实住宅小区综合管理联席会议制度。根据《上海市住宅物业管理规定》，做实市、区县、街镇三级住宅小区综合管理联席会议，推动联席会议办公室常态化运作，明确联席会议工作职责，完善日常工作制度，及时牵头协调解决住宅小区中跨部门、跨领域问题。建立工作评价指标体系，完善督促考核和工作评价机制。各区县、街镇要落实住宅小区综合管理联席会议日常工作机构、人员和经费保障措施。市级层面联席会议每半年召集一次成员单位会议，研究部署和解决阶段性工作问题；区县层面联席会议每季度召集一次成员单位会议，研究协调本地区住宅小区综合管理工作;街镇层面每月召集一次住宅小区综合管理工作例会，研究解决本地区住宅小区综合管理的具体问题。有条件的地区，可在社区、居民区层面建立住宅小区综合管理协调机制，定期研究、协调解决本住宅小区综合管理问题。

3．整合街镇城市综合管理机构力量。结合街镇城市网格化综合管理平台建设，建立街镇城市网格化综合管理机构，具体负责街镇层面城市综合管理及住宅小区综合管理领域的组织推进、协调服务、监督考核等工作。对部分区域面积较大、常住人口较多、住宅小区规模较大（如大型居住社区）的街镇，可结合区域实际，探索设置若干社区工作站。

4．建立和完善由街镇牵头协调的住宅小区综合治理工作机制。由街镇负责协调各专业管理派出机构，处置辖区内住宅小区综合管理相关事务。结合本市街镇党政机构改革和街镇基层“强身”，赋予街镇对派出机构负责人的人事任免建议权，依据职责清单和规定的业务流程对各类专业派出机构落实法定职责和处理相关事务进行督办，根据相关指标体系和管理要求，行使考核评价权力。

5．城市网格化管理模式向住宅小区延伸覆盖。在本市住宅小区中实施网格化管理，帮助建立长效常态的多部门工作协同机制、事前事中事后的持续跟踪机制、全面集中的数据共享利用机制，按照统一规划、分步实施的原则，逐步建设到位。

6．健全住宅小区综合执法模式。拓展城市管理综合执法的范围内容，推动城市管理综合执法进一步向住宅小区公共场所拓展，将住宅小区内常见的、不用专业技术即可直接认定的简单执法事项，群众诉求迫切、需要快速查处、相关部门缺乏执法力量的执法事项，以及矛盾突出、涉及多家执法主体、需要集中力量实施查处的执法事项，交由城管综合执法部门

实施，逐步实现住宅小区城管综合执法全覆盖。以联动联勤为方式，进一步强化城管综合执法与市场监管、治安、交通等专业执法在住宅小区的协同配合，形成合力。

7．强化考核督查力度。把问题是否及时有效解决作为考核的重要指标，建立以问题的及时发现和快速处置为核心内容的考核指标体系和办法。通过加强条与条、条与块的相互监督，促进市、区县、街镇有关问题的解决。委托社会机构开展第三方测评，实施绩效评估。进一步形成市、区县、街镇分层考核督查机制，形成由行政监察部门负责的跟踪督办和问责机制，形成将考核督查的结果与相关部门绩效挂钩的奖惩机制。

（二）发挥市场作用，促进物业行业健康发展

1．完善物业服务市场机制。

促进收费公开透明。坚持市场化方向，按照“按质论价、质价相符”的原则，引导业委会和物业服务企业协商确定物业服务内容和收费标准。物业服务企业在服务过程中，应在住宅小区醒目位置主动公示合同约定的物业服务内容和收费标准；新建项目销售时，建设单位应在售楼处醒目位置公示物业服务内容和收费标准，并作为房屋销售合同的附件。

建立物业服务市场信息发布机制。由行业协会或第三方中介机构，根据不同类型住宅小区实际情况和人力资源成本构成等，定期发布物业服务内容、服务标准和服务价格等信息，供业委会与物业服务企业协商价格时参考。

发挥社会中介机构专业化服务作用。对于物业服务企业和业委会协商确定物业服务收费标准有困难的，鼓励双方委托社会中介机构进行评估，并根据评估结果最终确定物业服务内容和收费标准，推动形成公开、公平、公正的物业服务价格形成机制。

各区县结合本辖区实际，对“售后房”小区、保障性住房小区和未成立业委会的早期建设的商品房小区，建立物业服务收费及相关事务的协商协调、指导监督和应急处置机制。完善政府扶持政策，各区县继续对收不抵支的“售后房”小区物业服务实行考核达标奖励补贴，至2017年底前，基本实现“售后房”小区物业服务收费市场化。

对酬金制物业服务计费方式予以支持。在有条件的住宅小区，支持业主大会与物业服务企业采用酬金制物业服务计费方式，支持业主树立事先计划、账目公开、多退少补的物业服务消费理念，强化业主监督管理责任，督促物业服务企业提高设备养护、房屋维修、成本控制等管理服务水平。

2．研究落实物业服务行业税收政策。继续落实好国家和本市对物业服务行业的有关财税扶持政策。研究物业服务行业“营改增”后各类运营模式的税收衔接工作。鼓励住宅小区内物业服务开展专业服务外包。研究完善业主自行管理物业模式的物业服务收费票据管理等配套政策。

3．强化物业行业监管。

加大物业服务企业资质管理力度。细化各等级资质具体条件，对企业人员、物业项目、管理制度等提出统一的定性和定量审核标准，加强日常专项检查。

继续完善和推行物业管理招投标制度。在新建住宅小区项目前期物业招投标全部纳入招投标平台管理的基础上，进一步将业主大会决定公开招标的，纳入招投标平台管理。进一步优化招投标操作流程，提高招投标信息化监管水平，逐步将招投标具体操作事务和管理下沉

到区县房管部门，推动物业服务市场化竞争环境的形成。进一步规范物业招标代理机构以及代理工作人员在招投标活动中的代理行为，提高物业管理评标专家针对投标文件响应招标项目的筛选、甄别、优选能力。

加快完善物业服务企业及从业人员信用信息管理。优化物业服务企业和项目经理违规行为的发现、处置等流程，加大物业服务企业和项目经理的诚信信息的公开力度，并将其纳入本市公共信用信息服务平台，并依法面向社会提供查询。

4．推动物业行业创新转型发展。充分运用市场化手段，发挥行业协会力量，推动企业的整合、改制、兼并和重组，培育一批具有较强竞争力、较大规模的物业服务企业，逐步形成以示范龙头企业为引领，中小企业协同发展的现代物业服务企业集群。加快培育专业服务市场，引导规模小的物业服务企业走专业化发展道路。探索物业管理的增值服务新业态和多元发展新模式。鼓励引导物业服务企业充分发挥服务管理优势，从满足居民个性化需求出发，不断挖掘潜在市场和商业机遇，建立新的商业模式，延伸服务链条，推动物业服务链向社区服务（包括政府购买服务类项目）、现代物流、社区商务、房屋租售、居家养老等领域延伸。

5．促进本市劳动力在物业行业就业。调整本市劳动力和特定人员在物业行业的就业促进政策，在适度提高对吸纳特定人员就业的物业服务企业补贴的基础上，增加对上述人员在物业服务企业就业的个人补贴，进一步提升上述人员在物业行业的就业数量。

（三）发挥居民自治和社区共治作用，增强住宅小区综合治理能力

1．进一步发挥居委会在业主自治管理中的作用。强化居委会对业主大会、业委会组建、换届、日常运作的指导、服务和监督职责。探索在居委会设立物业环境专业委员会。有条件的居民区，合法有序推进居委会和业委会成员交叉任职。

2．优化完善业主自我管理规制。完善制度，强化指导、监督和服务，进一步规范业委会的日常运作；推动符合业委会成立条件的住宅小区抓紧成立业主大会和业委会。对尚无条件成立业主大会和业委会的，由街镇牵头、居委会加强指导，帮助业主完善自我管理。对已成立但矛盾相对突出、运作不规范的业委会，由街镇、居委会重点关注、指导、监督，提升业主自我管理能力。进一步积极引导业主大会、业委会依照示范文本，修订本住宅小区相关管理规约和议事规则，规范业主物业使用行为，明确违约行为的处置方式和相应责任，由业主大会授权业委会或物业服务企业采取代为履行、代为改正的措施，及时制止和纠正违法违规行为。推进实施《上海市文明居住行为规范》，总结推广已有好的经验做法，在全市范围内广泛发动，营造氛围，积极培育和倡导文明居住意识，进一步规范物业使用和文明居住行为，促进良好的社会风尚形成。

3．建立教育培训长效机制。依托现有上海市物业管理行业协会高技能人才培养基地和上海市房地产学校、上海市西南工程学校等培训场地资源，在全市设立东、西、南、北、中五个公共实训基地。基地建设、场地租金和管理经费由市、区县政府予以支持。逐步调整场地功能，完善培训项目，改造实训设备，提升实训能级，至2016年底使五个实训基地既全面覆盖又各有侧重，满足不同区域、不同业务范围的行业、企业、相关人员的各类培训需求。不断完善培训大纲和培训教材，增强教育培训的针对性、操作性和实效性，切实帮助业委会成员提高自我管理能力，帮助居委会及相关管理人员提高指导服务水平。加大从业人员岗位

培训补贴力度，其中居委会、业委会、社会中介机构、房管部门和街镇等相关人员的培训费用，由区县政府予以解决。

4.建设住宅小区基础信息平台。根据加快建设全市统一房屋数据库的安排，加快推进“一库三系统”建设，即在利用整合现有商品房、公房等数据基础上，构建覆盖全市统一动态更新的房屋数据库；建立跨部门、跨领域的住宅小区业务协同办理系统；完善行业行政监管系统功能；拓展住宅小区综合服务系统功能。基础信息平台建设由市、区县政府统一规划、分级建设，并落实运行维护资金保障。

5．建立居住领域信用管理制度。建立业主（使用人）居住领域信用管理制度，将住宅小区内拒不续筹专项维修资金、违法建设和破坏房屋承重结构、“群租”、擅自改变房屋使用性质、拒交物业服务费等违法违规违约行为录入本市公共信用信息服务平台，并依法面向社会提供查询。

6．积极发挥人民调解组织作用。完善住宅小区矛盾化解长效机制，人民调解员调解住宅小区纠纷，所需经费由区县和街镇按有关规定予以安排。充实人民调解专业力量，配足调解人员，提升调解人员的专业水平，力争实现街镇层面调解工作的全覆盖。

7.培育专业社会中介组织参与住宅小区管理事务。进一步发挥专业社会中介组织作用，培育引导专业社会中介组织市场，通过政府购买服务的形式，实行项目化操作，引导其参与业主大会组建、业委会换届改选、物业选聘、维修资金使用、物业矛盾纠纷化解等住宅小区事务。到2017年，全市每个区县培育若干个专业社会中介组织，实现专业社会中介组织参与住宅小区管理事务工作，形成专业社会中介组织提供公共服务和解决事项的社区治理模式。

（四）整合各方资源，解决住宅小区民生突出问题

1．推进住宅小区电力设施改造和理顺供电管理体制。根据市政府相关文件规定，市电力公司负责制定改造方案，2017年底全面完成改造工作。市发展改革委会同相关部门调整住宅供电配套费收费标准，理顺住宅小区供电管理体制。

2．加快住宅小区老旧电梯安全评估和改造更新。制定《住宅小区老旧电梯安全评估三年行动计划》，用3年时间完成住宅小区老旧电梯安全评估，经费由市政府予以支持。对接电梯安全评估结论，研究明确修理改造更新的资金筹集原则和渠道，制定推进住宅小区老旧电梯修理、改造、更新工作的实施意见，力争用5年时间，基本解决使用年限超过15年的早期商品房、“售后房”、直管公房和系统公房以及混合型住宅等小区老旧电梯存在的安全风险问题。修订《上海市电梯安全管理办法》，制订《住宅小区电梯安全使用管理实施细则》等法规、文件和标准，建立健全住宅小区电梯使用安全管理、维护保养、安全评估、修理改造更新的长效机制。

3．加快住宅小区老旧消防设施改造更新。开展住宅小区消防安全整治三年行动计划，重点改造、更新住宅小区老旧消防设施，整治住宅建筑消防通道堵塞、楼道堆物、消防设施缺损等问题。修订完善住宅小区消防地方法规规章及相关技术规范和技术标准。提高新建住宅消防技术规范，严格执行住宅小区消防安全技术标准。

4．加快二次供水改造和理顺管理体制机制。新建和存量居民住宅二次供水设施产权逐步移交供水企业，并由供水企业切实落实管养责任，建立全覆盖的居民住宅二次供水设施管

养长效机制，真正实现供水企业管水到表，确保供水水质得到持续保障。供水企业接管居民住宅二次供水设施后，供水企业承担的管养经费列入供水成本，并纳入供水企业成本规制、成本监审范围，通过价格机制逐步解决。物业服务企业相关服务支出及水泵运行电费仍按原渠道由业主承担。在水价调整到位前，研究过渡阶段的解决措施。2015-2017 年，每年完成 2000 万平方米左右的老旧住宅二次供水改造。

5. 加快住宅小区积水点改造。针对本市住宅小区暴雨积水问题，区分类别，加以改造。对由于住宅小区外围区域地势较高引起的倒灌，由水务管理部门结合《上海市易积水区域改造方案》的制订，分步实施市政排水管道等设施的改造。对于物业管理区域内的排水管道等设施不完善的老旧小区，由区县、街镇牵头督促，业委会委托物业服务企业使用专项维修资金实施改造，区县政府予以适当支持。对汛期的应急排水需求，由水务（防汛）部门牵头，会同消防、房管等部门，配合住宅小区，及时抢险处置。2017 年底前，基本完成 600 多个住宅小区积水点改造工作。

6. 完善住宅质量的投诉处理。制订出台本市住宅工程施工质量投诉处理办法，明确住宅工程施工质量投诉处理的专职管理部门，并指定专门单位负责接待和处理调解住宅工程质量投诉。加快研究推行实行住宅工程施工质量保险办法。落实分户验收复核抽检制度。建立住宅工程保修节点质量评定制度。修订完善《建设工程质量管理条例》、《房屋建筑工程质量保修办法》等法律法规。

7. 加大老旧住宅小区绿化建设力度。提高住宅小区绿化养护专业化水平，拓展专业养护覆盖面，妥善处置住宅小区大树遮阳挡风、损绿毁绿等问题，提升老旧住宅小区绿化布局和绿化品质。

8. 加大违法建设、“群租”等顽症治理力度。继续完善违法建设和破坏房屋承重结构、擅自改变房屋使用性质、“群租”等影响房屋使用安全行为的发现、报告、劝阻、处置机制，落实管理主体相应责任、建立处置工作规范，有效整合法律、行政、社会和社区规范等资源，整治和消除一批群众反映强烈、引发重复信访的违法违规使用房屋的行为。依托物业服务企业和社会专业机构开展住宅小区闲置住房的代理经租，通过增加公共租赁住房供应保障，从源头上遏制“群租”现象的蔓延。

9. 努力缓解住宅小区“停车难”问题。结合区县停车专项规划编制，制定实施缓解住宅小区停车难专项计划。鼓励住宅小区利用闲置地块、绿地的地下空间新建停车场（库）。针对停车矛盾特别突出的住宅小区，研究选择合理区域集中建设大型停车场（库），作为周边住宅小区的定向停车场（库）。研究制定相关指导意见，鼓励有条件的住宅小区与周边共享停车资源、实施错时停车。支持住宅小区挖潜增建停车设施，推广住宅小区机械式停车。保障新建商品住房和保障性住房配建停车位的基本供应水平，严格贯彻落实本市有关新建住宅配置停车位的最低技术指标要求。修订调整相关法规在住宅小区停车场（库）建设土地获取、容积率、绿化率等方面的规定，降低建设成本。研究设立停车设施建设专项资金。制定住宅小区停车设施建设和管理办法，对有关住宅小区车位规划建设、产权登记、交易、收费管理、住宅小区停车管理规约等一系列重要事项加以明确。

10. 加快解决商品住宅专项维修资金历史遗留问题。对 1996 年 6 月商品住宅维修资金相关管理制度实施前，部分商品住宅小区专项维修资金存在缺失的，对业主未交部分，相关区县、街镇要引导相关住宅小区业委会、业主依据法规作出补建决定，参照政策出台后的筹集标准，按照“业主出资为主、政府补贴为辅”的原则，解决商品住宅专项维修资金问题。对1996年6月至2000年底期间，部分商品住宅小区专项维修资金应交未交问题，由相关区县负责追缴；在相关住宅小区业主大会做出专项维修资金的补建决定、并已足额筹集的基础上，对因企业破产、歇业确无法追缴的，由区县政府支持代为补建落实解决。同时，研究建立专项维修资金日常续筹机制，出台《上海市住宅专项维修资金续筹的指导办法》，修订《住宅专项维修资金管理规约》（示范文本），指导全市面上住宅专项维修资金续筹工作，明确住宅专项维修资金再次筹集的相关情形，并研究对拒交专项维修资金业主的制约机制，鼓励在收取物业服务费的同时予以代收。

11．加快解决“售后房”小区的“三项维修资金”历史遗留问题。对原以职工住宅立项的有关“售后房”小区公共设施维修资金不足部分，按初始筹集标准，由市、区县政府共同支持解决。在此基础上，将“售后房”小区维修资金由三项归并为一项，使“售后房”小区维修资金使用管理模式、再次筹集方式与商品房住宅小区并轨。

第二节　物业管理主体

一、物业管理企业数量

物业管理企业是指对建成投入使用的房屋及其附属设备设施、相关场地实施专业化管理，并为业主和使用人提供全方位、多层次的有偿服务及创造良好的生活和工作环境，具有独立法人资格的经济实体。2016年，上海市具有资质的物业服务企业约有3 707多家，其中一级资质企业109家，较上年增加1家；二级资质584家，较上年增长4家；三级资质（包括暂定）为3 360家，较上年增加571家。

2016年，住房城乡建设部核准的物业服务一级资质企业共211家，其中上海10家，分别是：上海由由物业管理有限公司、上海勇博物业管理有限公司、上海万业企业爱佳物业服务有限公司、上海富宁物业管理有限公司、上海凯德置地物业管理有限公司、上海复医天健医疗服务产业股份有限公司、上海中环陆家嘴物业管理有限公司、上海至诚环境服务有限公司、上海营巢物业管理有限公司、上海松开物业管理有限公司。

二、物业管理企业资质

（一）物业管理企业资质管理

根据建设部颁布的《物业管理企业资质管理办法》，凡在上海市行政区域内经工商局注册登记，有物业管理经营内容，并拟在上海市从事物业管理活动，具有独立法人资格的物业管理企业，应当自领取营业执照之日起30日内，向企业注册地的区县局申请物业管理资质。

企业申请一级资质的，由区（县）房地局负责受理，经初审合格的报市房地资源局，由市房地局审核后报送建设部，由建设部办法资质证书。企业申报二、三级资质的，由区（县）

房地局负责受理、审核、核发资质证书。

新设立的物业管理企业，其资质等级按照最低等级核定，并设一年的暂定期。

一级资质物业管理企业可以承接各种物业管理项目。

二级资质物业管理企业可以承接30万平方米以下的住宅项目和8万平方米以下的非住宅项目的物业管理业务。

三级资质物业管理企业可以承接20万平方米以下住宅项目和5万平方米以下的非住宅项目的物业管理业务。

（二）物业管理企业资质评级标准

1. 一级资质：

（1）注册资本人民币500万元以上；

（2）物业管理专业人员以及工程、管理、经济等相关专业类的专职管理和技术人员不少于30人。其中，具有中级以上职称的人员不少于20人，工程、财务等业务负责人具有相应专业中级以上职称；

（3）物业管理专业人员按照国家有关规定取得职业资格证书；

（4）管理两种类型以上物业，并且管理各类物业的房屋建筑面积分别占下列相应计算基数的百分比之和不低于100%：

- 多层住宅200万平方米；
- 高层住宅100万平方米；
- 独立式住宅（别墅）15万平方米；
- 办公楼、工业厂房及其它物业50万平方米。

（5）建立并严格执行服务质量、服务收费等企业管理制度和标准，建立企业信用档案系统，有优良的经营管理业绩。

2. 二级资质：

（1）注册资本人民币300万元以上；

（2）物业管理专业人员以及工程、管理、经济等相关专业类的专职管理和技术人员不少于20人。其中，具有中级以上职称的人员不少于10人，工程、财务等业务负责人具有相应专业中级以上职称；

（3）物业管理专业人员按照国家有关规定取得职业资格证书；

（4）管理两种类型以上物业，并且管理各类物业的房屋建筑面积分别占下列相应计算基数的百分比之和不低于100%：

- 多层住宅100万平方米；
- 高层住宅50万平方米；
- 独立式住宅（别墅）8万平方米；
- 办公楼、工业厂房及其他物业20万平方米。

（5）建立并严格执行服务质量、服务收费等企业管理制度和标准，建立企业信用档案系统，有良好的经营管理业绩。

3. 三级资质：

（1）注册资本人民币 50 万元以上；

（2）物业管理专业人员以及工程、管理、经济等相关专业类的专职管理和技术人员不少于 10 人。其中，具有中级以上职称的人员不少于 5 人，工程、财务等业务负责人具有相应专业中级以上职称；

（3）物业管理专业人员按照国家有关规定取得职业资格证书；

（4）有委托的物业管理项目；

（5）建立并严格执行服务质量、服务收费等企业管理制度和标准，建立企业信用档案系统。

三、物业管理企业资质结构

据上海房屋土地管理局资料统计，上海市具有资质的物业服务企业约有 3 707 多家，其中，一级资质企业 109 家，二级资质 584 家，三级资质（包括暂定）为 3 360 家。

四、2016 年物业管理企业排名

表 9-2　2016 年度上海名牌服务推荐名单

序号	企业名称	序号	企业名称
1	上海东湖物业管理有限公司	8	上海申能物业管理有限公司
2	上海明华物业管理有限公司	9	上海景瑞物业管理发展有限公司
3	上海生乐物业管理有限公司	10	上海仁恒物业管理有限公司
4	上海浦江物业管理有限公司	11	上海威斯特物业经营有限公司
5	上海紫泰物业管理有限公司	12	上海复欣物业管理有限公司
6	上海永绿置业有限公司	13	上海申勤物业管理有限公司
7	上海益中亘泰物业管理有限公司	14	上海同涞物业管理有限公司

表 9-3　2016 年上海物业企业在全国物业企业综合实力 100 强排名

排名	企业名称	排名	企业名称
19	上海锐翔上房物业管理有限公司	32	上海德律风置业有限公司
20	上海东湖物业管理有限公司	37	上海高地物业管理有限公司
23	上海科瑞物业管理发展有限公司	38	上海明华物业管理有限公司
24	上海文化银湾物业管理有限公司	56	上海吉晨卫生后勤服务管理有限公司
29	上海陆家嘴物业管理有限公司	67	上海中企物业管理有限公司
30	上海浦江物业有限公司	72	上海复欣物业管理发展有限公司
30	上海漕河泾开发区物业管理有限公司	74	上海航天实业有限公司
31	上海上实物业管理有限公司	78	上海紫泰物业管理有限公司
31	上海永升物业管理有限公司	81	上海百联物业管理有限公司
31	上海复瑞物业管理有限公司	87	上海景瑞物业管理有限公司

第四篇

类型

ALMANAC OF SHANGHAI REAL ESTATE

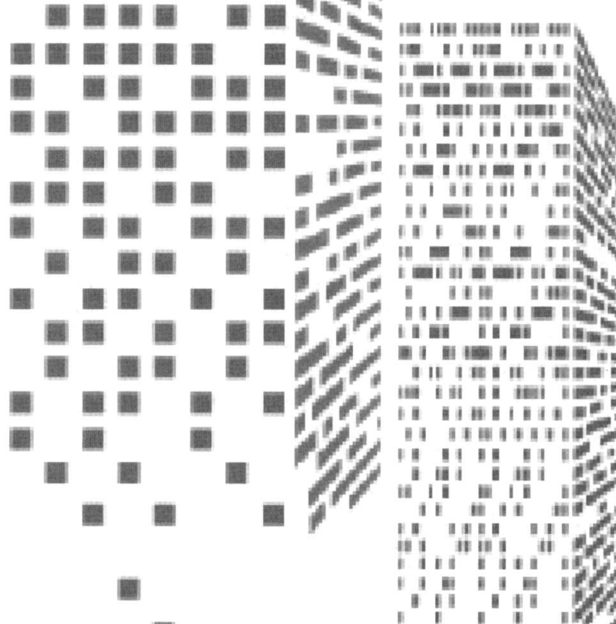

第十章　住宅市场

第一节　住宅市场供给与需求

2016 年，上海市住宅市场虽然受到“地王”等现象的影响，但是依然火爆。上海搜房数据监控中心统计，上海楼市全年共计成交商品住宅 108 400 套，共计成交面积 1 382.89 万平方米，成交均价 38 369 元 / 平方米。全市 17 个区县中，大浦东以 281.35 万平方米的成交量居首，嘉定签约 175.96 万平方米居次位，松江成交 172.59 万平位列第三。

一、住宅供给情况

2016 年有两个成交高峰。2016 年 3 月份，上海新房商品住宅成交量近 230 万平方米，创下自 2010 年以来月度成交记录。“沪九条”后，部分不符合政策的购房者被挡在门外，二套房首付提高也增加了部分购房者的买房预算，使得成交量呈现断崖式下跌，4 月、5 月成交量维持在百万平方米上下。2016 年 8 月出现的成交高峰则是由于部分购房者受到不实消息的影响，赶在 9 月前购房积极签约，推高成交量，当月成交数字逼近 190 万平方米。

在供求关系方面，2016 年度上海新房市场新增供应面积为 802.20 万平方米，较 2015 年相比下跌 30.95%，整体呈现供不应求的态势。2 月份由于春节假期影响，供应量为年内最低，为 15.52 万平方米；3 月后新增供应上升至 70 万平方米左右，4 月、5 月新增供应量达 130 万平方米上下。10 月初政府出台政策，进一步规范楼市操作，从严规范预售审批制度，新增供应量急剧缩减，10 月、11 月供应量跌至 30 万平方米以下。12 月刚性需求放量，供应量反弹至 77.58 万平方米。在供求关系方面，2016 年度上海新房市场新增供应面积为 802.20 万平方米，较 2015 年相比下跌 30.95%，整体呈现供不应求的态势（见图 10-1）。

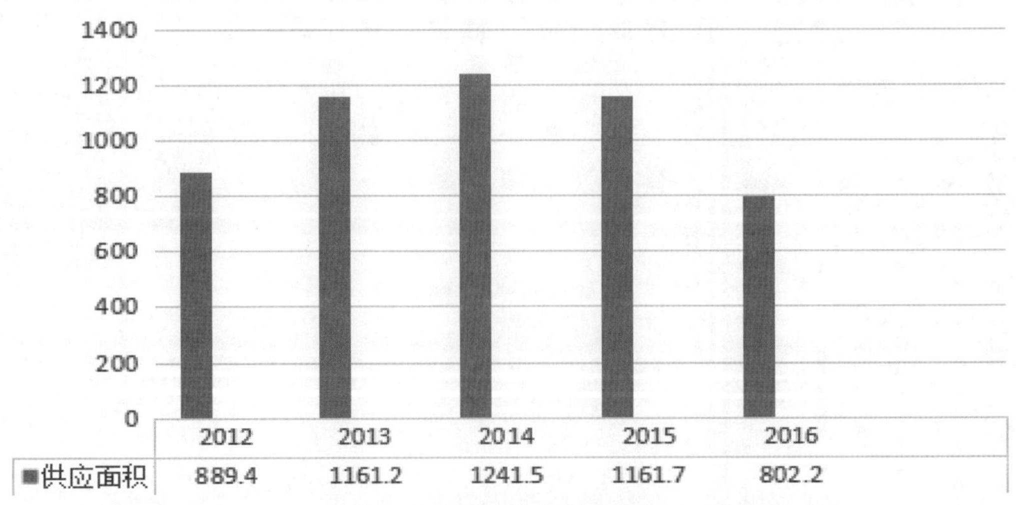

图 10-1　2012 ～ 2016 年新增商品住宅供应量走势

二、住宅成交情况

全年共计成交商品住宅 108　400 套，较去年下跌 9.83%，成交面积共计 1　382.89 万平方米，同比下行 7.07%；成交均价 38　369 元 / 平方米，与去年大幅提升相比上浮 18.85%，创近 5 年涨幅新高。2016 年与 2015 年相比，呈现量跌价涨的态势。2016 年受政策调控等影响，成交量略低于去年，但成交均价却上涨明显，上浮近两成，与去年价格涨幅持平。从历年成交走势中可以看出，各年成交量有起有伏，与各年楼市政策等有密切关联，但成交价格却一路上扬，上涨幅度逐年上升。从单月成交均价来看，11 月份的成交价格高达 4.78 万元 / 平方米，刷新月度成交均价历史纪录（见图 10-2、图 10-3）。

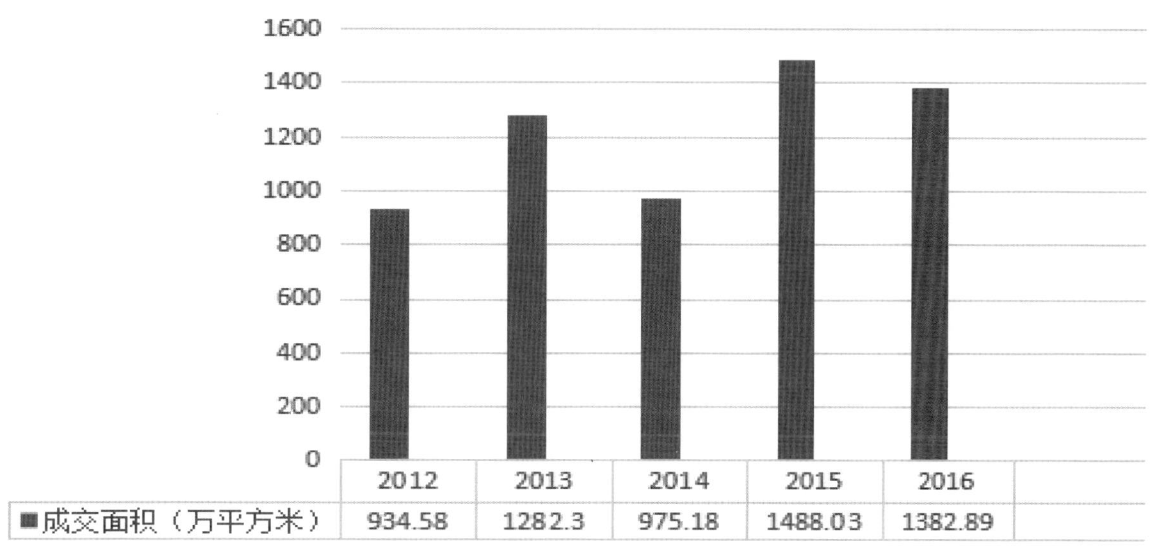

图 10-2　2012 ～ 2016 年商品住宅成交面积走势

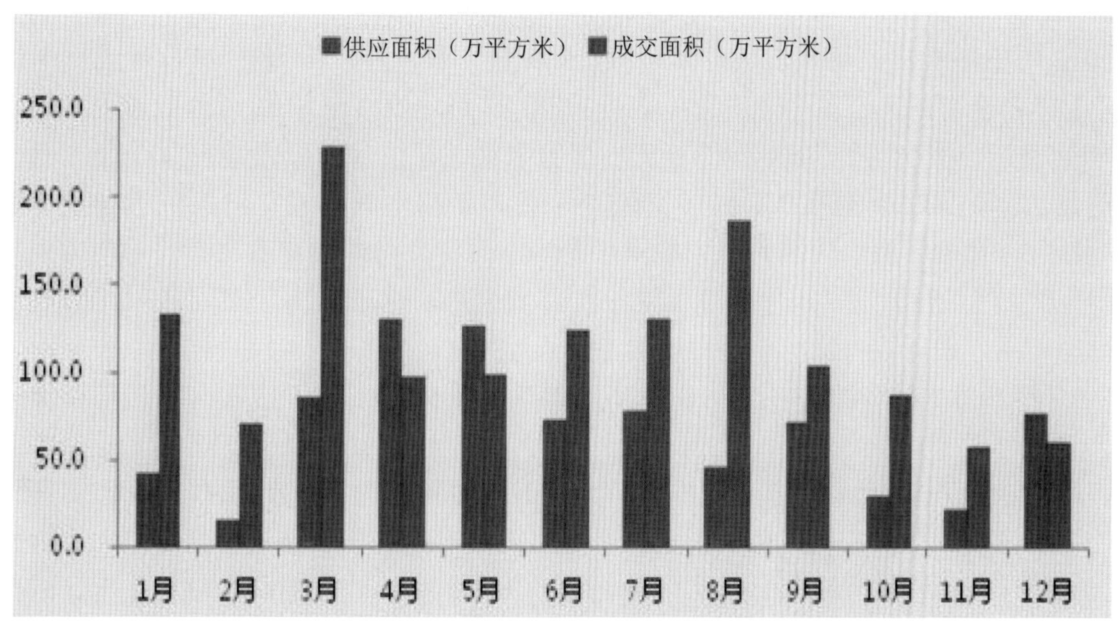

图 10-3　2016 年上海商品住宅月度成交、供应走势

上海房天下数据监控中心统计，2016年上海新房市场商品住宅共计成交面积1 382.89万平方米，全市各区中，大浦东以281.35万平方米的成交量居首，占据全市近两成的成交量；嘉定成交175.96万平方米居次位，松江成交172.59万平方米位列第三，青浦成交154.67万平方米位列第四。其他区域如奉贤、闵行的成交量也超过100万平方米，宝山、金山的成交也在90万平方米之上（见图10-4）。

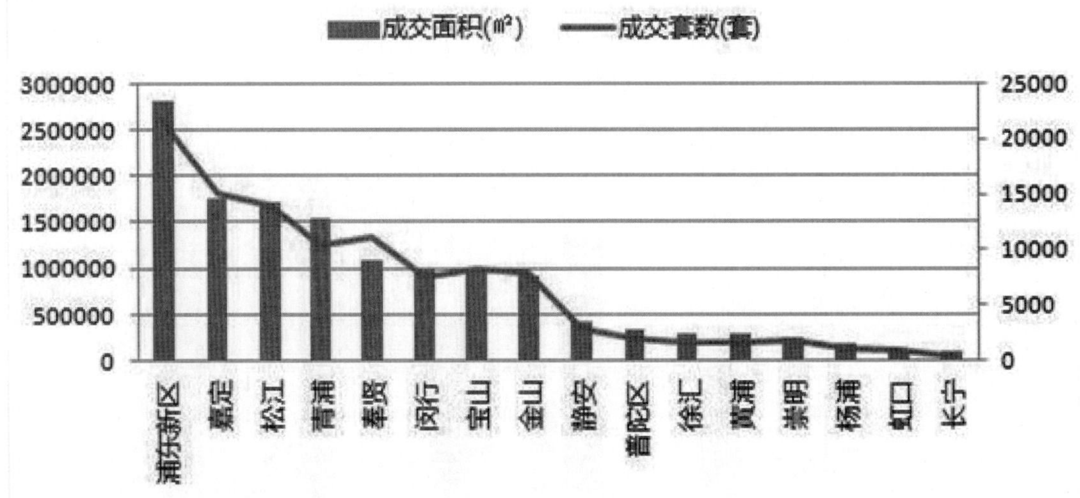

图10-4　2016年上海商品住宅各区县成交面积、套数对比

第二节　住宅价格与租金

一、住宅成交价格

2016年上海楼市商品住宅成交均价38 369元/平方米，从2016年各月成交均价走势来看，上半年全市新房商品住宅成交价格较为平稳，月均价格都在40 000元/平方米以下，2016年8月后，成交均价突破40 000元/平方米大关，之后一直保持在高位，11月份成交均价更是达到纪录以来的高点。2016年前7个月，新房市场的成交结构依然是刚需房源占主导，奉贤、金山等房价较低的区域成交量上扬，改善型房源成交占比不佳，整体成交价格没有出现大幅上扬。5月、6月上海土地拍卖市场火热，地王频出，对周边项目的定价也有一定推动作用，使周边房价有一定程度的上浮。

2016年8月之后，改善性住房、中高端项目的成交占比逐步加大，特别是高价位项目成交火热带动了整体成交价格的上扬。8～11月，均价在70 000元/平方米及以上的高端项目多次跻身全市月度成交榜TOP10，带动新房市场成交均价持续走高。然而11月底更为严厉的调控政策出台，购房门槛增高资金压力增大，不少购房者暂缓购房计划，改善型房源成交大幅缩水，而刚性需求项目在此时抓紧时机积极入市，成交量稳步推进，成交结构的变化拉低了整体的价格，以致12月份的成交均价有所回落（见图10-5、图10-6）。

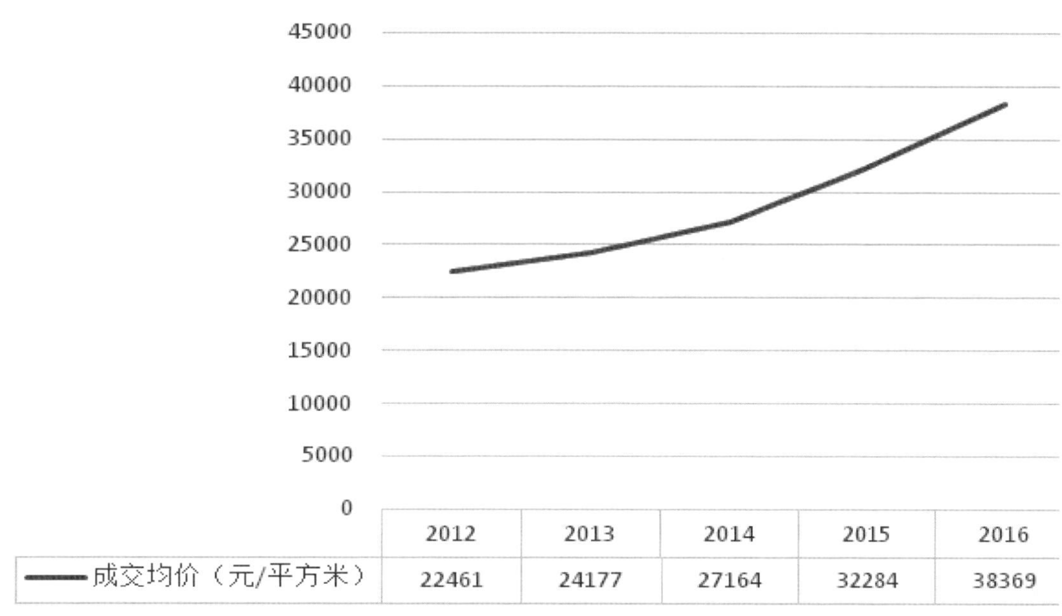

图 10-5 2012 ～ 2016 年上海商品住宅成交均价走势

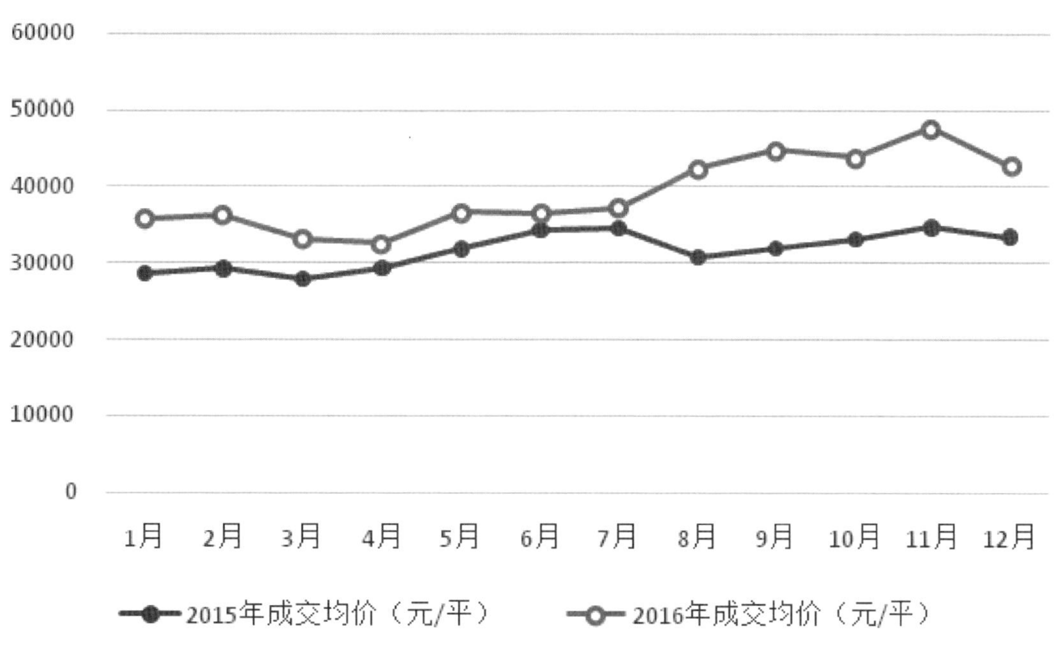

图 10-6 2015 ～ 2016 年上海商品住宅月度成交均价走势

从区域成交均价走势来看，全市 16 个区县相比 2015 年均出现明显涨幅，闵行以 40.02% 的涨幅位居首位，嘉定 35.58% 紧随其后；位于市中心的静安为弱势，不仅没涨反而降了 7.71%。从整体看成交均价高于 30 000 元 / 平方米的有 12 个，青浦和宝山为后起之秀。黄浦区获得成交均价榜首，报于 104 589 元 / 平方米，长宁、静安也不甘示弱，分别报于 88 769 元 / 平方米和 84 034 元 / 平方米；金山区低，仅有 12 905 元 / 平方米（见图 10-7）。

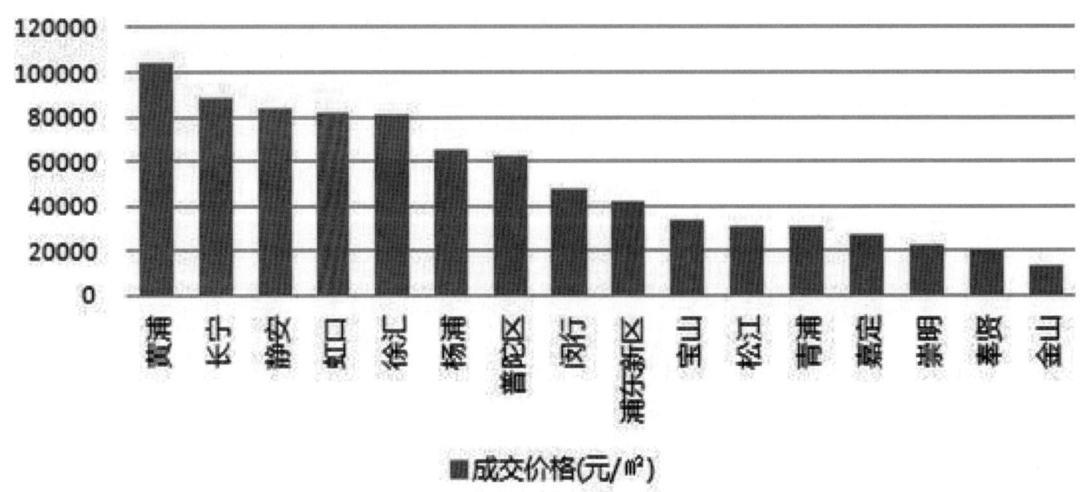

图 10-7　2016 年上海各区县商品住宅成交均价

二、住宅租赁市场

2016 年，上海二手房租赁市场吸引了越来越多的企业加入战场，市场竞争激烈。2016 年第 1 周至第 26 周上海市全市二手房房价较高，整体处于平稳上升趋势。上海市住房公积金管理部门积极配合上海“科创中心”建设，通过“租房提取”有针对性地帮助尚未购房的“新上海人”解决在沪住房问题，2016 年，非沪籍职工“租房提取”金额为 16.78 亿元，占本市“租房提取”总金额的 83.07%（见表 10-1、表 10-2）。

表 10-1　2016 年主要年份商品房出租情况

指　标	2010	2014	2015	2016
商品房出租面积　（万平方米）	1 262.47	1 142.46	1 202.42	1 322.51
住　宅	85.72	72.16	120.59	83.41
# 别墅、高档公寓	76.18	60.39	66.26	62.08
办公楼	516.18	502.65	501.86	578.44
商业营业用房	373.34	373.99	367.02	415.25
其　他	287.23	193.66	212.95	245.41

表 10-2 主要年份居民租金价格指数（以上年价格为 100）

指　标	2013	2014	2015	2016
住房租金	161.4	105.2	107.3	-

根据上海市房屋租赁指数办公室发布的数据，2016 年上海市住房租金价格高位运行，租赁价格逐月攀升，12 月上海房屋租赁指数为 1 926 点，比上月下降 3 点，环比下跌 0.13%，也是 90 个月来首现环比下跌。12 月租赁指数同比上涨 7.03%，2016 年全年租赁市场整体表

现平稳、合理（见图 10-8）。

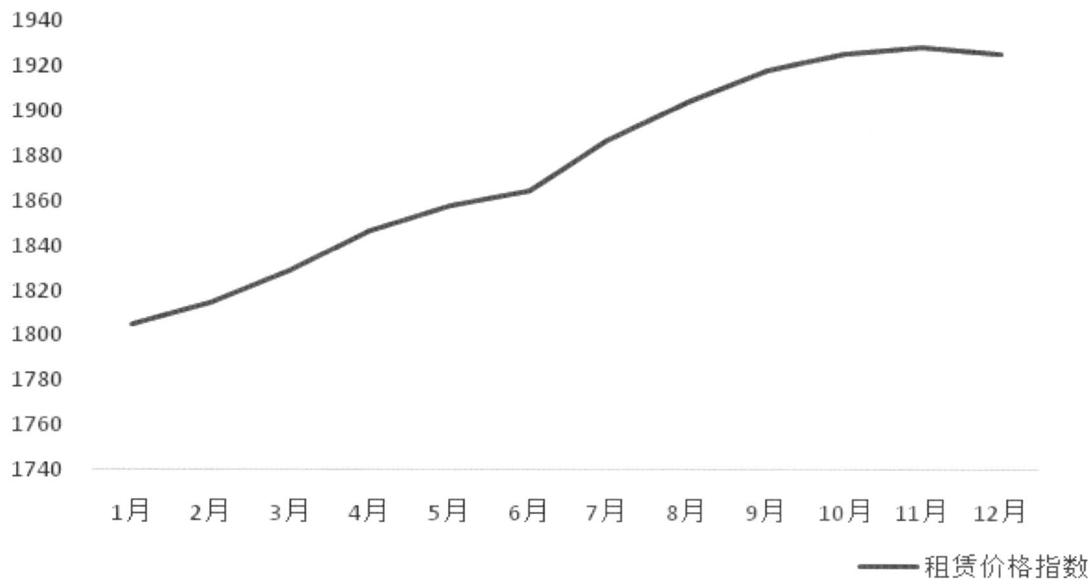

数据来源：上海房屋租赁指数办公室。

图 10-8　2016 年上海租赁价格走势图

第三节　二手住宅市场

2016 年在限购、限贷、问责一环接一环的调控措施下，房地产的金融、投资属性正在被去除。上海二手房房价过快上涨的势头被初步遏制，随着交易量回落或低位徘徊，房价将走出平稳向下的趋势。部分板块已经出现一、二手房价格倒挂，二手房调价空间依然存在。新政除了抑制投机、投资购房，对置换交易的利空影响也很明显。市场逐渐回归理性，刚需购房得到政策有力支撑，在楼市降温、政策变革推进下，莫错过购房的窗口期。

全年上海二手房成交量为 36.11 万套，远超新房 10.87 万套近 3 倍。其中，新房成交量环比 2015 年减少 1.29 万套，二手房成交套数 2016 年比 2015 年多出 1.74 万套。

根据上海二手房指数办公室数据，“11•28”新政颁布后，随即关闭网签，由此以往的“赶末班车”现象并未出现。去杠杆、挤泡沫，年末楼市变局并开始趋向理性发展。纵观 2016 年上海二手房市场：1 月成交开门红达 4.08 万套，2 月春节后价格一路跳涨，成交量在 3 月达到 5.09 万套年内峰值；“3•25”新政后成交逐步向下，但市场基本面未有明显改观，6 月成交反弹再现，至 8 月成交再度达到 5.05 万套；随后成交逐渐走低，四季度在“10•8”新政整治中介、去杠杆及“11•28”新政“认房又认贷”重磅加码下，成交逐渐回归正常年份月均 2 万套水平，12 月成交近 1.33 万套探底。而 12 月房价月度环比出现 2 年多来的首次下跌。2016 全年成交 34.35 万套，较 2015 年下降 1.43%，为上海二手房市场历年来次高（见表 10-3）。

表 10-3　主要年份存量房交易情况（2007 ～ 2016）

年　份	成交套数（套）	成交面积（万平方米）	其　中		
			# 住　宅	# 办公楼	# 商业营业用房
2007	213 733	1 992.59	1 715.05	49.73	36.34
2008	142 224	1 413.41	1 107.17	40.61	42.04
2009	312 857	2 809.45	2 490.58	48.19	43.59
2010	202 511	1 966.86	1 522.21	68.31	70.61
2011	146 151	1 398.67	1 058.71	62.87	51.21
2012	157 585	1 446.77	1 136.17	57.34	46.71
2013	291 176	2 575.70	2 228.02	65.59	47.18
2014	177 083	1 586.14	1 324.18	52.61	40.90
2015	303 414	2 647.83	2 351.30	52.27	41.62
2016	347 667	3 219.80	2 225.42	450.89	261.04

二手房方面，全年成交面积 2 975.88 万平方米，与 2015 年全年相比，成交面积增长 0.15%。相较于新房多了 1 590.28 万平方米。其中，总价 800 万元以上产品同比增加 115.9%，500 万至 800 万元价位段增加 68.6%。

从户型格局来看，面积在 200 平方米以上的户型同比增加 28.4%。从环间成交结构看，中心区和远郊的购房占比有所提升，次中心和近郊占比下滑。在区域成交方面，新房成交仍集中在浦东、嘉定、松江等郊区地带，但成交总面积略有减少。相比较而言，传统市区的新房成交表现更为突出，其中，静安区在 2016 年新房成交总面积约为 9 万平方米，环比增加 884.6%，增幅排名全市第一。

二手房主要集中在浦东、闵行、宝山和松江等地区。其中，浦东新区以年成交 82 783 套，平均日成交 229 套的销售成绩问鼎冠军。与此同时，在今年的楼市在限购限贷政策不断出台的前提下，传统市区的供应量和成交量较去年有所提高，改善型住宅的表现尤为突出。

第十一章　写字楼市场

第一节　写字楼市场供给与需求

2016 年上海写字楼市场供应量与吸纳量同时创出 2012 年以来的五年新高，全年市场呈现供需两旺同创新高、租售价格双双下滑的特点。一方面，全球经济下行以及国内经济增速放缓，抑制企业扩张计划和对于办公面积扩租的需求。P2P 的退租以及近 5 年来的供应峰值导致空置率上升，抑制了租金涨幅。核心商圈新增供应加码导致空置率上升，大虹桥、前滩等新兴商圈逐渐成熟，写字楼租户选择增多。另一方面，2016 年上海写字楼物业仍为全国最为活跃的投资市场。

全年上海写字楼市场平均售价 35 085 元 / 平方米（建筑面积报价），与 2015 年同比下降 3.4%；平均租金 304 元 / 平方米 / 月（建筑面积报价），与 2015 年同比下降 5.6%；平均空置率 10.1%，与 2015 年同比上升 17.4%（见图 11-1、图 11-2）。

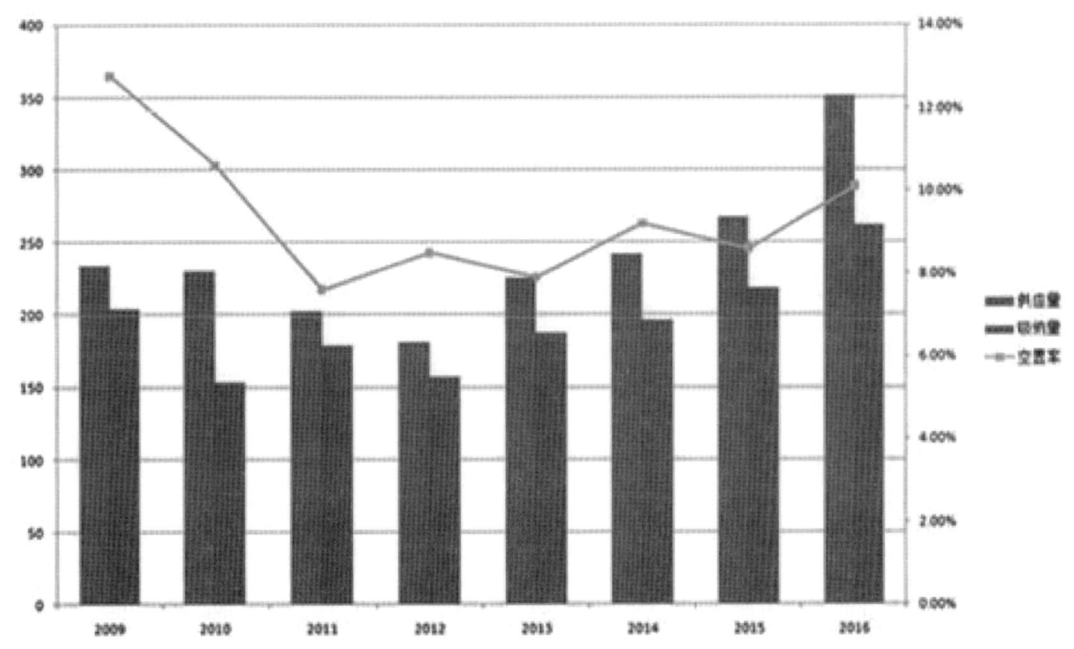

数据来源：中国写字楼研究中心（CORC）

图 11-1　2009 ～ 2016 年上海甲级写字楼供应量、吸纳量与空置率对比图

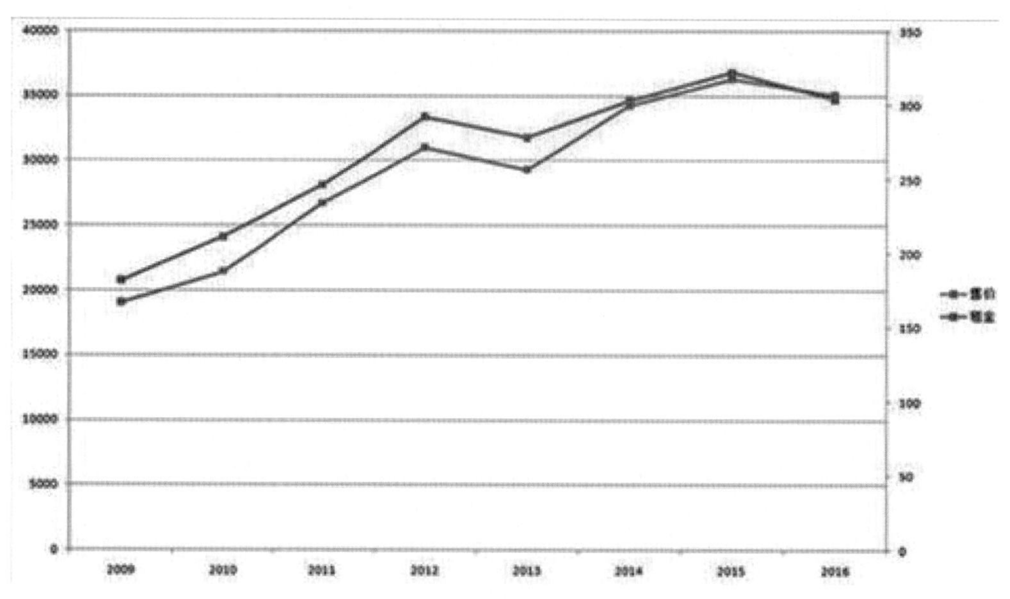

图 11-2　2009～2016 年上海甲级写字楼租金指数与售价指数

一、写字楼市场供给分析

2016 年上海市写字楼施工面积 2 180.50 万平方米，较上年增加 202.01 万平方米，写字楼和商业营业用房新开工面积 384.49 万平方米和 401.78 万平方米，分别增长 26.1% 和 30.6%。市场供应面积为 351 万平方米，与 2015 年同比增加 31.5%，创出五年新高（见表 11-1）。

表 11-1　主要年份写字楼建筑面积

指　标	2000 年	2010 年	2015 年	2016 年
施工面积（万平方米）	515.10	1 103.18	1 978.49	2 180.50
新开工面积（万平方米）	18.89	147.39	304.87	384.49
竣工面积（万平方米）	95.93	150.69	219.23	279.31
竣工价值（亿元）	45.41	74.23	174.90	231.21

二、写字楼市场成交量分析

2016 年上海写字楼物业仍为全国最为活跃的投资市场，随着营改增等政策的出台，上海写字楼销售市场出现井喷式放量。上海写字楼销售市场全年成交约为 114 万平方米，其中大宗成交 17 宗共 37.5 万平方米，以内资大型金融或生产制造类企业为主。新增供应总计 84 万平方米，较上年回落 18%。写字楼散售市场成交 76.5 万平方米，以小独栋办公的成交为主，集中于大虹桥、北外滩等新兴商务区。

其中，新兴商务区尤为受追捧，品牌制造业、金融和科技行业的大面积购买需求持续活跃。年内共录得 38 项大宗交易，加上散售市场总价值超过 1 000 亿元。这其中 80% 左右的资金都来自于内资买家，新兴商务区如大虹桥核心商务区、北外滩与浦东是写字楼成交的主要区域。上海内资终端用户及国内外投资者全年均保持活跃。推动因素包括上海写字楼物业强劲的自用需求；平稳的资产表现；基金的释放需求；汇率的贬值压力；上海相对其他众多城市拥有更高的市场透明度；以及市场流通性因投资需求旺盛而较强。从成交区位来看，中环以内写字楼备受资本青睐，占据交易主力，浦东办公需求前景被重点看好。其中，浦东世纪汇广场以 200 亿元占据整售项目成交金额榜首（见图 11-3）。

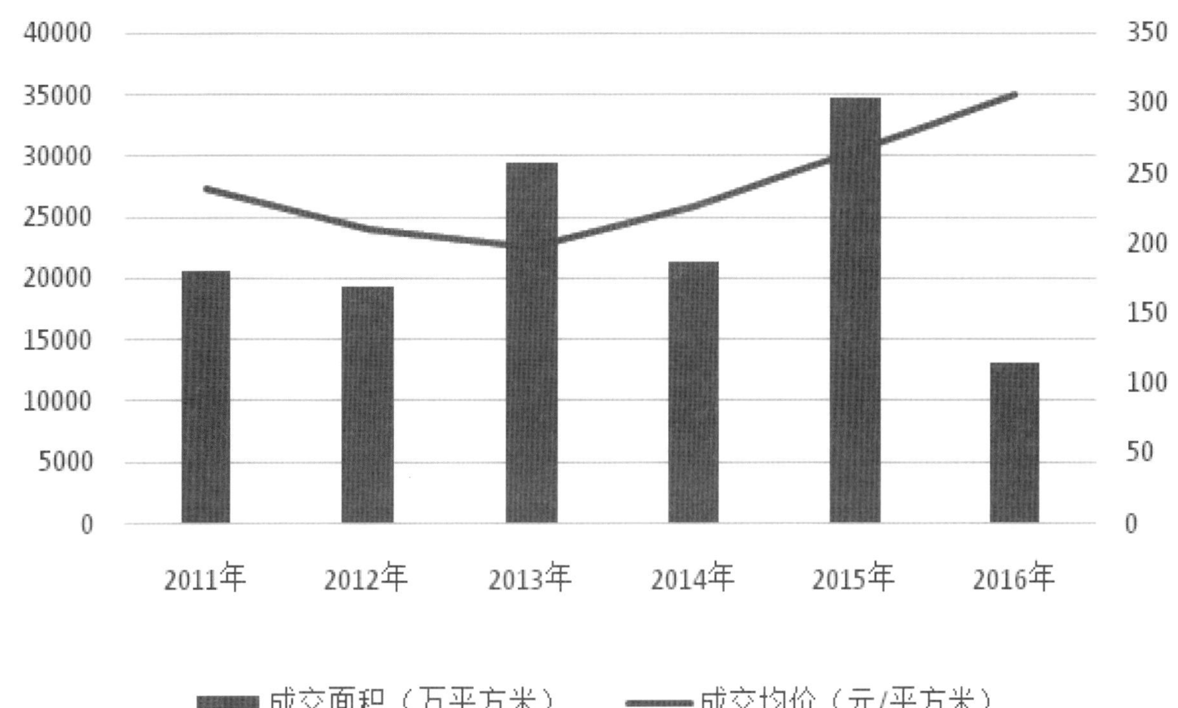

图 11-3 2011 ～ 2016 年上海市写字楼成交走势图

三、供需关系分析

2016 年度上海写字楼共计销售面积 114 万平方米，而全市供应面积逾 351 万平方米，年内供求比 3.08：1，供应量过高，市场去化能力有限，写字楼市场呈现供过于求的局面。2016 年整体成交走势向好，提振了开发商的信心使其推盘速度加快，导致市场供应量激增。

全年共有 17 个甲级写字楼竣工交付，新增供应总计 84 万平方米，较上年回落 18%。净吸纳量的回落较年初预期的更为明显，主要是受到新兴金融行业调整与经济增速放缓的双重影响。市场空置率同比上升 4.4 个百分点至 9.6%。由于 2016 年新增供应多集中次中心商务区，致使次中心商务区空置率急速上升至 18.2 %。从需求来看，金融服务业占比 33%，制造业占比 18%，TMT 行业占比 15% 是 2016 写字楼市场的主力需求。内外资来看，内资客户仍然是新增需求的主要推动力。2016 虽然全市优质写字楼平均租金同样本同比上升 6.5 百分点，但是下半年开始租金增长呈疲软态势。从供需关系角度来看，2016 年上海写字楼市场供应面积为 351 万平方米，与 2015 年同比增加 31.5%；而市场整体吸纳量为 262 万平方米，较于 2015 年同比增加 20.2%，双双创出五年新高（见图 11-4）。

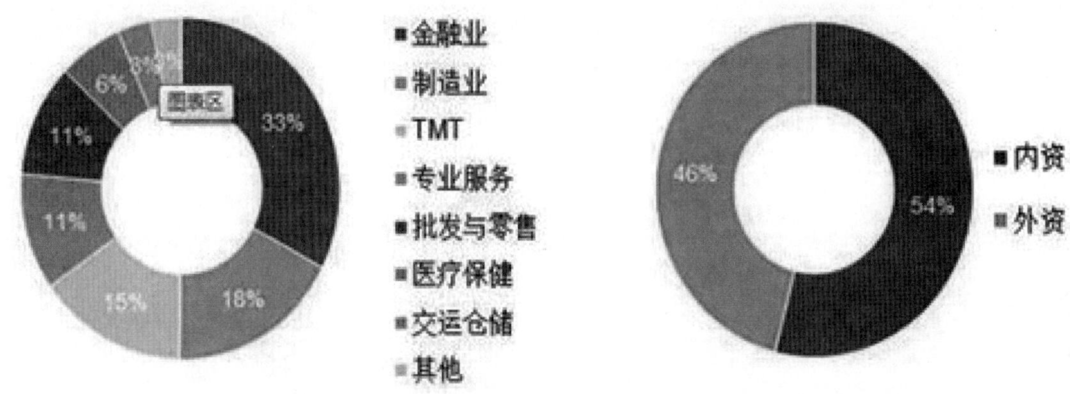

图 11-4 2016 年上海写字楼需求分析

第二节 写字楼成交价格与租赁

2016 年上海写字楼成交均价 35 085 元 / 平方米，环比下降 3.4%，达到近 5 年来的最高均价，2016 年上海写字楼物业仍为全国最为活跃的投资市场。随着营改增等政策的出台，上海写字楼销售市场出现井喷式放量，其中，新兴商务区尤为受追捧，品牌制造业、金融和科技行业的大面积购买需求持续活跃。年内共录得 38 项大宗交易，加上散售市场总价值超过 1 000 亿元。这其中 80% 左右的资金都来自内资买家，新兴商务区如大虹桥核心商务区、北外滩与浦东是写字楼成交的主要区域。2016 年上海写字楼物业仍为全国最为活跃的投资市场。随着营改增等政策的出台，上海写字楼销售市场出现井喷式放量，其中，新兴商务区尤为受追捧，品牌制造业、金融和科技行业的大面积购买需求持续活跃。年内共录得 38 项大宗交易，加上散售市场总价值超过 1 000 亿元。这其中 80% 左右的资金都来自内资买家，新兴商务区如大虹桥核心商务区、北外滩与浦东是写字楼成交的主要区域（见表 11-2）。

表 11-2 主要年份写字楼销售和出租情况

指 标	2000 年	2010 年	2015 年	2016 年
销售面积 （万平方米）	47.76	162.89	197.41	306.40
销售额 （亿元）	44.05	307.67	488.68	903.17
出租面积 （万平方米）	156.15	516.18	501.86	578.44

一、销售市场

2016 年上海写字楼物业仍为全国最为活跃的投资市场。随着营改增等政策的出台，上海写字楼销售市场出现井喷式放量，其中，新兴商务区尤为受追捧，品牌制造业、金融和科技行业的大面积购买需求持续活跃。年内共录得 38 项大宗交易，加上散售市场总价值超过

1 000 亿元。这其中 80% 左右的资金都来自内资买家，新兴商务区如大虹桥核心商务区、北外滩与浦东是写字楼成交的主要区域。

上海内资终端用户及国内外投资者全年均保持活跃。推动因素包括上海写字楼物业强劲的自用需求；平稳的资产表现；基金的释放需求；汇率的贬值压力；上海相对其他众多城市拥有更高的市场透明度；以及市场流通性因投资需求旺盛而较强。

从成交区位来看，中环以内写字楼倍受资本青睐，占据交易主力，浦东办公需求前景被重点看好。其中，浦东世纪汇广场以 200 亿元占据整售项目成交金额榜首。

2016 年的大单成交包括：保德信亚洲三号基金购买北岸长风 E、G 栋，光大安石购买 H88 越虹广场，远洋地产购买东海商业中心，山鹰纸业购买滨江国际广场 6 号楼，瑞力投资基金购买爱美高大厦，国华人寿购买 SOHO 世纪广场，远洋集团购买上海科恩国际中心，崇邦地产购买金桥国际商业广场，万丈资本购买中区广场，天利控股集团购买朗润商务中心，中国投资开发公司购买星外滩 1 号，红星美凯龙购买虹桥富力中心，七匹狼购买虹桥天街，光大安石购买星光耀，中融鼎新购买七宝宝龙广场，上海人寿购买渣打银行大厦 49% 股权等。

这其中，香港首富李嘉诚掌控的长实地产及李嘉诚海外基金会出售上海“世纪汇广场”引起了市场的广泛关注。10 月，新加坡上市公司亚腾资产管理，将以 200 亿收购上海“世纪汇广场”。这将是 2016 年以来迄今最高的亚太区单一房地产交易额。此外，中国金茂将其位于上海北外滩的星外滩上海国际航运中心 1 号写字楼整售予国家投资开发公司，作价 52.88 亿元，单价超过每平方米 8 万元。该栋写字楼是上海国际航运中心 1 号楼，高达 200 多米，是北外滩的地标性建筑。

二、租赁市场

全球经济下行以及国内经济增速放缓，抑制企业扩张计划和对于办公面积扩租的需求。互联网金融的退租潮以及近 5 年来的供应峰值导致空置率上升，上海中央商务区与新兴商务区的写字楼均面临不同程度的竞争压力。

2016 年，新兴商务区年内整体租赁需求放缓，净吸纳量同比缩减。同时，越来越多的跨国企业搬迁至新兴商务区，用来扩张办公空间或降低运营成本。中央商务区可开发建设用地逐年减少，空置率长期处于低位，租金保持平稳。而地铁系统的进一步完善，使得新兴商务区的交通可及性大大增强，高品质的物业及配套也吸引了部分原来在中央商务区的优质企业。漕河泾、张江、陆家嘴软件园等配套成熟且管理专业的子市场需求稳定，信息技术及生物医药企业为需求之主要驱动力。

从企业类别角度来看，外资企业大多对经营扩张持谨慎态度，而中资企业相对进取的经营态势使其继续担纲上海写字楼市场新增需求主力，占比在年内进一步扩大。

从客户行业角度来看，金融及专业服务业的需求旺盛，是租赁市场的主要驱动力；金融机构及生产制造企业是销售市场主要买家。

2017 年，中央商务区与新兴商务区写字楼空置率全线上升的局面是大概率事件。在整体经济增长放缓的宏观背景下，金融、IT、科技制造、生物医药等行业表现依就活跃，对品质优异的写字楼仍维持相当的需求量。对面积需求较大的非金融跨国企业从传统商务区迁往新兴商务区优质新建项目将成为普遍的趋势。企业在更经济的租金条件下满足扩张需求，新兴商务区的商务氛围也会得到提升。

另外，除了新兴商圈供应加大为企业选址带来良机，使内资企业有进一步释放需求的可能；银行、金融以及专业服务行业等传统高端写字楼租户仍有望在核心区市场中继续活跃；尤其是静安、徐汇和陆家嘴等空置率一向较低的区域预计会持续向好。

2016 年主要写字楼租赁交易包括：松下租赁虹口 SOHO10 000 平方米；华诚律师事务所租赁世纪商贸广场 5 000 平方米；兴业全球基金租赁浦东嘉里城 4 000 平方米；君合律师事务所租赁兴业太古汇 6 000 平方米；韦莱保险租赁世纪汇 6 000 平方米；爱茉莉太平洋租赁兴业太古汇一号楼 10 000 平方米；固特异租赁世纪商贸广场 5 000 平方米等。

第十二章　商业地产市场

第一节　商业地产市场供给与需求

一、商业地产市场概述

2016 年，我国商业地产市场风起云涌，虽然供需情况较 2015 年有所好转，但在市场存量大、同质化竞争加剧的情况下，企业面临着资金、创新发展等一系列问题，优秀房企通过打造特色产品线、加强运营管理与品牌建设、金融结合等途径，实现轻资产化发展。企业间通过强强联合实现优势互补、共赢发展，通过收并购整合资源，完善不动产投资运营业务，实现了更好发展。

全年商业营业房地产投资 519.41 亿元，较上年增长 11.1%，占房地产投资的 14%，较上年略有上升。商业营业房产施工面积 1 990.81 万平方米，同比增长 2.4%，开工面积 401.78 万平方米，竣工面积 266.06 万平方米。

二、商业地产市场供应量分析

2016 年，上海商业营业房产施工面积 1 990.81 万平方米，较上年增长 2.4%；开工面积 401.78 万平方米，较上年下降 30.6%；竣工面积 266.06 万平方米，较上年下降 13.2%（见图 12-1、表 12-1）。

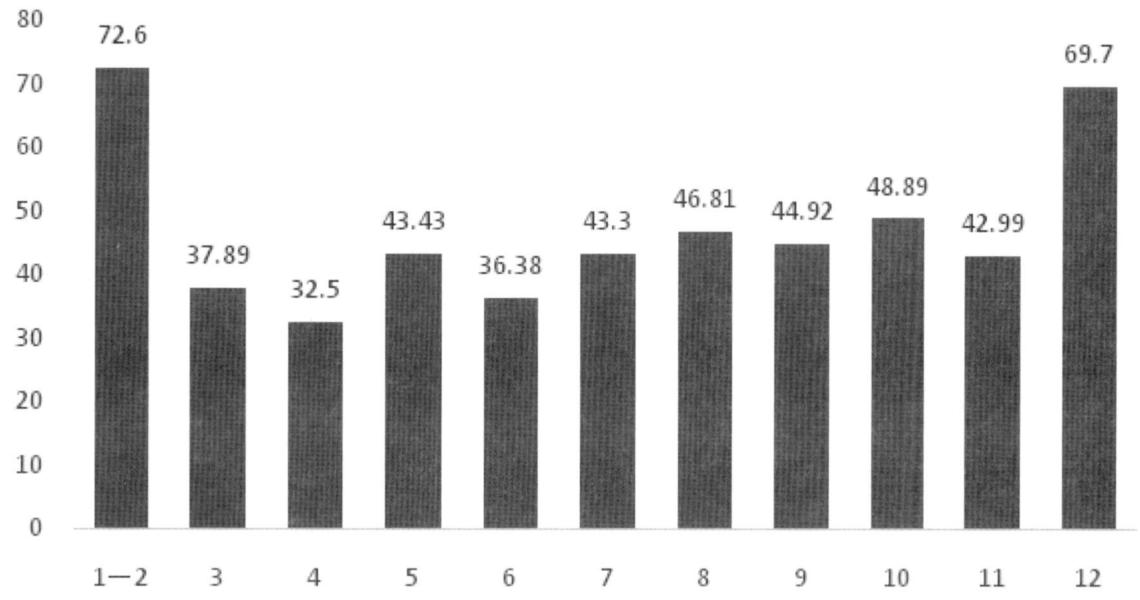

图 12-1　2016 年上海市商业营业用房月度投资（单位：亿元）

表 12-1　主要年份房地产开发企业商业营业用房建筑面积情况

指　标	2000 年	2010 年	2015 年	2016 年
商业营业用房新开工面积　（万平方米）	91.21	298.10	307.57	401.78
商业营业用房竣工面积　（万平方米）	100.16	176.41	306.45	266.06
商业营业用房竣工价值　（亿元）	24.29	87.13	176.58	180.78

2016 年，上海商业营业房产销售 205.87 万平方米，较上年增长 81.1%。销售金额 470.49 亿元，较上年增长 107.6%。销售面积两位数增长，销售金额快速上升，产品均价保持稳定（见图 12-2、 表 12-2）。

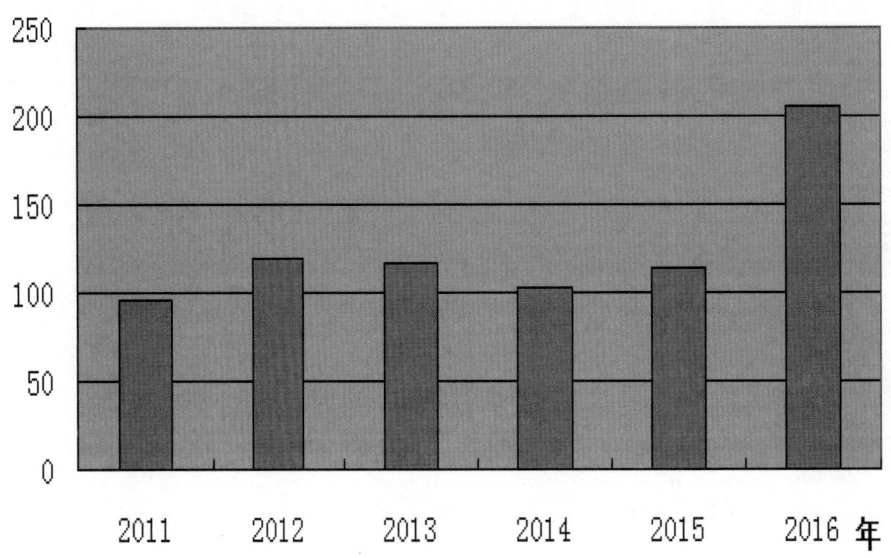

图 12-2　2011 ～ 2016 年上海市商业营业用房销售面积　（单位：万平方米）

表 12-2　主要年份商业营业用房销售和出租情况

指　标	2000 年	2010 年	2015 年	2016 年
商业营业用房销售面积　（万平方米）	54.54	125.56	113.70	205.87
商业营业用房销售额　（亿元）	27.87	197.57	227.89	470.49
商业营业用房出租面积　（万平方米）	62.04	373.34	367.02	415.25

三、成交价格分析

2016 年上海商业房产成交均价为 23　000 元 / 平方米，同比 2015 年 20　043 元 / 平方米的均价上升 14.7%（见图 12-3）。

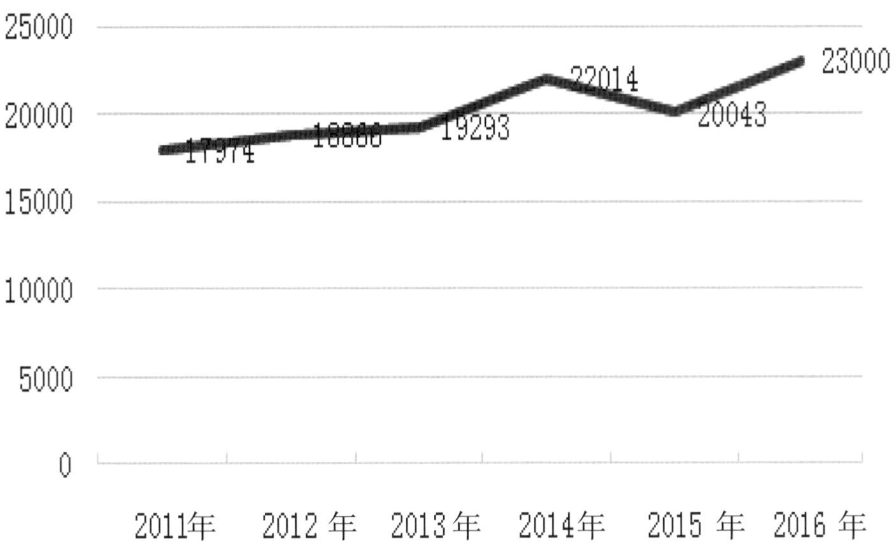

图 12-3 2011 ～ 2016 年上海市商业营业用房成交均价走势

第二节 城市商业综合体市场分析

2016 年上海的商业体进入了“变革期”，不再是小打小闹、小修小补的调整，一批地标性商业体大手笔更新甚至关门易主。这一系列动作背后，是上海商业版图正在发生着变化。淮海路太平洋去年底关门、曲阳路上的商务中心即将关门、徐家汇东方商厦与浦东第一八佰伴都经历了较大调整等，类似的消息频频。这一系列动作背后，是上海商业版图正在发生着变化。上海中心城区是上海商业最主要的承载地，为了不在新一轮比拼中淘汰，上海这些区终于不约而同开始拼了。

与此同时，郊区商业体的发展近年咄咄逼人。处在近郊的闵行，2015 年商业综合体开得就格外热闹。虹桥天地、仲盛、龙之梦热度不减，宝龙城、七宝万科广场、新华联购物中心火爆开业人潮涌动，怡丰城、万象城、上海城开中心、颛桥万达广场或即将开业或施工如火如荼，还有号称巨大体量的天空之城“天荟”正在建设中……短短一两年，大量商业体涌入，瞬间填补了闵行几十年的商业空白。闵行只是郊区商业体逆袭的一个缩影，宝山、松江等地这两年都有大体量、现代化的新型商业体涌现，当地居民一年不去中心城区购物娱乐也完全没有问题。

截至 2016 年底，上海共有 189 个城市商业综合体，商业建筑总面积 1 376 万平方米，总商户数 2.21 万余家，总停车位 11.7 万个，总从业人员 28.5 万人，销售总规模 1 360 亿元，年客流总量 18.7 亿人次，成为重要的城市综合消费地。各综合体内餐饮、电影院、游乐游艺、KTV、教育培训、健康养生等服务商户数量显著增加，成为消费者进行休闲娱乐、教育培训、健康养生等体验服务的重要场所。

一、城市商业综合体供应分析

从数量上来看，城市商业综合体数量逐年增长，近两年增量最多。2016 年上海城市商业综合体新开业 39 家，从主要商业地产集团在上海发展情况来看，2016 百联集团在上海的城市商业综合体数量最多，为 17 个；其次分别是万达、瑞安集团。

从商业建筑面积来看，增速近两年连创新高。2016 年城市商业综合体新增商业建筑面积 271 万平方米，同比增长 24.6%，居于历年来增幅第一。

二、城市商业综合体销售分析

从销售规模来看，城市商业综合体销售总额增速达两位数。2016 年全市已开业城市商业综合体总销售额达 1 360 亿元，同比增长 16.9%；剔除新增因素，销售额同比增长 8.7%。

从经营水平指标来看，各项指标基本平稳，平均客流量和平均出租率指标优于去年。2016 年，全市城市商业综合体平均年客流量达 991 万人次 / 个，同比增长 5.0%；平均出租率为 92.8%，同比增长 8.1%；平均日租金 8.8 元 / 平方米，同比增长 0.3%；平均坪效 49.1 元 / 平方米 / 天，同比降低 1.5%。

三、城市商业综合体的结构分布

从数量上来看，城市商业综合体数量逐年增长，近两年增量最多。2016 年上海城市商业综合体新开业 39 家。

从业态结构来看，城市商业综合体体验服务业态占比进一步增加。零售业继续保持了其一直以来在城市商业综合体中的龙头地位，但比重持续下降。餐饮业和其他服务业的经营比重持续上升，二者 2016 年商户数量和经营面积在城市商业综合体中的合计占比均超过 43%，同比分别增加了 6.7% 和 0.6%；销售额合计占比为 32.9%，同比增加了 6.2%。在其他服务业中，电影院占比最高，面积和销售额占比分别达到 18.7% 和 20.9%，教育培训和游乐游艺分居第二和第三位。

从业态增速来看，2016 年餐饮增幅最高，销售额同比增长 29.1%；其它服务业次之，销售额同比增长 21.4%，其中健康养生和教育培训销售增幅最高，分别为 57.8% 和 57.6%；零售业增幅最低，同比增长 12.5%。

从规模结构来看，截至 2016 年，全市 20 万平方米以上特大型城市商业综合体 5 家，10 万 -20 万平方米的大型城市商业综合体 39 家，5 万 -10 万平方米的中型城市商业综合体 62 家，1 万 -5 万平方米的小型城市商业综合体 83 家。从市场存量来看，小型城市商业综合体数量最多，且销售额增幅最高。

从租金来看，2016 年全市城市商业综合体平均租金为 8.8 元 / 平方米 / 天。分商圈来看，市区商圈中徐家汇商圈租金水平最高，南京西路和南京东路商圈次之；郊区商圈中莘庄商圈租金水平相对较高。分业态来看，零售业租金水平最高，餐饮业次之，其他服务业最低，三者同比分别增长 6%、4.5%、2%。

四、城市商业综合体的出租情况分析

从出租率来看，整体出租情况良好，2016 年全市城市商业综合体出租率达到 92.8%。分商圈类别来看，市级商圈、外环外区级商圈、外环内区级商圈的城市商业综合体出租情况相对较好，均超过 90%；社区商圈的城市商业综合体出租率相对较低，为 87.3%。

从坪效来看，2016 年全市城市商业综合体的平均坪效为 49.1 元 / 平方米 / 天。分商圈来看，不同商圈区域差别较大，市区商圈中徐家汇、南京东路、南京西路商圈坪效水平较高，均超过 90 元 / 平方米 / 天；郊区商圈中赵巷商圈坪效水平最高。分业态来看，零售业和餐饮业坪效水平较高，分别为 59.9 元 / 平方米 / 天和 51.6 元 / 平方米 / 天。分规模来看，大型城市商业综合体的坪效水平最高，达到 61.0 元 / 平方米 / 天，但是同比降幅最大，同比降低 7.9%；小型城市商业综合体坪效增幅最高，达到 17.3%。

第十三章　别墅、高档住宅市场

2016年，上海别墅与高档公寓市场虽然受限购、限贷、限钱、限价等调控新政影响，但是依然持续火热，无论是投资和销售都有着较高增长，其中千万级豪宅成交套数全年突破1.1万套，成交量领跑全国，相比较而言，上海酒店式公寓/别墅细分市场表现不如北京火热。

2016年全年，上海别墅市场成交246.11万平方米，环比15年成交量增长34.38%，成交套数1.12万套，环比增长35.37%，全年成交均价3.59万元/平方米，环比微涨3.49%，其中成交套数排名前50项目合计成交135.0万平方米，6 712套。（见表13-1）

表13-1　2011～2016年上海别墅、高档公寓各项指标

指标	2011年	2012年	2013年	2014年	2015年	2016年
施工面积　（万平方米）	1 682.51	1 425.77	1 448.75	1 575.97	1 647.69	1 632.93
竣工面积　（万平方米）	319.89	275.91	236.4	180.1	340.65	195.82
开发投资额（亿元）	369.24	335.08	348.6	360.01	381.48	416.50
销售面积　（万平方米）	237.32	234.56	314.2	257.24	390.97	445.42
销售额　（亿元）	637.27	661.35	908.58	859.54	1 462.81	1 903.48
出租面积　（万平方米）	75.4	73.26	63.61	60.39	66.26	62.08
销售均价（元/平方米）	26 852.77	28 195.34	28 917.25	33 413.93	3 7414.9	42 734.5

一、供应量分析

2016年，上海别墅、高档公寓投资416.50亿元，较上年增加9.2%，占整个房地产开发投资11.2%，施工面积1 632.93万平方米，较上年下降0.9%，其中新开工面积322.79万平方米，较上年增长54.8%，竣工面积为195.82万立方米，较上年下降42.5%，竣工价值176.05亿元（见图13-1、图13-2、图13-3）。

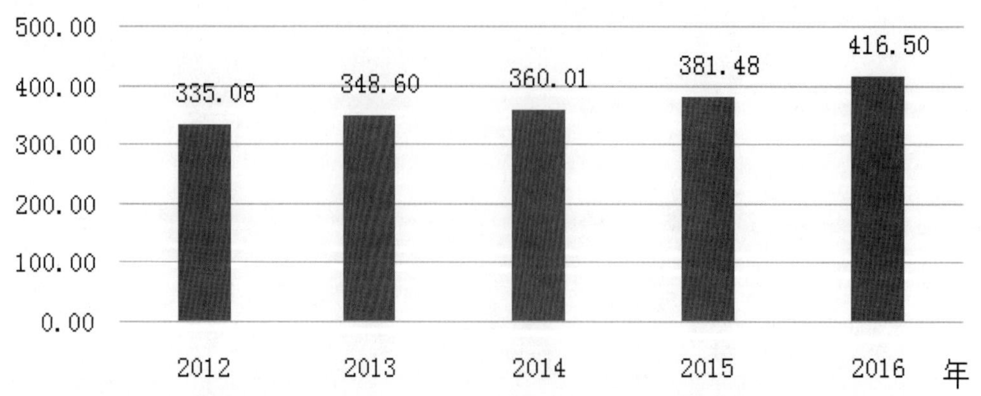

图13-1　2012～2016年上海别墅、高档公寓投资额（亿元）

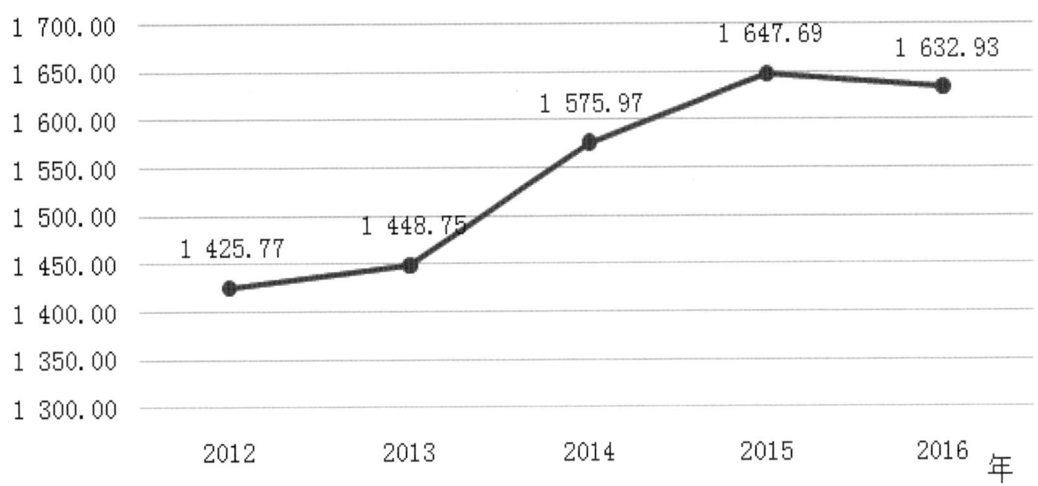

图 13-2　2012 ～ 2016 年上海别墅、高档公寓施工面积（万平方米）

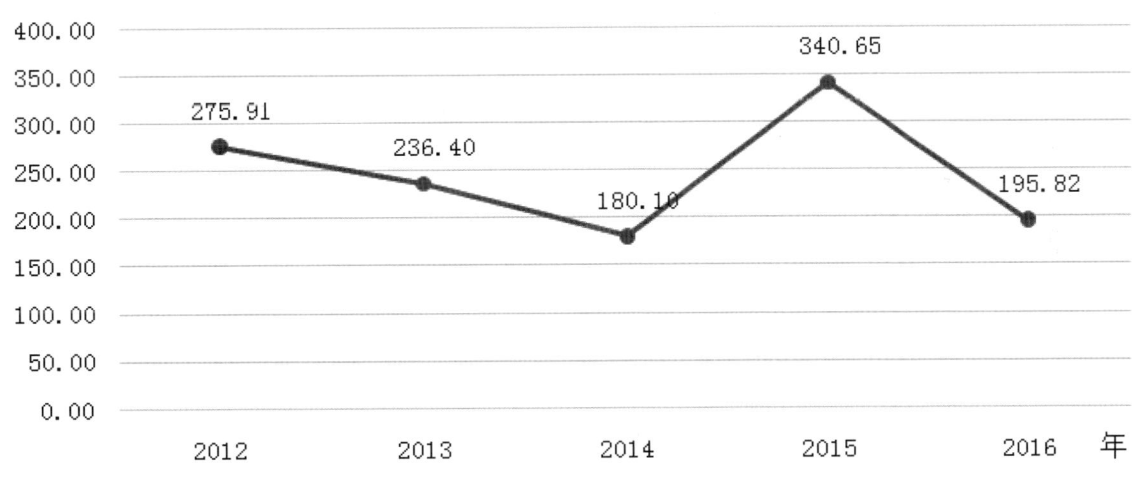

图 13-3　2012 ～ 2016 年上海别墅、高档公寓竣工面积（万平方米）

二、成交量分析

2016 年上海销量各类别墅、高档公寓销售面积 445.42 万平方米，相较于 2015 年增长 13.9%；销售金额达 1 903.48 亿元，较上年增长 30.1%。

2015 年，千万级豪宅成交量摆脱 2 000 ～ 3 000 套平方米，同比大增 1.5 倍，2016 年豪宅成交更进一步，全面领跑全国豪宅市场，成交量突破 1.1 万套，同比增长 47%（见图 13-4、图 13-5）。

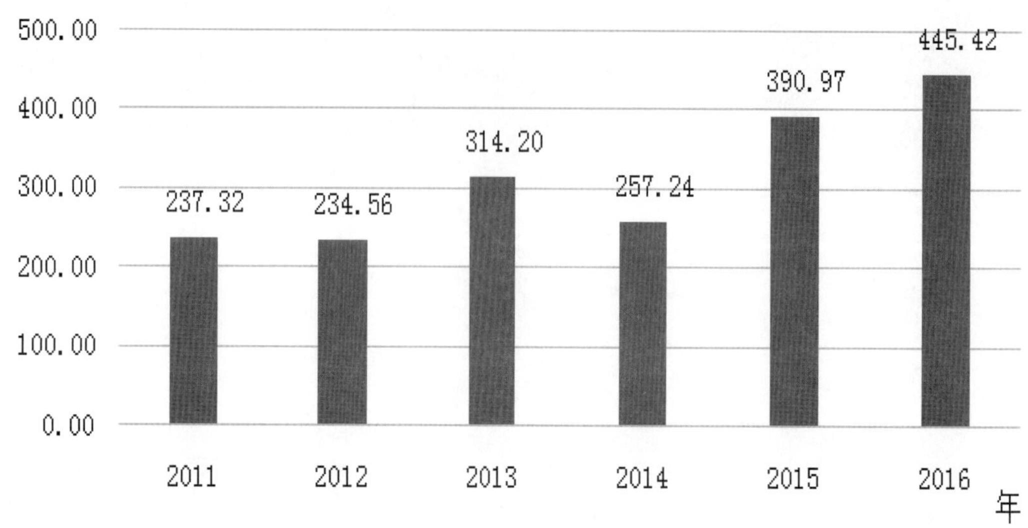

图 13-4 上海别墅、高档公寓销售面积（万平方米）

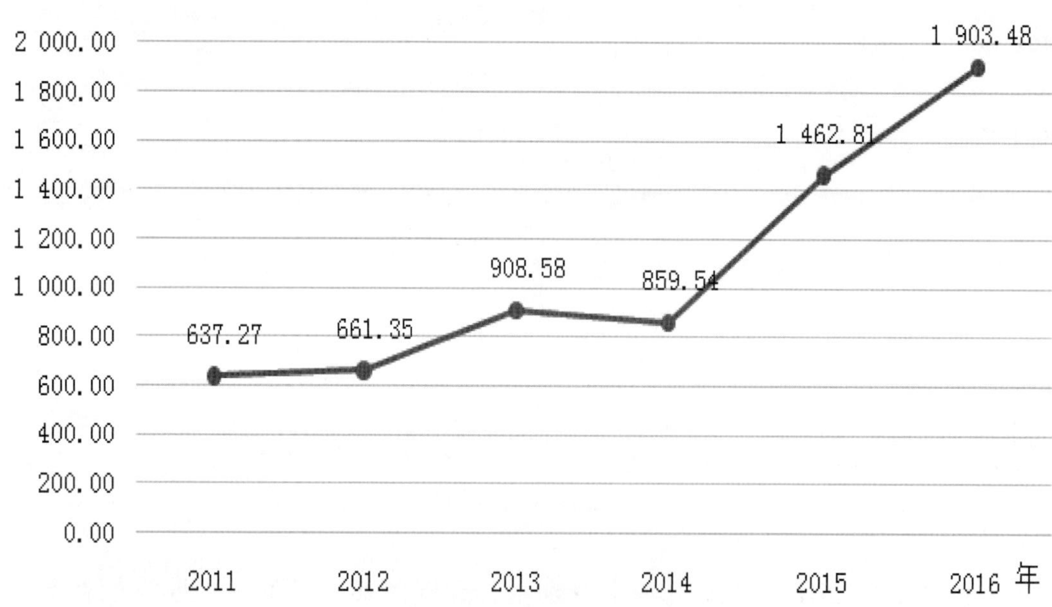

图 13-5 上海别墅、高档公寓销售金额（亿元）

三、成交价格分析

2016年，上海高端住宅成交量领跑全国，但是上海豪宅市场并未出现“一荣俱荣”的现象，各细分市场明显分化，1 000万～2 000万入门级豪宅市场成为成交主力，占比达77%，豪宅门槛稳步提高，总价2 000万～3 000万以及3 000万～5 000万豪宅成交量增长最为迅速，同比增速在70%以上，顶豪市场受其所对应的客群局限性，年均去化套数维持在100套左右，同比增幅着实有限。

2016 年成交均价总体变化不大，维持上年的高水平，达 100 918 元 / 平方米，同比微跌 0.5%，其中，4 月份成交均价受个别项目影响达 110 000 元 / 平方米，创 2016 年单月均价最高，其余月份成交均价在 95 000 ～ 110 000 元 / 平方米之间上下波动（见图 13-6、图 13-7）。

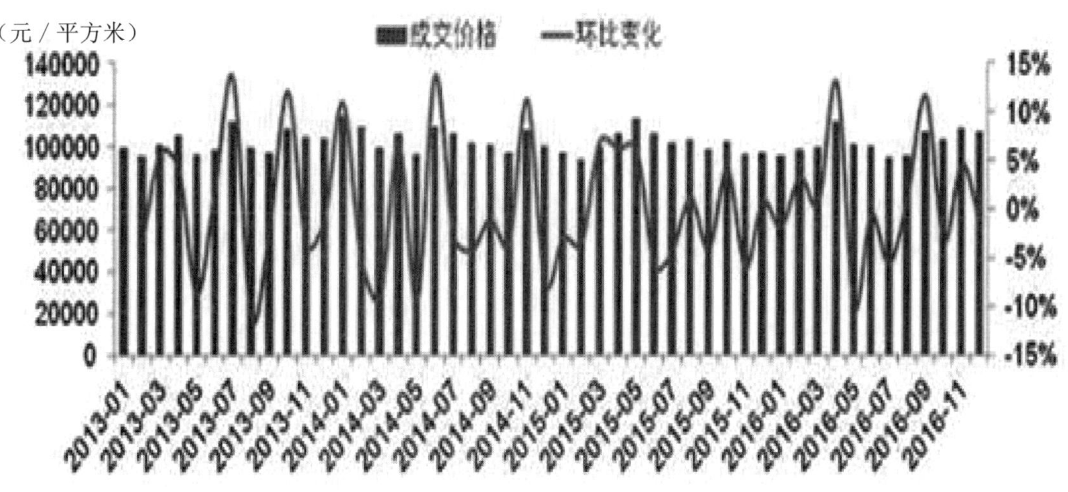

图 13-6 2013 年 1 月以来上海高端住宅成交价格走势

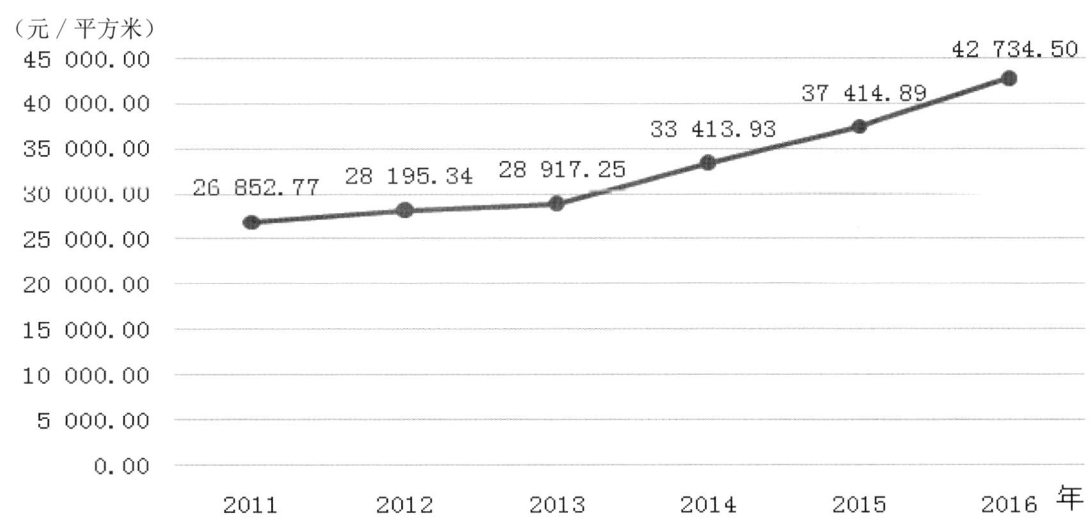

图 13-7 上海别墅、高档公寓销售均价走势图

四、热点楼盘分析

2016 年 10 万元以上高端住宅销售排行榜项目主要分布在黄埔、静安等中心区域，入榜项目套均面积以 240 平方米以上大户型为主（见表 13-2、图 13-8）。

表 13-2　2016 年上海 10 万元以上高端住宅成交金额前 10 名

排名	项目名称	区域	成交金额（亿元）	成交面积（万 / 平方米）
1	融创滨江壹号院	黄埔	52.48	4.95
2	翠湖天地	黄埔	44.70	3.40
3	绿城黄浦湾	黄埔	44.08	3.58
4	尚海湾豪庭	徐汇	41.81	4.00
5	古北壹号	闵行	35.89	3.18
6	嘉天汇	静安	33.24	2.78
7	西郊 299	长宁	30.48	2.51
8	中粮天悦壹号	闸北	26.67	2.48
9	复兴珑御	黄埔	25.75	2.32
10	绿地黄浦滨江	黄埔	18.51	1.53

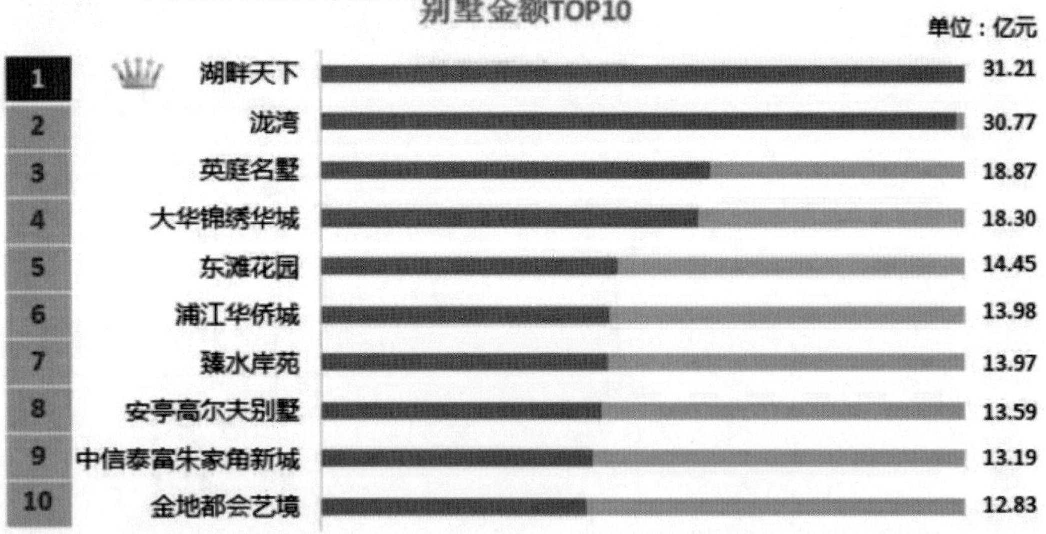

图 13-8　2016 年上海别墅销售金额前十名

第五篇

区域

ALMANAC OF SHANGHAI REAL ESTATE

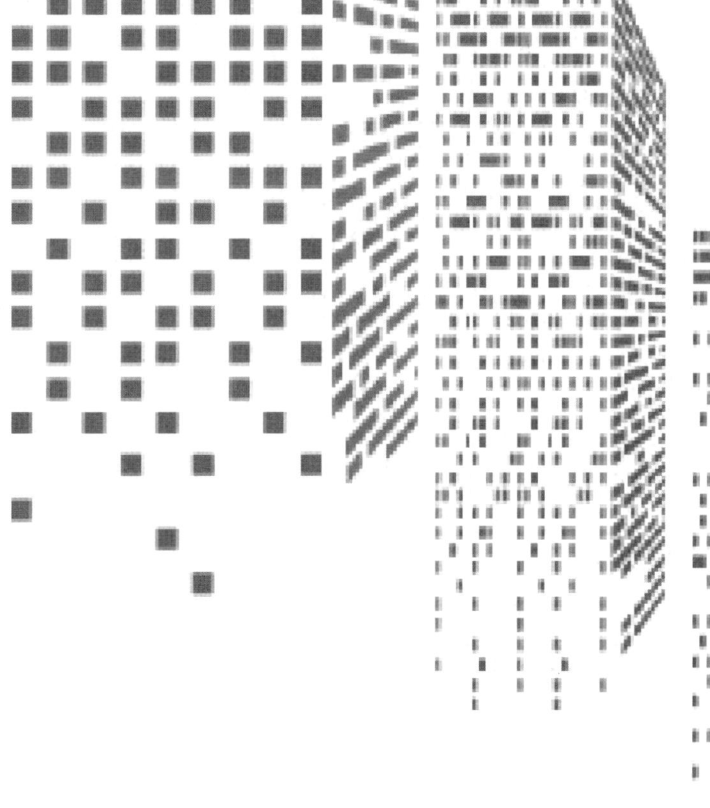

第十四章　上海主要区域房地产价格

第一节　综述

2016 年上海市商品住宅成交均价为 38 369 元 / 平方米，同比 2015 年上涨 18.85%，2016 年上海市商品住宅成交面积 1 382.89 万平方米，同比 2015 年下行 7.07%，2016 年度上海新房市场商品住宅共计成交 10.84 万套，与去年相比下跌 9.83%。

从区域成交均价走势来看，全市 16 个区县相比 2015 年均出现明显涨幅，闵行以 40.02% 的涨幅位居首位，嘉定 35.58% 紧随其后；位于市中心的静安为弱势，不仅没涨反而降了 7.71%。从整体看成交均价高于 3 万元 / 平方米的有 12 个，青浦和宝山为后起之秀。黄浦区获得成交均价榜首，报于 104 589 元 / 平方米，长宁、静安也不甘示弱，分别报于 88 769 元 / 平方米和 84 034 元 / 平方米；金山区低，仅有 12 905 元 / 平方米（见图 14-1、图 14-2）。

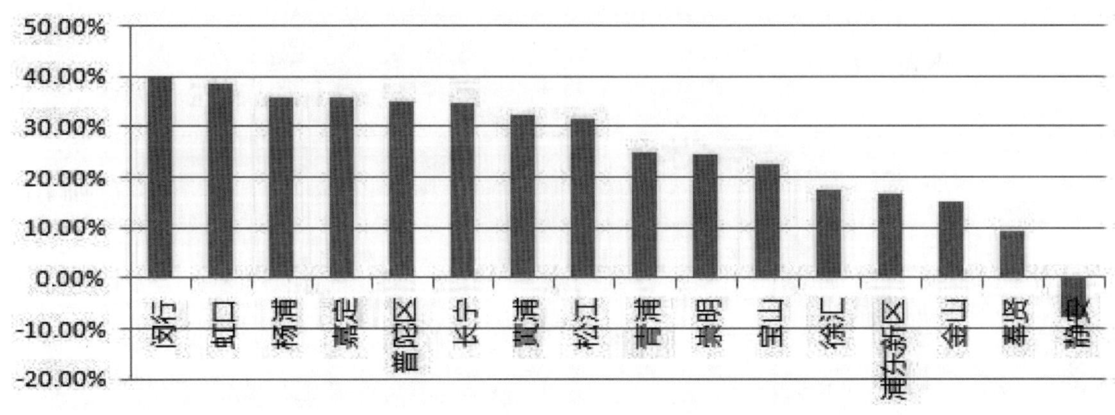

图 14-1　2016 年上海市各区县住宅价格走势

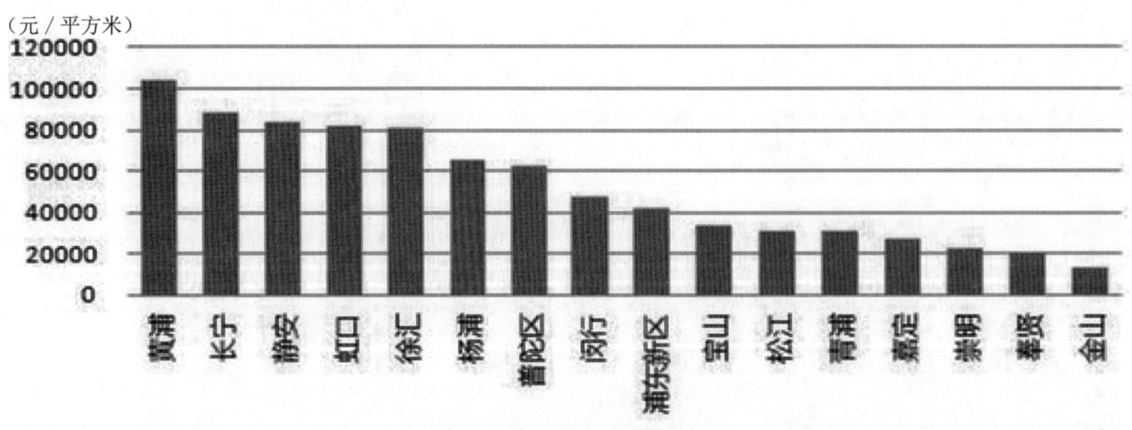

图 14-2　2016 年上海市各区县商品住宅成交均价

第二节　上海市各区县住宅市场

一、浦东新区

2016年上海浦东新区商品住宅成交均价报于42 313.02元/平方米，同比上涨16.55%。从全年走势来看，浦东新区商品住宅成交均价波动较大，在5月份曾达到阶段性顶峰，到6月后也未受到市场影响，一路上涨。出现这样的现象一方面是受土拍影响，5月份保利曾高价拿地让人们认识到浦东的价值；另一方面是迪斯尼已经落沪，未来更多大型世界级场馆还在建设中，届时将吸引更多人口导入。5、12两个月达到高潮，3、6两个月走向低谷，最高报于52 173元/平方米，最低报于35 249元/平方米（见图14-3）。

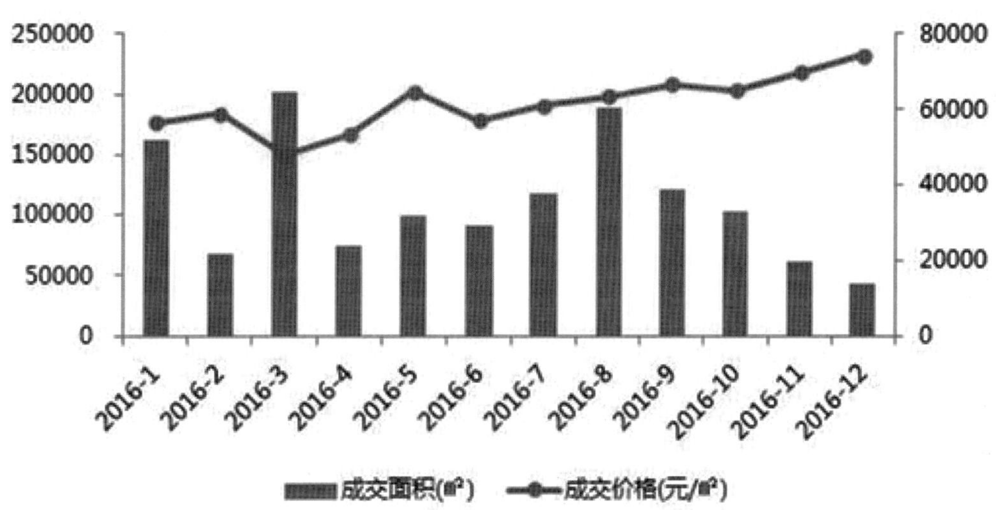

图14-3　2016年浦东新区商品住宅成交均价及成交面积走势

二、宝山区

2016年上海宝山区商品住宅成交均价报于33 307元/平方米，同比上涨22.48%。从全年走势来看，宝山区虽然全年成交量较少，但成交均价呈直线上升态势。成交均价最高出现在第四季度，成交均价于10月份破40 000元/平方米；而且从整个全年成交均价来看，宝山商品住宅成交均价维持在25 000元/平方米之上（见图14-4）。

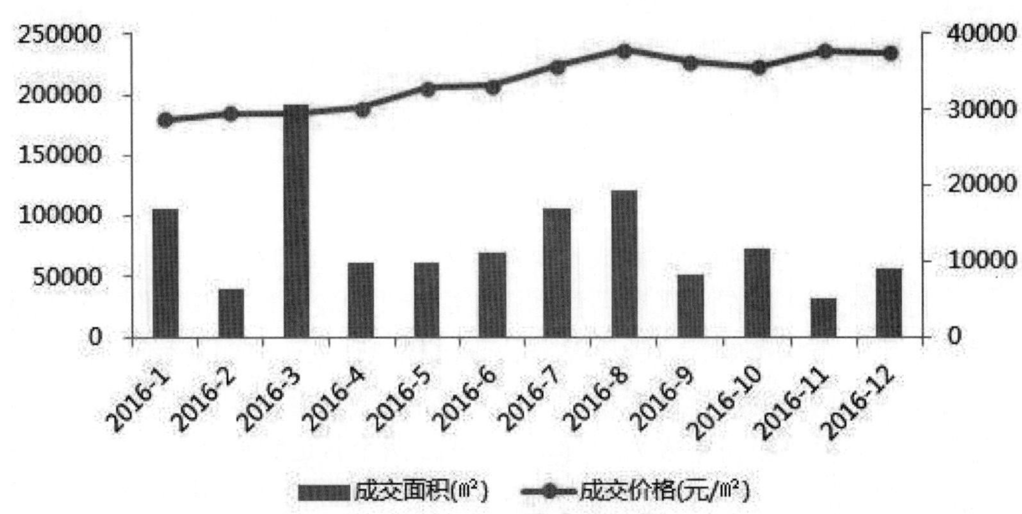

图 14-4　2016 年宝山区商品住宅成交均价及成交面积走势

三、嘉定区

2016 年上海嘉定区商品住宅成交均价报于 27 292 元 / 平方米，同比上涨 35.58%。2016 年上海楼市外郊环齐发力，嘉定区是主力军之一。从全年走势来看，嘉定区商品住宅价格前三季度一路走高，直到 11 ～ 12 月才因为宏观调控推盘等共同因素作用才出现下滑。由于该区域主打刚需盘，一直是购房者置业的重点。随着交通配套设施的不断完善，嘉定未来的表现势必更加吸睛（见图 14-5）。

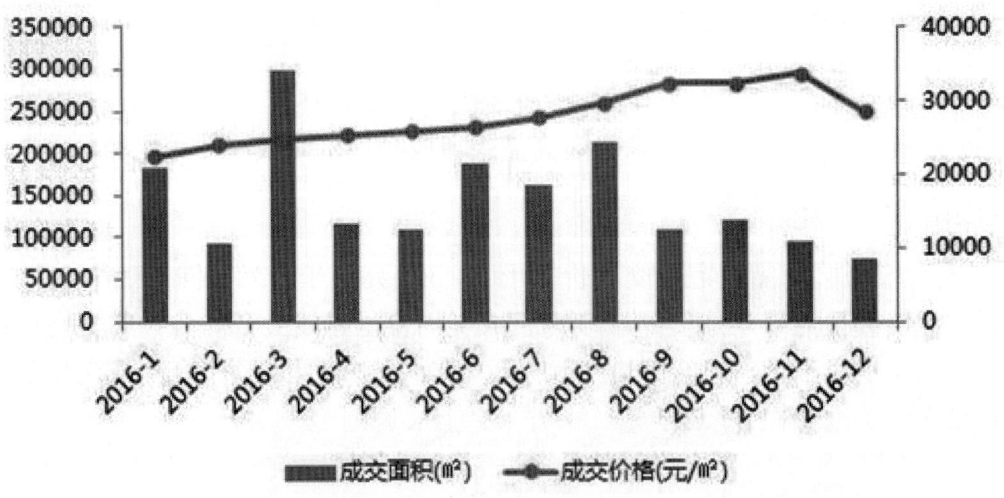

图 14-5　2016 年嘉定区商品住宅成交均价及成交面积走势

四、静安区

2016 年上海静安区商品住宅成交均价报于 84 034 元 / 平方米，同比下行 7.71%。从全年走势来看，静安区房价浮动并不大。由于市中心本来价高，因此市场消化能力相对较低；而新房源较少，市场也主要以去库存为主（见图 14-6）。

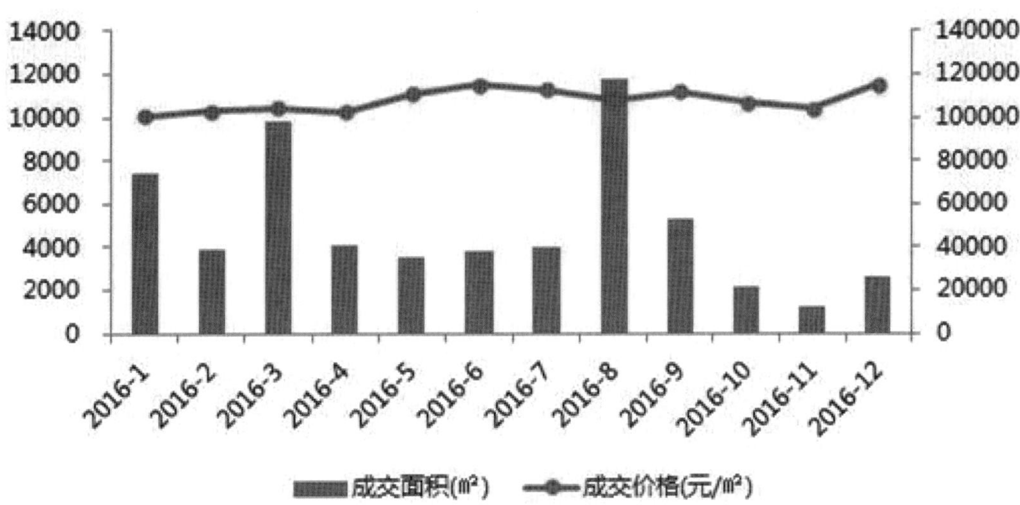

图 14-6　2016 年静安区商品住宅成交均价及成交面积走势

五、普陀区

2016 年上海普陀区商品住宅成交均价报于 62 638 元 / 平方米，同比上涨 34.91%。从全年走势来看，普陀区在二三季度上涨明显，10 月份出现小幅回落。其中光新板块也为全区表现增色不少（见图 14-7）。

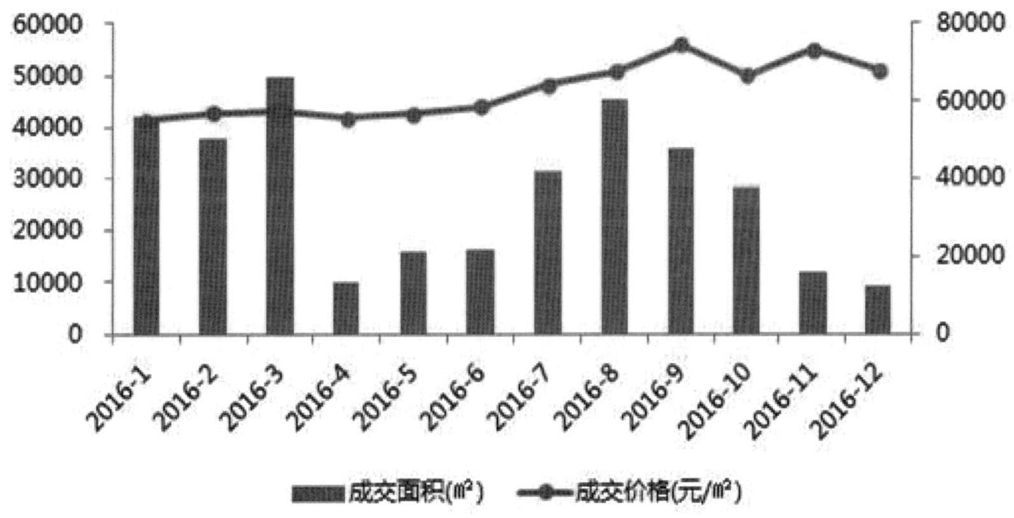

图 14-7　2016 年普陀区商品住宅成交均价及成交面积走势

六、青浦区

2016 年上海青浦区商品住宅成交均价报于 30 898 元 / 平方米，同比上涨 24.96%。从全年走势来看，青浦成交均价在年初甚至一度出现下滑态势，三四季度由于土拍、房企集中推盘、17 号线利好消息的不断传来才使得越来越多的人关注到了这里。青浦本身又是“供应大户”，未来还会有更多动作（见图 14-8）。

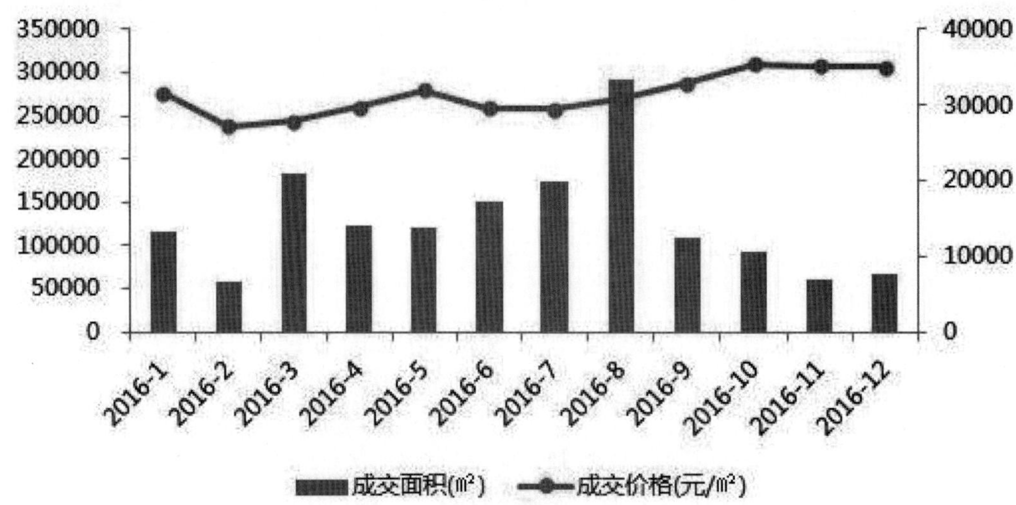

图 14-8 2016 年青浦区商品住宅成交均价及成交面积走势

七、奉贤区

2016 年上海奉贤区商品住宅成交均价报于 18925 元 / 平方米，同比上涨 0.91%。从全年走势来看，从 1 ～ 10 月奉贤区房价一直呈较平稳态势，仅在 5 月有明显波动，主要受市场影响较大。而在第四季度又出现较大浮动，11 月达到全年低值 18 999 元 / 平方米，12 月达到全年高值 23 456 元 / 平方米，涨幅达 23.46%（见图 14-9）。

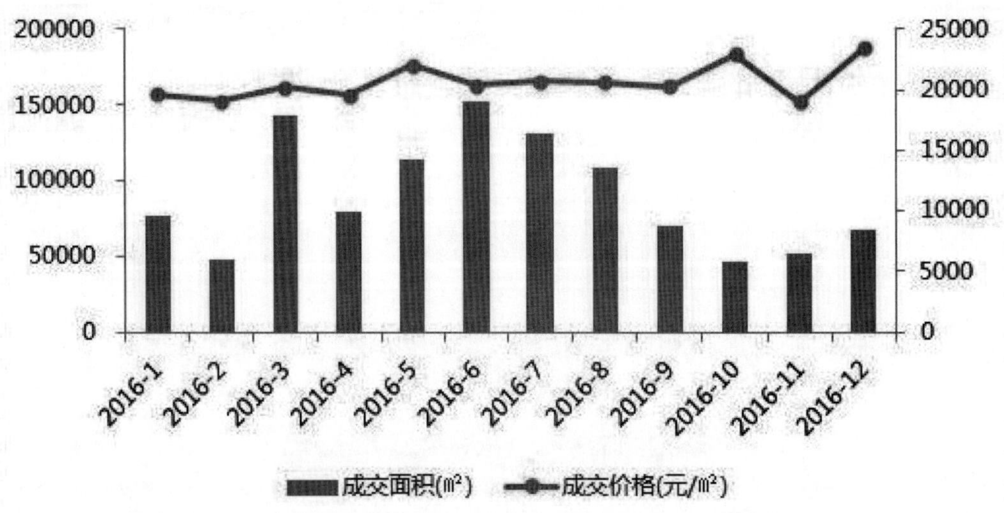

图 14-9 2016 年奉贤区商品住宅成交均价及成交面积走势

八、金山区

2016 年上海金山区商品住宅成交均价报于 12 905 元 / 平方米，同比涨幅 15.03%。从全年走势来看，金山区成交均价一直维持在较低水平，从全年趋势中可以看到金山房价直到 7 月房价走势始终较平稳，7 ～ 9 月出现大幅度上涨（见图 14-10）。

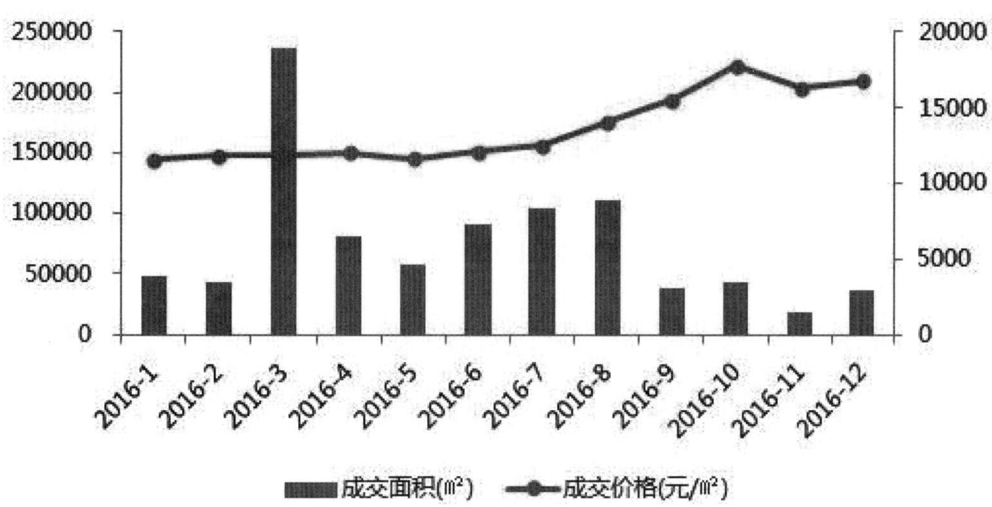

图 14-10　2016 年金山区商品住宅成交均价及成交面积走势

九、崇明区

2016 年上海崇明区商品住宅成交均价报于 22 519 元 / 平方米，同比上涨 24.63%。从全年走势来看，崇明在 2016 年里的成交均价整体稳步增长，虽然增长幅度不大，但截止到 11 月份，崇明新房成交价格比年初即 1 月份增长了 44.7%。一方面得益于崇明撤县设区消息的利好；另一方面崇明自身的环境优势也是一大卖点。而今年崇明在售的住宅项目无新盘，在售项目也减少，相反别墅还有新盘增加。作为上海市“后的净土”，崇明的发展潜力不容小觑（见图 14-11）。

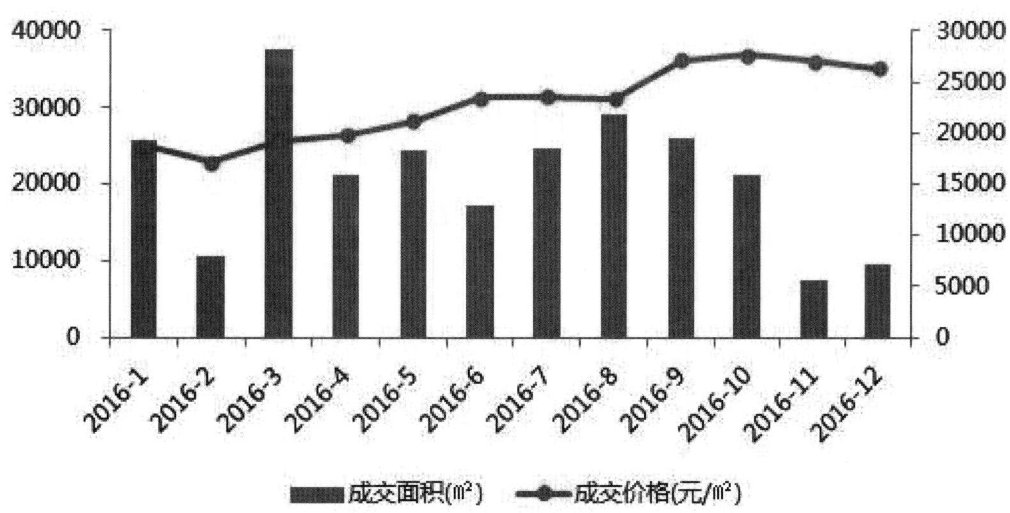

图 14-11　2016 年崇明区商品住宅成交均价及成交面积走势

十、杨浦区

2016 年上海杨浦区商品住宅成交均价报于 65 234 元 / 平方米，同比上涨 35.74%。从全年走势来看，成交均价同样是在 4 月份达到低谷，到 8 月猛然上涨。四季度均价基本维持在

70 000 元 / 平方米以上，杨浦也凭借优越的地理位置跻身为富人聚集地（见图 14-12）。

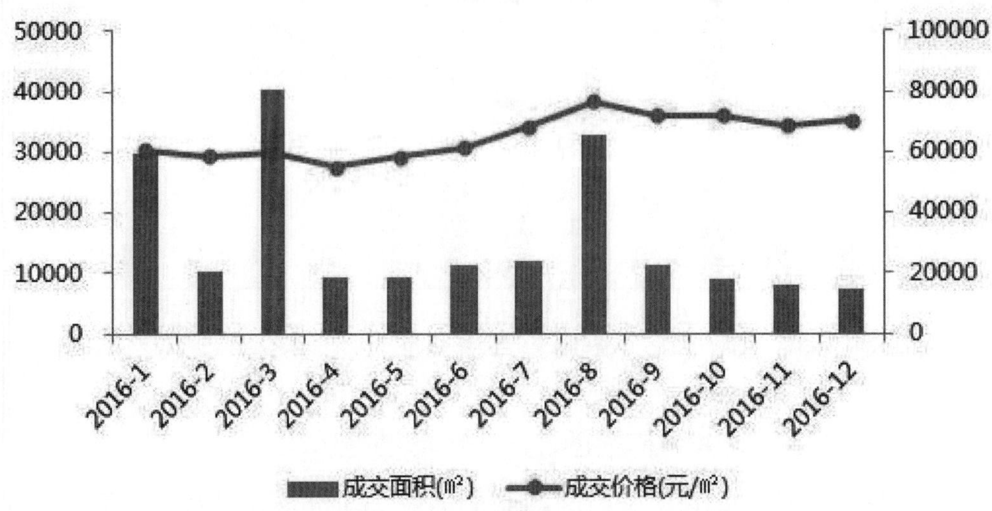

图 14-12　2016 年杨浦区商品住宅成交均价及成交面积走势

十一、长宁区

2016 年上海长宁区商品住宅成交均价报于 88 769 元 / 平方米，同比上涨 34.71%。从全年走势来看，价格有较大浮动。长宁作为靠近静安的区域，实力稳固，交通配套十分完善。且受大虹桥板块利好，房价一路从年初（2016 年 1 月）的 67 063 元 / 平方米涨至年尾（2016 年 11 月）的 103 581 元 / 平方米。涨幅高达 35.26%。实力不容小觑（见图 14-3）。

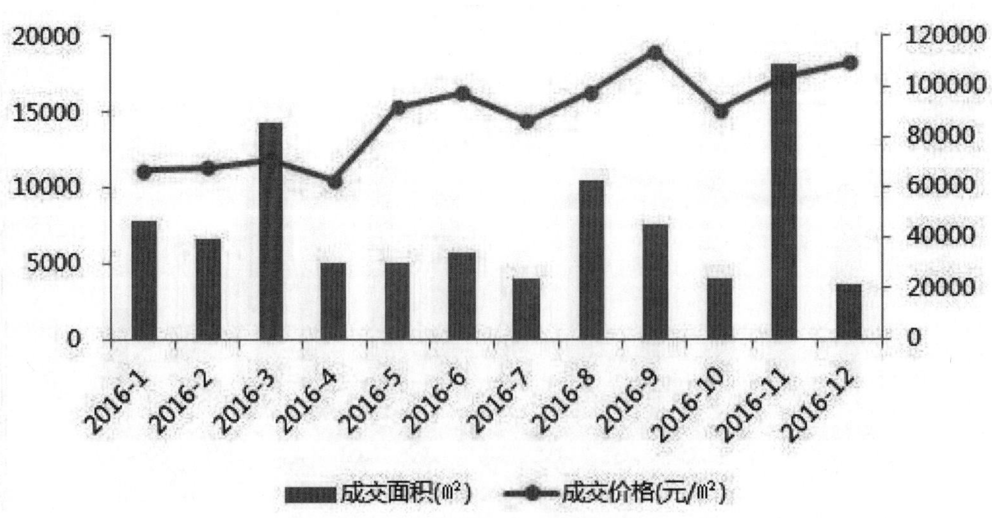

图 14-13　2016 年长宁区商品住宅成交均价及成交面积走势

十二、虹口区

2016 年上海虹口区商品住宅成交均价报于 81 928 元 / 平方米，同比上涨 38.68%。从全年房价走势来看，自下半年以来，虹口可推项目稀缺，由图 14-14 不难发现全年自 9 ～ 12 月便少有项目成交；而优越的地理位置使得房源更加具有稀缺性。因此虹口在 10 月均价达到高 93 647 元 / 平方米，后受调控影响逐渐回落。

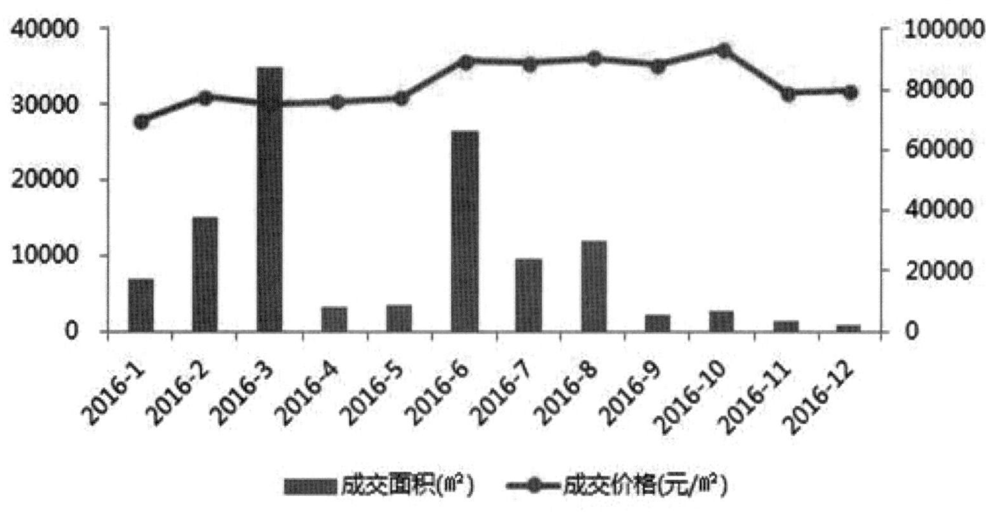

图 14-14　2016 年虹口区成交均价及成交面积走势

十三、黄浦区

2016 年上海黄浦区商品住宅成交均价报于 104 589 元 / 平方米，同比上涨 32.28%。从全年走势来看，作为上海核心地带，黄浦区在合并后，虽供应较少，但原卢湾区贡献了主要力量，其中绿地黄浦滨江更是登上当月销售均价 TOP10 排行榜。随着卢湾的不断建设完善，黄浦未来还有极大的发展空间（见图 14-15）。

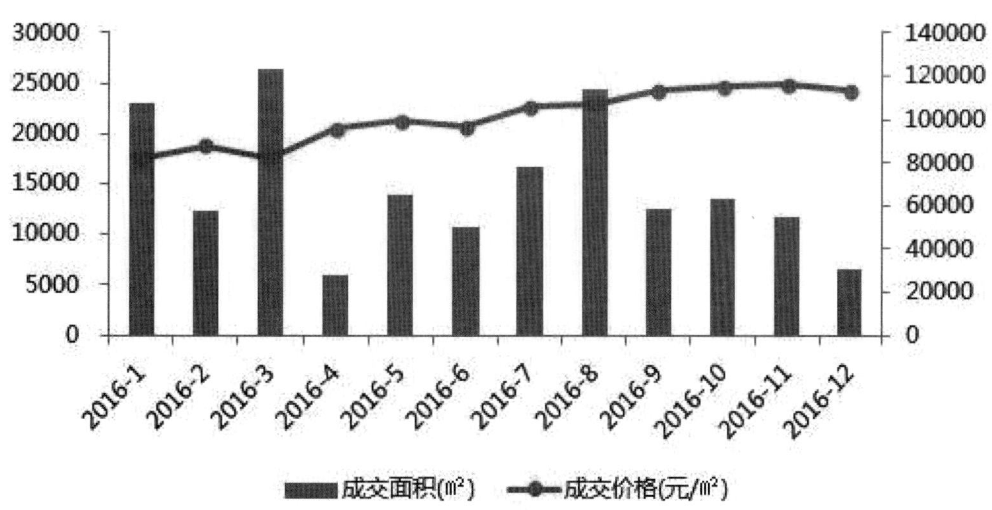

图 14-15　2016 年黄浦区商品住宅成交均价及成交面积走势

十四、徐汇区

2016 年上海徐汇区商品住宅成交均价报于 80 777 元 / 平方米，同比上涨 17.59%。从全年走势来看，徐汇区全年均价未出现较大浮动，仅在三四季度出现缓慢上涨，12 月达到全年峰值。尚海湾豪庭、云锦东方的加推为房价的上升起到一定推动作用（见图 14-16）。

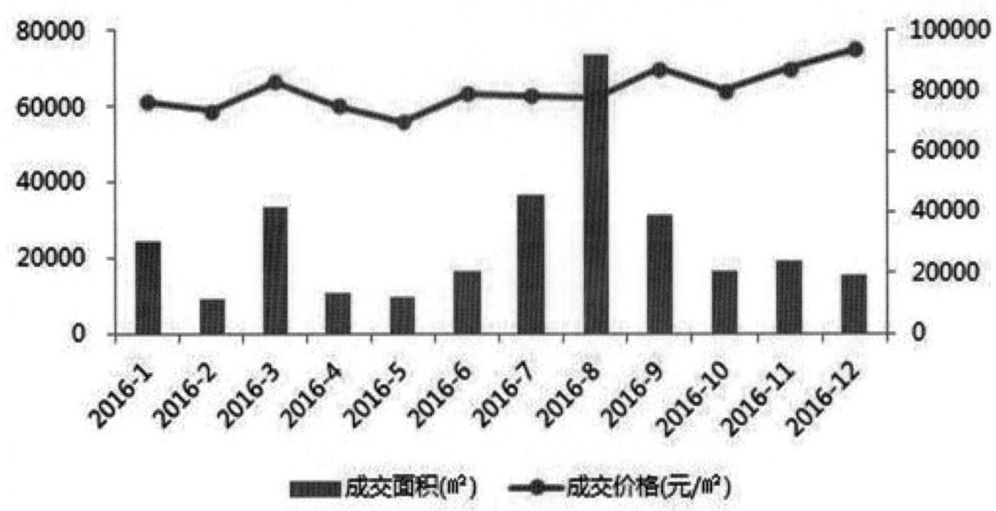

图 14-16　2016 年徐汇区商品住宅成交均价及成交面积走势

十五、闵行区

2016 年上海闵行区商品住宅成交均价报于 47 510 元 / 平方米，同比上涨 40.02%。从全年走势来看，闵行区 2016 年房价波动较为平稳，仅在 9 ～ 10 月间出现明显上扬，成交均价达到顶峰，高出全年成交均价 27.44%。而在 9 月中，闵行区有紫竹半岛、当代万国府 MOMA 荣登上海市商品住宅销售面积 TOP10 榜，销售状况良好（见图 14-17）。

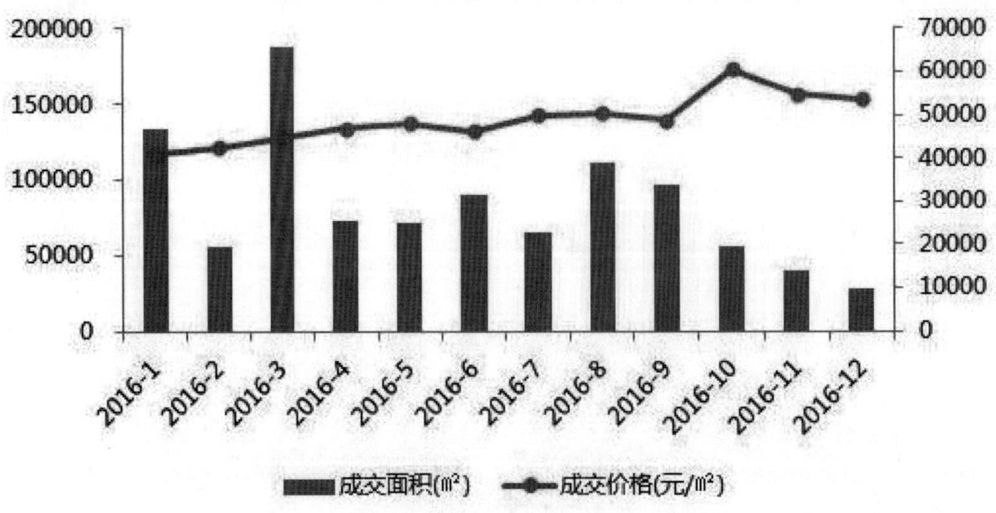

图 14-17　2016 年闵行区商品住宅成交均价及成交面积走势

十六、松江区

2016 年上海松江区商品住宅成交均价报于 31 252 元 / 平方米，同比上涨 31.42%。从全年走势来看，松江区商品住宅整体房价稳步上涨，12 月成交价格创全年高，达到 44 465 元 / 平方米。松江本身就受着大虹桥和佘山板块的双重辐射，又有 9 号线开通后的利好，吸引多家房企先后入驻，从热销项目来看就有安贝尔花园、绿地林肯公园、绿地海珀佘山等，年度销售排行榜前十多次榜上有名（见图 14-18）。

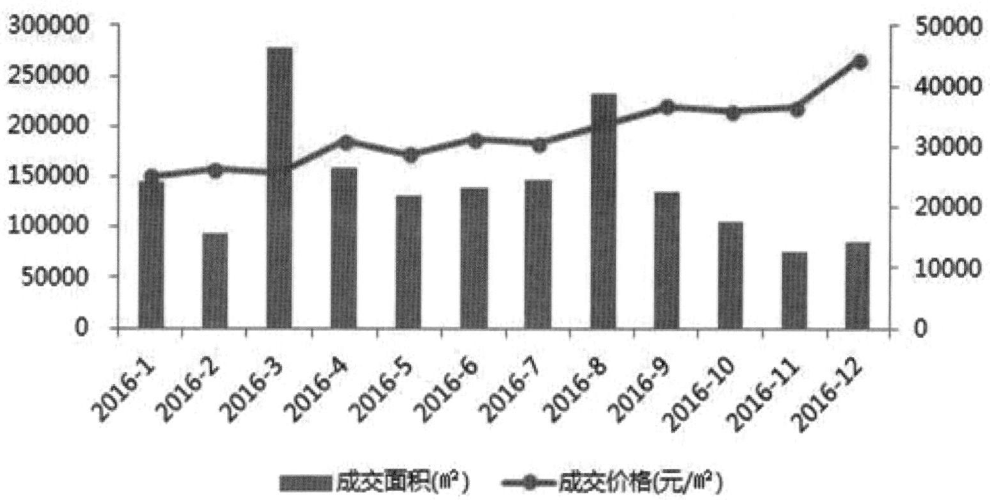

图 14-18　2016 年松江区商品住宅成交均价及成交面积走势

第十五章 上海周边房地产市场

第一节 浙江省房地产市场概况

2016 年以来，浙江省相继出台了《浙江省房地产供给侧结构性改革行动方案》等推进供给侧改革的相关政策措施。在政策和市场的共同作用下，全省房地产市场销售总体较为火爆，房地产开发投资在 8 月累计转降为增后增幅继续回升，新开工面积等先行指标继续向好，商品房销售保持快速增长势头，但近期增速出现高位回落，市场运行趋向理性。

一、房地产开发投资

2016 年浙江全省房地产投资继续回升，全年房地产开发完成投资 7 469.37 亿元，同比增长 5.0%，增幅比前三季度提高 4.2%，其中，住宅投资 4 806.64 亿元，同比增长 8.0%，其他房屋投资 1 196.84 亿元，同比增长 6.2%；办公楼投资 480.98 亿元，同比下降 6.3%，商业营业用房投资 984.91 亿元，同比下降 3.5%。商品住宅投资占比较高，但商业营业用房和办公楼投资占比总体呈下降趋势（见图 15-1，表 15-1）。

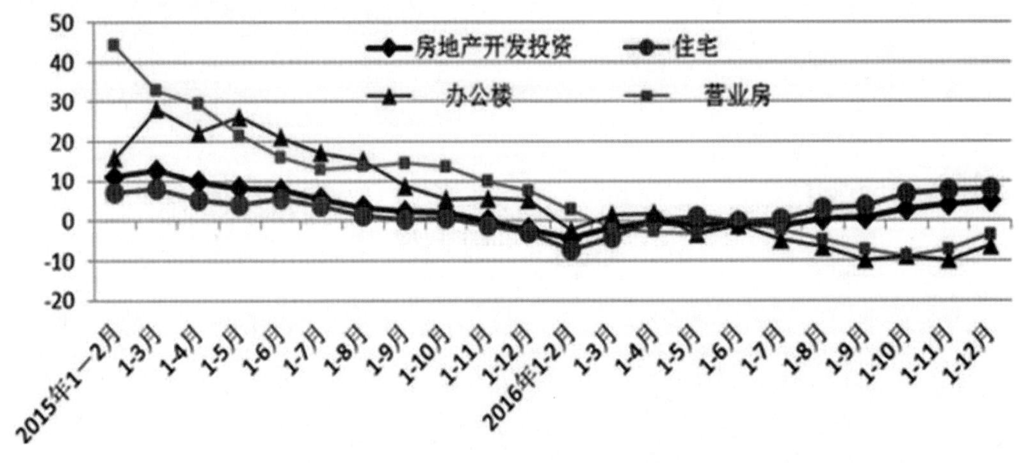

图 15-1 2015 ～ 2016 年全省房地产开发及其他物业投资增长情况（%）

表 15-1 2016 年浙江省不同用途房地产开发投资额、占比及增幅

用途	投资额（亿元）	占比（%）	增幅（%）
住宅	4 806.64	64.36	8.0
办公楼	480.98	6.44	-6.3
商业营业用房	984.91	13.19	-3.5
其他房屋	1 196.84	16.01	6.2
合计	7 469.37	100.00	5.0

资料来源：2016 年浙江省房地产市场发展报告。

从季度房地产开发投资增速来看，全省完成房地产开发投资企稳回升非常明显。2015年3月份、6月份、9月份、12月份和2016年3月份、6月份、9月份、12月份全省完成房地产开发投资增速分别是12.7%、7.8%、2.4%、-2.1%、-1.7%、-0.8%、0.8%和0.5%，房地产开发投资在2015年12月份达到最低点，从2016年开始，全省完成房地产开发投资增速开始逐步回升（见图15-2）。

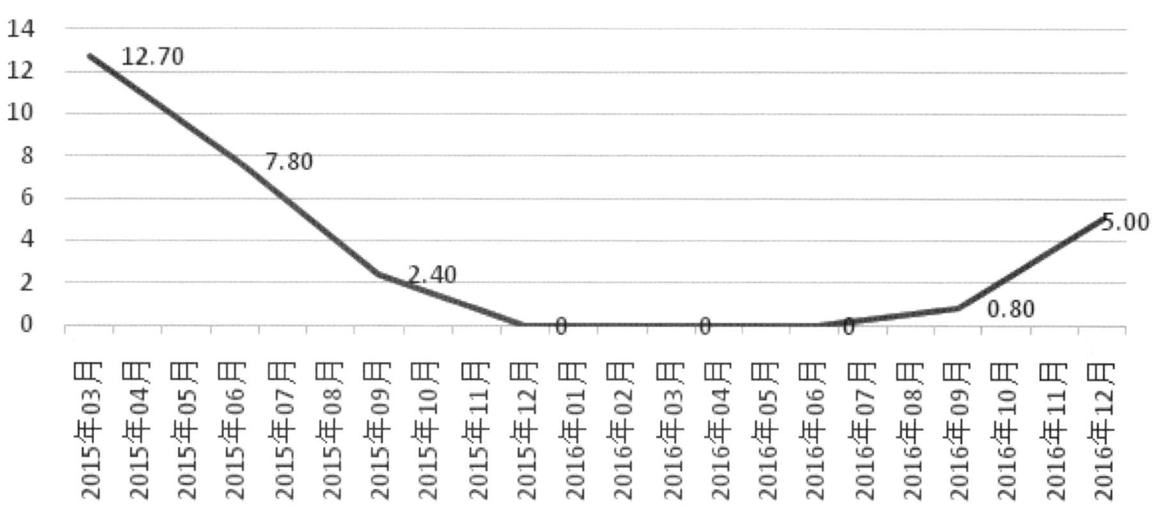

图15-2 2015年3月份至2016年12月份浙江省房地产开发投资增幅（%）

从商品房供应来看，根据浙江省房地产开发统计数据，2016年全省土地购置面积约为1 302.96万平方米，同比增长28.7%，而2014年、2015年和2016年土地购置面积增幅分别是9.2%、-46.4%和28.7%，2016年土地购置面积增长幅度是近三年最高。从商品房新开工面积来看，2016年全省新开工面积为7 282.02万平方米，同比增长11.5%，其中，商品住宅新开工面积4 516.71万平方米，同比增长20.6%，而2014年、2015年和2016年新开工面积增幅分别是3.9%、-32.5%和11.5%，2016年新开工面积增长幅度是近3年最高的。全省土地购置面积和新开工面积增加，将大大提高市场供应（见表15-2）。

表15-2 2014～2016年全省购置土地面积、新开工面积及增幅

年份	2014	2015	2016
购置土地面积（万平方米）	1 887.92	1 012.58	1 302.96
购置面积同比（%）	9.2	-46.4	28.7
新开工面积（万平方米）	9 676.14	6 533.77	7 282.02
新开工面积同比（%）	3.9	-32.5	11.5

二、房地产销售情况

总体来看，2016 年全省商品房市场销售规模显著扩大，无论是商品房销售面积，还是销售额都有大幅度提高，商品房库存量显著下降，去化周期大大下降。

从商品房销售面积来看，各种类型商品房销售面积增长明显。2016 年全省商品房销售面积为 8 637 万平方米，同比增长 44.3%。其中，商品住宅销售面积为 7 234 万平方米，同比增长 41.0%；办公楼销售面积为 410 万平方米，同比增长 100.0%；商业营业用房销售面积 530 万平方米，同比增长 37.7%；其他房屋销售面积为 463 万平方米，同比增长 75.5%。

从商品房销售额来看，各种类型商品房销售额也大幅增长。2016 年全省商品房销售额为 9 605 亿元，同比增长 52.5%。其中，商品住宅销售额为 8 281 亿元，同比增长 50.0%；办公楼销售额为 465 亿元，同比增长 114.7%；商业营业用房销售额为 653 亿元，同比增长 46.1%；其他房屋销售额为 207 亿元，同比增长 77.0%。与前几年全省商品房销售规模相比，2016 年全省商品房销售面积与销售额都创出了历史新高（见表 15-3，图 15-3）。

表 15-3　2010 ～ 2016 年浙江省商品房销售面积、销售额及增长幅度

年份	2010	2011	2012	2013	2014	2015	2016
销售面积（万平方米）	4 810	3 827	4 005	4 887	4 677	5 985	8 637
销售额（亿元）	4 449	3 728	4 263	5 396	4 923	6 299	9 605
销售面积同比（%）	- 13.10	20.50	13.40	22.00	-4.30	28.00	44.30
销售额同比（%）	2.60	16.40	22.70	26.60	-8.80	28.00	52.50

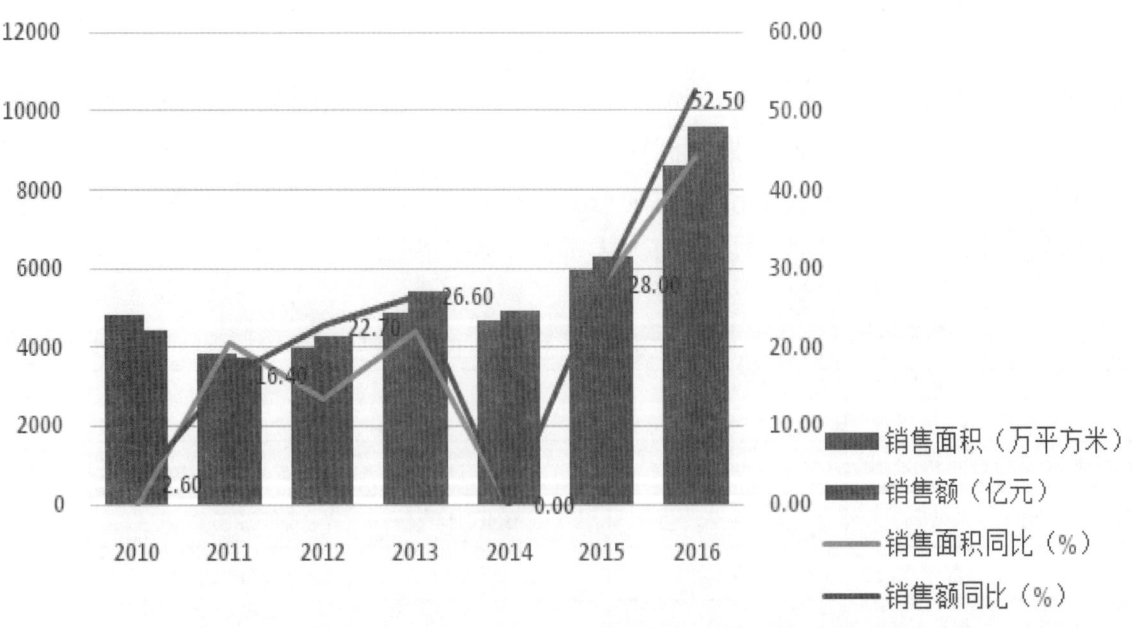

图 15-3　2010 ～ 2016 年浙江省商品房销售面积、销售额及增长幅度

2016 年商品房交易规模大幅增加，使得房地产去库存效果明显，商品房库存面积大幅下降，去化周期大幅减少。根据相关数据，2016 年全省商品房库存量约为 8 532.0 万平方米，去化周期约为 11.7 个月，其中，商品住宅存量为 4 444.4 万平方米，去化周期为 7.3 个月。与 2015 年相比，2016 年全省商品房库存量减少了 3 027.7 万平方米，下降幅度达到 35.49%，去化周期减少了 10.5 个月。其中，商品住宅库存量减少了 2 457.3 万平方米，下降幅度达到 55.29%，去化周期减少了 8.5 个月（见表 15-4，图 15-4）。

表 15-4 2015 ～ 2016 年全省 11 个城市商品房 / 商品住宅存量及去化周期

城市	2015 年 12 月末商品房库存统计				2016 年 12 月末商品房库存统计			
	商品房		其中：商品住宅		商品房		其中：商品住宅	
	建筑面积	去化周期	建筑面积	去化周期	建筑面积	去化周期	建筑面积	去化周期
杭州市	2380.6	**17.8**	1486.1	**12.7**	1718.5	8.4	899.4	5.4
宁波市	1965.4	**23.2**	1165.7	**16.9**	1280.9	11.8	663.5	7.4
温州市	894.3	**20.3**	538.9	**14.8**	802.6	12.3	466.1	8.5
嘉兴市	1705.5	**29.2**	884.9	**18.5**	1305.4	13.1	587.8	6.9
湖州市	735.6	**23.9**	414.6	**15.9**	579.7	12.8	277.1	7.5
绍兴市	1274.0	**21.7**	823.3	**16.2**	1043.4	16.3	606.8	11.0
金华市	705.8	**21.5**	532.6	**18.1**	499.2	14.9	318.0	10.9
衢州市	338.0	**22.3**	124.0	**11.1**	255.5	10.3	85.4	4.4
舟山市	171.0	**19.2**	117.5	**15.3**	142.4	13	92.9	9.3
台州市	1135.7	**26.2**	621.8	**18.4**	739.9	12.8	340.9	7.5
丽水市	253.8	**26.7**	192.3	**26.9**	164.5	10.2	106.3	7.3
合计	11559.7	22.2	6901.7	15.8	8532.0	11.7	4444.4	7.3

说明：（1）库存消化周期测算以各地近 12 个月月均成交量为基数进行测算；（2）单位：万平方米 / 月。

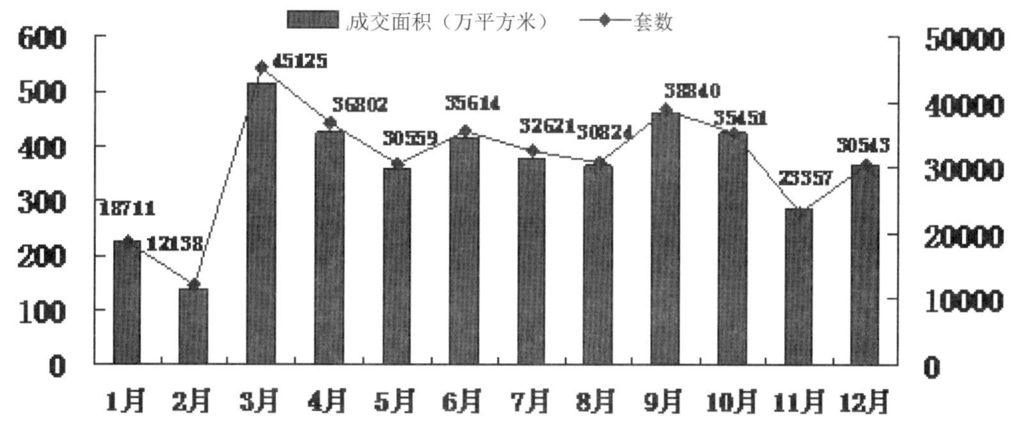

图 15-4 2016 年 1 ～ 12 月浙江省 11 个设区市新建商品住宅销售面积及套数

从城市来看，房地产去库存效果也比较明显。以杭州市为例，根据透明售房网数据，截至 2016 年底商品房库存套数为 105 894 套，与 2015 年相比，减少了 52 633 套，下降幅度达到 33.2%，这是自 2010 年以来杭州市区商品房库存量首次出现下降。从商品住宅来看，杭州市区商品住宅去库存效果更加明显。同样根据杭州透明售房网数据，截至2016年底，杭州市区商品住宅库存套数为46 174套，相比于2015年底的87 389套，市区商品住宅库存套数减少了41 215套，下降幅度达到47.2%，省内其他地区（如嘉兴市、宁波市等），2016年市区房地产去库存效果也比较明显（见图15-5）。

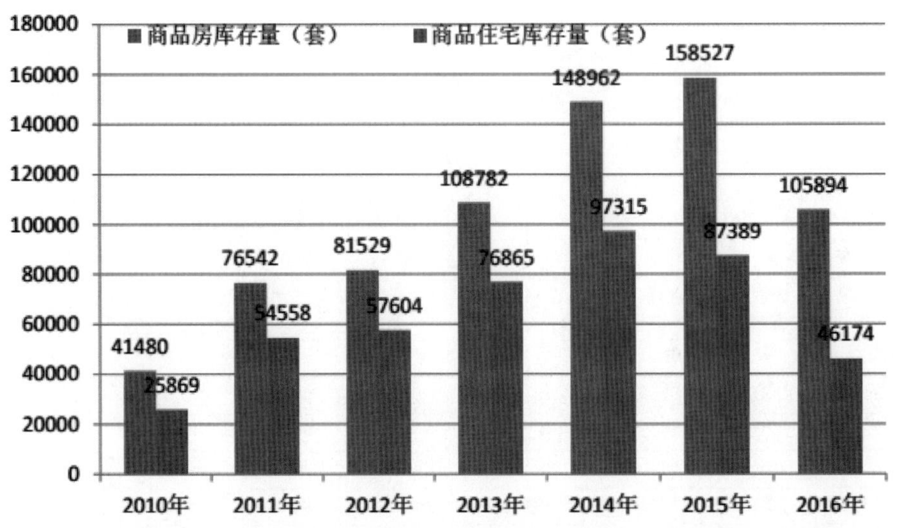

图15-5 2010～2016年杭州市区商品房与商品住宅库存量

三、房地产价格

2016年浙江省商品房价格上涨幅度明显，总体逐渐趋于稳定。根据浙江省房地产市场统计数据，2016年，全省商品房销售均价（销售额/销售面积）为11 121元/平方米，是近7年全省商品房销售均价最高的年份，但从商品房销售均价增长幅度来看，2016年全省商品房销售均价增幅为5.67%，2011年至2016年全省商品房销售均价总体趋于稳定（见图15-6）。

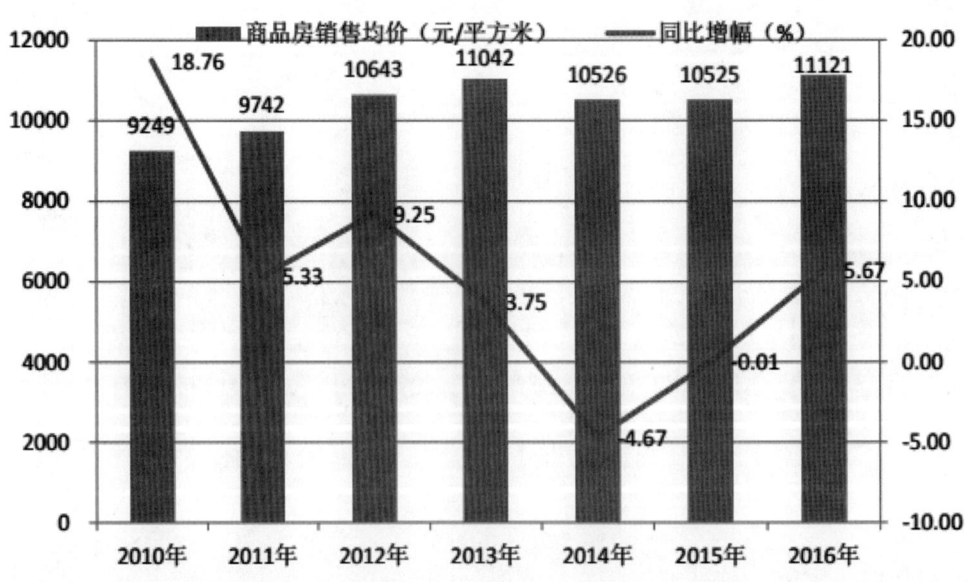

图15-6 2010～2016年浙江省商品房销售均价和同比增幅

从新建商品住宅价格指数来看，部分城市价格年度增幅较大，但上涨幅度有所减缓。根据国家统计局公布70个大中城市住宅销售价格变动情况数据，杭州市、宁波市、温州市和金华市四城市2016年新建商品住宅价格指数同比上涨幅度分别为28.6%、12.2%、4.7%和6.6%，四个城市新建商品住宅价格都上涨，特别是杭州市，2016年新建商品住宅价格上涨幅度较为明显，同比上涨了28.6%，上涨幅度位列70个大中城市的第6位。

从月度数据来看，从2016年10月份开始，四城市新建商品住宅价格上涨幅度趋于稳定。以杭州市为例，10月、11月和12月新建商品住宅价格指数分别为131.5、130.1和128.6，新建商品住宅价格指数逐月下降，而其他3个城市新建商品住宅价格上涨幅度从10月份开始也趋于稳定（见图15-7）。

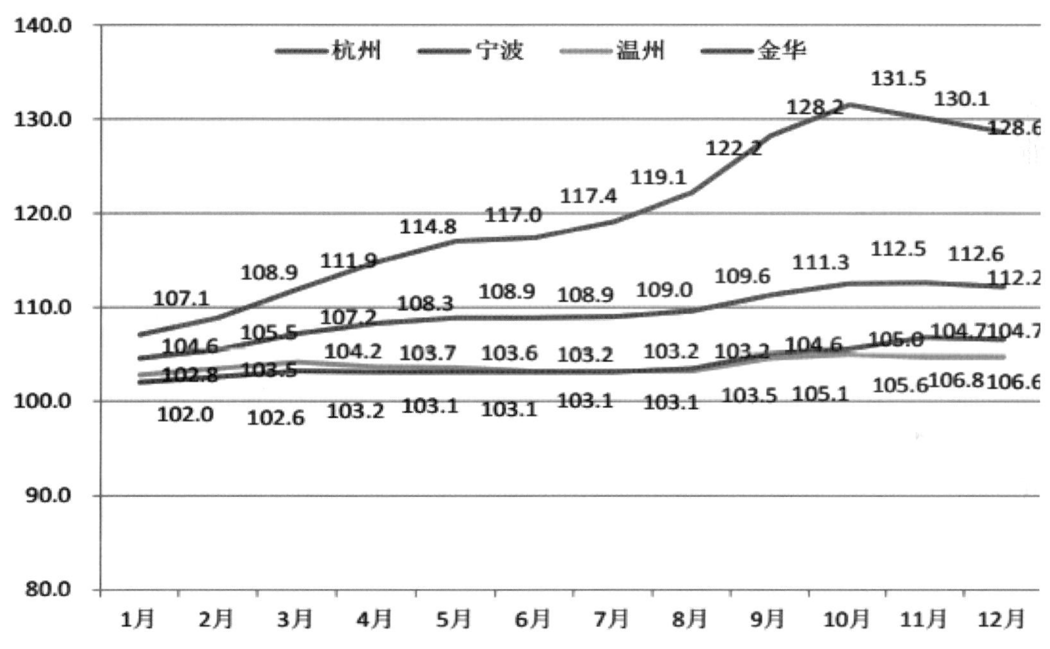

图15-7　2016年浙江省四城市月度新建商品住宅价格指数（同比）

从二手住宅价格指数来看，部分城市二手住宅价格年度上涨非常明显，上涨幅度趋于稳定。根据国家统计局公布70个大中城市住宅销售价格变动情况数据，杭州市、宁波市、温州市和金华市四城市2016年二手住宅价格指数同比分别上涨了21.7%、8.0%、3.1%和4.7%，年度价格上涨幅度虽然没有新建商品住宅大，但年度上涨幅度十分明显。

从月度数据来看，从2016年10月份开始，四城市二手住宅价格上涨幅度趋于稳定（见图15-8）。

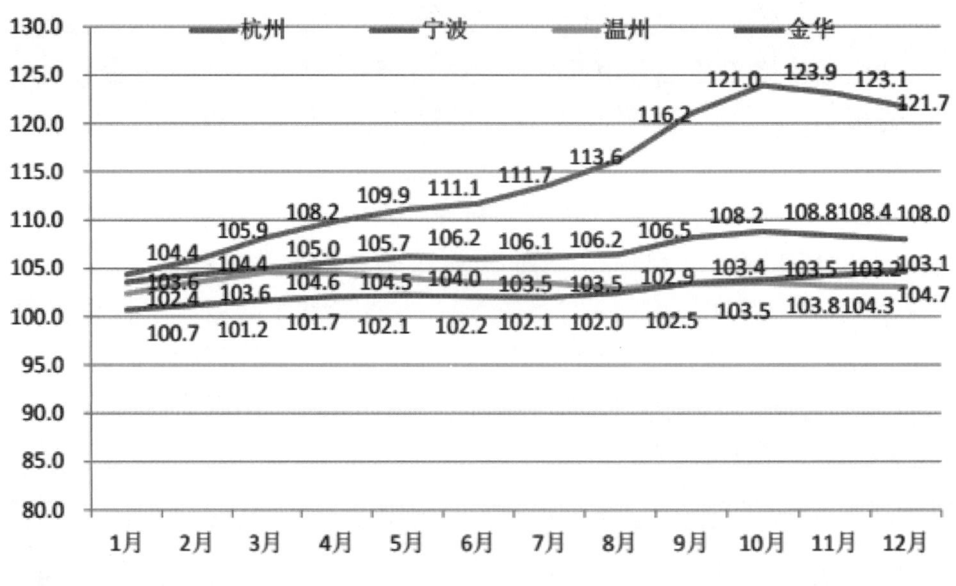

图 15-8　2016 年浙江省四城市月度二手住宅价格指数（同比）

2016 年全省 11 个城市市区二手住宅年度价格除个别城市外（温州市和台州市），大部分城市二手住宅价格也在上涨。特别是嘉兴市、杭州市和衢州市，市区二手住宅价格分别上涨了 35.36%、20.47% 和 11.65%，年度价格上涨幅度非常大。但从 10 月份开始，四城市市区二手住宅价格上涨幅度也趋于稳定（见表 15-5）。

表 15-5　2015 年和 2016 年浙江省 11 个城市市区二手住宅价格及同比涨幅

城市	2015 年底价格（元/平方米）	2016 年底价格（元/平方米）	全年涨幅（%）
杭州	18019	21707	20.47
宁波	12669	13347	5.35
温州	19383	18164	-6.29
绍兴	9285	9349	0.69
湖州	8037	8484	5.56
嘉兴	7147	9674	35.36
金华	9310	9883	6.15
衢州	7239	8082	11.65
台州	10366	10274	-0.89
丽水	13237	13721	3.66
舟山	11058	11067	0.08

数据来源：禧泰网。

四、土地市场状况

2016 年在金融资本驱动下，热点城市高价土地频现，土地市场高热难退。2016 年，浙江省供应房地产用地 5.9 万亩，比上年增长 14.9%。房地产用地出让成交总价款达到 3 214 亿元，增长 91.1%。目前这些土地逐步进入开工建设阶段。从房地产开发新入库项目情况看，新增项目明显增多。11、12 月份全省房地产开发新增入库项目分别为 100 个和 104 个，分别比 9 月份增加 35 个和 39 个。受全省新开工项目个数明显增多的影响，2016 年房屋新开工面积 7 282 万平方米，增幅由上年的下降 32.5% 回升到增长 11.5%，比前三季度扩大 5.5%。

2016 年，全省商品房销售面积 8 637 万平方米，增长 44.3%，商品房待售面积从上年的增长 21.4% 转为下降 0.5%，其中住宅待售面积下降 9.2%。商品房去化周期从上年的 22.2 个月下降至 11.7 个月，其中住宅从 15.8 个月降至 7.3 个月，总体已回到合理区间。在此背景下，分析浙江省土地市场发展状况，有助于政府采取合理的政策方针，对促进产业转型、维护经济平稳健康具有积极意义。

2016 年浙江省土地市场量价齐升，土地市场交易活跃。2016 年浙江省 11 个地市共成交土地 4 016 宗，同比下降 10.00%。成交土地面积 130 661.38 亩，同比上升 26.24%。成交可建面积 14 793.94 万平方米，成交总价款 3 959.69 亿元。就土地市场而言，2016 年下半年出让宗地总量比上半年增长 21.02%，商办、住宅、综合和工业用地成交量比上半年均有不同程度的增长，分别为 18.63%、2.42%、40.43%、28.66%。从土地成交面积看来，下半年比上半年增长 46.06%，商办、住宅、综合和工业用地分别增长 105.12%、34.91%、70.46% 和 33.62%，土地市场涨幅减缓，开发商预期趋于平稳。

据浙江大学房地产研究中心统计显示，2016 年杭州、宁波和温州等二线城市商品房销售面积增长幅度较大，分别上涨 57.1%、32.7% 和 47.2%，高于全省的平均水平。但是绍兴市和金华市等一些三四线城市，全商品房销售面积增长幅度较小，分别为 14.0% 和 20.8%，低于全省平均水平。同时 2016 年浙江省 11 个城市间土地市场成交量也分化明显，土地成交宗数变化情况不一，土地成交面积总体上升。就土地成交宗数而言，3 个城市正增长，7 个城市负增长。

2016 年浙江省成交宗数中嘉兴土地出让宗数最多为 597，舟山最少，仅有 58 宗。与 2015 年相比，3 个城市的成交宗数上升，除温州（35.34%）外，杭州（5.6%）、嘉兴（26.48%）等城市涨幅都在 30% 以下；湖州成交宗数与 2015 年持平；7 个城市的成交宗数下降，绍兴（-39.59%）降幅最大，宁波（-4.66%）降幅最小，台州（-22.85%）、丽水（-22.27%）、衢州（-16.00%）、金华（-19.46%）和舟山（-14.74%）等城市均以小于 25% 的降幅下降。就土地成交面积而言，9 个城市正增长，2 个城市负增长。2016 年浙江省土地成交面积中同土地出让宗数一样嘉兴土地出让面积最多为 25 660.06 亩，舟山最少，仅有 3 632.56 亩。与 2015 年相比，浙江省 11 个城市总体呈上升趋势，其中只有衢州（-1.58%）和金华（-9.06%）呈下降趋势，且降幅不大，均小于 10%。剩余 9 个城市土地成交面积均以不同程度的涨幅增长。其中嘉兴涨幅最大，为 70.85%，宁波（42.66%）和绍兴（46.58%）的涨幅大于 40%，其余城市上涨幅度都不大，分别是温州（12.67%）、湖州（26.02%）、丽水（16.59%）、台州（9.64%）、杭州（5.53%）和舟山（3.03%）（见图 15-9）。

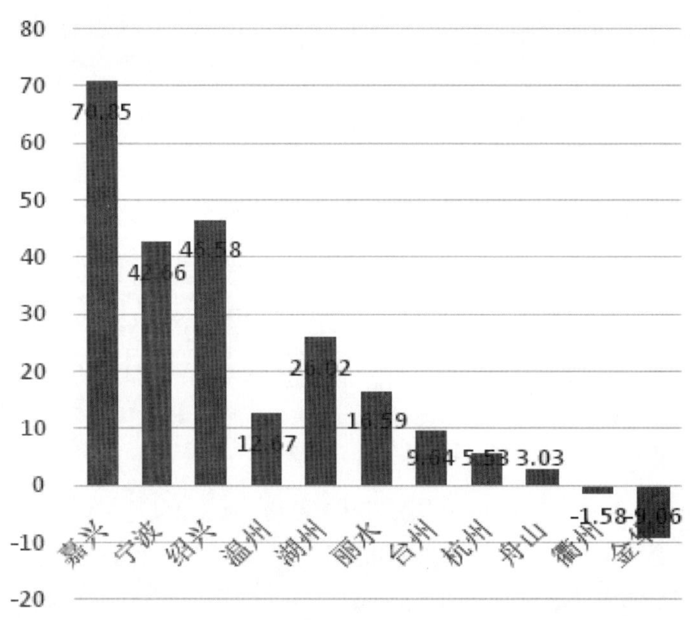

图 15-9　2016 年浙江省 11 个城市土地成交面积涨幅（%）

与 2015 年相比，2016 年四类用地（除工业用地外）涨幅明显，其中综合用地的平均成交楼面地价最高，为 7 671.61 元 / 平方米，增长幅度为 172.11%，在四类用地中涨幅最大；住宅用地楼面地价落后仅于综合用地达到了 4 613.61 元 / 平方米，上涨 26.29%；商办用地楼面地价为 2 025.00 元 / 平方米，上涨 65.06%，涨幅位列第二；工业用地是四类用地中楼面地价唯一下降的一类用地，下降 1.73%。因为 2016 年上半年政府推出的一系列利好政策，楼市回暖以及宽松的房企融资环境，房地产企业拿地热情高，杭州、宁波等城市高价地块频出，对周边楼市产生了一系列的联动效应，如果没有有效的政策调控，周边房价很可能出现爆发式的上涨。同时高地价背后隐藏着高风险，由于中央政府去杠杆的政治任务，房地产企业融资渠道收紧，住宅项目的资金成本增加，一旦市场回落，高地价地块后续的开发回资将很难持续。

第二节　江苏省房地产市场概况

2016 年，江苏省房地产市场总体回暖，不同地区房地产市场加速分化，商品住宅销售持续回暖，二季度之后，Ⅰ类城市“量价齐升”势头有所放缓，部分Ⅱ类、Ⅲ类城市销售增速大幅反弹，“以价换量”的趋势必较明显。

一、房地产开发投资情况

根据江苏省统计局相关数据，2016 年江苏全年完成固定资产投资 49 370.9 亿元，比上年增长 7.5%。其中，国有及国有控股投资 10 444.3 亿元，增长 5.1%；民间投资 34 233.7 亿元，增长 6.8%，占全部投资的比重为 69.3%。分产业看，第一、第二、第三产业分别完成投资 293.1 亿元、24 673.8 亿元和 24 403.9 亿元，占全省投资总量的 0.59%、49.98% 和 49.4%，分别增长 26.2%、7.8% 和 7.1%。第二产业投资中，工业投资 24 544.4 亿元，增长 7.9%，其中制造业投资 22 869.7 亿元，增长 7.7%。技术改造投资 14 570 亿元，增长 14.8%，占全部投资比重达 29.5%；其中工业技改投资 13 603.9 亿元，增长 10.2%，占工业投资比重达 55.4%。高新技术产业投资 8 010.8 亿元，增长 6.3%。

全省房地产开发投资 8 956.4 亿元，同比增长 9.8%。其中住宅用房投资 6 628.9 亿元，同比增长 9.0%，占总投资比重 74.01%，商业用房投资 1246.1 亿，同比增长 10.2%，占总投资比重 13.9%。商品房施工面积 58 761.7 万平方米，同比增长 1.1%，其中住宅面积 43 002.9 万平方米，同比增长 1.6%（见表 15-6）。

表 15-6 房地产开发投资主要指标

指标名称	绝对量（亿元）	增长（%）
本年新开工项目个数（个）	50 343	12.0
房地产投资完成额	8 956.37	9.8
#住宅	6 628.87	9.0
办公楼	363.17	5.6
商业营业用房	1 246.13	10.2
其他	718.20	20.0
本年实际到位资金合计	20 152.95	23.9
上年末结余资金	4 651.87	10.0
本年实际到位资金小计	15 501.08	28.8
国内贷款	2 299.18	22.4
利用外资	8.29	-81.5
自筹资金	3 172.21	-7.2
其他资金	10 021.40	49.6
商品房施工面积（万平方米）	58 761.73	1.1
#住宅（万平方米）	43 002.93	1.6
商品房新开工面积（万平方米）	13 670.83	18.4
#住宅（万平方米）	10 534.34	19.4
商品房竣工面积（万平方米）	10 073.96	-2.2
#住宅（万平方米）	7 602.69	-4.1
商品房销售面积（万平方米）	13 962.09	22.3
#住宅（万平方米）	12 657.66	23.2
商品房现房销售面积（万平方米）	3 329.64	27.1

#住宅（万平方米）	2 813.43	28.0
商品房期房销售面积（万平方米）	10 632.45	20.9
#住宅（万平方米）	9 844.23	21.9

二、房地产销售

2016 年，江苏省商品房销售增速明显。全省全年商品房销售面积 13 962.1 万平方米，比上年增长 22.3%，增速比上年加快 6.4%；其中住宅销售面积 12 657.7 万平方米，增长 23.2%，占销售面积的 90.7%（见图 15-10）。

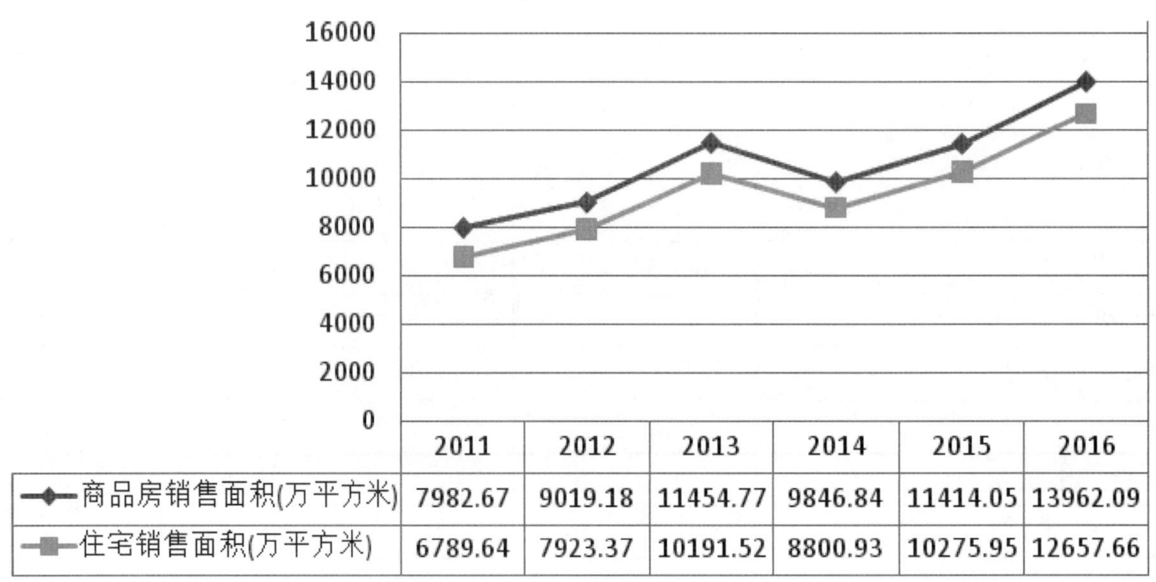

图 15-10　2011 ～ 2016 年江苏省商品房销售面积与住宅销售面积

全年全省商品房销售面积同比增长一直保持高速增长。1 ～ 10 月，全省商品房销售面积为 11 397.2 万平方米，同比增长 34%，增速比 1 ～ 9 月回落 1.1%，同比加快 18.8%，继续呈强劲增长态势。南京、无锡、苏州 3 个限购城市销量合计 4 614 万平方米，占全省总量超四成（40.5%），比去年同期高 1.1%。由于楼市持续旺销，全省商品房库存总量逐月减少、同比增速逐月回落。10 月末，全省商品房待售面积为 6 619.3 万平方米，比年初（2 月末）减少 854.1 万平方米，同比下降 2.2%，增速比 9 月末回落 6.6%，比年初回落 19.9%。全省 13 个设区市当中有 8 个市呈现同比负增长（见表 15-7）。

表 15-7　房地产开发投资主要指标

指　标	2000	2005	2010	2014	2015	2016
投资完成额（亿元）	358.72	1 545.15	4 299.38	8 240.22	8 153.68	8 956.37
按构成分						

# 建筑安装工程	255.81	1 091.29	2 897.21	6 025.88	6 186.30	6 604.18
设备工器具购置	3.34	12.53	41.09	129.41	118.93	141.68
按工程用途分						
住宅	260.79	1 133.06	3 158.46	5 924.51	6 080.21	6 628.87
#90 平方米以下			733.15	1 293.62	1 773.41	2 073.60
#140 平方米以上			744.76	1 034.88	1 248.38	1 465.68
办公楼	21.59	54.27	154.61	378.47	344.07	363.17
商业营业用房	48.48	217.02	611.08	1 286.71	1 130.91	1 246.13
其他	27.86	140.81	375.23	650.53	598.50	718.20
按资金来源分						
国内贷款	88.01	392.73	1515.66	2 249.68	1 877.93	2 299.18
利用外资	5.82	33.16	92.76	80.79	44.91	8.29
自筹投资	101.34	614.76	2 031.38	4 154.86	3 416.80	3 172.21
其他投资	195.48	998.18	4 382.54	5 614.83	6 700.36	10 021.40
房屋建筑面积（万平方米）						
施工面积	4 268.45	15 619.26	35 106.90	57 637.72	58 118.44	58 761.73
# 住宅	3 348.36	12 385.98	26 347.13	41 579.79	42 315.98	43 002.93
竣工面积	2 143.22	5 500.12	8 696.28	9 620.47	10 296.96	10 073.96
# 住宅	1 774.80	4 497.68	6 553.53	7 259.11	7 930.21	7 602.69
商品房销售情况（万平方米）						
房屋销售面积	1740.93	5135.55	9485.47	9846.84	11414.05	13 962.09
# 住宅	1 555.97	4 523.14	8 112.37	8 800.93	10 275.95	12 657.66
#90 平方米以下			1 583.11	1 755.71	1 896.76	2 054.14
#140 平方米以上			1 816.86	1 142.38	1 533.98	2 144.43

三、土地市场情况

近七年来，江苏省的土地出让金变化较为平稳，2013 年达到了 6 120.8 亿元，而 2016 年达到了 6 150.64 亿元，同比增长 39%，达到七年来最高水平。2016 年江苏省出让土地金额按照用地性质划分，经营性用地出让总收入 5 790 亿元，同比增长 43%；工业用地出让总收入 302 亿元，同比减少 5%；公益性用地出让总收入 59 亿元，同比减少 3%。2016 年，江苏省土地公开出让平均价格为 3 050 元 / 平方米，同比增长 58.8%，住宅用地公开出让平均价格为 7 696 元 / 平方米，同比增长 78%。

第三节　苏州市房地产市场

2016 年苏州市房地产政策由松转严，土地限价，限购限贷全面升级，10 月 3 日，苏州市政府印发《关于进一步加强全市房地产市场调控的意见》，在“苏十五条”的基础上，进一步调控房地产市场，同时加紧收缩住房信贷和公积金贷款，加强商品房价格管理，加强房地产市场监管。

一、房地产投资情况

2016 年苏州市房地产开发投资完成 2 163.24 亿元，比上年增长 16.0%，其中住宅投资完成 1 655.24 亿元，增长 16.6%，增速比上年提高 7.7 百分点；办公楼投资 79.71 亿元，比上年增长 27.7%；商业营业用房投资 227.82 亿元，比上年降低 4.4%；其他投资 200.48 亿元，比上年增长 38.4%。房地产开发投资占全社会投资的 38.3%，占比较上年提高 7.8%。商品房施工面积为 12 124.10 万平方米，增长 7.4%；其中住宅施工面积 8 554.74 万平方米，增长 7.8%，增速比上年上升 4.1%。商品房竣工面积为 1 882.07 万平方米，增长 13.8%，增幅比上年提高 5.6%；其中住宅竣工面积 1 402.80 万平方米，增长 10.1%，增幅比上年下降 2.8%。

二、房地产交易情况

2016 年苏州市商品房市场共计成交面积 1 058.64 万平方米，同比 2015 年的 1 323.9 万平方米下降 20.38%，2016 年苏州商品房累计供应面积继续出现负增长，为 857.19 万平方米，相对上年下降 31.66%。2016 年苏州市区住宅用地成交楼面均价 13 320.3 元 / 平方米，同比涨幅 104.14%，其中商办楼面均价 4 186.38 元 / 平方米，同比涨幅 101.31%（见表 15-8）。

表 15-8　2015 年与 2016 年商品房成交、新增与存量

年份	成交套数	成交面积（万平方米）	新增套数	新增面积（万平方米）	可售套数	可售面积（万平方米）
2015	118 370	1 323.9	87 316	955.4	107 794	1 147.94
2016	94 243	1 058.64	89 988	997.96	98 555	1 070.75

2015 年苏州商品住宅市场共计成交 67 289 套，成交总面积 857.19 万平方米，同比 2015 年下跌 31.66%。新增商品住宅 70 729 套，新增总面积 853.23 万平方米，同比去年上涨 11.79%。2016 年底，苏州市存量商品住宅 29 464 套，存量总面积 450.34 万平方米，同比去年下跌 12.11%（见表 15-9）。

表 15-9　2015 ～ 2016 年苏州市商品住宅成交、新增与存量

年份	成交套数	成交面（万平方米）	新增套数	新增面（万平方米）	可售套数	可售面积（万平方米）
2015	98 466	1 176.15	65 523	763.23	32 078	512.39
2016	67 289	857.19	70 729	853.23	29 464	450.34

在历经 2015 年全年一波楼市成交热潮，并在年底登峰后，2016 年 1 ～ 9 月，成交总量达近年来历史新高，但从月度成交量走势来看，1 ～ 7 月呈阶梯式回落趋势（见图 15-11）。

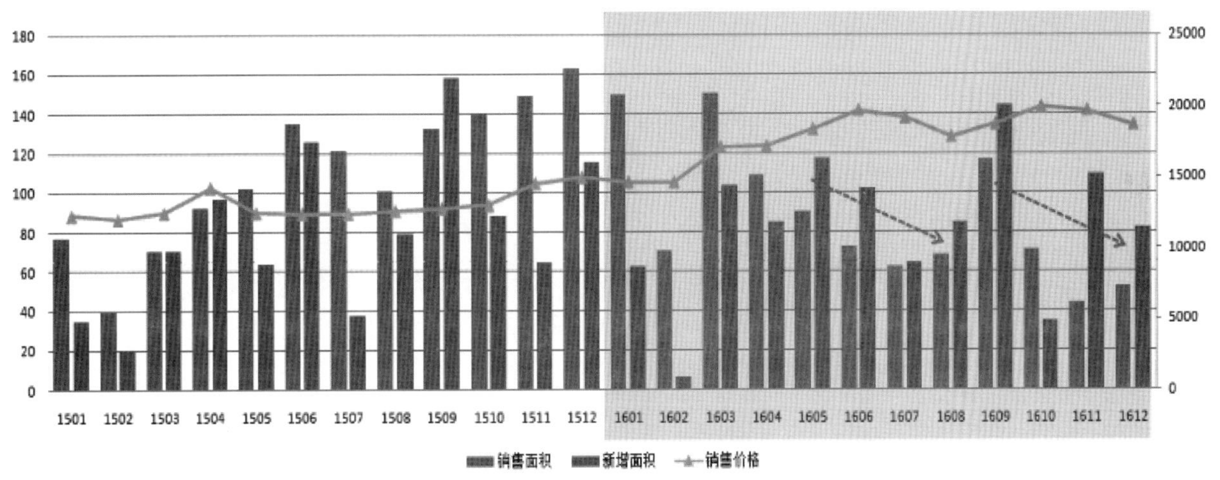

图 15-11　2015 ～ 2016 年苏州商品房月度供销走势图

2016 年苏州市商品住宅一季度成交量延续市场火爆成交，二季度趋于稳定，成交量有所回落，三季度金九因为土拍及开发商大的推盘动作，成交量有所提升，四季度因为受到苏州国庆时期发布的房地产限购新政策等因素影响，缩量明显（见图 15-12）。

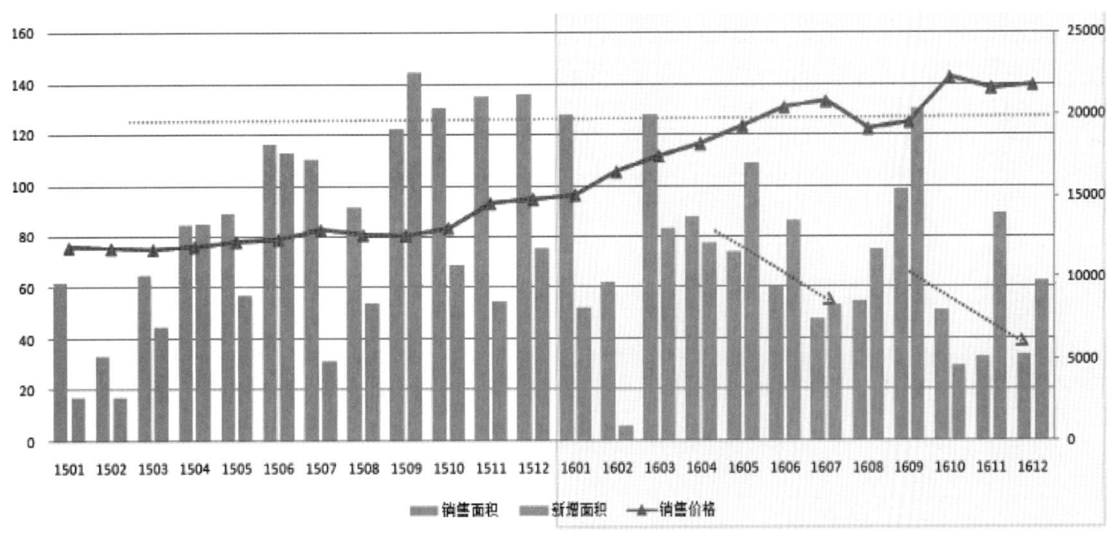

图 15-12　2015 ～ 2016 年苏州商品住宅月度供销走势图

自 2016 年 3 月，苏州市住宅库存量已连续小幅上升，12 月底商品住宅存量 450.34 万平方米，按照 2016 年度苏州商品住宅的平均去化速度，出清周期为 8.49 个月（见图 15-13，表 15-10）。

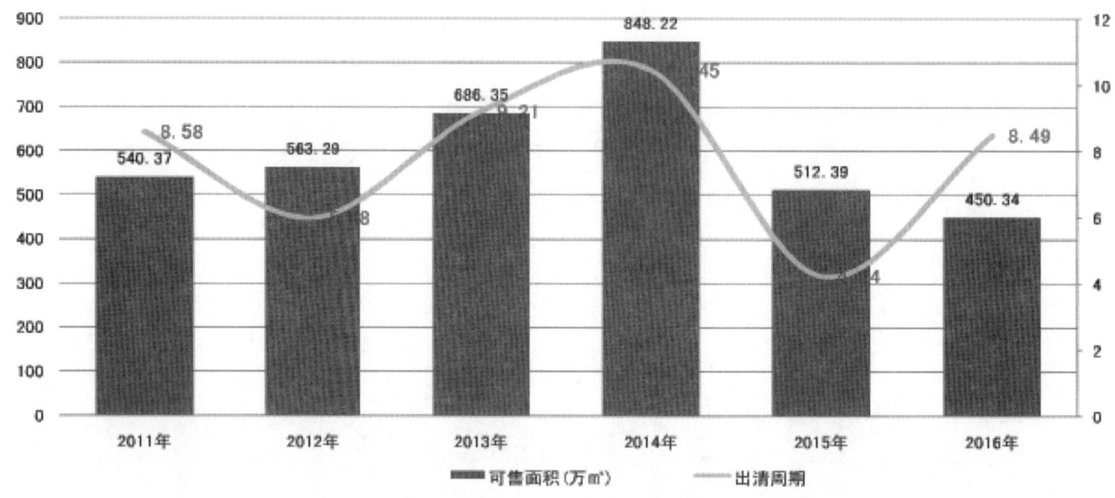

图 15-13　2011 ～ 2016 年苏州商品住宅可售及出清周期

表 15-10　2016 年苏州住宅套数成交排行榜

排名	项目名称	区县	成交套数(套)	成交面积(㎡)	成交均价(元/㎡)
1	中海珑湾锦园	相城区	1903	198667	9831
2	恒基旭辉城	高新区	1797	182434	15908
3	中海双湾锦园	吴中区	1585	156520	18789
4	华丽家族太上湖	吴中区	1350	149654	11159
5	东渡湖韵青城	相城区	1205	121772	8542
6	尼盛滨江城	吴中区	998	90496	12200
7	新港天之运	高新区	844	115243	14645
8	万科湖西玲珑	吴中区	837	110023	24384
9	宝带熙岸	高新区	834	86897	14186
10	万科遇见山	高新区	823	99941	18550

三、土地市场情况

2016 年苏州土地供应面积 2 170.99 万平方米，同比上涨 17.40%，其中住宅用地供应 1 159.1 万平方米，占比 53.39%，同比上涨 30.46； 2016 年苏州市区土地共成交 1 956.85 万平方米，同比上涨 7.77%，其中住宅用地成交 1 025.2 万平方米，同比上涨 17.26%。（见图 15-14）

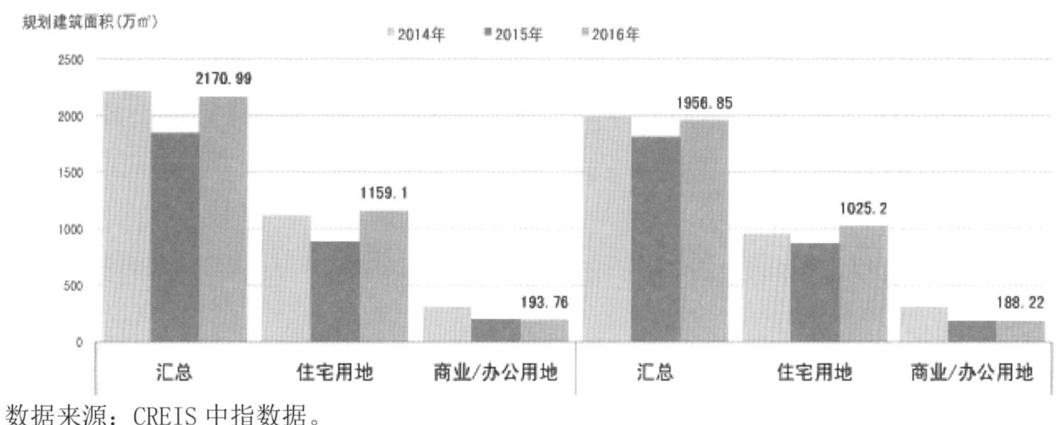

数据来源：CREIS 中指数据。

图 15-14　2014 ～ 2016 年苏州市区土地退出与成交面积

2016 年苏州市区住宅用地成交楼面均价 13 320.3 元 / 平方米，同比上涨 104.14%，其中商办楼面均价 4 186.38 元 / 平方米，同比上涨 101.31%。2016 年苏州市区住宅用地成交平均溢价率为 93.20%，商办用地溢价率 21.35%（见图 15-15）。

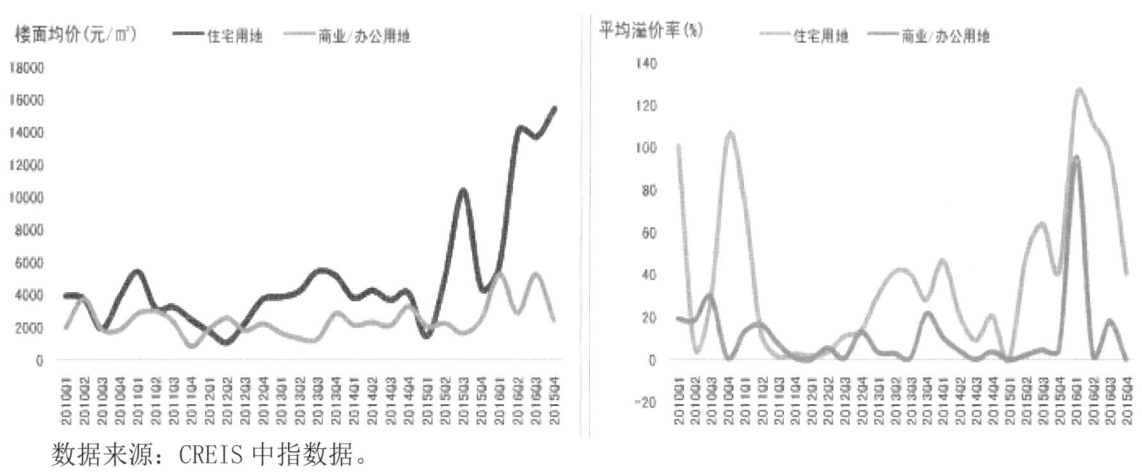

数据来源：CREIS 中指数据。

图 15-15　2010 ～ 2016 年苏州市区住宅和商办用地成交楼面均价及平均溢价率

第四节　杭州房地产市场

2016 年杭州市由于年初商品房库存仍然较高，加之杭州楼市在 2011 年至 2014 年受到过重创，拉出了一条长达四年的阴跌下行线（甚至在 2014 年 12 月，创下了国家统计局 70 个大中城市同比跌幅第一，达 10.3%。）因此，在 2016 年，杭州楼市并没有成为二线城市中上涨的急先锋，而呈现出温和的恢复性的上涨。

一、房地产投资情况

2016年杭州市完成房地产开发投资2 606.41亿元，增长5.4%，增幅比上年回落2%。其中，商品住宅投资1 559.98亿元，增长8.2%；非住宅类投资1 046.43亿元，增长1.55%，增幅较上年分别上涨0.4和下降5.35%。

全市商品施工面积11 562.96万平方米，增长3.8%，增幅较上年回落2.3%，其中，住宅施工面积6 000.56万平方米，同比增长1.3%；商品房新开工面积2 135.90万平方米，比上年增长5.3%，其中，住宅新开工面积1 224.33万平方米，比上年增长22.6%；商品房竣工面积1 922.99万平方米，比上年增长15.5%，其中，住宅竣工面积1 113.35万平方米，比上年增长4.0%（见表15-11）。

表15-11 2016年杭州分地区房地产开发投资

指标	全市	市区				桐庐县	淳安县	建德市	临安市
		合计	萧山区	余杭区	富阳区				
房地产开发投资额（万元）	26064090	24325359	3918271	5869140	1073058	340083	396505	245199	756944
住宅（万元）	15599790	14389769	2599419	3862956	600224	231962	249901	148524	579634
办公楼（万元）	2528303	2477181	292805	360514	50767	24493	2423	13146	11060
商业营业用房（万元）	3042491	2833754	248074	585156	242512	58713	76070	18107	55847
其他（万元）	4893506	4624655	777973	1060514	179555	24951	68111	65422	110403
房屋建筑面积									
施工面积（万平方米）	11562.96	10253.68	1880.53	3340.81	448.93	333.82	303.60	224.42	447.44
#住宅（万平方米）	6000.56	5109.23	979.27	2012.49	274.62	224.47	189.57	163.61	313.67
新开工面积（万平方米）	2135.90	1913.32	323.31	657.47	129.41	43.63	44.29	26.96	107.70
#住宅（万平方米）	1224.33	1088.13	207.32	386.55	64.90	23.20	24.65	23.13	65.23
竣工面积（万平方米）	1922.99	1735.25	266.09	534.10	75.50	42.09	19.48	79.53	46.63
#住宅（万平方米）	1113.35	969.77	142.35	382.46	47.38	37.09	12.53	65.36	28.60

二、房地产交易情况

2016年商品房销售超19.3万套，刷新历史最高纪录。全市（含萧山区、余杭区，暂不含富阳区，下同）新建商品房销售面积1 938.7万平方米，同比上升49.2%，其中主城区成交面积为 811.8 万平方米，同比上升 38.2%，余杭区成交面积为 696.3 万平方米，萧山区成交面积为 430.6 万平方米。2016 年，杭州市区新建商品住宅成交 139 178 套，同比上升 36.2%。刷新历史最高纪录，其中主城区成交 51 896 套，同比上升 21.8%，余杭区成交 55 883 套，萧山区成交 31 399 套。杭州市区新建商品房成交 193 129 套，刷新历史最高纪录，其中，主城区成交 81 976 套，余杭区成交 71 114 套，萧山区成交 40 039 套。二手住房成交高达 70 106 套，创历史新高。主城区二手住宅成交均价 20 505 元 / 平方米，刷新历史次新高纪录（见图 15-16）。

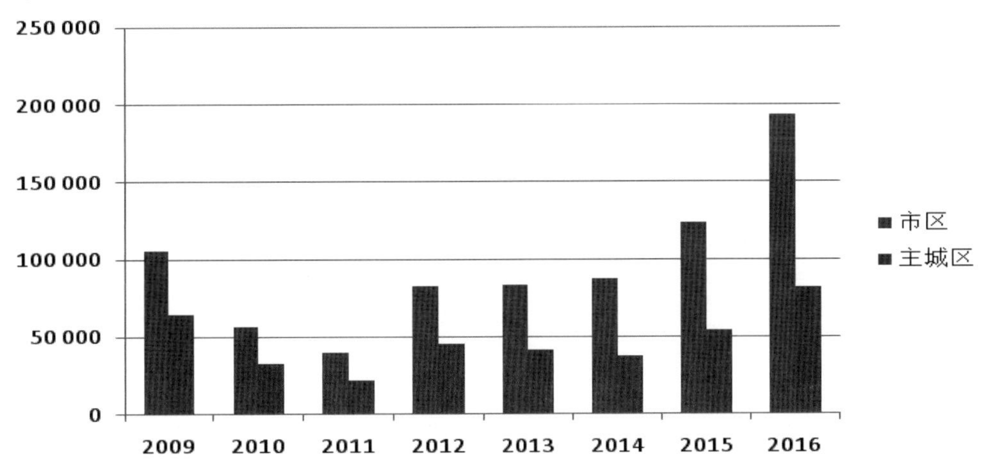

图 15-16　2009 ～ 2016 年杭州市新建商品房成交量对比图（单位：套）

2016 年杭州市区新建商品房成交金额为 3 422.5 亿元，刷新了 2015 年创下的历史最高纪录。其中主城区成交金额为 1 902.7 亿元，余杭区成交金额为 870.9 亿元，萧山区成交金额为 648.9 亿元。杭州市区新建商品房成交金额较 2015 年 2 100.1 亿元增加 1 322.4 亿元，同比上升 63.0%。其中，主城区成交金额较 2015 年 1 284.1 亿元增加 618.6 亿元，同比上升 48.2%（见图 15-17，表 15-12）。

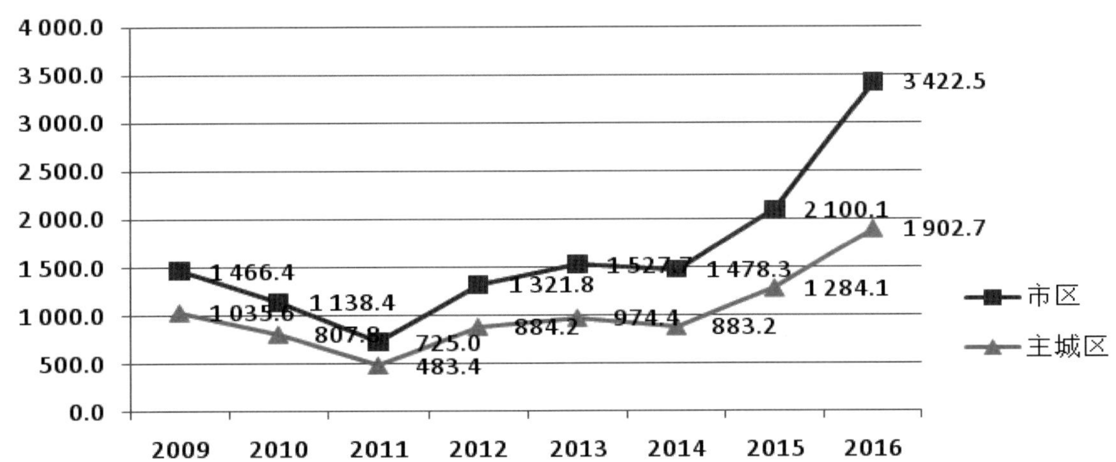

图 15-17　2009 ～ 2016 年杭州市新建商品房成交金额对比（单位：亿元）

表 15-12 2016 年杭州市商品房销售情况

指标	全市	市区				桐庐县	淳安县	建德市	临安市
		合计	萧山区	余杭区	富阳区				
销售金额（万元）	36654771	34431256	5840845	8050284	1284345	483778	365878	310244	1063615
#住宅（万元）	30596076	28525948	4933615	7235746	1210926	442115	354790	252273	1020950
现房销售额（万元）	7381840	6683832	884159	1729584	246985	213402	142150	30638	311818
#住宅（万元）	5944791	5318448	693090	1600156	221520	192617	132744	23361	277621
期房销售金额（万元）	29272931	27747424	4956686	6320700	1037360	270376	223728	279606	751797
#住宅（万元）	24651285	23207500	4240525	5635590	989406	249498	222046	228912	743329
销售面积（万平方米）	2326.69	2058.66	393.01	679.87	110.62	63.85	43.14	33.89	127.14
#住宅（万平方米）	1887.11	1636.13	313.44	590.16	104.81	59.50	42.11	29.97	119.40
现房销售面积（万平方米）	555.85	467.28	64.84	164.79	18.08	27.72	15.02	4.34	41.49
#住宅（万平方米）	434.44	354.82	46.79	146.71	16.08	25.97	14.20	3.57	35.88
期房销售面积（万平方米）	1770.84	1591.38	328.18	515.08	92.54	36.13	28.12	29.55	85.66
#住宅（万平方米）	1452.67	1281.31	266.65	443.45	88.73	33.54	27.91	26.40	83.52

三、房地产价格情况

2016 年，杭州市区新建商品房成交均价为 17 654 元 / 平方米。其中，主城区成交均价为 23 437 元 / 平方米，余杭区成交均价为 12 508 元 / 平方米，萧山区成交均价为 15 072 元 / 平方米。2016 年杭州市区新建商品房成交均价较 2015 年 16 166 元 / 平方米同比上涨 9.2%。其中主城区成交均价较 2015 年 21 864 元 / 平方米同比上涨 7.2%。

2016 年，杭州市区新建商品住宅成交均价为 18 032 元 / 平方米。其中，主城区成交均价为 24 938 元 / 平方米，余杭区成交均价为 12 566 元 / 平方米，萧山区成交均价为 15 861 元 / 平方米。2016 年，杭州市区新建商品住宅成交均价较 2015 年 16 222 元 / 平方米上涨 11.2%。其中主城区成交均价较 2015 年 22 458 元 / 平方米上涨 11.0%（见图 15-18）。

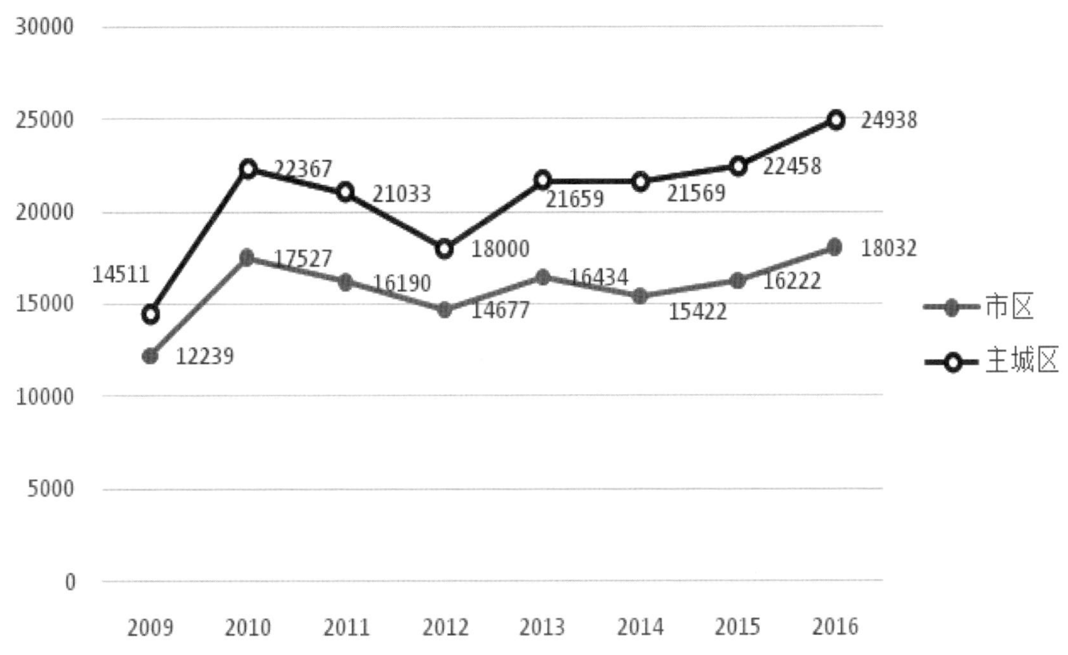

图 15-18　2009 ～ 2016 年杭州新建商品房成交均价对比图（单位：元 / 平方米）

四、土地市场情况

2016 年杭州市区土地市场争夺激烈，地王频出。其中 80 宗涉宅用地相继刷出 42 宗单价、总价地王，市中心、景芳三堡、申花、未来科技城、钱江世纪城等 24 个板块刷新最高地价纪录。其中多个板块地王更迭频繁，如申花、未来科技城、萧山区北、良渚核心区。部分高价地块“面粉”接近甚至超过“面包”价格，按目前市场价格体系，尚无法保本。开发商赌预期赌未来，以时间换空间。从 2016 年的土地储备分析，未来一年甚至更长的时间，各家企业杭州市场份额的排序可能发生较大变化。

杭州市区全年共计成交 126 宗土地，总出让面积 531.7 万平方米，总可建面积 1 251.6 万平方米，总成交金额达 1 597.7 亿元。与同样地王频出的 2013 年相比，总成交金额上升了 270.8 亿元，但总可建面积仅为 2013 年的近 60%。平均楼面价 12 765 元 / 平方米，比 2015 年上涨 72.3%（这一涨幅接近 2011 ～ 2015 年连续五年的累积涨幅）。其中，涉宅地成交 80 宗，出让面积 425.7 万平方米，总可建面积 985.4 万平方米，总成交金额 1 398.5 亿元。平均楼面价 14 192 元 / 平方米，比 2015 年上涨 66.1%。杭州市区总成交额、平均楼面价以及宅地成交额、宅地平均楼面价 4 项数据均创下历史新高，但总可建面积为 2009 年以来倒数第三位，仅略高于 2012 年和 2015 年。

第六篇

附录

ALMANAC OF SHANGHAI REAL ESTATE

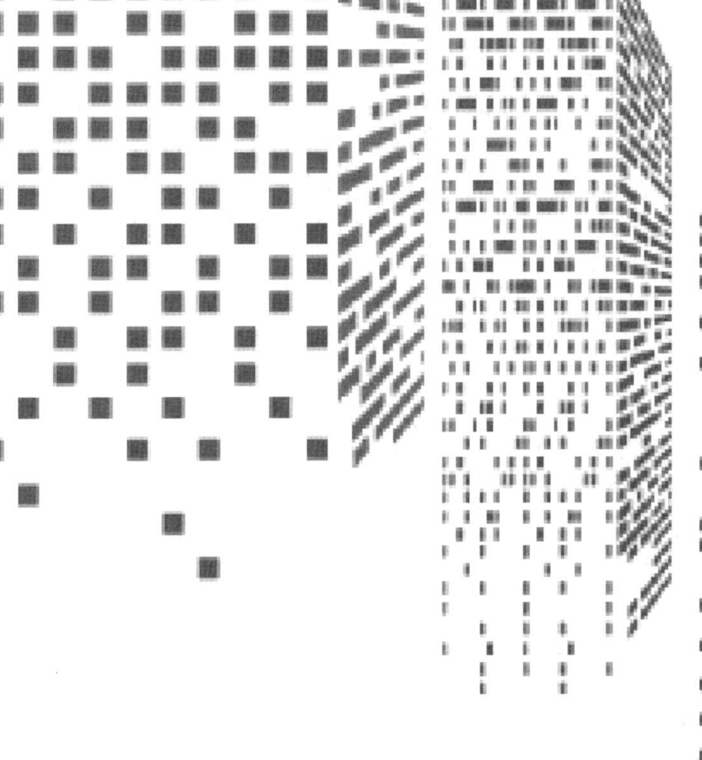

第十六章　房地产政策法规汇编

第一节　综　合

国务院办公厅关于加快培育和发展住房租赁市场的若干意见

国办发〔2016〕39号

各省、自治区、直辖市人民政府，国务院各部委、各直属机构：

实行购租并举，培育和发展住房租赁市场，是深化住房制度改革的重要内容，是实现城镇居民住有所居目标的重要途径。改革开放以来，我国住房租赁市场不断发展，对加快改善城镇居民住房条件、推动新型城镇化进程等发挥了重要作用，但市场供应主体发育不充分、市场秩序不规范、法规制度不完善等问题仍较为突出。为加快培育和发展住房租赁市场，经国务院同意，现提出以下意见。

一、总体要求

（一）指导思想。全面贯彻党的十八大和十八届三中、四中、五中全会以及中央城镇化工作会议、中央城市工作会议精神，认真落实国务院决策部署，按照“五位一体”总体布局和“四个全面”战略布局，牢固树立和贯彻落实创新、协调、绿色、开放、共享的发展理念，以建立购租并举的住房制度为主要方向，健全以市场配置为主、政府提供基本保障的住房租赁体系。支持住房租赁消费，促进住房租赁市场健康发展。

（二）发展目标。到2020年，基本形成供应主体多元、经营服务规范、租赁关系稳定的住房租赁市场体系，基本形成保基本、促公平、可持续的公共租赁住房保障体系，基本形成市场规则明晰、政府监管有力、权益保障充分的住房租赁法规制度体系，推动实现城镇居民住有所居的目标。

二、培育市场供应主体

（三）发展住房租赁企业。充分发挥市场作用，调动企业积极性，通过租赁、购买等方式多渠道筹集房源，提高住房租赁企业规模化、集约化、专业化水平，形成大、中、小住房租赁企业协同发展的格局，满足不断增长的住房租赁需求。按照《国务院办公厅关于加快发展生活性服务业促进消费结构升级的指导意见》（国办发〔2015〕85号）有关规定，住房租赁企业享受生活性服务业的相关支持政策。

（四）鼓励房地产开发企业开展住房租赁业务。支持房地产开发企业拓展业务范围，利用已建成住房或新建住房开展租赁业务；鼓励房地产开发企业出租库存商品住房；引导房地产开发企业与住房租赁企业合作，发展租赁地产。

（五）规范住房租赁中介机构。充分发挥中介机构作用，提供规范的居间服务。努力提高中介服务质量，不断提升从业人员素质，促进中介机构依法经营、诚实守信、公平交易。

（六）支持和规范个人出租住房。落实鼓励个人出租住房的优惠政策，鼓励个人依法出租自有住房。规范个人出租住房行为，支持个人委托住房租赁企业和中介机构出租住房。

三、鼓励住房租赁消费

（七）完善住房租赁支持政策。各地要制定支持住房租赁消费的优惠政策措施，引导城镇居民通过租房解决居住问题。落实提取住房公积金支付房租政策，简化办理手续。非本地户籍承租人可按照《居住证暂行条例》等有关规定申领居住证，享受义务教育、医疗等国家规定的基本公共服务。

（八）明确各方权利义务。出租人应当按照相关法律法规和合同约定履行义务，保证住房和室内设施符合要求。住房租赁合同期限内，出租人无正当理由不得解除合同，不得单方面提高租金，不得随意克扣押金；承租人应当按照合同约定使用住房和室内设施，并按时缴纳租金。

四、完善公共租赁住房

（九）推进公租房货币化。转变公租房保障方式，实物保障与租赁补贴并举。支持公租房保障对象通过市场租房，政府对符合条件的家庭给予租赁补贴。完善租赁补贴制度，结合市场租金水平和保障对象实际情况，合理确定租赁补贴标准。

（十）提高公租房运营保障能力。鼓励地方政府采取购买服务或政府和社会资本合作（PPP）模式，将现有政府投资和管理的公租房交由专业化、社会化企业运营管理，不断提高管理和服务水平。在城镇稳定就业的外来务工人员、新就业大学生和青年医生、青年教师等专业技术人员，凡符合当地城镇居民公租房准入条件的，应纳入公租房保障范围。

五、支持租赁住房建设

（十一）鼓励新建租赁住房。各地应结合住房供需状况等因素，将新建租赁住房纳入住房发展规划，合理确定租赁住房建设规模，并在年度住房建设计划和住房用地供应计划中予以安排，引导土地、资金等资源合理配置，有序开展租赁住房建设。

（十二）允许改建房屋用于租赁。允许将商业用房等按规定改建为租赁住房，土地使用年限和容积率不变，土地用途调整为居住用地，调整后用水、用电、用气价格应当按照居民标准执行。允许将现有住房按照国家和地方的住宅设计规范改造后出租，改造中不得改变原有防火分区、安全疏散和防火分隔设施，必须确保消防设施完好有效。

六、加大政策支持力度

（十三）给予税收优惠。对依法登记备案的住房租赁企业、机构和个人，给予税收优惠政策支持。落实营改增关于住房租赁的有关政策，对个人出租住房的，由按照 5% 的征收率减按 1.5% 计算缴纳增值税；对个人出租住房月收入不超过 3 万元的，2017 年底之前可按规定享受免征增值税政策；对房地产中介机构提供住房租赁经纪代理服务，适用 6% 的增值税税率；对一般纳税人出租在实施营改增试点前取得的不动产，允许选择适用简易计税办法，按照 5% 的征收率计算缴纳增值税。对个人出租住房所得，减半征收个人所得税；对个人承租住房的租金支出，结合个人所得税改革，统筹研究有关费用扣除问题。

（十四）提供金融支持。鼓励金融机构按照依法合规、风险可控、商业可持续的原则，向住房租赁企业提供金融支持。支持符合条件的住房租赁企业发行债券、不动产证券化产品。稳步推进房地产投资信托基金（REITs）试点。

（十五）完善供地方式。鼓励地方政府盘活城区存量土地，采用多种方式增加租赁住房用地有效供应。新建租赁住房项目用地以招标、拍卖、挂牌方式出让的，出让方案和合同中应明确规定持有出租的年限。

七、加强住房租赁监管

（十六）健全法规制度。完善住房租赁法律法规，明确当事人的权利义务，规范市场行为，稳定租赁关系。推行住房租赁合同示范文本和合同网上签约，落实住房租赁合同登记备案制度。

（十七）落实地方责任。省级人民政府要加强本地区住房租赁市场管理，加强工作指导，研究解决重点难点问题。城市人民政府对本行政区域内的住房租赁市场管理负总责，要建立多部门联合监管体制，明确职责分工，充分发挥街道、乡镇等基层组织作用，推行住房租赁网格化管理。加快建设住房租赁信息服务与监管平台，推进部门间信息共享。

（十八）加强行业管理。住房城乡建设部门负责住房租赁市场管理和相关协调工作，要会同有关部门加强住房租赁市场监管，完善住房租赁企业、中介机构和从业人员信用管理制度，全面建立相关市场主体信用记录，纳入全国信用信息共享平台，对严重失信主体实施联合惩戒。公安部门要加强出租住房治安管理和住房租赁当事人居住登记，督促指导居民委员会、村民委员会、物业服务企业以及其他管理单位排查安全隐患。各有关部门要按照职责分工，依法查处利用出租住房从事违法经营活动。

各地区、各有关部门要充分认识加快培育和发展住房租赁市场的重要意义，加强组织领导，健全工作机制，做好宣传引导，营造良好环境。各地区要根据本意见，研究制定具体实施办法，落实工作责任，确保各项工作有序推进。住房城乡建设部要会同有关部门对本意见落实情况进行督促检查。

国务院办公厅

2016 年 5 月 17 日

住房城乡建设部财政部关于做好城镇住房保障家庭租赁补贴工作的指导意见

建保〔2016〕281 号

各省、自治区住房城乡建设厅、财政厅，北京市住房城乡建设委、财政局，天津市城乡建设委、国土资源房屋管理局、财政局，上海市住房城乡建设管理委、财政局，重庆市城乡建设委、国土资源房屋管理局、财政局，新疆生产建设兵团建设局、财务局：

为贯彻落实《国务院办公厅关于加快培育和发展住房租赁市场的若干意见》（国办发〔2016〕39 号），进一步做好城镇住房保障家庭租赁补贴工作，完善住房保障制度，现提出以下意见：

一、总体要求

（一）指导思想。

深入贯彻党的十八大和十八届三中、四中、五中、六中全会以及中央城市工作会议精神，认真落实国务院决策部署，以建立购房与租房并举、市场配置与政府保障相结合的住房制度为主要方向，进一步完善住房保障制度。城镇住房保障采取实物配租与租赁补贴相结合的方式，逐步转向以租赁补贴为主。

（二）基本原则。

1. 因地制宜，因城施策。各地要根据经济发展水平、房地产市场状况、政府财政承受能力、住房保障对象需求等因素，合理确定租赁补贴的发放规模和发放对象。公租房存量较大、租赁补贴需求较小的地区，应加大公租房分配入住力度。

2. 市场导向，动态调整。各地要结合当地住房市场租金水平、人均住房面积等情况，合理确定租赁补贴标准和补贴面积等，建立健全租赁补贴制度，并动态调整。

3. 分类保障，差别补贴。根据住房保障家庭的住房困难程度和支付能力，各地可分类别、分层次对在市场租房居住的住房保障家庭予以差别化的租赁补贴，保障其基本居住需求。

二、明确租赁补贴具体政策

（一）研究制定准入条件。各地要研究制定租赁补贴申请家庭的住房、收入、财产等准入条件，原则上租赁补贴申请家庭的人均可支配收入应低于当地城镇人均可支配收入的一定比例，具体条件和比例由各地研究确定，并动态调整，向社会公布。

（二）分档确定补贴标准。各地要结合当地住房租赁市场的租金水平、补贴申请家庭支付能力以及财力水平等因素，分档确定租赁补贴的标准，具体标准由各地研究确定，并动态调整，向社会公布。

（三）合理确定租赁补贴面积。各地要结合租赁补贴申请家庭的成员数量和本地区人均住房面积等情况，合理确定租赁补贴面积标准，原则上住房保障家庭应租住中小户型住房，户均租赁补贴面积不超过 60 平方米，超出部分由住房保障家庭自行承担。

（四）加大政策支持力度。各地发放租赁补贴的户数列入全国城镇保障性安居工程年度计划。市、县财政要安排专项资金发放租赁补贴，省级财政要继续支持市、县租赁补贴工作，中央财政城镇保障性安居工程专项资金可统筹用于发放租赁补贴。

三、强化租赁补贴监督管理

（一）规范合同备案制度。租赁补贴申请家庭应与房屋产权人或其委托人签订租赁合同，并及时将租赁合同、房屋权属证明、租赁发票等材料提交住房城乡建设部门审核。各地要根据轮候排序结果，与补贴申请家庭签订租赁补贴协议，明确补贴标准、发放期限和停发补贴事项及违约责任等，并按月或季度发放租赁补贴，在每年 12 月 25 日前完成年度最后一次租赁补贴的核发。租赁补贴发放方式由各地自行确定，确保用于住房保障家庭租赁住房。

（二）建立退出机制。各地要按户建立租赁补贴档案，定期进行复核，及时掌握补贴发放家庭的人口、收入、住房等信息的变动状况。对符合条件的，继续发放租赁补贴；对不再符合租赁补贴保障条件的家庭，应终止发放租赁补贴。领取补贴期间申请实物配租公租房的，配租入住后停止发放租赁补贴。

（三）健全信息公开和监督机制。各地要建立健全租赁补贴的申请、受理、审核、公示和发放机制，全面公开租赁补贴的发放计划、发放对象、申请审核程序、发放结果及退出情况等信息，畅通投诉举报渠道，主动接受社会监督，确保租赁补贴发放的公平、公开、公正。

四、加强组织领导

（一）进一步提高对租赁补贴工作重要性的认识。切实做好城镇住房保障家庭租赁补贴有关工作，是优化住房保障方式，深化住房制度改革，加快改善城镇住房困难家庭居住条件的重要举措；也是引导城镇居民合理住房消费，促进房地产市场平稳健康发展，培育和发展住房租赁市场，推动新型城镇化进程的必然要求。各地要结合实际，研究出台或修订具体实施意见（方案），确保租赁补贴工作的顺利开展。

（二）明确部门职责及协调机制。各地要建立健全租赁补贴申请家庭对申请材料真实性负责的承诺、授权审核制度。住房城乡建设、财政等部门要根据职责，做好租赁补贴申请材料的受理、审核工作，建立信息共享机制，着力提高补贴发放资格审核的准确性，对符合条件的住房保障家庭及时予以公示。财政部门根据审核结果，及时拨付租赁补贴资金，并对资金使用情况履行监管职责。对租赁补贴工作中存在违法违规行为的单位或个人，应依法依规追究相关责任。

中华人民共和国住房和城乡建设部
中华人民共和国财政部
2016 年 12 月 8 日

关于调整房地产交易环节契税营业税优惠政策的通知

财税〔2016〕23 号

各省、自治区、直辖市、计划单列市财政厅（局）、地方税务局、住房城乡建设厅（建委、房地局），西藏、宁夏、青海省（自治区）国家税务局，新疆生产建设兵团财务局、建设局：

根据国务院有关部署，现就调整房地产交易环节契税、营业税优惠政策通知如下：

一、关于契税政策

（一）对个人购买家庭唯一住房（家庭成员范围包括购房人、配偶以及未成年子女，下同），面积为 90 平方米及以下的，减按 1% 的税率征收契税；面积为 90 平方米以上的，减按 1.5% 的税率征收契税。

（二）对个人购买家庭第二套改善性住房，面积为 90 平方米及以下的，减按 1% 的税率征收契税；面积为 90 平方米以上的，减按 2% 的税率征收契税。

家庭第二套改善性住房是指已拥有一套住房的家庭，购买的家庭第二套住房。

（三）纳税人申请享受税收优惠的，根据纳税人的申请或授权，由购房所在地的房地产主管部门出具纳税人家庭住房情况书面查询结果，并将查询结果和相关住房信息及时传递给税务机关。暂不具备查询条件而不能提供家庭住房查询结果的，纳税人应向税务机关提交家庭住房实有套数书面诚信保证，诚信保证不实的，属于虚假纳税申报，按照《中华人民共和国税收征收管理法》的有关规定处理，并将不诚信记录纳入个人征信系统。

按照便民、高效原则，房地产主管部门应按规定及时出具纳税人家庭住房情况书面查询结果，税务机关应对纳税人提出的税收优惠申请限时办结。

（四）具体操作办法由各省、自治区、直辖市财政、税务、房地产主管部门共同制定。

二、关于营业税政策

个人将购买不足2年的住房对外销售的，全额征收营业税；个人将购买2年以上（含2年）的住房对外销售的，免征营业税。

办理免税的具体程序、购买房屋的时间、开具发票、非购买形式取得住房行为及其他相关税收管理规定，按照《国务院办公厅转发建设部等部门关于做好稳定住房价格工作意见的通知》（国办发〔2005〕26号）、《国家税务总局财政部建设部关于加强房地产税收管理的通知》（国税发〔2005〕89号）和《国家税务总局关于房地产税收政策执行中几个具体问题的通知》（国税发〔2005〕172号）的有关规定执行。

三、关于实施范围

北京市、上海市、广州市、深圳市暂不实施本通知第一条第二项契税优惠政策及第二条营业税优惠政策，上述城市个人住房转让营业税政策仍按照《财政部国家税务总局关于调整个人住房转让营业税政策的通知》（财税〔2015〕39号）执行。

上述城市以外的其他地区适用本通知全部规定。

本通知自2016年2月22日起执行。

财政部

国家税务总局

住房城乡建设部

2016年2月17日

关于进一步完善本市住房市场体系和保障体系促进房地产市场平稳健康发展的若干意见

为贯彻落实国家关于房地产市场“因城施策”的管理要求，继续坚持以居住为主、以市民为主、以普通商品住房为主的住房市场体系，深化完善“四位一体”的住房保障体系，加强本市房地产市场监管工作，现就进一步完善本市住房市场体系和保障体系，促进房地产市场平稳健康发展提出如下若干意见：

一、建立联席会议

市政府建立进一步加强本市房地产市场监管工作的联席会议（以下简称联席会议），由市住房城乡建设管理委牵头，市发展改革委、市财政局、市规划国土资源局、市地税局、市工商局、市统计局、市金融办、市政府法制办、市政府新闻办等部门和人民银行上海总部、上海银监局参加，负责指导、协调、推进全市的房地产市场监管工作，联席会议办公室设在市住房城乡建设管理委。加强对房地产市场的跟踪、分析和研判，及时提出相关监管完善措施。同时，本市建立统一、规范的房地产市场信息发布机制。

各区县政府要结合辖区实际，组织、协调各相关管理部门承担和落实本区域房地产市场的监管职责。

二、加大住房用地供应力度

加快住房用地出让前期工作，增加商品住房用地供应，提高商品住房用地的中小套型比例，中心城区不低于70%，郊区不低于60%（供需矛盾突出的郊区，供应比例提高到70%）。

三、从严执行住房限购政策

提高非本市户籍居民家庭购房缴纳个人所得税或社会保险的年限，将自购房之日起计算的前3年内在本市累计缴纳2年以上，调整为自购房之日前连续缴纳满5年及以上。

企业购买的商品住房再次上市交易，需满3年及以上，若其交易对象为个人，按照本市限购政策执行。

四、实行差别化住房信贷政策

对拥有1套住房的居民家庭，为改善居住条件再次申请商业性个人住房贷款购买普通自住房的，首付款比例不低于50%；对拥有1套住房的居民家庭，为改善居住条件再次申请商业性个人住房贷款购买非普通自住房的，首付款比例不低于70%。

商业银行应加强对购房人首付款的核查，购房人在申请贷款时，应承诺首付款为自有资金，如违反承诺，则作为失信行为信息纳入本市公共信用信息服务平台。

五、强化市场监管和开展执法检查

进一步加强商品房预销售管理，防止捂盘惜售。进一步加强交易管理，将住房限购审核从房产登记环节前置至交易备案环节。规范房产中介行为，强化房产中介机构和从业人员的网上签约管理。建立二手房交易资金第三方监管制度。加强房屋抵押管理、房屋租赁管理和房屋产权管理。

加强对房地产开发企业和房产中介机构的监管，重点查处捂盘惜售、炒作房价、虚假广告、诱骗消费者交易等违法违规行为。对涉案房地产开发企业，可依法暂停其网上销售，降低直至取消其开发资质，并将相关信息纳入本市公共信用信息服务平台。对涉案房产中介机构，可依法取消相关门店网上签约资格；情节严重的，取消区域网上签约资格，予以公开曝光，并将相关信息纳入本市公共信用信息服务平台。

严禁房地产开发企业、房产中介机构从事首付贷、过桥贷及自我融资、自我担保、设立资金池等场外配资金融业务。对各类非正规金融机构为房产交易提供各种形式金融业务行为，开展专项整治。

六、推进廉租住房和公共租赁住房并轨运行

统筹做好廉租住房和公共租赁住房房源筹措和运营管理工作，健全分配供应、租后管理、到期退出等各项机制。为扩大符合政策的住房困难群体受益面，支持公共租赁住房运营机构通过代理经租方式，筹集公共租赁住房房源；支持区县采取政府购买服务方式，组织市场机构代理经租社会闲置存量住房向符合公共租赁住房准入条件的对象供应。

七、多渠道筹措人才公寓住房

聚焦具有全球影响力的科技创新中心建设，支持科技企业引进人才，加快建设人才公寓。严格执行商品住房项目配建不少于5%的保障性住房政策。其中，外环以内配建房源一律作为公共租赁住房使用，不得上市转让，只租不售；产业类工业用地配套建设租赁房等生活服务设施的，其建筑面积占项目总建筑面积的比例从7%提高到不超过15%；利用轨道交通场站“上盖”，配建人才公寓（公共租赁住房）；鼓励符合条件的企业单位自建人才公寓（单位租赁房），向职工出租。

八、搞好共有产权保障住房建设、供应和供后管理

确保对共有产权保障住房建设的土地供应量，2016 年继续开展新一批次共有产权保障住房申请受理工作。按照国家和本市共有产权保障住房管理相关规定，进一步加强共有产权保障住房供后管理工作。为方便保障性住房小区居民生活，加快大型居住社区配套设施建设、移交接管和开办运营。

九、加快推进旧区改造和“城中村”改造

加快推进中心城区成片二级以下旧里房屋改造和“城中村”改造，积极开展郊区城镇旧区改造。加快推进旧住房综合改造，提升旧住房安全性能和使用功能。加快在拆基地收尾平地和出让的进度，继续推进旧区改造征收安置房建设，全力确保房源建设和配套设施建设所需土地的供应。

上海市住房和城乡建设管理委员会
上海市规划和国土资源管理局
上海市工商行政管理局
上海市金融服务办公室
2016 年 3 月 24 日

第二节　房地产管理政策

关于房地产开发企业土地增值税清算涉及企业所得税退税有关问题的公告

国家税务总局公告 2016 年第 81 号

根据《中华人民共和国企业所得税法》及其实施条例、《中华人民共和国税收征收管理法》及其实施细则的相关规定，现就房地产开发企业（以下简称企业）由于土地增值税清算，导致多缴企业所得税的退税问题公告如下：

一、企业按规定对开发项目进行土地增值税清算后，当年企业所得税汇算清缴出现亏损且有其他后续开发项目的，该亏损应按照税法规定向以后年度结转，用以后年度所得弥补。后续开发项目，是指正在开发以及中标的项目。

二、企业按规定对开发项目进行土地增值税清算后，当年企业所得税汇算清缴出现亏损，且没有后续开发项目的，可以按照以下方法，计算出该项目由于土地增值税原因导致的项目开发各年度多缴企业所得税税款，并申请退税：

（一）该项目缴纳的土地增值税总额，应按照该项目开发各年度实现的项目销售收入占整个项目销售收入总额的比例，在项目开发各年度进行分摊，具体按以下公式计算：

各年度应分摊的土地增值税 = 土地增值税总额 ×（项目年度销售收入 ÷ 整个项目销售收入总额）

本公告所称销售收入包括视同销售房地产的收入，但不包括企业销售的增值额未超过扣除项目金额 20% 的普通标准住宅的销售收入。

（二）该项目开发各年度应分摊的土地增值税减去该年度已经在企业所得税税前扣除的土地增值税后，余额属于当年应补充扣除的土地增值税；企业应调整当年度的应纳税所得额，并按规定计算当年度应退的企业所得税税款；当年度已缴纳的企业所得税税款不足退税的，应作为亏损向以后年度结转，并调整以后年度的应纳税所得额。

（三）按照上述方法进行土地增值税分摊调整后，导致相应年度应纳税所得额出现正数的，应按规定计算缴纳企业所得税。

（四）企业按上述方法计算的累计退税额，不得超过其在该项目开发各年度累计实际缴纳的企业所得税；超过部分作为项目清算年度产生的亏损，向以后年度结转。

三、企业在申请退税时，应向主管税务机关提供书面材料说明应退企业所得税款的计算过程，包括该项目缴纳的土地增值税总额、项目销售收入总额、项目年度销售收入额、各年度应分摊的土地增值税和已经税前扣除的土地增值税、各年度的适用税率，以及是否存在后续开发项目等情况。

四、本公告自发布之日起施行。本公告发布之日前，企业凡已经对土地增值税进行清算且没有后续开发项目的，在本公告发布后仍存在尚未弥补的因土地增值税清算导致的亏损，按照本公告第二条规定的方法计算多缴企业所得税税款，并申请退税。

《国家税务总局关于房地产开发企业注销前有关企业所得税处理问题的公告》（国家税务总局公告 2010 年第 29 号）同时废止。

特此公告。

国家税务总局

2016 年 12 月 9 日

关于明确金融房地产开发教育辅助服务等增值税政策的通知

财税〔2016〕140 号

各省、自治区、直辖市、计划单列市财政厅（局）、国家税务局，地方税务局，新疆生产建设兵团财务局：

现将营改增试点期间有关金融、房地产开发、教育辅助服务等政策补充通知如下：

一、《销售服务、无形资产、不动产注释》（财税〔2016〕36 号）第一条第（五）项第 1 点所称“保本收益、报酬、资金占用费、补偿金”，是指合同中明确承诺到期本金可全部收回的投资收益。金融商品持有期间（含到期）取得的非保本的上述收益，不属于利息或利息性质的收入，不征收增值税。

二、纳税人购入基金、信托、理财产品等各类资产管理产品持有至到期，不属于《销售服务、无形资产、不动产注释》（财税〔2016〕36 号）第一条第（五）项第 4 点所称的金融商品转让。

三、证券公司、保险公司、金融租赁公司、证券基金管理公司、证券投资基金以及其他经人民银行、银监会、证监会、保监会批准成立且经营金融保险业务的机构发放贷款后，自结息日起 90 天内发生的应收未收利息按现行规定缴纳增值税，自结息日起 90 天后发生的应收未收利息暂不缴纳增值税，待实际收到利息时按规定缴纳增值税。

四、资管产品运营过程中发生的增值税应税行为，以资管产品管理人为增值税纳税人。

五、纳税人 2016 年 1-4 月份转让金融商品出现的负差，可结转下一纳税期，与 2016 年 5-12 月份转让金融商品销售额相抵。

六、《财政部国家税务总局关于全面推开营业税改征增值税试点的通知》（财税〔2016〕36 号）所称“人民银行、银监会或者商务部批准”、“商务部授权的省级商务主管部门和国家经济技术开发区批准”从事融资租赁业务（含融资性售后回租业务）的试点纳税人（含试点纳税人中的一般纳税人），包括经上述部门备案从事融资租赁业务的试点纳税人。

七、《营业税改征增值税试点有关事项的规定》（财税〔2016〕36 号）第一条第（三）项第 10 点中“向政府部门支付的土地价款”，包括土地受让人向政府部门支付的征地和拆迁补偿费用、土地前期开发费用和土地出让收益等。

房地产开发企业中的一般纳税人销售其开发的房地产项目（选择简易计税方法的房地产老项目除外），在取得土地时向其他单位或个人支付的拆迁补偿费用也允许在计算销售额时扣除。纳税人按上述规定扣除拆迁补偿费用时，应提供拆迁协议、拆迁双方支付和取得拆迁补偿费用凭证等能够证明拆迁补偿费用真实性的材料。

八、房地产开发企业（包括多个房地产开发企业组成的联合体）受让土地向政府部门支付土地价款后，设立项目公司对该受让土地进行开发，同时符合下列条件的，可由项目公司按规定扣除房地产开发企业向政府部门支付的土地价款。

（一）房地产开发企业、项目公司、政府部门三方签订变更协议或补充合同，将土地受让人变更为项目公司；

（二）政府部门出让土地的用途、规划等条件不变的情况下，签署变更协议或补充合同时，土地价款总额不变；

（三）项目公司的全部股权由受让土地的房地产开发企业持有。

九、提供餐饮服务的纳税人销售的外卖食品，按照“餐饮服务”缴纳增值税。

十、宾馆、旅馆、旅社、度假村和其他经营性住宿场所提供会议场地及配套服务的活动，按照“会议展览服务”缴纳增值税。

十一、纳税人在游览场所经营索道、摆渡车、电瓶车、游船等取得的收入，按照“文化体育服务”缴纳增值税。

十二、非企业性单位中的一般纳税人提供的研发和技术服务、信息技术服务、鉴证咨询服务，以及销售技术、著作权等无形资产，可以选择简易计税方法按照 3% 征收率计算缴纳增值税。

非企业性单位中的一般纳税人提供《营业税改征增值税试点过渡政策的规定》（财税〔2016〕36 号）第一条第（二十六）项中的“技术转让、技术开发和与之相关的技术咨询、技术服务”，可以参照上述规定，选择简易计税方法按照3%征收率计算缴纳增值税。

十三、一般纳税人提供教育辅助服务，可以选择简易计税方法按照3%征收率计算缴纳增值税。

十四、纳税人提供武装守护押运服务，按照“安全保护服务”缴纳增值税。

十五、物业服务企业为业主提供的装修服务，按照“建筑服务”缴纳增值税。

十六、纳税人将建筑施工设备出租给他人使用并配备操作人员的，按照“建筑服务”缴纳增值税。

十七、自2017年1月1日起，生产企业销售自产的海洋工程结构物，或者融资租赁企业及其设立的项目子公司、金融租赁公司及其设立的项目子公司购买并以融资租赁方式出租的国内生产企业生产的海洋工程结构物，应按规定缴纳增值税，不再适用《财政部国家税务总局关于出口货物劳务增值税和消费税政策的通知》（财税〔2012〕39号）或者《财政部国家税务总局关于在全国开展融资租赁货物出口退税政策试点的通知》（财税〔2014〕62号）规定的增值税出口退税政策，但购买方或者承租方为按实物征收增值税的中外合作油（气）田开采企业的除外。

2017年1月1日前签订的海洋工程结构物销售合同或者融资租赁合同，在合同到期前，可继续按现行相关出口退税政策执行。

本通知除第十七条规定的政策外，其他均自2016年5月1日起执行。此前已征的应予免征或不征的增值税，可抵减纳税人以后月份应缴纳的增值税。

财政部国家税务总局

2016年12月21日

关于进一步加强本市房地产市场监管促进房地产市场平稳健康发展的意见

沪建房管联〔2016〕839号

各有关单位：

为深入贯彻落实国家关于房地产市场“因城施策、分类调控”的管理要求，在继续严格执行《关于进一步完善本市住房市场体系和保障体系促进房地产市场平稳健康发展的若干意见》的基础上，进一步强化市场监管，加大执法力度，规范市场秩序，坚决遏制房价过快上涨态势，确保本市房地产市场平稳健康发展。经市政府同意，现提出如下意见：

一、进一步加大商品住房用地供应力度

2016年商品住房用地供应同比有较大幅度的增加。根据地块不同情况，进一步增加商品住房用地中保障性住房（含人才公寓）配建的比例和房地产开发企业自持住房的比例。

二、进一步加强商品住房用地交易资金来源监管

建立由市规划国土资源局、市金融办和金融监管机构等部门组成的商品住房用地交易资金来源监管联合工作小组，开展土地交易资金监管工作。根据国家有关规定，银行贷款、信托资金、资本市场融资、资管计划配资、保险资金等不得用于缴付土地竞买保证金、定金及

后续土地出让价款。竞买人在申请参加土地招拍挂活动时，应承诺资金来源为合规的自有资金。违反规定的，取消竞买或竞得资格，已缴纳的竞买保证金不予退还，并三年内不得参加上海市国有建设用地使用权招标拍卖出让活动。

三、进一步加强新建商品住房预销售管理

自2016年10月8日起，全市新建商品住房销售方案备案实行市、区两级审核（包括预售许可和现房销售备案），对上市房源定价不合理的，坚决予以调整。加强在售新建商品住房项目销售价格监测监管，不得擅自提价。

房地产开发企业应当严格按照国家和本市商品住房销售管理规定，在销售现场醒目位置公示经备案的销售方案等内容，实行一房一价、明码标价制度，在规定时间内一次性公开上网销售。

严格执行限购、限贷等房地产市场调控政策，对有意规避限购、限贷等相关规定的行为，强化监管措施，加大管控力度。

四、严厉查处房地产市场违法违规行为

持续开展房地产开发企业和中介机构违法违规行为专项整治行动，进一步加大整治力度，重点查处捂盘惜售、炒作房价、虚假广告、诱骗消费者交易等违法违规行为。

物价管理管理部门会同住建等部门加强对商品住房预销售价格的监督检查，依法严格查处各类价格违规行为。

五、全面实行存量住房交易资金监管制度

在已试点基础上，制定存量住房交易资金监管办法，全面实行二手存量住房交易资金监管。规范房地产企业经营行为，严禁从事首付贷、过桥贷、违规房抵贷及自我融资、自我担保、设立资金池等场外配资金融业务。

六、加强政策解读和宣传

加强对房地产市场的监测、分析和研判，定期发布统一、规范的房地产市场信息。正确解读房地产市场监管措施和调控政策，及时澄清不实消息，稳定市场预期，引导理性消费。对编造谣言、散布不实信息、扰乱市场秩序等行为，加大查处力度，依法依规予以严肃处理。

上海市住房和城乡建设管理委员会
上海市规划和国土资源管理局
2016年10月8日

第三节　土地政策

国土资源部关于修改《建设项目用地预审管理办法》的决定

中华人民共和国国土资源部令第68号

《国土资源部关于修改〈建设项目用地预审管理办法〉的决定》，已经2016年11月

25 日国土资源部第 4 次部务会议审议通过，现予发布，自 2017 年 1 月 1 日起施行。

部长姜大明

2016 年 11 月 29 日

为进一步简化建设用地预审审查内容，减少审批要件，提高审批效率，决定对《建设项目用地预审管理办法》作出如下修改：

一、将第七条修改为 :“申请用地预审的项目建设单位，应当提交下列材料：

“（一）建设项目用地预审申请表；

“（二）建设项目用地预审申请报告，内容包括拟建项目的基本情况、拟选址占地情况、拟用地是否符合土地利用总体规划、拟用地面积是否符合土地使用标准、拟用地是否符合供地政策等；

“（三）审批项目建议书的建设项目提供项目建议书批复文件，直接审批可行性研究报告或者需核准的建设项目提供建设项目列入相关规划或者产业政策的文件。

“前款规定的用地预审申请表样式由国土资源部制定。”

二、将第八条修改为：“建设单位应当对单独选址建设项目是否位于地质灾害易发区、是否压覆重要矿产资源进行查询核实；位于地质灾害易发区或者压覆重要矿产资源的，应当依据相关法律法规的规定，在办理用地预审手续后，完成地质灾害危险性评估、压覆矿产资源登记等。”

三、将第九条修改为：“负责初审的国土资源主管部门在转报用地预审申请时，应当提供下列材料：

“（一）依据本办法第十一条有关规定，对申报材料作出的初步审查意见；

“（二）标注项目用地范围的土地利用总体规划图、土地利用现状图及其他相关图件；

“（三）属于《土地管理法》第二十六条规定情形，建设项目用地需修改土地利用总体规划的，应当出具规划修改方案。”

四、将第十一条修改为 :“预审应当审查以下内容：

“（一）建设项目用地是否符合国家供地政策和土地管理法律、法规规定的条件；

“（二）建设项目选址是否符合土地利用总体规划，属《土地管理法》第二十六条规定情形，建设项目用地需修改土地利用总体规划的，规划修改方案是否符合法律、法规的规定；

“（三）建设项目用地规模是否符合有关土地使用标准的规定 ; 对国家和地方尚未颁布土地使用标准和建设标准的建设项目，以及确需突破土地使用标准确定的规模和功能分区的建设项目，是否已组织建设项目节地评价并出具评审论证意见。

“占用基本农田或者其他耕地规模较大的建设项目，还应当审查是否已经组织踏勘论证。”

五、将第十五条第一款修改为：“建设项目用地预审文件有效期为三年，自批准之日起计算。已经预审的项目，如需对土地用途、建设项目选址等进行重大调整的，应当重新申请预审。”

六、将第二条、第四条、第六条、第十条、第十二条中的“国土资源管理部门”修改为“国土资源主管部门”。

本决定自 2017 年 1 月 1 日起施行。

《建设项目用地预审管理办法》根据本决定作相应修改后，重新发布。

建设项目用地预审管理办法

（2001 年 7 月 25 日中华人民共和国国土资源部令第 7 号发布 2004 年 10 月 29 日修订 2008 年 11 月 12 日第一次修正根据 2016 年 11 月 25 日《国土资源部关于修改〈建设项目用地预审管理办法〉的决定》第二次修正）

第一条为保证土地利用总体规划的实施，充分发挥土地供应的宏观调控作用，控制建设用地总量，根据《中华人民共和国土地管理法》《中华人民共和国土地管理法实施条例》和《国务院关于深化改革严格土地管理的决定》，制定本办法。

第二条本办法所称建设项目用地预审，是指国土资源主管部门在建设项目审批、核准、备案阶段，依法对建设项目涉及的土地利用事项进行的审查。

第三条预审应当遵循下列原则：

（一）符合土地利用总体规划；

（二）保护耕地，特别是基本农田；

（三）合理和集约节约利用土地；

（四）符合国家供地政策。

第四条建设项目用地实行分级预审。

需人民政府或有批准权的人民政府发展和改革等部门审批的建设项目，由该人民政府的国土资源主管部门预审。

需核准和备案的建设项目，由与核准、备案机关同级的国土资源主管部门预审。

第五条需审批的建设项目在可行性研究阶段，由建设用地单位提出预审申请。

需核准的建设项目在项目申请报告核准前，由建设单位提出用地预审申请。

需备案的建设项目在办理备案手续后，由建设单位提出用地预审申请。

第六条依照本办法第四条规定应当由国土资源部预审的建设项目，国土资源部委托项目所在地的省级国土资源主管部门受理，但建设项目占用规划确定的城市建设用地范围内土地的，委托市级国土资源主管部门受理。受理后，提出初审意见，转报国土资源部。

涉密军事项目和国务院批准的特殊建设项目用地，建设用地单位可直接向国土资源部提出预审申请。

应当由国土资源部负责预审的输电线塔基、钻探井位、通讯基站等小面积零星分散建设项目用地，由省级国土资源主管部门预审，并报国土资源部备案。

第七条申请用地预审的项目建设单位，应当提交下列材料：

（一）建设项目用地预审申请表；

（二）建设项目用地预审申请报告，内容包括拟建项目的基本情况、拟选址占地情况、拟用地是否符合土地利用总体规划、拟用地面积是否符合土地使用标准、拟用地是否符合供地政策等；

（三）审批项目建议书的建设项目提供项目建议书批复文件，直接审批可行性研究报告或者需核准的建设项目提供建设项目列入相关规划或者产业政策的文件。

前款规定的用地预审申请表样式由国土资源部制定。

第八条建设单位应当对单独选址建设项目是否位于地质灾害易发区、是否压覆重要矿产资源进行查询核实；位于地质灾害易发区或者压覆重要矿产资源的，应当依据相关法律法规的规定，在办理用地预审手续后，完成地质灾害危险性评估、压覆矿产资源登记等。

第九条负责初审的国土资源主管部门在转报用地预审申请时，应当提供下列材料：

（一）依据本办法第十一条有关规定，对申报材料作出的初步审查意见；

（二）标注项目用地范围的土地利用总体规划图、土地利用现状图及其他相关图件；

（三）属于《土地管理法》第二十六条规定情形，建设项目用地需修改土地利用总体规划的，应当出具规划修改方案。

第十条符合本办法第七条规定的预审申请和第九条规定的初审转报件，国土资源主管部门应当受理和接收。不符合的，应当场或在五日内书面通知申请人和转报人，逾期不通知的，视为受理和接收。

受国土资源部委托负责初审的国土资源主管部门应当自受理之日起二十日内完成初审工作，并转报国土资源部。

第十一条预审应当审查以下内容：

（一）建设项目用地是否符合国家供地政策和土地管理法律、法规规定的条件；

（二）建设项目选址是否符合土地利用总体规划，属《土地管理法》第二十六条规定情形，建设项目用地需修改土地利用总体规划的，规划修改方案是否符合法律、法规的规定；

（三）建设项目用地规模是否符合有关土地使用标准的规定；对国家和地方尚未颁布土地使用标准和建设标准的建设项目，以及确需突破土地使用标准确定的规模和功能分区的建设项目，是否已组织建设项目节地评价并出具评审论证意见。

占用基本农田或者其他耕地规模较大的建设项目，还应当审查是否已经组织踏勘论证。

第十二条国土资源主管部门应当自受理预审申请或者收到转报材料之日起二十日内，完成审查工作，并出具预审意见。二十日内不能出具预审意见的，经负责预审的国土资源主管部门负责人批准，可以延长十日。

第十三条预审意见应当包括对本办法第十一条规定内容的结论性意见和对建设用地单位的具体要求。

第十四条预审意见是有关部门审批项目可行性研究报告、核准项目申请报告的必备文件。

第十五条建设项目用地预审文件有效期为三年，自批准之日起计算。已经预审的项目，如需对土地用途、建设项目选址等进行重大调整的，应当重新申请预审。

未经预审或者预审未通过的，不得批复可行性研究报告、核准项目申请报告；不得批准农用地转用、土地征收，不得办理供地手续。预审审查的相关内容在建设用地报批时，未发生重大变化的，不再重复审查。

第十六条本办法自2009年1月1日起施行。

关于本市盘活存量工业用地的实施办法

第一条（目的依据）

为适应资源环境紧约束下的城市发展新常态，提高存量工业用地的利用质量和综合效益，促进创新驱动发展、经济转型升级，推进产城融合发展和城市有机更新，支持具有全球影响力的科技创新中心建设，建立规范、有序、共享的存量工业用地盘活机制，根据《中华人民共和国土地管理法》《上海市土地使用权出让办法》《上海市土地储备办法》《关于进一步提高本市土地节约集约利用水平的若干意见》和《上海市城市更新实施办法》等，制定本办法。

第二条（适用范围）

本办法适用于本市规划集中建设区内的国有存量工业用地的盘活活动。

第三条（指导思想）

本市存量工业用地盘活，全面实施“总量锁定、增量递减、存量优化、流量增效、质量提高”基本策略，充分挖掘存量建设用地资源，坚持内涵式集约发展，注重发挥市场机制作用，进一步完善城市功能，优化城市空间，提升城市品质，强化土地全生命周期管理，提高土地节约集约利用水平。

第四条（基本原则和实施途径）

盘活存量工业用地应当符合国民经济和社会发展规划，符合城乡规划和土地利用总体规划，实行规划和年度计划管理制度，并坚持以下原则：

（一）统筹规划。从上海城市发展的总体目标和地区协调发展的需要出发，统筹制定规划，鼓励地区整体转型。

（二）提质增效。中心城贯彻“双增双减”要求，着力增加公共绿地、公共空间和公共服务设施。郊区县以“产城融合、提升功能”为导向，着力完善公共服务功能和提高土地节约集约利用水平。

（三）利益平衡。在符合规划、用途管制和公益优先的前提下，充分发挥市场对资源配置的决定性作用，调动原土地权利人的积极性，健全利益平衡机制。

第五条（管理部门）

市规划国土资源局负责组织、协调全市盘活存量工业用地工作，依法制定相关规划和土地管理政策，统筹转型地区的规划和计划管理，会同区县政府组织编制市政府确定的特定区域控制性详细规划，按照职责开展规划土地管理。市相关部门依法在各自职责范围内，研究制定盘活存量工业用地的配套政策，做好相应服务、管理工作。

各区县政府是盘活存量工业用地的责任主体，负责辖区内存量工业用地的使用管理，会同市规划国土资源局组织编制存量工业用地转型规划（以下简称转型规划）、非特定区域控制性详细规划。制定年度实施计划（以下简称年度计划），协调推进盘活项目的实施，按照职责开展规划土地管理工作。

第六条（区域差别化引导）

规划工业区块（即“104 区块”）主要进行结构调整和能级提升，重点发展高端制造业、战略性新兴产业和生产性服务业；规划工业区块外、集中建设区内的现状工业用地（即“195 区域”）按照规划加快转型，通过城市有机更新，进一步完善城市公共服务功能，重点发展现代服务业和生产性服务业等。

第七条（市级规划引导）

结合城市总体规划编制，由市规划国土资源局会同市发展改革委、市经济信息化委等部门开展全市总体层面规划战略研究，确定与上海全球城市定位、建设国际金融、贸易、航运、经济中心和具有全球影响力的科技创新中心目标相匹配的用地结构、产业布局、发展规模和转型方向，调整优化工业用地布局和结构，明确重点转型区域、总体规模及其盘活方向、开发时序和策略。

第八条（区级转型规划）

（一）存量工业用地转型规划编制。各区县政府按照市级相关规划、区县总体规划、区县产业用地布局规划和产业园区规划以及实际情况，编制本区县转型规划，划定整体转型区域，具体包括以下内容：

1. 转型区域范围、发展方向、主要功能、实施策略和总体规模等。

2. 转型区域的基础设施、公共服务设施和其他公益性设施的功能、规模及布局要求。

3. 控制性详细规划编制任务和要求。

近期拟启动控制性详细规划编制的转型区域，存量工业用地转型规划达到规划评估报告及任务书深度的，经市规划国土资源局批准，可视作通过控制性详细规划编制任务书申请阶段环节。

（二）整体转型区域划定。区县政府应选取集中成片、相对完整的区域，以道路、河道等为界，考虑与控制性详细规划编制单元的关系，综合研究划定存量工业用地整体转型区域。

第九条（年度计划）

存量工业用地转型年度计划应包括转型区域现状、控制性详细规划编制情况、存量工业用地盘活项目、资金平衡方案、实施策略方案等内容，盘活项目开发建设规模应纳入年度土地出让计划统一管理。年度计划经区县政府常务会议审核同意后，向市规划国土资源局备案，并向市经济信息化、发展改革等部门提供。

转型区域控制性详细规划已批准且符合转型发展方向的，可以直接编制转型年度计划和实施方案。

第十条（控制性详细规划编制内容及要求）

（一）控制性详细规划编制内容。市规划国土资源局、各区县政府按照规定权限，组织编制或修订控制性详细规划，具体要求如下：

1. 规划编制应对整单元规划进行评估。

2. 结合功能定位、产业业态、设施配套条件等，具体确定转型区域用地规模、空间布局、开发强度、配套设施、道路系统、绿化环境、风貌保护等控制要求。

3. 明确转型区域内必须配置基础设施、公共服务设施以及其他公益性设施的内容、类型、规模和用地布局。

（二）控制性详细规划编制要求。在控制性详细规划编制过程中，应加强地区城市设计研究，按照建设宜居宜业的产业社区目标，合理确定配套服务设施的比例结构，完善公共配套服务功能，促进产城融合、职住平衡，加强土地复合利用，提升整体品质，建设资源节约、环境友好、配套完善、功能融合的新型社区。

整体转型区域应加强公共绿地、开放空间控制，增加公共服务设施。规划公共绿地、广场用地及地块开放空间用地占城市建设用地的比例应不低于 15%，地块附属绿地宜沿城市支路或公共设施通道布局，并向公众开放。规划公共服务设施用地占城市建设用地的比例应不低于 10%。提高支路路网密度，道路间距控制在 200 米以下，支路路网密度控制在 6 公里 / 平方公里以上。

研发总部类用地开发强度，按照同地区商务办公用地标准制定。在符合产业发展导向、地区规划控制、环境保护要求且不影响相邻地块合法权益的前提下，经交通评估和城市设计研究，合理确定地块容积率，最高容积率不超过 4.0。

第十一条（区域整体转型开发机制、方式和要求）

（一）区域整体转型开发机制。可以建立由区县政府主导、以原土地权利人为主体的开发机制；转型区域内土地权利人分散的，可以通过商议的方式明确权利义务后，建立以区县政府主导、原土地权利人参与的联合开发体，实施区域整体转型开发，原土地权利人不得单独实施开发。整体转型区域范围内涉及其他存量建设用地的，可以参照存量工业用地一并实施整体转型。

（二）区域整体转型实施方案编制。整体转型开发主体应根据年度计划、控制性详细规划，在区县政府的指导下，编制区域整体转型开发方案，明确开发期限、地价标准、转型内容、逾期处置方案等内容，按照“统筹规划、公益优先”的要求，优先保障公益性设施建设，后进行经营性开发，按照规划实施存量工业用地的整体转型。

分阶段转型开发的，实施方案应明确各阶段开发内容，合理安排开发时序，优先实施公益性设施建设。

（三）区域整体转型相关管理要求。经区县政府批准，可通过存量补地价方式，实施整体转型开发，同时满足以下要求：

1. 转型为研发总部类用地的，“195 区域”“104 区块”内的研发总部类用地，均应当以产业项目类自用为主。其中，“104 区块”内因功能需要转型为通用类的，应严格按照经批准的规划执行。研发总部通用类，可以出租，但开发单位须在出让年期内长期持有 70% 以上的物业产权，剩余部分可以分割转让。

2. 转型为商业、办公用地的，开发单位须在出让年期内长期持有 50% 以上的物业产权；位于区县政府确定的重要特定区域内的，开发单位须在出让年期内长期持有全部商业、办公用途物业产权。如果控制性详细规划明确转型为公寓式办公、公寓式酒店的，开发单位须在出让年期内长期持有公寓式办公、公寓式酒店的全部物业产权，仅用于出租，不得整体和分幢、分层、分套转让。

3. 转型为教育、医疗、科研、养老等用途的，房屋不得分割转让。

第十二条（零星转型条件、方式和要求）

（一）零星工业用地自行开发条件。对未划入整体转型区域的零星工业用地，除依法应收回的外，同时满足以下条件的，根据年度计划，经区县政府常务会议集体决策同意后，可由原土地权利人采取存量补地价的方式，按照规划用途自行开发：

1. 规划用途为非住宅类的经营性用地。

2. 未纳入旧城改造范围内的。

3. 权利主体单一且周边无规划开发建设用地，具备独立开发条件的。

4. 拟转型发展的项目，经区县政府相关部门评估，具有明确的产业和功能，并满足投入、产出、节能、环保、本地就业等相关准入标准。

对零星工业用地外的“边角地”“夹心地”“插花地”等存量土地，不具备独立开发条件的，可采取扩大用地的方式，由零星工业用地的原土地权利人结合开发。

（二）零星工业用地自行开发管理要求。零星工业用地自行开发的，应向政府无偿提供不少于 10% 比例的建设用地用于公益性设施、公共绿地等建设，具体空间由各区县政府按照规划，结合实际情况确定。如无法提供公益性建设用地的，应将不少于 15% 的地上经营性物业产权无偿提供给区县政府相关部门，定向用于公共用途，以及区域内土地房屋征收、建设用地减量化等工作的经营性物业补偿。同时，还应符合本办法第十一条第三款的要求，对转型为商业、办公用地的，开发单位须在出让年期内长期持有 60% 以上的物业产权。

第十三条（土地价款补缴方式和要求）

（一）地价管理要求。区县规划土地管理部门通过委托土地评估机构，按照批准时点进行市场评估，经区县政府集体决策后，由单一主体或联合开发体，按照新土地使用条件下土地使用权市场价格与原土地使用条件下剩余年期土地使用权市场价格的差额，补缴出让价款，并按照规划用途取得新的建设用地使用权。其中：

1. 研发总部产业项目类用地的市场评估地价不得低于相同地段工业用途基准地价的 150%；研发总部通用类用地的市场评估地价不得低于相同地段办公用途基准地价的 70%。

2. 商业、办公等经营性用途的市场评估地价，不得低于相同地段同用途的基准地价。如果控制性详细规划明确转型为公寓式办公、公寓式酒店的，市场评估地价需向上修正，具体修正办法另行制定。

3. 持有物业的市场评估地价，可以根据相关规定进行修正。

（二）土地价款缴纳方式。土地价款可以按照土地出让合同约定，采取一次性付款或分期付款方式。

第十四条（土地收储）

（一）收储范围。市、区县土地储备机构可以根据城市规划和年度计划，组织工业用地使用权收储，工业用地的土地权利人也可以向市、区县土地储备机构申请土地使用权收储。

各区县政府确定的重要特定区域（如黄浦江两岸、城市公共活动中心、历史文化风貌保护区等），以土地收储后公开出让为主，也可实施区域整体转型开发。

（二）利益平衡机制。采取收储后公开出让产生土地储备收益的工业用地，原土地权利人为法人的，在对工业用地、建筑物、设备等进行评估后收储补偿的基础上，可以按照土地储备收益的一定比例，由市、区县土地储备机构再给予补偿。具体比例，可以由相关区县政府集体决策确定。

第十五条（工业用地提高容积率）

（一）提高容积率相关管理要求。存量产业项目类工业用地、产业项目类研发总部用地因扩大生产、增加产能等原因，需按照规划提高建筑容积率的，须经区县产业部门会同规划土地管理等部门对存量土地利用情况进行综合评估，达到经济社会环境综合评估要求，并符合所在区县项目投资强度、产出绩效、节能、环保、本地就业等准入条件的，允许按照规划提高建筑容积率，并落实规划明确的公共服务设施配建要求。

（二）土地价款补缴要求。经批准同意按照规划提高建筑容积率的，土地权利人应按照市场评估价，补缴土地价款，市场评估地价不得低于相同地段相应用途基准地价。区县政府可以根据产业类型和土地利用绩效等情况，按照一定比例收取土地出让价款，鼓励企业创新创业和产业转型升级。应补缴的土地价款，可按照分期方式缴纳，或在项目竣工后房地产登记前缴纳，最长时间不得超过两年。具体比例和缴纳方式，由区县政府集体决策确定。

第十六条（节余土地分割转让）

（一）节余土地分割转让申请。通过出让、依法登记取得房地产权证书的产业项目类工业用地，在满足原土地权利人自身需要后节余的部分，可向区县规划土地管理部门申请分割转让。

经区县规划土地管理部门会同产业部门或园区管理机构审核，符合规划分割条件可以独立开发，规划土地用途未发生改变的，报经区县政府同意后，可分割转让给园区开发平台或经认定的战略性新兴产业项目和高新技术产业化项目。

在土地分割转让前，规划部门应划定分割转让用地范围，明确相关用地面积、容积率、建筑限高等规划建设条件。

（二）节余土地分割转让实施。分割后的节余土地，由区县规划土地管理部门会同相关管理部门，核提产业准入、土地利用绩效等土地全生命周期管理要求，并形成土地全生命周期管理监管协议文本。由原土地权利人向上海市土地交易市场提出申请，以带产业项目方式转让。土地转让价格不得高于上一年度本区域内的工业用地产业项目类的平均价格。

转让成交后，受让人与原土地权利人签订土地使用权转让合同，并与区县规划土地管理部门签订土地全生命周期监管协议；原土地使用权人与区县规划土地管理部门签订土地出让补充合同，调整用地范围，落实土地全生命周期管理要求。原土地权利人、受让人可以凭土地出让合同、土地使用权转让合同和监管协议等，到区县不动产登记机构办理登记。

（三）节余土地规划用途发生改变，符合本办法第十二条规定的，可由原土地权利人按照规划自行开发。

第十七条（调整为标准厂房类用地）

通过出让、依法登记取得房地产权证书的产业项目类工业用地，位于规划工业区块内且符合规划的，经区县政府或园区管理机构审核同意，可按照市场评估价，补缴土地出让价款后，调整为标准厂房类用地，签订土地出让补充合同，实施土地全生命周期管理。

工业用地标准厂房类土地使用权不得整体或分割转让，宗地上的房屋不得分幢、分层、分套转让，可以出租给符合所在区县或园区准入条件的工业投资项目。确需土地房屋整体转让的，须经出让人同意，也可由出让人或园区开发平台优先收购，并纳入全市统一土地交易市场实施。

第十八条（划拨工业用地转为出让工业用地）

以划拨方式取得的存量工业用地，现状使用条件符合规划的，须经产业、规划土地管理等部门对土地利用情况进行综合评估，达到经济社会环境综合评估要求，并符合所在区县或园区工业投资项目准入条件的，经区县政府批准，可按照存量补地价方式办理划拨转出让手续，并按照规划要求退让道路、绿化等公共设施用地。

按照法律法规的规定或划拨条款约定，属于收回土地使用权情形的，经原批准用地的政府或者有批准权的政府批准，可收回土地使用权。

第十九条（过渡期政策）

（一）政策适用范围。按照国土资源部等《关于支持新产业新业态发展促进大众创业万众创新用地的意见》（国土资规〔2015〕5号）相关规定，支持原土地使用权人利用存量工业用地发展先进制造业、生产性服务业、研发总部经济以及“互联网+”等产业，按照规划转型为研发总部产业类用地的；园区平台利用存量工业用地建设众创空间、孵化器等新型服务平台，按规划转型为标准厂房、研发总部通用类用地的，经投资或相关主管部门认定后，可以实行继续按原用途和土地权利类型使用土地的过渡期政策。

（二）过渡期政策相关要求。适用过渡期政策的项目，应按照规划批准用途和土地全生命周期管理要求签订土地出让合同，过渡期内仍按照原土地批准用途管理。过渡期内，涉及按照规划提高容积率的，应根据本办法第十五条相关规定按照原批准用途补缴土地价款。现有建设用地过渡期支持政策以5年为限，5年期满以及过渡期内经出让人同意整体转让的，应按照批准转让时点、新用途、新权利类型的市场评估地价，补缴土地价款，完善相关用地手续。

（三）建立共同监管和定期评估机制。需享受过渡期政策的市场主体，由投资或相关主管部门负责审核，明确产业类型、投资强度、产出效率、节能环保等要求，并出具项目符合条件的证明或认定材料，经区县政府集体决策、区县规划土地管理部门登记备案后执行。认定部门应对项目经营方向和履约情况进行监管，每年度提供核验评估材料，对不符合过渡期政策的，应提出明确处置意见。不符合过渡期政策的，相关企业须按照转型用途、新权利类型、市场价补缴土地价款。对需承担违约责任的，应依法依约追究责任。

第二十条（土地全生命周期管理）

存量工业用地盘活应纳入土地全生命周期管理，由规划土地管理部门在办理用地手续前，征询产业、投资、商业、建设等相关管理部门意见，明确存量工业用地盘活项目的产业类型、功能业态、运营管理、节能环保、物业持有以及土地利用绩效评估和土地使用权退出机制等，纳入土地出让合同进行管理。

存量工业用地转型开发、分割转让、划拨转出让前，土地使用权人应按照本市相关规定，组织完成土壤（含地下水）环境调查评估，并将调查评估材料报送所在区县环保部门；经环保部门认定存在污染并需治理修复的，土地使用权人应组织实施修复。相关土壤（含地下水）环境调查评估材料，纳入土地出让合同附件；如造成土壤（含地下水）环境污染的，在土地出让合同中须明确修复标准、时间等要求。

存量工业用地使用权人出资比例结构、项目公司股权结构改变的，在办理股权变更前，须按照出让合同约定事先征得出让人同意。

第二十一条（闲置土地处置）

区县政府是土地节约集约利用的责任主体，闲置土地处置情况纳入区县政府考核内容。区县政府应按照有关规定，建立闲置土地处置的共同责任机制，区县规划土地管理部门应及时开展闲置土地调查和认定工作，制定闲置土地处置方案，经区县政府批准后组织落实。对因政府原因造成土地闲置的，应落实相关部门责任，限期处置，对未认真履责的相关责任部门进行问责；对因非政府原因造成土地闲置的，按照规定征缴土地闲置费或收回土地使用权。

第二十二条（违法用地查处）

对违法违规改变工业用地用途和违法建设行为，由市、区县国土执法监察工作机构会同市、区县政府相关部门严厉查处。对工业用地擅自改变用途的，责令限期改正，恢复工业用途；整改期间，不得转让，不得抵押。违法情节严重，规定限期内未完成整改的，出让人有权按照约定解除出让合同，无偿收回土地使用权。

第二十三条（施行日期）

本办法自 2016 年 4 月 1 日起施行。

上海市规划和国土资源管理局

2016 年 3 月 25 日

关于加强本市工业用地出让管理的若干规定

第一条（目的和依据）

为全面实施“总量锁定、增量递减、存量优化、流量增效、质量提高”基本策略，充分发挥土地资源市场配置作用，加强工业用地出让全生命周期管理，促进上海经济社会转型发展，根据《中华人民共和国土地管理法》《上海市土地使用权出让办法》《关于进一步提高本市土地节约集约利用水平的若干意见》等，制订本规定。

第二条（定义及适用范围）

本规定所称工业用地出让全生命周期管理，是以提高土地利用质量和效益为目的，以土地出让合同为平台，对项目在用地期限内的利用状况实施全过程动态评估和监管，通过健全工业用地产业准入、综合效益评估、土地使用权退出等机制，将项目建设投入、产出、节能、环保、本地就业等经济、社会、环境各要素纳入合同管理，实现土地利用管理系统化、精细化、动态化。

本市新增供应的工业用地产业项目类、工业用地标准厂房类、研发总部产业项目类、研发总部通用类等建设用地，均按照本规定执行。历史违法工业用地处置、存量工业用地扩大用地面积、提高建筑容积率、分割转让、原划拨土地转出让等情形，参照本规定执行。

第三条（基本原则）

坚持遵循项目全生命周期规律，合理确定工业用地弹性出让年期。

坚持落实土地利用全要素管理，明确工业用地的单位土地投入、产出、节能、环保、本地就业等经济、社会、环境约束性指标。

坚持实施土地利用全过程管理，实现项目开竣工、投达产、土地利用绩效评估和土地使用权退出的全过程管理。

坚持体现土地利用综合效益，实现资源节约、生态环保、提质增效、和谐发展的目标。

第四条（管理职责）

市规划国土资源局负责本市工业用地规划和土地利用等管理工作。市经济信息化委、市发展改革委会同市规划国土资源局负责制定本市产业准入标准和产业用地标准，制定并实施土地利用绩效评估的指标、标准、方法和程序等。市环保局会同市经济信息化委、市规划国土资源局负责本市工业用地环境保护的监督管理工作。市其他相关部门按照各自职责，做好配合、服务、监管工作。

各区县政府以及市政府派出机构负责各自区域内的工业用地节约集约利用的组织实施与协调管理，区县规划土地管理、产业管理、投资主管、环境保护等部门按照各自职责，具体协同实施本规定。

区县政府相关部门或产业园区管理机构具体负责项目履约考核等工作。

第五条（规划管理）

（一）突出区域差别化规划管理要求。工业用地利用必须符合土地利用总体规划、城乡规划和产业发展规划，符合本市产业准入、用地标准、环境保护和社会管理等的要求。规划工业区块（即“104 区块”）内存量工业用地，及规划工业区块外、集中建设区内（即“195 区域”）的规划保留工业用地可转型为研发总部类用地。

“104 区块”主要进行结构调整和能级提升，重点发展高端制造业、战略性新兴产业、生产性服务业，研发总部类用地可用于产业类项目和通用类项目。“195 区域”按照规划加快转型，进一步完善城市公共服务功能，重点发展现代服务业，研发总部类用地可用于产业类项目。

（二）研发总部类用地相关规划要求。应当坚持高标准规划，统筹考虑区域环境、产业发展规律和特征、周边设施条件等因素，合理安排用地布局，促进工业用地转型升级。注重产城融合发展，增设公共配套设施，加密道路网密度，优化绿化和开放空间布局，塑造高品质环境，确保环保安全要求。因转型需要，确需调整控制性详细规划的，按照以下程序执行：

1. 按照上海市控制性详细规划实施深化（B 类程序）执行的情形包括：规划一类、二类工业用地（M1、M2）的用地性质调整为研发总部类用地，规划指标进行相应调整，按照同地区商务办公用地开发强度和高度分区，容积率调整至最高不大于 4.0。

2. 按照《上海市控制性详细规划技术准则》规划执行程序的情形包括：

（1）仅涉及原规划中工业研发用地（M4）调整为研发总部类用地，不涉及其他规划指标调整的，适用建设项目管理审批甲类执行程序。

（2）涉及园区工业、仓储、研发用地拆分、合并的，未出让工业用地、研发总部类用地建筑高度调整（工业用地不大于 30 米、研发总部类用地不大于 50 米）以及地块绿地率、建筑密度和建筑退界线调整的，适用建设项目管理审批乙类执行程序。

（3）未出让工业用地容积率（不大于 2.0）、研发总部类用地容积率（不大于 3.0）调整，已出让工业用地、研发总部类用地容积率（工业用地不大于 2.0、研发总部类用地不大于 3.0），建筑高度（工业用地不大于 30 米、研发总部类用地不大于 50 米）调整等情形，适用控制性详细规划实施方案（丙类执行）程序。

第六条（产业准入）

定期发布本市产业指导目录，强化产业项目准入管理，严禁向禁止类工业项目供地，从严控制限制类工业项目用地。

优化完善产业用地标准，定期更新本市工业用地投入强度和产出效率的最低标准。强化产业项目准入审核制度，明确工业用地项目的产业类型、投资强度、产出效率和节能、环保、本地就业等的要求，并将其纳入土地出让合同，作为土地利用绩效评估的依据。

第七条（土地供应方式）

工业用地供应按照国家和本市相关规定执行。经产业准入审核认定后，工业用地产业项目类、研发总部产业项目类采取“带产业项目”挂牌方式供应土地；工业用地标准厂房类、研发总部通用类通过公开招拍挂方式供应土地。

鼓励采取租赁方式使用土地，逐步实行工业用地“租让结合，先租后让”的供应方式，由中标人或竞得人先行承租土地进行建设，通过达产验收并符合土地出让合同约定条件的，再按照协议方式办理出让手续。

第八条（土地出让价格）

完善以基准地价、区段地价和标定地价为核心的建设用地价格成果体系和更新机制。建立工业用地和商办用地合理地价调节机制，提高工业用地出让价格。土地出让起始价最低标准为：

（一）工业用地产业项目类、工业用地标准厂房类出让起始地价，不得低于相同地段的工业用地基准地价。

（二）研发总部产业类用地出让起始价，不得低于相同地段工业用地基准地价的 150%。

（三）研发总部通用类出让起始地价，不得低于相同地段办公用途基准地价的 70%。

第九条（土地出让年限）

实行工业用地弹性年期出让制度。原则上，新增工业用地产业项目类出让年限不超过 20 年，出让价格按照基准地价对应的最高年限进行年期修正。国家和本市重大产业项目、战略性新兴产业项目，按照本市相关规定和程序进行认定后，以认定的出让年期出让，最高不超过 50 年。工业用地标准厂房类、研发总部产业项目类、研发总部通用类用地的最高年限为 50 年。

第十条（合同到期及续期）

工业用地使用权到期前，受让人可向出让人提出续期使用申请，符合土地利用总体规划、城乡规划和产业发展规划，满足节能和环境保护要求，经综合考评达标的，可采用协议出让方式取得续期建设用地使用权。续期时的土地出让价款，经区县政府集体决策，可按照原出让价款，或者结合原出让价款和续期时工业用地基准地价等，综合评估确定续期价格。

受让人未提出续期申请，或提出续期申请但按照本规定第十二条评估后不符合条件的，建设用地使用权到期后，自然终止合同，依法收回建设用地使用权。

第十一条（开竣工、投产管理）

土地出让合同中应当约定项目开工、竣工、投产时间，根据项目的实际情况，园区管理机构或区县政府相关部门可以约定实施项目时间履约保证金（保函）制度，或采取其他市场化措施，确保工业用地节约集约利用。项目时间履约保证金按照合同约定以土地出让价款的一定比例，向区县政府相关部门、园区管理机构或区县政府指定的主体缴纳。

项目时间履约保证金按照开工、竣工、投产等阶段，采取分阶段履约退还或违约罚没的差别化方式管理；对违约情节严重的，按照合同约定，可解除出让合同，收回建设用地使用权。

第十二条（土地利用绩效评估制度）

建立工业用地项目土地利用绩效评估制度。工业用地项目土地利用绩效评估分别在达产阶段（达产评估）、达产后每3-5年（过程评估）、出让年期到期前1年（到期评估）等阶段进行，由区县政府相关部门或园区管理机构依据有关法律法规规定和土地出让合同要求组织实施。

第十三条（主动退出机制）

在工业项目约定的开工日期之前或达产之后，因企业自身原因无法开发建设或运营的，受让人可申请解除土地出让合同，经出让人同意，按照约定终止合同，收回建设用地使用权，按约定返还剩余年期土地出让价款；对地上建筑物的补偿，可事先约定采取残值补偿、无偿收回、由受让人恢复原状等方式处置，并在土地出让合同中予以约定。

第十四条（强制退出机制）

土地受让人在取得建设用地使用权后，应按照合同约定的开发利用条件使用土地。存在下列情形之一的，按照合同约定，出让人可无偿收回建设用地使用权。对地上建筑物的补偿，可事先约定采取残值补偿、无偿收回、由受让人恢复原状等方式处置，并在土地出让合同中予以约定。

（一）按照本规定第十一条规定，除不可抗力外，因企业自身原因未按时开工、竣工、投产，超过合同约定最长时限的；

（二）按照本规定第十二条规定，在达产评估、过程评估阶段，经区县政府相关部门或园区管理机构评估认定不符合要求，按合同约定应当收回建设用地使用权的；

（三）按照本规定第十八条规定，在使用过程中造成严重环境污染，经环境保护部门认定的。

除上述情形外，各区县政府还可结合本区县实际及项目情况，另行设定本地就业人口管理、投产达产后低效运行等方面的强制退出要求。

第十五条（转让管理）

进一步加强工业用地的转让管理。“195区域”“104区块”内的研发总部均应当以产业项目类自用为主。其中，“104区块”内因功能需要转型为通用类的，应当严格按照经批准的规划执行。

在国有建设用地使用权出让合同中，应当包括以下土地使用条件，同时应当对受让人的违约责任做出约定。发生违反约定擅自分割转让、改变出资比例结构、项目公司股权结构等行为，应当依约承担违约责任，直至无偿收回土地使用权。

（一）工业用地产业项目类和研发总部产业项目类

1. 建设用地使用权不得整体或分割转让。

2. 宗地上的房屋不得分幢、分层、分套转让。

3. 建设用地使用权人出资比例结构、项目公司股权结构改变的，应当事先经出让人同意。

4. 土地房屋整体转让的，需经出让人同意，也可按照出让合同约定由出让人或园区管理机构优先收购。采取土地房屋整体转让的，应当纳入全市统一土地交易市场实施。

（二）工业用地标准厂房类

1. 建设用地使用权不得整体或分割转让。

2. 宗地上的房屋不得分幢、分层、分套转让，可出租。

3. 建设用地使用权人出资比例结构、项目公司股权结构改变的，应当事先经出让人同意。

4. 土地房屋整体转让的，需经出让人同意，也可按照出让合同约定由出让人或园区管理机构优先收购。采取土地房屋整体转让的，应当纳入全市统一土地交易市场实施。

（三）研发总部通用类

1. 可出租，建设用地使用权人须持有 70% 以上的物业产权，剩余部分可分割转让。

2. 土地房屋整体转让和分割转让的，需经出让人同意，也可按照出让合同约定，由出让人或园区管理机构优先收购。采取土地房屋整体转让的，应当纳入全市统一土地交易市场实施。

3. 建设用地使用权人出资比例结构、项目公司股权结构改变的，应当事先经出让人同意。

第十六条（登记管理）

按照工业用地全生命周期管理要求，切实加强房屋土地登记管理。各类工业用地应当以出让合同约定的用地范围进行土地登记，不得分割办理登记。

工业用地产业项目类、研发总部产业项目类，工业用地标准厂房类房屋，研发总部通用类自持部分房屋应当记载在统一房屋土地登记簿上，并发放一本房地产权证书，不得分证办理。

按照土地出让合同约定，对工业用地转让条件、建设用地使用权人出资比例、股权结构等重要约定内容，应当在房屋土地登记簿和房地产权证附记栏内予以注记。土地使用权人办理转移登记或变更重要注记内容时，应当提供规划土地管理部门审核同意的意见。

第十七条（抵押管理）

工业用地抵押时所担保的主债权，仅限于开发建设合同出让地块的贷款，且不得超过合同约定的土地出让价款总额。以房屋在建工程、新建房屋连同土地抵押等情形，应当按照《上海市房地产抵押办法》的有关规定办理。

工业用地抵押权实现时，抵押物竞买人资格必须经过规划国土资源管理部门、产业管理部门和园区管理机构综合认定，符合产业导向和园区规划要求。也可按照出让合同约定，由出让人或园区管理机构优先收购土地使用权。

工业用地抵押权实现时，涉及经批准按照规划提高建筑容积率未补缴地价款的，抵押物竞得人应当按照抵押权实现时点的市场评估价补缴地价款。

第十八条（土壤和地下水地质环境保护）

工业用地出让前，应当按照相关主管部门要求，进行土壤和地下水地质环境质量检测。在工业用地转让、收回前以及过程评估阶段，须进行工业用地土壤和地下水地质环境质量检测和评估，相关检测报告作为建设用地使用权出让合同的附件。

工业用地使用过程中造成严重环境污染的，经相关主管部门认定，出让人可按照合同约定解除合同，无偿收回建设用地使用权，并按照“谁污染、谁付费”的原则，要求建设用地使用权人承担土壤和地下水地质环境修复的相关费用。

第十九条（地下空间基础设施建设）

土地出让合同中，应当明确地下建设用地的规划用地性质及地下建筑物水平投影最大占地范围、起始深度、地下总用地面积、地下总建筑面积等内容。超出土地出让合同约定范围的地下建设用地使用权，不属于国有建设用地使用权出让范围，对因社会公共利益需要建设地下铁道、隧道、综合管沟、地下道路、民防工程等公共基础设施，土地受让人应当予以配合。

第二十条（建筑规划管理）

完善工业建筑规划设计标准，规范建筑规划设计方案审批，工业用地建筑形态应当与产业类型、业态相匹配，禁止在工业用地上建设住宅类建筑布局和形态。

第二十一条（信息共享和诚信体系建设）

建立全市统一的产业用地数据库和土地全生命周期管理信息共享平台，将工业用地的经济、社会、环境指标以及土地使用条件、利用绩效等履约情况纳入共享平台，通过多部门信息共享、协同管理，建立动态实时的监管管理机制，实现全程一体化管理。

逐步推行企业诚信体系建设，建立诚信异常企业（含企业法人代表和主要股东）名单，定期公示企业诚信信息。由区县政府或园区管理机构会同相关部门在项目审批、核准、备案以及融资抵押等方面，对列入名单的企业加强监管。

第二十二条（执法监察）

强化工业用地用途管制。工业用地必须按照批准用途、规划建设条件使用，不得改变批准用途。加强规划土地执法监察，对工业用地擅自改变用途的，责令限期改正，恢复工业用途。违法情节严重，在规定期限内未完成整改的，出让人可按照约定解除出让合同，无偿收回工业用地使用权。

第二十三条（工作机制）

市、区县政府成立工业用地管理协调工作组，规划土地、发展改革、经济信息化、科技、环保、住房城乡建设管理、人力资源社会保障等部门为成员，负责审议产业项目准入以及项目投入、产出、节能、环保、本地就业等指标，审核土地利用绩效评估结果和继续使用或收回建设用地使用权等重大决定，协调各部门工作进展，完善保障措施等。

第二十四条（施行日期）

本规定自 2016 年 4 月 1 日起施行。

上海市规划和国土资源管理局
2016 年 3 月 25 日

关于全面开展 2017 年违法用地综合整治行动的通知

沪规土资执〔2016〕1034 号

浦东新区、闵行区、宝山区、嘉定区、奉贤区、松江区、金山区、青浦区、崇明区规划和土地管理局，浦东新区城市管理行政执法局：

为全面落实《上海市违法用地综合整治三年行动工作方案（2015-2017）》（沪规土资执〔2015〕281 号）的目标任务，根据市政府第三轮生态环境综合治理工作总体部署和安排，本市2017年违法用地综合整治行动将2007年以来部卫片执法检查、日常执法巡查和差异数据核查实际存在违法用地作为年度重点整治目标任务。各区规土局应结合市政府《关于进一步推进本市第三轮（2017年度）生态环境综合治理工作的通知》（沪综管办发〔2016〕8号）明确的目标任务、工作要求及保障措施，围绕“聚焦重点区域，锁定目标任务，分类滚动处置，全面落实整改”的工作思路，抓紧制定2017年度实施计划方案。现将有关要求通知如下：

一、指导思想

本市2017年违法用地综合整治行动，以市委、市政府提出“要持续用力，打好攻坚战，建立常态长效管理机制，滚动推进生态环境综合治理工作”为指导，以本市违法用地综合整治（2015-2017）三年行动方案、第三轮生态环境综合治理以及建设用地减量化等重点工作为依据，在2016年数据核查、摸清底数、锁定信息的基础上，将本市2007-2016年实际存在违法用地和44.15平方公里土地利用现状差异数据违法用地全部纳入年度综合整治实施计划，加快存量违法用地整改消除进程，补齐土地监管工作短板，依法履行土地执法职责，坚守耕地保护红线，切实维护土地市场监管秩序。

二、目标任务

各区要结合本市第三轮（2017年度）生态环境综合治理工作确定的22个市级、82个区级重点区块，坚持高标准、严要求，要全部将区块的违法用地纳入生态环境综合治理范围进行整治和考核验收，借助市、区政府开展“五违四必”整治任务和郊区中小河道治理工作有利机遇，积极开展联合执法、综合执法整治行动，确保违法用地整改消除和执法履职到位。本市2017年违法用地综合整治行动具体目标任务如下：

（一）本市2007-2016年实际存在违法用地（简称历年存量违法用地）。其中，国家审计发现本市2013-2015年尚未消除违法用地（简称审计发现违法用地）与历年存量违法用地数据统计存在重复，应单独列表纳入年度综合整治计划落实整改和考核评定。

（二）44.15平方公里土地利用现状差异数据涉及违法用地（简称差异数据违法用地）。

（三）本市2017年生态环境综合治理22个市级地块涉及违法用地（简称环境整治违法用地）。市级地块违法用地具体数量以各区全面进行梳理、认定和测绘为准，要准确掌握违法用地底数，切实做好销项管理工作。

（四）2016年度部卫片执法检查违法用地（简称卫片检查违法用地）。各区要将部卫片执法检查发现的违法用地全部纳入综合整治计划，具体目标任务以正式上报部数据为准。当年度新发生违法用地要严格按照“零容忍”和“零增长”要求，自行落实整改，我局将定期予以通报，并结合年度考核评定，适时组织检查验收和警示约谈。

三、工作措施

（一）考核验收标准。本市2017年违法用地综合整治行动是三年专项行动收官之年，各区要打好攻坚战，全面落实违法用地整改消除和执法查处工作。具体考核验收标准：结合各区2017年违法用地综合整治行动目标任务，凡违法用地合计整改率（含拆除和补办，以下类同）达到80%以上，且市级生态环境综合治理重点区块（以下简称市级重点区块）违法用地整改通过验收，年度违法用地综合整治行动评为优秀，并报请市政府公开表彰；凡违法用地合计整改率达到60%以上，且市级重点区块通过验收，年度违法用地综合整治行动评为合格；凡违法用地合计整改率低于 60%，或者市级重点区块未通过验收，年度违法用地综合整治行动评为不合格，对验收不合格的区将责令限期整改，并按有关规定采取限批措施，区年度综合考评实行“一票否决”。对年度内未整改到位和未纳入整治计划的违法用地项目，区规土执法部门要依法查处和履职到位，制定具体整治计划，继续挂账督办，全面落实整改。

（二）整治方法时限。各区要严格按照本通知明确的目标任务、工作措施和有关要求，依托市、区级生态环境重点区块，科学制定计划，综合组织实施，将违法用地列入市、区级重点地块和河道治理范围内落实整改。按照“应拆尽拆，应管尽管”的原则，及早制定处置计划方案，该拆除的依法予以拆除，该补办的尽快补办到位，该移送的依法移送相关部门追究责任。凡属 2016 年度部卫片发现的违法用地应按卫片执法检查规定时限完成整改任务；凡属市级地块内的违法用地应于 2017 年 9 月 30 日前全部完成整改任务，并通过市政府验收；其他存量违法用地应于 2017 年 11 月 30 日前完成整改任务，我局拟于 2017 年 12 月中旬完成对各区违法用地综合整治情况的验收评定，并向市政府专报验收结果。

（三）有关保障措施。各区要按照违法用地综合整治三年行动工作方案明确的十条整治措施，结合生态环境综合治理工作总体部署和要求，综合运用法律法规资源，积极开展“联勤联动、综合执法”整治行动，全力推进违法用地整改消除工作。对属于市、区生态环境综合治理区域的违法用地，要全部纳入“五违四必”范围进行整治和考核，并充分发挥好相关支持政策助推作用；对工矿仓储等经营性违法用地，特别是违法占用耕地、基本农田和不符合“三线”划定成果要求，要坚决拆除复垦；对于民生工程、基础设施、农民建房、公共设施和“三室一点”等相关违法项目，符合补办合法用地手续的，要督促乡镇政府及相关部门抓紧补办；对重大典型违法案件和暴力抗法行为，要按照“行刑衔接”工作机制，依法追究当事人行政和刑事责任。我局年内要公开通报、挂牌督办和直接查办一批重大典型违法用地案件，推动本市违法用地综合整治年度目标任务落实。

四、几点要求

（一）高度重视存量违法用地综合整治。加快存量违法用地整改消除是本市开展“五违四必”整治首要任务，也是市政府办公厅年度重点推进工作。各区政府要加强组织领导，高度重视违法用地综合整治工作，及早组织乡镇政府及相关部门传达部署年度违法用地综合整治目标任务，充分发挥媒体舆论宣传作用，层层发动，统一认识，形成共识，明确责任，切实营造“拆除存量、严控新增”综合整治氛围。我局将定期宣传和表扬违法用地综合整治中的好做法、好经验。

（二）全力推进年度任务目标整改落实。各区规土局要周密计划、认真准备，严格组织实施，主动协调区拆违办、环保、城管、公安、监察等相关部门开展综合执法行动，综合运用执法手段和措施，有序推动违法用地落实整改。一是结合市、区生态环境综合治理工作总体部署和安排，及时下达各乡镇特别是重点区块内违法用地整治目标任务；二是结合本市开展郊区中小河道治理任务，全面梳理和整治河道两侧涉及的违法用地项目，通过岸上“五违”源头治理，切实做好黑臭河道治理工作；三是结合国家土地例行督察和部卫片执法检查工作，倒逼区、乡镇相关部门依法履行土地监管职责，确保存量违法用地有计划、有步骤地落实整改要求。

（三）切实做好执法信息销项管理工作。要结合本市历年存量违法用地和 44.15 平方公里差异数据底数，锁定目标总量，明确处置流程，建立信息更新制度，切实做好土地执法销项管理工作。一是要建立违法用地消除登记制度。对综合整治计划内已消除的违法用地项目，各区规土执法部门要建立整改消除台账，切实做好监管、考核、验收等基础工作。二是要定期更新“土地执法信息系统”。对系统内历年未予更新的违法用地信息，结合综合整治消除项目登记台账，同步做好处置结果变更的补录更新工作，切实做好历年台账数据更新上报工作。

（四）要建立和完善土地管理长效机制。在开展综合整治过程中，要认真落实《关于加强土地执法监管和长效机制建设的若干意见》（沪规土资执〔2016〕522 号）有关要求，进一步建立和完善长效管理机制，严格落实考核问责制度，创新执法手段，拓宽执法渠道，强化土地监管制度执行，保障综合整治行动顺利实施。对整改消除到位的违法用地项目，要组织相关部门联合进行检查验收，严格违法用地整改消除标准；对拆除复垦的违法用地项目，要强化巡查和监管力度，落实常态、长效管理，防止违法用地反弹和回潮。

（五）认真制定报送综合整治实施计划。各区规土局是制定和报送 2017 违法用地综合整治行动实施计划的责任主体，要严格按照方案和本通知明确的任务目标及相关工作措施和要求，早计划，早安排，早实施，并于 2017 年 2 月 28 日前以区政府名义将实施方案和计划上报市违法用地综合整治领导小组办公室。在综合整治过程中，要定期分析和评估综合整治形势，坚持每季度、每半年综合上报处置计划及相关统计。浦东新区规土局和浦东新区城市管理行政执法局要共同研究制定实施方案和计划，区分任务，明确责任，发挥综合执法体制改革优势，有效推动违法用地综合整治行动顺利实施。

上海市规划和国土资源管理局

2016 年 12 月 29 日

第四节　房地产税费政策

关于调整房地产交易环节契税营业税优惠政策的通知

财税〔2016〕23 号

各省、自治区、直辖市、计划单列市财政厅（局）、地方税务局、住房城乡建设厅（建委、房地局），西藏、宁夏、青海省（自治区）国家税务局，新疆生产建设兵团财务局、建设局：

根据国务院有关部署，现就调整房地产交易环节契税、营业税优惠政策通知如下：

一、关于契税政策

（一）对个人购买家庭唯一住房（家庭成员范围包括购房人、配偶以及未成年子女，下同），面积为 90 平方米及以下的，减按 1% 的税率征收契税；面积为 90 平方米以上的，减按 1.5% 的税率征收契税。

（二）对个人购买家庭第二套改善性住房，面积为 90 平方米及以下的，减按 1% 的税率征收契税；面积为 90 平方米以上的，减按 2% 的税率征收契税。

家庭第二套改善性住房是指已拥有一套住房的家庭，购买的家庭第二套住房。

（三）纳税人申请享受税收优惠的，根据纳税人的申请或授权，由购房所在地的房地产主管部门出具纳税人家庭住房情况书面查询结果，并将查询结果和相关住房信息及时传递给税务机关。暂不具备查询条件而不能提供家庭住房查询结果的，纳税人应向税务机关提交家庭住房实有套数书面诚信保证，诚信保证不实的，属于虚假纳税申报，按照《中华人民共和国税收征收管理法》的有关规定处理，并将不诚信记录纳入个人征信系统。

按照便民、高效原则，房地产主管部门应按规定及时出具纳税人家庭住房情况书面查询结果，税务机关应对纳税人提出的税收优惠申请限时办结。

（四）具体操作办法由各省、自治区、直辖市财政、税务、房地产主管部门共同制定。

二、关于营业税政策

个人将购买不足 2 年的住房对外销售的，全额征收营业税；个人将购买 2 年以上（含 2 年）的住房对外销售的，免征营业税。

办理免税的具体程序、购买房屋的时间、开具发票、非购买形式取得住房行为及其他相关税收管理规定，按照《国务院办公厅转发建设部等部门关于做好稳定住房价格工作意见的通知》（国办发〔2005〕26 号）、《国家税务总局财政部建设部关于加强房地产税收管理的通知》（国税发〔2005〕89 号）和《国家税务总局关于房地产税收政策执行中几个具体问题的通知》（国税发〔2005〕172 号）的有关规定执行。

三、关于实施范围

北京市、上海市、广州市、深圳市暂不实施本通知第一条第二项契税优惠政策及第二条营业税优惠政策，上述城市个人住房转让营业税政策仍按照《财政部国家税务总局关于调整个人住房转让营业税政策的通知》（财税〔2015〕39 号）执行。

上述城市以外的其他地区适用本通知全部规定。

本通知自 2016 年 2 月 22 日起执行。

财政部
国家税务总局
住房城乡建设部
2016 年 2 月 17 日

关于营改增后土地增值税若干征管规定的公告

国家税务总局公告 2016 年第 70 号

为进一步做好营改增后土地增值税征收管理工作，根据《中华人民共和国土地增值税暂行条例》及其实施细则、《财政部国家税务总局关于营改增后契税房产税土地增值税个人所得税计税依据问题的通知》（财税〔2016〕43 号）等规定，现就土地增值税若干征管问题明确如下：

一、关于营改增后土地增值税应税收入确认问题

营改增后，纳税人转让房地产的土地增值税应税收入不含增值税。适用增值税一般计税方法的纳税人，其转让房地产的土地增值税应税收入不含增值税销项税额；适用简易计税方法的纳税人，其转让房地产的土地增值税应税收入不含增值税应纳税额。

为方便纳税人，简化土地增值税预征税款计算，房地产开发企业采取预收款方式销售自行开发的房地产项目的，可按照以下方法计算土地增值税预征计征依据：

土地增值税预征的计征依据 = 预收款 - 应预缴增值税税款

二、关于营改增后视同销售房地产的土地增值税应税收入确认问题

纳税人将开发产品用于职工福利、奖励、对外投资、分配给股东或投资人、抵偿债务、换取其他单位和个人的非货币性资产等，发生所有权转移时应视同销售房地产，其收入应按照《国家税务总局关于房地产开发企业土地增值税清算管理有关问题的通知》（国税发〔2006〕187 号）第三条规定执行。纳税人安置回迁户，其拆迁安置用房应税收入和扣除项目的确认，应按照《国家税务总局关于土地增值税清算有关问题的通知》（国税函〔2010〕220 号）第六条规定执行。

三、关于与转让房地产有关的税金扣除问题

（一）营改增后，计算土地增值税增值额的扣除项目中“与转让房地产有关的税金”不包括增值税。

（二）营改增后，房地产开发企业实际缴纳的城市维护建设税（以下简称城建税）、教育费附加，凡能够按清算项目准确计算的，允许据实扣除。凡不能按清算项目准确计算的，则按该清算项目预缴增值税时实际缴纳的城建税、教育费附加扣除。

其他转让房地产行为的城建税、教育费附加扣除比照上述规定执行。

四、关于营改增前后土地增值税清算的计算问题

房地产开发企业在营改增后进行房地产开发项目土地增值税清算时，按以下方法确定相关金额：

（一）土地增值税应税收入 = 营改增前转让房地产取得的收入 + 营改增后转让房地产取得的不含增值税收入

（二）与转让房地产有关的税金 = 营改增前实际缴纳的营业税、城建税、教育费附加 + 营改增后允许扣除的城建税、教育费附加

五、关于营改增后建筑安装工程费支出的发票确认问题

营改增后，土地增值税纳税人接受建筑安装服务取得的增值税发票，应按照《国家税务总局关于全面推开营业税改征增值税试点有关税收征收管理事项的公告》（国家税务总局公告 2016 年第 23 号）规定，在发票的备注栏注明建筑服务发生地县（市、区）名称及项目名称，否则不得计入土地增值税扣除项目金额。

六、关于旧房转让时的扣除计算问题

营改增后，纳税人转让旧房及建筑物，凡不能取得评估价格，但能提供购房发票的，《中华人民共和国土地增值税暂行条例》第六条第一、三项规定的扣除项目的金额按照下列方法

计算：

（一）提供的购房凭据为营改增前取得的营业税发票的，按照发票所载金额（不扣减营业税）并从购买年度起至转让年度止每年加计 5% 计算。

（二）提供的购房凭据为营改增后取得的增值税普通发票的，按照发票所载价税合计金额从购买年度起至转让年度止每年加计 5% 计算。

（三）提供的购房发票为营改增后取得的增值税专用发票的，按照发票所载不含增值税金额加上不允许抵扣的增值税进项税额之和，并从购买年度起至转让年度止每年加计 5% 计算。

本公告自公布之日起施行。

特此公告。

国家税务总局

2016 年 11 月 10 日

关于营改增后契税房产税土地增值税个人所得税计税依据问题的通知

财税〔2016〕43 号

各省、自治区、直辖市、计划单列市财政厅（局）、地方税务局，西藏、宁夏、青海省（自治区）国家税务局，新疆生产建设兵团财务局：

经研究，现将营业税改征增值税后契税、房产税、土地增值税、个人所得税计税依据有关问题明确如下：

一、计征契税的成交价格不含增值税。

二、房产出租的，计征房产税的租金收入不含增值税。

三、土地增值税纳税人转让房地产取得的收入为不含增值税收入。

《中华人民共和国土地增值税暂行条例》等规定的土地增值税扣除项目涉及的增值税进项税额，允许在销项税额中计算抵扣的，不计入扣除项目，不允许在销项税额中计算抵扣的，可以计入扣除项目。

四、个人转让房屋的个人所得税应税收入不含增值税，其取得房屋时所支付价款中包含的增值税计入财产原值，计算转让所得时可扣除的税费不包括本次转让缴纳的增值税。

个人出租房屋的个人所得税应税收入不含增值税，计算房屋出租所得可扣除的税费不包括本次出租缴纳的增值税。个人转租房屋的，其向房屋出租方支付的租金及增值税额，在计算转租所得时予以扣除。

五、免征增值税的，确定计税依据时，成交价格、租金收入、转让房地产取得的收入不扣减增值税额。

六、在计征上述税种时，税务机关核定的计税价格或收入不含增值税。

本通知自 2016 年 5 月 1 日起执行。

财政部国家税务总局

2016年4月25日

关于转发《财政部国家税务总局和住房城乡建设部关于调整房地产交易环节契税营业税优惠政策的通知》的通知

沪财税〔2016〕26号

各区县财政局、税务局、住房保障房屋管理局，市财政监督局、市税务局各直属分局：

现将《关于调整房地产交易环节契税营业税优惠政策的通知》（财税〔2016〕23号）转发给你们，请按照执行。

上海市财政局
上海市地方税务局
上海市住房和城乡建设管理委员会
2016年3月17日

第五节　房地产金融政策

上海市城镇个体工商户及其雇用人员、自由职业者缴存、提取和使用住房公积金实施办法

沪公积金管委会〔2016〕11号

第一条根据《上海市住房公积金管理若干规定》第二十二条，制订本实施办法。

第二条本实施办法适用于具有本市户籍，男性未满60周岁，女性未满55周岁的下列两类人员：

（一）在本市领取营业执照的城镇个体工商户及其雇用人员；

（二）自由职业者。

第三条第二条所规定的对象可以自愿缴存住房公积金。

第四条本市住房公积金各区管理部（以下简称区管理部）受上海市公积金管理中心（以下简称市公积金中心）业务委托具体承办个人缴存者缴存、提取和使用住房公积金事务。

第五条个人缴存者根据其户籍所在地实施属地化管理。个人缴存者携带本人身份证、户口簿、营业执照或劳动手册等，到其户籍所在地的区管理部办理住房公积金开户登记手续。区管理部为个人缴存者办理住房公积金开户登记后，应当为个人缴存者设立个人住房公积金账户。

已有个人住房公积金账户的个人缴存者，沿用已有的个人住房公积金账户。

第六条个人缴存者月缴存额等于个人缴存者上一年度月平均收入乘以缴存比例。

个人缴存者的缴存比例不低于10%、不高于24%，月缴存额不得超过每年公布的住房公积金月缴存最高限额。缴存比例和月缴存最高限额由上海市住房公积金管理委员会拟订，

报市人民政府批准后执行。

个人缴存者的月缴存额原则上按住房公积金年度进行调整。

第七条个人缴存者在开户登记时应当与市中心签订缴存住房公积金协议，约定缴存金额、缴存方式、双方的权利和义务等内容，并在市公积金中心指定的银行开立活期储蓄账户，按约定存入足额款项，由区管理部定期扣划后统一缴存到市公积金中心在受托银行设立的住房公积金专户。

第八条市公积金中心对个人住房公积金账户的存储余额应每年结算一次，并向个人缴存者出具住房公积金的缴存凭证。

第九条个人缴存者缴存的住房公积金自存入住房公积金专户之日起，按国家规定利率计息。

第十条由个人缴存者申请，经区管理部审核，可以办理个人住房公积金账户封存、启封和转移手续。

第十一条个人缴存者有下列情形之一的，可以向区管理部申请提取本人住房公积金账户内的存储余额：

（一）符合国务院《住房公积金管理条例》和《上海市住房公积金管理若干规定》所规定的提取条件；

（二）符合缴存住房公积金协议约定的提取条件。

第十二条申请提取住房公积金账户内存储余额的个人缴存者，应当向区管理部提交相关证明材料。

区管理部应当自受理提取住房公积金申请之日起三个工作日内，作出准予提取或者不准提取的决定，并书面通知申请人。准予提取的，由受托银行办理支付手续；不准提取的，区管理部应当说明理由。提取申请人对不准提取决定不服的，可以向市公积金中心提出申诉，市公积金中心在受理申诉之日起五个工作日内作出答复。

第十三条缴存住房公积金的个人缴存者购买、建造、翻建、大修自住住房时，可以按本市住房公积金贷款管理规定和缴存住房公积金协议的约定申请住房公积金贷款。

第十四条个人缴存者取得住房公积金贷款以后，不再履行缴存义务的，市公积金中心在与其约定的缴存住房公积金协议范围内作相关处理。

第十五条本办法由上海市公积金管理中心负责组织实施。

第十六条本办法自2016年10月1日起施行，有效期5年。2015年5月1日至2016年9月30日的本市城镇个体工商户及其雇佣人员、自由职业者缴存、提取和使用住房公积金参照本办法执行。

上海市住房公积金管理委员会

2016年9月21日

关于2016年度上海市调整住房公积金缴存基数、比例以及月缴存额上下限的通知

沪公积金管委会〔2016〕9号

各住房公积金缴存单位：

按照国务院《住房公积金管理条例》和《上海市住房公积金管理若干规定》的有关规定，贯彻国务院常务会议关于减轻企业负担，规范和阶段性适当降低住房公积金缴存比例精神，结合本市实际，经市住房公积金管理委员会第52次会议审议通过，现就2016年度（2016年7月1日至2017年6月30日）本市调整住房公积金缴存基数、缴存比例以及月缴存额上下限等有关事项通知如下：

一、缴存基数及其计算口径

各单位应按照上海市统计局计算职工月平均工资的口径计算职工月平均工资，并以职工月平均工资作为该职工住房公积金缴存基数核定住房公积金月缴存额。各单位应在核定职工住房公积金月缴存额后一个月内，将核定情况告知职工本人，以维护职工的合法权益。

自2016年7月1日起，本市职工住房公积金的缴存基数由2014年月平均工资调整为2015年月平均工资。

2016年1月1日起新参加工作的职工，应以该职工参加工作的第二个月的当月工资收入或以其新参加工作以来实际发放的月平均工资作为其住房公积金缴存基数。

2016年1月1日起新调入的职工，以调入后发放的当月工资收入或以其实际发放的月平均工资作为其住房公积金缴存基数。

二、缴存比例

（一）住房公积金缴存比例

2016年度职工本人和单位住房公积金缴存比例与2015年度相同。即，住房公积金缴存比例仍为各7%。

（二）补充住房公积金缴存比例

缴存住房公积金的单位仍可以按照自愿原则参加补充住房公积金制度。职工本人和单位补充住房公积金缴存比例为各1%至5%，具体比例由各单位根据实际情况确定。

（三）降低缴存比例或缓缴

符合规定情形的企业，可以按照《住房城乡建设部发展改革委财政部人民银行关于规范和阶段性适当降低住房公积金缴存比例的通知》和本市相关规定（具体规定另行公告），申请降低住房公积金缴存比例或缓缴。

三、月缴存额计算

住房公积金月缴存额＝职工本人上一年度月平均工资×职工住房公积金缴存比例＋职工本人上一年度月平均工资×单位住房公积金缴存比例

补充住房公积金月缴存额计算方法同上。

四、月缴存额上下限

（一）2016年度月缴存额上限

住房公积金月缴存额上限为2494元。城镇个体工商户及其雇用人员、自由职业者的住房公积金月缴存额上限为4276元。

补充住房公积金按职工本人和单位各1%至5%的缴存比例所对应的月缴存额上限为1782元。

（二）2016年度月缴存额下限

住房公积金按职工本人和单位各7%的缴存比例所对应的月缴存额下限为282元。城镇个体工商户及其雇用人员、自由职业者的住房公积金月缴存额下限参照此标准。

对部分实行承包、提成等薪酬制度的单位职工，经市公积金管理中心审核通过，可按该单位和职工协商确定的月缴存额缴存，但不低于当年度住房公积金月缴存额下限水平。

为提高效率，2016年度基数调整采用网上调整为主的方式。市公积金中心通过登报公告、网上公告的形式提前向社会发布基数调整信息以及基数调整文件资料、业务办理要求和网上调整操作流程。各单位应积极采用网上调整方式进行基数调整，登录上海住房公积金网（www.shgjj.com）的基数调整专栏查阅、下载和直接办理。

特此通知，请遵照执行。

上海市住房公积金管理委员会
二〇一六年六月二十一日

关于印发《上海市降低住房公积金缴存比例或缓缴住房公积金管理办法》的通知

沪公积金管委会〔2016〕10号

上海市公积金管理中心：

《上海市降低住房公积金缴存比例或缓缴住房公积金管理办法》已经市住房公积金管理委员会第五十二次会议审议通过，现印发给你们，请遵照执行。

上海市住房公积金管理委员会
二〇一六年六月二十八日

上海市降低住房公积金缴存比例或缓缴住房公积金管理办法

第一条为规范和加强本市住房公积金降低缴存比例或缓缴业务，维护住房公积金缴存职工合法权益，减轻企业负担，增强企业活力，根据国务院《住房公积金管理条例》《住房城乡建设部发展改革委财政部人民银行关于规范和阶段性适当降低住房公积金缴存比例的通知》（建金〔2016〕74号）等相关法规规定，结合本市实际情况，制定本办法。

第二条符合下列条件之一的，可以申请单位和职工缴存比例按照各不低于5%的比例缴存住房公积金：

（一）连续经营亏损两年及以上的企业，且职工月平均工资水平不高于上一年全市职工月平均工资 60% 的；

（二）自设立之日起三年内的符合国家规定的小型微型企业。

第三条符合下列条件之一的，可以申请缓缴：

（一）濒临破产、已停产或已依法批准缓缴社会保险费的企业，可以申请缓缴住房公积金；

（二）已连续三年批准降低比例缴存或上一年已批准缓缴的企业，经营仍然亏损且职工月平均工资水平不高于上一年全市职工月平均工资 60% 的，可以申请缓缴住房公积金；

（三）经济效益差或连续经营亏损两年及以上的企业，扣除职工应缴部分的住房公积金后职工工资未达到当年本市最低工资标准的，可以经职工本人同意后申请缓缴职工应缴部分的住房公积金。

第四条申请降低缴存比例或缓缴住房公积金的单位，须经本单位职工代表大会或工会讨论通过并在本单位内部公示，向单位住房公积金账户设立所在区的上海市公积金管理中心（以下简称市公积金中心）区（县）管理部提出申请，按规定提供相关证明材料。

各区（县）管理部应按规定将符合降低缴存比例或缓缴条件的单位材料报市公积金中心审批，审批通过后可降低缴存比例或缓缴。

第五条单位降低缴存比例或缓缴的，待经济效益好转后，应及时提高缴存比例或恢复正常缴存并补缴缓缴期间的住房公积金。

第六条单位应按照住房公积金缴存年度申请降低缴存比例和缓缴的时间段。降低缴存比例和缓缴的期限为一年，期满后仍需降低缴存比例或缓缴的，应当在期满之日前 30 日内重新办理申请。

第七条单位未按时、足额缴存住房公积金，又未经批准降低缴存比例或缓缴的，市公积金中心将按照《上海市住房公积金行政执法管理办法》相关规定处罚。

第八条单位应提供真实、合法、准确的相关证明材料。单位提供虚假证明材料的，市公积金中心将单位相关信息依法向社会公开并纳入征信系统；对协助造假的机构和人员严肃处理；构成犯罪的，依法追究刑事责任。

第九条市公积金中心应严格按规定审批单位降低缴存比例或缓缴的事项，并每年专题向上海市住房公积金管理委员会报告。

第十条本办法由市公积金中心负责组织实施。市公积金中心可以根据本办法制定操作细则。

第十一条本办法自发布之日起施行，有效期两年。

第六节　物业管理政策

关于进一步贯彻实施《上海市住宅物业管理规定》若干意见的通知

沪府发〔2016〕94号

各区、县人民政府，市政府各委、办、局：

市政府同意市住房城乡建设管理委《关于进一步贯彻实施〈上海市住宅物业管理规定〉的若干意见》，现转发给你们，请认真按照执行。

上海市人民政府

2016年11月8日

关于进一步贯彻实施《上海市住宅物业管理规定》的若干意见

为贯彻实施市人大常委会修订的《上海市住宅物业管理规定》（以下简称《规定》），进一步做好本市住宅物业管理工作，结合《上海市加强住宅小区综合治理三年行动计划（2015-2017）》，现提出如下若干意见：

一、部门、单位的职责分工

各区县政府负责落实房屋管理、城管执法、工商、绿化市容、规划国土资源、民政、消防、环保等部门以及供水、供电、供气等专业单位在住宅小区综合管理中的职责，组织召开住宅物业管理联席会议，协调解决住宅小区管理的综合性问题，并对乡、镇政府和街道办事处的住宅小区综合管理工作进行考核。

各乡、镇政府和街道办事处负责落实本辖区住宅小区综合管理工作制度，协调落实部门和人员解决住宅小区综合管理中的疑难问题，指导监督业主大会、业主委员会组建、换届改选和日常运作，办理业主委员会的备案手续。

区房屋管理部门负责对业主大会、业主委员会组建、换届改选和日常运作中相关程序的业务指导和监督管理。

区民政部门负责对居民委员会、村民委员会履行其对业主大会、业主委员会组建、换届改选和日常运作中相关工作职责的指导监督。

居民委员会、村民委员会应当做好对业主大会、业主委员会组建、换届改选和日常运作的指导，指导业主选举具有模范履行业主义务、热心公益事业、责任心强且有一定组织能力的业主担任业主代表、筹备组成员、业主委员会委员、换届改选小组成员；负责对业主委员会的日常指导，帮助业主自行管理的业主委员会的规范运作，并通过人民调解委员会调解物业管理纠纷。

二、物业管理区域的核定

对有市政道路或自然河道穿越的建设用地，在住宅建设工程设计时，原则上建设单位应当分别配置配套设施设备。

区规划管理部门在审查住宅建设工程设计方案时，应当征求区房屋管理部门对物业管理区域的预划意见。区房屋管理部门应当根据物业管理区域划分的原则，审查建设单位住宅建设工程设计方案中标明的物业管理区域划分情况及物业管理用房配置情况，并出具物业管理区域预划意见书，复告区规划管理部门。

建设单位在申请办理建设工程规划许可证时，应当向物业所在地的区房屋管理部门提出划分物业管理区域的申请，并提交下列资料：

（一）建设项目用地批准文件；

（二）建筑总平面图；

（三）建设项目停车位、绿化等共用设施设备配置情况说明；

（四）其他应当提交的资料。

物业所在地的区房屋管理部门应当在受理申请之日起5个工作日内，向建设单位出具《物业管理区域核定单》。

需要调整物业管理区域的，由业主委员会提交业主大会会议讨论通过后，向物业所在地的区房屋管理部门提出申请。区房屋管理部门应当会同乡、镇政府或街道办事处按照《规定》第七条的规定，结合当地居民委员会、村民委员会的布局，出具调整物业管理区域划分的意见，并在相关物业管理区域内予以公告。

三、分期开发项目的物业管理

划定为一个物业管理区域的建设项目分期开发的，其前期物业管理招投标以该物业管理区域为范围。

先期开发区域内销售并交付使用的物业符合《规定》条件的，应当成立业主大会。业主大会可就整个物业管理区域的物业管理事项作出决定，但对后期业主可能产生不利影响的除外。业主大会决定聘用物业服务企业的，物业服务合同期限不得超过2年。业主大会成立后接受交付使用物业的业主，成为该业主大会的成员，依法行使权利、履行义务。通过的《业主大会议事规则》中，应当按照分期开发建设的物业建筑面积比例，约定业主委员会组成人数。业主委员会应当按照《业主大会议事规则》，召开业主大会会议，增补业主委员会委员。

业主大会成立后，业主委员会应当将业主大会决定的事项告知建设单位；建设单位销售该物业管理区域内物业的，应当在房屋销售合同中注明业主大会的决定事项。

四、建设项目资料的备案

建设单位应当按照《规定》第十条规定，向物业所在地的房管办事处提交相关资料。其中“物业管理所必需的其他资料”，包括营业执照、项目批准文件、用地批准文件、施工许可证、房屋土地权属调查报告、业主清册和联系方式等资料。

建设单位提交房管办事处出具的资料齐备证明后，区房屋管理部门方可向其核发房屋交付使用许可证。

五、业主大会筹备组、换届改选小组中业主代表的产生

筹备组、换届改选小组中的业主代表人数，由乡、镇政府或者街道办事处根据物业管理规模和社区建设情况确定，一般为5-10人，其所占比例应当不低于筹备组或者换届改选小组总人数的二分之一。

业主代表可通过业主推荐、自荐、召开座谈会听取意见等方式产生，具体方式由居民委员会、村民委员会确定，并在物业管理区域内予以公告。

业主代表不依法履行职责，且经乡、镇政府或者街道办事处责令限期改正后仍未履行职责的，居民委员会、村民委员会可组织业主重新推荐产生业主代表。

六、业主投票权的计算

业主投票权数，由业主大会根据专有部分面积、建筑物总面积和业主人数、总人数确定。

专有部分面积、建筑物总面积按照下列方法认定：

（一）专有部分面积，按照不动产登记簿记载的面积计算；尚未进行登记的，暂按照测绘机构的实测面积计算；尚未进行实测的，暂按照房屋买卖合同记载的面积计算。其中，建设单位“专有部分的面积”是指为未销售的物业建筑面积，不包括以下物业的建筑面积：停车库，依法归全体或者部分业主共有的物业，配电房、避难层、储藏室，不能单独办理产证的其他物业。

（二）建筑物总面积，按照前项专有部分面积的总和计算。

业主人数和总人数按照下列方法认定：

（一）业主人数，按照房地产权证数确定，一个产权证计为一个业主人数；房屋已出售并交付使用但尚未领取房地产权证的，按照房屋销（预）售合同数确定，一份合同计为一个业主人数。

（二）总人数，按照前项业主人数的总和计算。

七、业主委员会成员全体辞职的处理

业主委员会成员全体辞职的，乡、镇政府或者街道办事处应当会同区房屋管理部门组建业主委员会换届改选小组。业主委员会换届改选小组由业主代表，乡、镇政府或者街道办事处代表，房管办事处代表，物业所在地居民委员会或村民委员会代表组成。其中，业主代表由居民委员会、村民委员会组织业主推荐产生。业主委员会换届改选小组应当自成立起90日内召开业主大会，选举产生新一届业主委员会。

在新一届业主委员会选举产生前，原业主委员会应当继续履行职责。因不履行职责造成损失的，由相关责任人承担。

八、业主委员会主任、副主任不召集业主委员会会议的处理

业主委员会主任、副主任在符合召集业主委员会会议的条件下和规定限期内，无正当理由不召集会议的，居民委员会、村民委员会可指定业主委员会其他成员召集业主委员会会议，并在物业管理区域内予以公告。

九、物业矛盾纠纷的调处

乡、镇政府或街道办事处、居民委员会、村民委员会应当充分发挥人民调解委员会在物业管理纠纷调解中的作用，充实专业人员，提高物业管理矛盾纠纷居间调解的效能。

乡、镇政府或街道办事处可通过设立住宅小区综合管理法律服务咨询站及聘请行业专家、律师等专业人员，为住宅小区综合管理提供法律咨询服务，解决疑难问题，调解矛盾纠纷，提高社区物业综合管理的整体水平。

居民委员会、村民委员会设立的人民调解委员会，受理和调解下列物业管理纠纷：

（一）业主委员会的组建、运作和自我管理中发生的业主与业主委员会之间的纠纷；

（二）业主、业主委员会、物业服务企业之间因维修资金使用、房屋及配套设施、设备及相关场地维修、养护、管理和环境秩序管理等引发的纠纷；

（三）邻里间因安装防盗门、防盗窗、空调、晒衣架、鸽棚等附着物引发的物业使用纠纷；

（四）因业主或者使用人违反《临时管理规约》《管理规约》引发的物业矛盾纠纷；

（五）其他属于人民调解组织调解范围内的物业管理纠纷。

业主委员会可对本条第三款第（三）（四）（五）项规定的物业管理纠纷进行调解，居民委员会、村民委员会对业主委员会的调解活动给予协助和指导。

业主委员会应当建立物业管理矛盾协调工作会议制度，协调处理业主之间、业主与物业服务企业之间的矛盾和纠纷。会议由业主委员会主任主持召开。

十、物业服务项目经理的管理

物业服务企业应当向受托管理服务的住宅小区委派一名项目经理，作为该住宅小区物业管理服务的负责人。在同一区行政区域范围内地理位置上相毗邻的小区，一名项目经理可管理的住宅小区数不得超过3个，且总建筑面积不得超过10万平方米。区房屋管理部门要及时采集辖区内住宅小区物业服务项目经理从事物业管理的信息，加强对项目经理从业过程的事中、事后监管。

物业服务企业未按规定委派物业服务项目经理的，或者物业服务项目经理未按照规定从事物业管理工作的，记入物业服务企业信用档案。

十一、物业管理用房的确认

建设单位在办理建设工程规划许可证时，应当将物业管理用房的坐落、面积等在审照附图中予以注明，并加盖建设单位公章；对分期开发的物业管理区域，建设单位应当按照整个物业管理区域的配置要求，在先期开发的区域内一次性配置或者提供临时物业管理用房。建设单位在未按照规划配置物业管理用房前，不得擅自变更、分割、转让、抵押临时物业管理用房。

建设单位提交的资料符合物业管理区域预划意见书和物业管理用房配置要求的，区规划管理部门方可向其核发建设工程规划许可证。

房屋土地调查机构应当在房屋土地权属调查报告书中注明物业管理用房的坐落、面积、室号；区房屋管理部门在核发房屋预售许可证和办理房屋所有权初始登记时，应当注明物业管理用房室号。

1997年7月1日至2003年8月31日间竣工的居住物业管理区域，其物业管理用房应当按照规划中配置的标准提供；规划中未配置的，按照物业管理区域实际使用状况予以提供。

十二、物业服务收费

住宅物业管理区域已组建业主大会的，由业主大会与物业服务企业按照“质价相符”的原则，协商确定物业服务内容、物业服务收费标准和收费方式，并在物业服务合同中予以约定。

十三、物业的自行管理

规模较小且具备自行管理条件的住宅小区，经业主大会会议讨论通过，可在居民委员会、村民委员会的监督指导下，由业主自行管理。业主自行管理的，应当设定执行机构及其负责人，负责自行管理的组织实施并承担由此产生的相关责任。

业主大会聘请专业保洁、保安、绿化养护、设施设备保养维修单位的，应当与其签订专业服务合同。

业主大会采用民事雇佣方式聘请自然人进行公共区域清洁卫生、秩序维护、绿化养护，以及共用部位、共用设施设备的日常运行、保养及维修服务的，应当为其支付意外伤害等保险费用，由被聘用人员自行购买后报业主委员会备案。

业主大会决定开具自行管理发票的，业主委员会可持区房屋管理部门的证明材料，到物业所在地的区税务部门代为开具。

十四、物业的装饰装修

业主、使用人装饰装修房屋的，应当会同装饰装修单位与物业服务企业签订住宅装饰装修管理协议，明确装饰装修工程的实施内容、实施期限、允许施工时间、现场巡查、废弃物清运与处置以及装饰装修工程的禁止行为和注意事项等。

十五、物业使用性质的变更

由区规划管理部门会同区房屋管理部门提出允许改变物业使用性质的区域范围和方案，经区政府同意后，区规划管理部门应当予以公告并抄送区房屋管理部门。具体范围和方案，应当包括可改变的部位和经营项目等内容。

在允许改变物业使用性质的区域范围内，具体房屋单元的业主需要改变使用性质的，应当符合下列条件：

（一）符合房屋使用安全要求；

（二）符合《临时管理规约》《管理规约》；

（三）经有利害关系的业主同意；

（四）符合相关法律、法规的规定。

符合前款规定的住宅，其房屋所有权人可向物业所在地的区房屋管理部门申请变更住宅使用性质，区房屋管理部门应当自受理申请之日起20日内做出决定。对符合条件的，准予其变更住宅物业使用性质，并告知其依法向工商管理等部门办理有关手续的义务。

业主大会应当在《管理规约》中，对本住宅物业管理区域内住宅变更使用性质后的物业服务费标准作出约定。物业服务企业应当按照约定，对准予变更住宅物业使用性质的房屋收取相应的物业服务费。改变使用性质的房屋，经政府决定征收的，按照居住房屋用途和建筑面积予以补偿安置。

十六、管线的维修养护责任

住宅小区内水、电、气分户计量表和表前的相关管线和设施设备维修、养护责任，由供水、供电、供气服务单位分别承担；分户计量表后的相关管线和设施设备维修、养护责任，由房屋所有人承担。

十七、维修资金的补建和再次筹集

未建立首期专项维修资金或者专项维修资金余额不足首期筹集金额30%的，小区业主委员会、物业服务企业应及时按规定启动维修资金续筹程序。业主应当按照每月每平方米建筑面积成本价0.2%的标准补建或再次筹集，《专项维修资金管理规约》约定或者业主大会会议决定高于上述标准筹集或者一次性筹集的除外。业主应当按照《专项维修资金管理规约》约定或者业主大会的决定，采取一次性足额筹集，也可按照24个月逐月筹集达到首期维修资金筹集金额。

物业服务企业应当每月对业主专项维修资金账户进行核对，对按照规定达到补建或再次筹集标准的，应当在15日内书面告知业主委员会。业主委员会应当告知相关业主并在物业管理区域内予以公告。采取分期筹集的，由物业服务企业于次月起在收取物业服务费时予以代收，并出具专项维修资金票据，按月纳入专项维修资金账户，并将补建或再次筹集的情况在物业管理区域内予以公告。

配备电梯的物业，补建或再次筹集的维修资金余额不得少于每平方米建筑面积成本价的7%；不配备电梯的物业，补建或再次筹集的维修资金余额不得少于每平方米建筑面积成本价的5%。

业主转移或者抵押房地产的，可到物业所在地的物业服务企业查询房屋维修资金余额。已足额交纳的，业主可持物业服务企业出具的维修资金余额查询单，到物业所在地房屋管理部门开具商品住宅维修资金足额交纳凭证；维修资金余额少于前款规定的，业主可在持物业服务企业出具的维修资金交款单至维修资金账户开户银行补足后，持维修资金余额查询单及银行交款凭据，到物业所在地房屋管理部门开具商品住宅维修资金足额交纳凭证。

公有住宅售后房屋转让或抵押的，由市公积金管理中心按照前款规定开具维修资金足额缴纳凭证。

业主办理房地产转移或抵押登记时，应当提交维修资金足额缴纳凭证。

十八、物业的检测和鉴定

业主应当按照《房屋修缮工程技术规程》中规定的物业常规检查内容和检查周期，承担物业维修养护责任。

业主应当在物业服务合同中，委托物业服务企业按照《房屋完损状况检查周期表》和《房屋结构完好性检查周期表》的规定，对物业定期进行维修养护和检查。

市住房城乡建设管理部门负责房屋质量检测单位的监督管理，并定期公布符合条件的房屋质量检测单位名单。

物业出现结构安全隐患或异常状况时，相关责任人可根据《房屋质量检测规程》中规定的流程，委托房屋质量检测单位进行检测、鉴定。

检测结论为整体危险或局部危险的房屋，应当由市房屋检测中心出具危险房屋审定书。

十九、房屋外墙的维护

住宅物业管理区域内房屋外墙的维护，由业主负责。业主应当按照有关规定和标准，根据房屋外墙的材质进行清洗或粉刷，确保房屋外墙整洁。房屋外墙存在严重褪色、明显污迹的，业主应当及时予以清洗、粉刷。

二十、示范文本的应用

建设单位、物业服务企业、业主大会、业主委员会按照市住房城乡建设管理部门印发的示范文本，制定和签署临时管理规约、管理规约、专项维修资金管理规约、首次业主大会会议表决规则、业主大会议事规则、业主委员会成员候选人产生办法、业主委员会选举办法、物业服务合同、住宅装饰装修管理协议等文件。

本意见自印发之日起施行，有效期至 2021 年 9 月 30 日。

上海市住房和城乡建设管理委员会
2016 年 10 月 19 日

第十七章　管理与服务机构

第一节　政府管理机构

【上海市住房和城乡建设管理委员会】根据《中共上海市委、上海市人民政府关于调整本市城市建设管理机构职能的批复》（沪委〔2015〕725号）的规定，设立上海市住房和城乡建设管理委员会，为市政府组成部门。

地址：大沽路100号，电话：23111111。

一、主要职责

（一）贯彻执行有关住房、城乡建设和城市管理的法律、法规、规章和方针、政策；组织 起草相关地方性法规、规章草案，并组织实施有关法规、规章。组织协调住房、城乡建设和城市管理领域综合性、系统性、长远性重大问题研究和重大政策的拟订并组织实施。负责组织行业发展重大改革工作。

（二）根据国民经济和社会发展总体规划、城市总体规划和土地利用总体规划，拟订住房、城乡建设和城市管理的发展战略、中长期发展规划和年度计划，并组织实施；协调拟订住房、城乡建设和城市管理各类行业发展规划，并组织实施；综合协调与平衡各层面市政基础设施建设管理规划；协调和平衡市政基础设施（除交通工程）年度项目建设计划，按照程序报批。

（三）组织编制市级城市维护项目年度预算安排计划，按照职责分工，加强对市级城市维护项目的监督管理；会同有关部门加强对区县城市维护资金使用的指导；参与住房保障和房屋管理有关资金的管理；参与公有住房出售价格、公有房屋租金标准调整；负责城市基础设施配套费的征收，并按照批准的年度计划使用和管理；参与研究住房、城乡建设和城市管理领域财政、价格政策；负责住房、城乡建设和城市管理领域统计管理、经济运行监测和分析；负责监督直属单位的财务管理、国有资产管理和内部审计等工作。

（四）会同有关部门做好城市建设和土地使用管理的衔接工作；会同有关部门组织开展城市基础设施项目实施可行性研究；会同有关部门审批政府投资项目的初步设计；负责建设工程抗震管理；参与确定本市重大工程项目，负责指导、组织、协调、推进重大建设工程的实施和目标考核；综合协调城市基础设施项目建设相关工作；组织指导、综合协调、督促检查黄浦江两岸开发工作；参与住房基地详细规划方案的审核以及土地招标、拍卖、挂牌文件中相关建设指标的确定。

（五）负责建筑市场综合监管和行业的行政管理；拟订监督管理建筑市场、规范市场各方行为的规章制度并监督执行；负责建筑市场工程报建、招投标监督管理与施工图设计文件审查的监督管理；负责建设市场各类企业资质、从业人员执业资格的管理以及从业单位与人员市场行为的诚信管理；负责房屋建筑和市政工程（除交通工程）的施工许可管理；负责建设市场管理信息平台的建设、运行管理；负责建筑市场的稽查工作；负责本市新建住房交付使用管理，对区县新建住房交付使用的审核工作实施监督检查。

（六）负责建材市场监管和行业的行政管理；制定建筑节能政策并监督实施，负责建筑节能、墙体材料革新和散装水泥发展及管理工作；组织研究制定住宅产业科技进步规划；组织新型建筑材料的认定和推广应用；拟订推进绿色建筑发展行动规划，推动建筑业转型发展，推进建筑工业化工作；协调、推进本市住宅产业现代化及节能省地型住宅产业发展。

（七）组织制定和调整发布工程建设、住房设计标准以及居住区公共服务设施标准、造价、定额和技术规范并组织对实施情况进行监督；组织拟订城市管理相关工作标准定额、技术规范；组织拟订村镇建设相关建设标准、技术规范等。

（八）承担本市建筑行业安全生产监督管理责任，制定建设工程质量和安全生产规章制度并监督实施；监督参建主体建立健全质量和安全管理体系；强化勘察设计质量管理；负责建筑企业安全生产许可管理；负责建筑材料和机械设备现场使用的质量安全监管；负责本市房屋质量管理；参与建设工程较大及以上质量、施工安全事故调查处理。

（九）统筹推进城市管理领域相关工作，指导督促市有关部门以及区县政府落实城市管理各项任务和各类标准定额；负责指导城市管理综合执法工作；负责城市网格化综合管理推进协调工作，承担城市网格化管理体系建设、运行和管理工作；统筹协调绿化林业、市容景观、环境卫生以及供排水等需要多部门协调联动的工作；综合协调市有关部门和区县政府共同推进城乡环境综合治理及城乡生态环境建设和管理等相关工作；负责“世界城市日”事务协调工作。

（十）负责燃气行政管理和行业管理；会同有关部门组织编制燃气专项规划并组织实施；综合协调地下空间使用管理；综合协调地下市政基础设施建设和管理；参与地下管线综合规划平衡协调，负责地下管线项目建设的监督管理；负责道路和公共区域照明设施的行政管理；组织或参与编制房屋建筑、市政工程、燃气、综合管线突发事故应急处置预案并实施，组织或参与相关事故调查处理；组织协调住房、城乡建设和城市管理重大事故的应急处置以及综合治理工作。

（十一）指导推进旧区改造和“城中村”改造工作，研究拟订相关政策，组织编制旧区改造和“城中村”改造规划和年度实施计划；协调指导区县和镇乡开展旧区改造、“城中村”改造和农村危旧房改造工作。

（十二）参与本市城镇体系规划编制；指导区县研究编制郊区城镇和村庄基础设施专业规划及村镇建设计划；协同市有关部门拟订村镇建设相关政策；指导推进郊区城镇化和村庄市政基础设施及人居环境建设；协调推进城镇化建设工作；协调指导农村村民集中居住及住房建设工作；负责优秀历史建筑的保护管理；负责历史文化名镇（村）和传统村落保护、利用和开发的政策拟订、指导协调等相关管理工作。

（十三）负责建立健全本市住房保障制度，拟订保障性住房建设筹措、房源管理、分配供应、使用管理等政策，拟订调整住房保障准入和退出标准并组织实施，组织协调市相关部门和区县政府保障性住房建设和筹措工作，负责保障性住房供应分配工作。负责拟订公有房屋管理政策并组织实施，负责公有房屋租金调整落实工作和公有住房出售工作，参与直管公房经营管理的监督和考核，负责本市住房制度改革及相关工作。

（十四）负责本市各类房屋物业管理的监督管理工作，综合协调推进住宅小区综合管理；

指导监督业主委员会的建设和运作；负责本市物业服务企业和从业人员的监督管理；推进物业服务市场发展；负责本市住房专项维修资金和住宅物业保修金的监督管理。

（十五）负责各类房屋的修缮、改造和安全鉴定的行政管理；受上海市国有资产监督管理委员会的委托，负责直管公房资产的监督和管理；负责落实私房政策和私房历史遗留问题及宗教房产代经管理；会同市有关部门推进既有住房的功能完善。

（十六）制定本市国有土地房屋征收的规章制度并监督执行；对区县国有土地房屋征收与补偿工作进行业务指导和监督管理；协调推进国有土地上企事业单位征收补偿工作；参与组织对国有土地房屋征收违规行为的查处工作；负责农村低收入户危旧房改造工作。

（十七）组织开展房地产市场的监测分析，建立健全并组织实施本市房地产市场信息系统和预警预报体系；组织拟订房地产市场政策、措施并监督执行；按照权限负责房地产业相关的开发经营、交易相关主体及行为管理，包括房地产开发企业的资质管理、商品房预售许可和现售备案、存量房转让合同网签备案、交易资金监管、房屋租赁管理，以及房地产开发、估价、经纪相关的行政管理。

（十八）负责拟订本市房屋产权管理制度并指导监督；负责本市房屋产权管理、楼盘表和房屋面积管理、房屋交易与产权档案管理等工作；负责房屋权属信息系统、楼盘表及房屋面积数据库的建设维护管理工作。

（十九）负责制定住房配套建设管理制度及相关实施办法，监督指导住房配套设施建设管理；组织拟订保障房配套建设综合性政策，协调大型居住社区内外市政配套建设工作。

（二十）负责拟订住房公积金管理法规、政策并对执行情况进行监督，承担市住房公积金管理委员会的日常管理工作，监督住房公积金和其他住房资金的管理、使用和安全。

（二十一）组织指导协调并监督住房、城乡建设和城市管理的行政执法工作；依法对各种违法行为进行行政处罚。

（二十二）推进住房、城乡建设和城市管理领域科技进步；指导监督住房、城乡建设和城市管理职业技术教育培训工作；协调推进住房、城乡建设和城市管理信息化建设；负责住房、城乡建设和城市管理综合资料的收集、统计和分析，制订发布住房、城乡建设和城市管理行业发展报告。

（二十三）承担有关行政复议受理和行政诉讼应诉工作。

（二十四）承办市政府交办的其他事项。

二、内设机构

根据上述职责，上海市住房和城乡建设管理委员会内设 24 个处室，分别是： 办公室、政策研究室、法规处、综合计划处、综合规划处（市抗震办公室、浦江两岸开发协调处）、科技信息处、工程建设处（市重大工程建设办公室）、建筑市场监管处（稽查办公室）、建筑节能和建筑材料监管处（市建材业管理办公室）、标准定额管理处、质量安全监管处、城市管理处、村镇建设处、设施管理处（燃气处）、住房保障管理处（市廉租住房管理办公室）、住房配套管理处、房地产市场监管处（房产权籍管理处）、物业管理处、房屋修缮改造和安全监督处（历史建筑保护处）、落实私房政策处、旧区改造和房屋征收监管处、审计处（公积金处）、应急保障处、信访办公室。

【上海市规划和国土资源管理局】根据《中共中央办公厅国务院办公厅关于印发〈上海市人民政府职能转变和机构改革方案〉的通知》（厅字〔2014〕20 号）的规定，设立上海市规划和国土资源管理局，为市政府组成部门。

地址：上海市北京西路 99 号，电话：63193188

一、主要职责

（一）贯彻执行有关城乡规划、土地、地质矿产的法律、法规、规章和方针、政策；研究起草有关城市规划编制和规划实施、土地、地质矿产的地方性法规、规章草案和政策，并组织实施。

（二）参与编制社会、经济发展与城市建设中长期规划和年度计划；根据本市国民经济和社会发展总体规划，具体组织编制城市总体规划、分区规划、重要地区的详细规划及市政府其他指令性规划，对其他专业系统规划进行综合协调与平衡；指导区县编制职责范围内的各类规划；依法审核、审批各类规划。

（三）根据本市国民经济和社会发展总体规划，研究制定土地利用总体规划、矿产资源保护与合理利用规划、地质灾害防治规划等中长期规划；负责编制并组织实施地质勘查年度计划；会同市有关部门，编制土地开发利用年度计划，经批准后组织实施。

（四）负责城市地名、城市规划设计、城市建设档案等管理工作，组织实施重大问题调研；领导、指导测绘管理部门开展测绘管理工作；负责城市规划设计单位的资质管理工作；负责历史文化名城、历史风貌保护区、历史文化名镇、优秀历史建筑和市级以上历史文物古迹的规划管理工作。

（五）依法实行建设项目选址意见书、建设用地规划许可证、建设工程规划许可证管理制度；对建设项目审批后到竣工验收前规划执行情况实行跟踪监督。

（六）负责土地使用权和集体土地所有权登记管理工作，负责地籍和土地利用现状调查管理，依法对土地权属争议进行调处，指导建立地籍数据库和土地利用现状数据库。

（七）统一管理城乡土地资源，确保本市耕地保有量和基本农田面积不减少，保障农业生产发展的需要；负责城镇建设用地规模的总量控制和用途管制，并承担监管责任；依法负责土地划拨、征收征用、农用地转用、政府土地储备等各类建设用地以及土地开垦、整理、复垦的审批和管理。

（八）组织实施城市规划、土地、地质矿产的行政执法工作；依法对各种违法行为进行行政处罚；依法处理各类城市规划、土地、地质矿产的纠纷。

（九）依法负责土地收回、土地储备和各类建设用地的审批和管理，拟订并实施节约集约用地评价；研究制定深化土地使用制度改革的政策措施，并按规定组织实施土地使用权的出让、租赁、作价出资、转让、交易和政府收购的管理；指导农村集体非农土地使用权的流转管理。

（十）依法管理矿产资源的开发、利用和保护；承担矿产资源储量及其探矿权、采矿权的管理；征收矿产资源补偿费；负责地质勘查、地质灾害防治、地质遗迹保护的行业管理和具体实施；负责地质环境调查、监督和管理；负责地面沉降的监测和防治，并承担监管责任；会同市有关部门，按规定负责矿泉水和地热资源开采中有关管理职责。

（十一）加强国土资源资产管理；建立基准地价等公示地价制度，依法参与管理土地、矿产等资源性资产；负责土地储备资金收支预算的审核，负责编报年度土地出让收支决算及土地储备资金收支项目决算，负责编制市级土地出让收入支出预算，负责本市土地储备成本认定工作，负责本市地质矿产资源费用的征收使用。

（十二）承担国土资源服务行业监管职责；监测土地市场和建设用地利用情况，监管地价，参与拟订涉及国土资源的调控政策和措施。

（十三）承担有关行政复议受理和行政诉讼应诉工作。

（十四）承办市政府交办的其他事项。

二、内设机构

上海市规划和国土资源管理局机关行政编制为220名。其中，局长1名、副局长5名、总工程师1名，正副处级领导职数55名。非领导职数按照《公务员法》有关规定设置。下设十八个处室，分别是：办公室（政策研究室、外事办、信访办）、组织人事处、政策法规处、财务管理处、科技管理处（总师办）、总体规划管理处、详细规划管理处、建筑规划管理处、市政规划管理处、监督管理处、历史风貌保护处（城市雕塑管理处）、地名管理处、土地综合计划处（耕地保护处）、土地利用处、土地权籍管理处、矿产资源管理处（地质环境和勘查管理处）、行政许可处、监察室、直属机关党委（文明办）、工会、团委。

第二节 行业协会与学会

【上海市房地产行业协会】成立于1986年1月（成立之初为上海市房地产业协会），是上海改革开放后最早成立的一批协会之一。2004年7月与上海市住宅产业协会合并为上海市房地产行业协会。

协会的业务范围：房地产开发经营的行业调研，行业培训，行业评比、优秀住宅评选、会展服务、中介咨询、国内外行业信息交流和编辑出版等。

围绕“提供服务、反映诉求、规范行为”的办会宗旨，近几年来，本协会在提供服务的过程中将“规定动作”和“自选动作”相结合，努力提高为会员企业的服务水平。

【上海市房产经济学会】成立于1981年5月，现有5 000多名会员。设有秘书处、学术部、咨询服务部、编辑部、组织联络部等职能部门。学会在坚持改革开放、从计划经济向市场经济转变、建设有中国特色社会主义的前提下，进行房地产经济理论的研究与探索。在实践发展中，不断地研究其发展轨迹，并作出新的理论概括，以新的理论指导新的实践，推动上海房地产经济的发展。与此同时，学会也取得了丰硕的科研成果，并初步形成房地产经济理论的框架体系。 学会的理论刊物为《上海房地》（有刊号，公开发行），信息刊物为（房地产研究与动态》。学会有18个分会和8个专业委员会，覆盖全市各区（县）和有关高校、科研、金融、企事业、综合、经济管理等部门，形成了一支房地产经济理论研究的骨干队伍，为上海房地产经济理论研究与发展奠定了基础。

【上海市土地学会】上海市土地学会是上海市从事土地管理、土地科技、土地经济理论研究和土地开发经营等专业人员及相关单位自愿组成的学术性、非营利性的社会团体法人。上海市土地学会成立于 1989 年 3 月 16 日。登记管理机关是上海市社会团体管理局；业务主管单位是上海市社会科学界联合会；挂靠上海市规划和国土资源管理局。协会接受上述单位的业务指导和监督管理。

学会设有办公室、学术部、咨询服务部、《上海土地》编辑部四个工作部门。本市各区县设有上海市土地学会联络处；根据工作需要，还设立了若干专业委员会等分支机构。2011 年 1 月 17 日，上海市土地学会召开第六次会员代表大会选举产生了上海市土地学会第六届理事会及其新的领导班子。

【上海市房地产经纪行业协会】成立于 1996 年 12 月。协会有本市房地产居间介绍、代理营销、咨询策划、金融服务、信息服务等机构，相关企事业单位和在沪注册的中华人民共和国房地产经纪人，依法自愿组成的全市性行业组织，是实行行业服务和自律管理、具有法人资格的非营利性社会团体。协会单位会员基本涵盖全市有一定规模、良好品牌的房地产经纪骨干企业。

2010 年 10 月 12 日第三次会员大会通过的《章程》第二十二条规定：协会会长由房地产经纪企业经营者或业内专家担任，实行届内轮值制。新一届理事会选出两位轮值会长，同时确定轮值次序，第一位的任期为换届履职之日起两年，第二位的任期为接任履职期到届满。常务副会长、副会长每届四年，驻会常务副会长、副会长连任不得超过两届。《章程》第二十三条规定：协会常务副会长为法定代表人。协会宗旨：发挥提供服务、反映诉求、规范行为的作用，促进房地产经纪行业的繁荣和健康发展。多年来，协会积极发挥“服务、代表、自律、协调”的职能，2005 年，被评为上海市先进民间组织，2006 年被中国房地产行业协会评为优秀行业协会。为会员单位服务是行业协会应尽的职责。面对新情况，解决新问题，上海市房地产经纪行业协会作了许多努力。

【上海市房地产海外联谊会】成立于 1989 年 8 月 19 日，其业务主管部门为上海市房屋土地资源管理局。主要职能是：起到海内外房地产及相关行业投资与政府部门之间的一个桥梁作用，并为广大投资者做好服务及促进工作，为上海房地产的振兴持续发展做贡献。主要任务为：一、发展对外联系，沟通上海与港、澳、台同胞，海外侨胞，外籍华人及其商会、同行会、校友会等社会团体之间的联系。二、开展对外宣传，招商引资，为外商投资开发上海牵线搭桥。三、提供咨询服务。为到上海开发的外商申报有关报批手续；提供营销策划、咨询服务、中介服务、物业管理、办理权证等从土地批租到商品房销售的“一条龙”服务。四、沟通信息，将房地产及相关行业的法律、法规、楼盘及中介咨询信息等，适时提出市场分析，并汇总相关资料定期汇编成册（《房地产海联会专版》），分发给会员单位及相关部门。五、协助政府及时了解外商意见及建议，同时传达政府有关政策法规，组织各种大型研讨会，沟通外商投资者与政府间的对话。六、开展对外经济技术文化艺术等民间交流，每年定期举行有关房地产政策、信息、市场分析等方面的讲座及讨论会；组织国内外考察交流活动。

【上海市物业管理协会】上海市物业管理协会成立于1994年12月，2006年4月26日经会员代表大会通过，更名为上海市物业管理行业协会，英文缩写为TASPM。

协会由上海市物业管理企业、注册物业管理师以及相关企事业单位自愿组成，是实行行业服务和自律管理的非营利性社会团体。协会接受上海市住房保障和房屋管理局、上海市社团管理局管理。

协会的宗旨是：遵循国家有关法律、法规、规章和政策，引导、培育和发展上海市物业管理市场，为会员提供服务，维护会员合法权益，倡导行业自律和公平竞争，促进本市物业管理行业的繁荣和健康发展。

协会的最高权力机构为会员代表大会，执行机构为理事会。秘书处为理事会的日常办事机构，下设综合管理办公室、培训部、咨询服务部、信息部、协调指导部和鉴定部等六个部门。同时协会根据本市区县设置，下设18个工作委员会，目前共有会员单位千余家。

协会旨在发挥政府和企业的桥梁、纽带作用，宣传和贯彻国家和本市关于本行业的法律、法规和政策，协助政府主管部门进行行业调查和立法调研，参与行业政策和立法的论证和听证；制定并监督执行本行业的自律措施，倡导公平竞争，维护会员权益；为政府、行业、会员之间沟通信息，对会员关心的热点、难点问题开展调研，反映会员的呼声和建议；协同有关部门调解会员与会员、非会员或者消费者之间的重大争议；组织行业培训，提高从业人员素质；收集和整理国内外本行业技术、市场信息、行业动态和经营管理经验，定期出版行业刊物；开展与行业相关的各类咨询服务，举办会展招商等市场推广活动，帮助会员拓展市场；开展与国内外同行业社会团体、经济团体之间的交流和合作；根据政府有关部门要求，进行企业资质和从业人员资格管理，进行企业、管理项目和从业人员评比，对物业收费价格进行评估和协调，进行行业调查统计，推进行业技术标准的制定。

【上海市房地产估价师协会】于1997年1月16日成立，通过了协会章程，选举产生了第一届理事会，张重光任首届会长。2001年3月23日，协会召开了第二届会员大会，审议修改了协会章程，选举产生了第二届理事会，吴赛珍任第二届会长。

上海市房地产估价师协会（英文简称：SREAA）是由在上海市注册执业的房地产（土地）国家机构和从事房地产估价工作的注册房地产估价师、土地估价师组成的社会团体。依照中华人民共和国和国务院颁布的《社会团体登记管理条例》的规定，本协会已经上海市社会团体管理局登记，领取社会团体法人登记证书，取得社会法人资格。

【上海市房地产估价师协会（房屋拆迁估价专家委员会）】是上海市房地产估价师协会的分支机构，已经通过上海市房地资源局、上海市社团管理局审核，于2002年4月30日批准成立。2002年4月11日协会二届二次常务理事会议审定了首批专家委员会名单（30名）。

2002 年 6 月 21 日 ，协会二届三次理事会议选举产生了专家委员会主任、副主任。

【上海市装饰装修行业协会】成立于 2002 年 4 月，是由原上海市建筑装饰协会和上海市家庭装饰行业协会归并组建而成的行业性、非营利性的社会团体。协会遵守国家的法律、法规，接受政府委托，承担对本市装饰装修行业的行业管理开展行业统计、行业调查、行业评比，发布行业信息、公信证明、价格协调、行业准入资格审核等项活动。

第十八章 学术研究机构

【复旦大学房地产研究中心】成立于1994年，是国内高校中著名的房地产经济研究机构。中心主要研究我国房地产经济走势及政策，也为各级政府和境内外机构提供决策咨询。中心先后完成多项省部级纵向研究课题和近百项地方政府和企业委托的横向研究课题，为政府决策提供多项咨询报告，出版多部房地产业、房地产金融和房地产政策相关的专著，在报刊发表文章数百篇，经常在新华社、中央电视台、凤凰卫视等境内外主流媒体发表观点和意见，深受各级政府、企事业单位和广大群众的关注和重视，在国内具有崇高的学术地位和影响。中心自成立以来，为各级政府、金融机构和房地产行业输送了大量的人才。它通过组织定期和不定期的内部交流，已经成为圈内联系紧密、公信力卓著、渠道资源专享的圣殿。尤其是，2010年中心专门成立了分支机构——复旦大学商业地产研究所。目前复旦大学房地产研究中心主任和商业地产研究所所长由复旦大学经济学院尹伯成教授担任。

【东方房地产学院】由华东师范大学、建设部房地产业司、上海市房屋土地管理局、建设银行上海分行、中房上海总公司于1995年联合创立。

学院坚持“产学研结合、育人为本、科研领先、紧贴行业、争创一流”的办学理念，经过近二十年的发展，目前学院已经建立了结构完善、层次分明、专业互补的学科研究梯队，聚集了近20名教授、副教授和具有博士学位的专业教学和研究人员，并形成了从本科到硕士、博士、博士后的完整的教学体系。在房地产经济理论研究、学科建设、人才培养、为政府决策咨询及行业改革发展服务等方面，均取得了政府部门和房地产界的广泛认可，东方房地产学院已是我国房地产领域内知名的学科名牌。

学院实行董事会领导下的院长负责制。第三届董事单位由华东师范大学、上实城开（0563.HK）、中华企业（600675.SH）、嘉凯城集团（000918.SZ）、旭辉股份（00884.HK）、复旦复华（600624.SH）、西藏城投（600773.SH）、中铁置业集团、吴中地产集团、联银恒通基金、易居房地产研究院等单位组成。南极论坛秘书长蔡育天先生出任董事长、张永岳教授出任院长；龙胜平、华伟出任常务副院长、顾志敏、彭加亮出任副院长、谢福泉出任董事会秘书。

【上海财经大学不动产研究所】上海财经大学不动产研究所成立于1998年，具有悠久历史，成果卓著。本所以上海财经大学从事房地产领域研究的教师为核心研究人员，有大量国际国内权威房地产专家作为兼职研究人员。创始人、首任所长和荣誉所长为王洪卫教授（现任上海金融学院院长），现任所长为姚玲珍教授（上海财经大学副校长）、执行所长陈杰教授。研究所设在上海财经大学公共经济与管理学院大楼（凤凰楼）。

地址：上海杨浦区武川路111号上海财经大学凤凰楼503室

【上海易居房地产研究院】2005年正式成立，院长为张永岳，是本市首家具有独立法人实体地位的民办非企业的专业房地产研究机构。研究院致力于深入探索房地产行业研发系统的创新，不断加强房地产业领域重大理论和应用问题的研究，持续推动房地产产学研一体化的发展，以求建立较为完善的房地产研究运作机制。目前，该院设立了市场研究中心、教育培训中心、技术开发中心、投资咨询中心等四个职能机构。此外，研究院还设立了产业环境、地产营销、建筑产品等研究室及开放式公共服务平台，以便能对一些前沿课题进行专题研究和深入探索，并吸引相关领域的行业专家进行研发创新及教育培训。

【上海社会科学院房地产业研究中心】成立于1988年，由上海社会科学院会同政府管理部门和著名房地产企业组成的专业研究机构。研究重点集中在房地产业和房地产市场的重大理论与实际问题。既为政府提供政策研究，也为企业发展与项目决策提供咨询。

【上海大学房地产学院】是由上海大学与上海市房屋土地资源管理局联合组建的专业学院，于2004年5月正式揭牌，同年首次招收计划内全日制本专科生。

学院实行董事会领导下的院长负责制。董事会由上海大学、上海市房屋土地资源管理局及投资企业组成。由上海市房屋土地资源管理局与上海大学主要领导担任董事长，聘请国家建设部副部长刘志峰、国土资源部副部长李元、市人大常委会副主任刘伦贤、市人大城市建设与环境保护委员会副主任姜夔富等领导担任顾问，并将聘请有关知名人士、企业家担任名誉董事。

院长受董事会委托全面负责学院的教学与日常行政管理工作，定期向董事会述职。高校与行业联办的管理体制，对学院培养适合社会经济发展需要的应用型人才以及学院的发展带来了得天独厚的活力。

【上海市房地产科学研究院】上海市房地产科学研究院始建于1975年3月，是一所在全国房地产行业中创立最早、规模最大、专业设置齐全、技术力量雄厚的科研院所。建院30多年来，房科院已逐渐发展成为一个多学科、综合型的科研院所。自1985年房科院被确定为上海科研系统科技体制改革试点单位以来，房科院在体制机制、学科建设、人才培养与引进、经济效益等方面均取得了一定的成绩。其中，在科研工作方面共获得9项国家建设部级的科技成果奖、12项上海市科技进步奖、19项专利。目前房科院的业务范围涉及房地产经济研究、历史建筑保护、房屋质量检测评估、既有建筑综合改造、住宅产业现代化、建筑结构加固工程、房屋防水及新型材料等。同时还受建设部，开展对全国房地产行业技术标准进行归口管理。房科院坚持以科学发展观统领自身的发展，以科技创新为先导，以面向行业，面向市场，服务社会为宗旨，注重功能定位，为适应房地产行业飞速发展和房科院自身发展的需要，促进科学研究、产品开发、技术服务相结合，提高房科院科技创新能力，起到引领房地产行业科技创新的作用。

第十九章 优秀企业展示

【上海地产（集团）有限公司】（简称地产集团），成立于2002年，是经上海市委、市政府批准的国有企业集团公司，注册资本42亿元，旗下有170多家企业，业务范围横跨房地产、保障房建设、滩涂储备、开发建设管理等多个领域，在市场运作的同时，承担着大量市政府赋予的职能和交办的任务。

根据市委市政府对地产集团功能类企业定位和要求，综合分析集团现有条件和资源，地产集团的未来发展方向分为“两个平台”和“八大板块”，重点在于构筑生态、生产、生活高度融合的城市更新平台，从国际化、专业化和市场化三个方面入手打造核心竞争力。

上海地产集团未来将用前瞻性的眼光和市场化的手段，以更高的效率和更可持续的方式在更高的层次服务市委市政府，构筑生态、生产、生活高度融合的城市更新平台，从国际化、专业化和市场化三个方面入手打造核心竞争力，在服务市委市政府大局中做强、做优、做大房地产集团，为上海城市功能完善和城市面貌改变作出应有的贡献。

【上海城建置业发展有限公司】是上海城建集团全资子公司，拥有房产开发一级资质，曾获评中国房地产百强企业“百强之星”、位列中国房地产百强企业第68位、上海市房地产开发50强企业第12位、中国房地产企业责任地产10强、品牌价值TOP10首位。

公司秉承“质量第一，诚信至上”的核心价值观，以“专业化、纵深化、市场化”的发展理念，先后开发建设了古北瑞仕花园、金桥瑞仕花园、悠和家园、瑞和新苑、沪东商业中心、城建国际中心、城建地产大厦、瑞和宜山大厦、瑞和国顺大厦等100多万平方米的优秀住宅和高档写字楼。至今，公司累计开发面积近1250万平方米，在市场上逐步形成了以中档商品房为主的“瑞和”及以高档精装修住宅为主的“瑞仕”两大品牌。

开发建设的楼盘曾先后荣获上海最受欢迎楼盘综合金奖、十大国际品质楼盘、建设部中国住宅经典示范楼盘、上海市优秀住宅金奖、上海市“四高”优秀住宅小区、首届上海十大经典全装修示范楼盘、首届全国新时代优秀规划建筑设计方案全国优秀商务楼金奖、上海市“白玉兰”奖、中国建筑工程“鲁班奖”等多项殊荣。

目前公司在建的楼盘有浦江大型居住社区保障房项目、青浦华新及徐泾北配套商品房项目、嘉定云翔大型居住社区经适房项目、大宁瑞仕花园、安亭瑞仕华庭、无锡渔港瑞仕花园、无锡蠡湖瑞仕花园、上海城建大厦、城建路桥研发中心等，共计开发面积达370多万平方米。

公司始终以企业战略引领业务发展，以质量促效率、以质量提品质、以质量树口碑，努力实现社会效益和经济效益的双丰收，为打造城建房产品牌，推进上海的住房建设，构建和谐社会不断做出贡献。

【上海古北（集团）有限公司】原名上海古北新区联合发展有限公司，1986年，由市建委批准，中华企业公司、长宁住宅建设综合开发公司和浦江工程承包公司共同投资组建，负责规划并实施 136.6 公顷古北新区的开发建设，开发模式为一级土地开发。2001 年中华企业股份有限公司收购至占 87.5% 股权，上海新长宁集团公司占 12.5% 的股权。公司注册资本为 20 930 万元，拥有房地产城市综合开发二级资质。

28 年来，公司在负责 136.6 公顷的古北新区的开发建设中，力求规划设计超前，布局先进合理。至 20 世纪末完成了古北一期约 185 万平方米具有欧陆风格楼宇的建设，率先在上海营造了国际化大都市高尚住宅区，1995 年被评为”九十年代上海十大新景观”之一，1999 年被评为成新中国 50 年上海最佳住宅小区。跨入 21 世纪，公司以更科学的态度规划和建设了古北二期约 103 万平方米的新古北国际社区，以黄金城道步行街为中轴线的布局，为居住者提供了交流、休闲、活动和购物的空间，延续和提升了古北新区独特的人文环境，古北新区二期被评为中国社区规划示范住宅。古北新区在上海乃至全国享有广泛的影响，来自 36 个国家和地区的境外人士在此居住，成功地创建了古北品牌。正在进行的古北新区三期 26.6 公顷商务用土地开发建设中，由公司开发的建筑面积约 23 万平方米。古北新区三期建筑设计基本理念在于把自然和都市、文化和艺术、工作和购物融为一体，开发建造具有浓郁国际商贸文化的智能化生态商业综合建筑楼群，为海内外成功人士创造和搭建国际商贸活动和文化交流的平台。公司建成的古北国际财富中心一期（9-4 地块）、古北国际财富中心二期（9-3 地块）已成功吸引包括日本高岛屋百货在内的众多世界知名企业入驻。

公司在积极推进古北新区建设的同时，努力拓展房地产开发业务，先后在苏州、青浦、宝山、嘉定、浦东新区开发低密度别墅、高级公寓、保障房等项目建设，为古北品牌再铸辉煌。

在未来的日子里，公司将秉承客户至尊，品质建筑，绿色环保，关爱世界的企业理念，继续为客户、为股东、为社会创造价值。

【上海东苑房地产开发（集团）有限公司】起步于 1993 年，是一家致力于上海城市化建设、推动住宅发展的综合性房地产开发集团，下辖房地产开发、营销代理和物业管理等十多家全资及合资子公司。具有房地产开发一级资质。

十几年来，东苑集团一直秉承“发展住宅产业，营造居住文化”的先进理念，在绿化环境、建筑风格、商业氛围等方面，将居住者的文化、功能需求全面加以渗透，以卓越的品质、诚信的作风和创新的思维，为“创造诗意生活新空间”而不懈努力。2003 年上海东苑房地产开发（集团）有限公司荣获首届上海市房地产开发企业 50 强第 7 位，2004 年上海东苑房地产开发（集团）有限公司荣获“2004 年度上海房地产关注品牌（商标）”，2005 年上海东苑房地产开发（集团）有限公司荣获年度中国建设系统企业信用 AAA 级。

东苑集团近年来的开发总量和综合排名，均获得上海房地产开发企业前五十强之誉。如今已相继开发了东苑绿世界、东苑半岛花园、东苑世纪名门、东苑现代缘墅、塞纳左岸、东苑新天地、东苑米蓝城等超过百万平方米的数十个社区，并获得各种荣誉几十项。开发的项目受到了普遍赞誉和一致好评，并深受消费者的欢迎和喜爱。

早在 1998 年公司开发的东苑锦都花园荣获上海优秀住宅房型奖，2000 年开发的东苑绿世界荣获年度四高优秀小区，2000 年开发的东苑半岛花园荣获“创新风暴”全国住宅设计“综合金奖”“全国人居经典”综合大奖、第三届“上海优秀住宅”绿化景观奖、，2002 年开发的东苑世纪名门荣获年四高优秀小区，2003 开发的塞纳左岸荣获第三届“上海市优秀住宅”银奖、上海市“四高”优秀小区称号 2005 年开发的东苑米蓝城荣获 2005 上海优秀生态水景住宅“金巢奖”，2006 年开发的东苑福邸获得中国上海成熟社区最佳人气户型奖。

【上海亚通置业发展有限公司】公司是上海亚通股份有限公司的全资子公司，成立于 2003 年 6 月，房地产开发企业二级资质，注册资金 5008 万元，崇明区文明单位，专门从事房地产的开发与经营，有一支业务精、素质高、管理严的房地产开发专业团队，秉持绿色生态的房地产开发理念，为置业者提供高品质的楼宇和服务。

亚通置业秉承“我们既有经济效益的追求，更有社会责任的担当”的企业愿景，始终贯彻“诚信经营、规范管理、以人为本、以客为先”的经营理念，多次在“上海市住宅建设实事立功竞赛”中荣获“记功个人”和“优秀团队”。

亚通置业坚持贯彻先进的规划设计理念，从建设崇明世界级生态岛要求出发，注重绿化环境和人文环境的营造，强调人与自然的和谐共处以及人与人之间的沟通交流，致力于打造舒适和谐的社区。目前已成功打造商品住宅项目：“海岛星城”、“江海名都”、“亚通·水岸景苑”及“玉麟名邸”。公司目前正在开发的有城桥商品房基地 2 号地块商品房、奉贤南桥基地大型居住社区市属保障房 14-09A-02A 地块项目、奉贤南桥基地大型居住社区市属经济适用房 15-20A-05A 地块项目等。

【上海建工房产有限公司】公司依托上海建工集团的整体优势，贯彻“和谐为本，追求卓越”的建工理念，发扬“科学、合作、进取”的建工精神，不懈追求“建筑、艺术、生活”的和谐相融，用心规划，精心建设，诚信经营，尽心服务，精益求精地为全社会和广大消费者创造美好和谐的空间，努力实现“放心房、买放心”的品牌境界。

建工房产与国内外著名设计事务所、一流建筑企业建立了良好的协作关系和健全的售后服务网络，不断拓展经营、加强管理、完善服务，逐步形成了自己独特的企业文化，先后成功开发了东淮海公寓、上海滩新昌城、海尚佳园（一期）、佳龙花园、徐汇·龙兆苑、天宝绿洲公寓、上安大厦、海博大厦等住宅、商务房产等项目，开发建设面积达到 100 余万平方米（建筑面积）。建工房产开发的第一个工业项目——嘉定高科技园区建工工业园业已建成。

上海建工房产有限公司在经营规模逐步扩大的同时，在房产界树立起良好的经营信誉。建工房产是上海房地产行业最早通过 ISO9001 质量管理体系认证的企业之一；获得国家建设部授予的“销售‘放心房’表彰企业”的称号；从 2002 年起，连续三届被评为上海市房地产开发企业 50 强；2004 － 2006 年连续三年荣获上海市重点工程实事立功竞赛优秀公司称号；2005 年，被评为上海市房地产开发十大著名企业，企业主要经营者被评为上海市十大杰出青年、上海市房地产开发十大著名企业家之一。2013 年荣获中国房地产业联合会、中国行业信息统计协会、焦点中国网联合发布的 2013 年度中国房地产业综合实力 100 强。

建工房产坚持把社会效益和人民需要放在第一位，积极参与中低价商品住宅的开发建设，2003 年以来，先后在宝山顾村、南汇康桥投资开发海尚菊苑、海尚康庭等三个中低价配套商品住宅小区，总建筑面积达到50余万平方米。今年，建工房产正在开发建设的主要项目还有：浦东大唐盛世花园（三期、四期）、浦江镇等项目，以及外埠的徐州项目和安徽宿州项目等。

【上海闵行房地（集团）有限公司】上海闵行房地（集团）有限公司成立于1996年12月，是一家集房地产投资、开发、经营等相关服务为一体，以及股权投资等多元发展的企业集团。上海闵行置业发展有限公司成立于2002年4月，是国家二级资质房地产开发企业，现位列上海房地产开发企业50强。上海闵行置业发展有限公司担负起了上海闵行房地集团房地产开发业务的重任。

作为上海最早从事房地产开发经营管理的房地产企业集团，上海闵行房地集团始终致力于旧城改造和房地产综合开发，从单一住宅区开发到商业综合体开发，从古镇的保护性开发到历史人文建筑的修缮保护，见证了上海西南城区变化的历程，推动城区发展的步伐。在房地产开发经营的核心业务方面，上海闵行房地集团，上海闵行置业发展有限公司已形成城市大型生态社区、古典民族建筑、城市商业体、旅游地产等四大产品体系。住宅地产“凤凰城”“丽都城”“枫桦景苑”，旅游地产“御前街”古典民族建筑“江南御府”商业地产“置业广场”“金平广场”，保障性住房“源枫景苑”，旧城改造项目“华夏茗苑”“星河景苑”已成为沪上享有知名度和影响力的房地产项目。

上海闵行房地集团、上海闵行置业发展有限公司拥有一支在房地产开发、经营、管理，以及建筑、规划、设计、景观等方面经验丰富的高素质员工队伍，还有来自高校院所、科研机构等领域具有社会影响力的专家团队，并形成了完整的设计、开发、建设、物业管理产业链。

2014年，上海闵行置业发展有限公司实施海外发展战略，在澳大利亚成立了全资子公司，并以SHMH（上海闵行）品牌命名。目前，已获得悉尼Eastwood、Elizabeth Bay、Waterloo，以及Penrith四城区4个大中型住宅项目，总计可建住宅超过2300套以上。2015年11月10日，位于Eastwood的“Vantage”项目率先破土动工，奏响了上海闵行房地集团、上海闵行置业发展有限公司拓展海外市场的序曲。

上海闵行房地集团秉承“诚信、守法、务实、开拓”的企业宗旨，融汇东西方居住理念，关注和强调人与自然的协调，关注人类生态系统的稳定和发展，重视和珍惜每一次的土地开发活动，不断探索符合社会需求的居住理念并付诸实践，形成了具有自身特点的开发理念和企业发展成功之道。

经过十数年的发展，上海闵行房地集团，上海闵行置业发展有限公司已从当年的以管理经营为主的企业，脱胎成为从事国内和国外房地产开发、经营，以及贸易、投资和科创园区建设，实现跨国经营发展，位列上海房地产开发企业50强的知名房地产开发企业。

【上海万科房地产有限公司】1992年，上海万科第一个项目万科城市花园项目正式启动，上海从此有了城市大型社区的典范。1993年11月，上海万科物业管理有限公司注册成立。1994年，上海万科城市花园第一批业主入住。1995年5月，万科商务广场投入使用。1996年6月，与复旦大学合作成立上海民办复旦万科实验学校（位于城市花园内）；同年

11月，上海万科城市花园获评“全国城市物业管理优秀示范住宅小区（大厦）”。1997年，上海万科城市花园二期海棠苑荣获上海市“白玉兰”奖。1998年8月，万科推出“万客会”，建立了全国首家由房产商发起的客户俱乐部。1999年，上海万科城市花园二期紫薇苑荣获国家建设部“鲁班奖”。2000年10月，万科集团入选《福布斯》评出的“全球300家最佳中小企业”。2001年，万科推出全新的造镇计划，假日风景应时诞生。2002年6月，春申万科城获“2002中国创新夺标——创新示范楼盘”称号。2003年，万科倾力打造兰乔圣菲，为上海筑就国际化贵族社区；同年朗润园项目获上海市第一个一级生态型住宅小区创建项目称号。2004年7月，朗润园/蓝山小城同时获2004年度上海“最受欢迎楼盘”特别大奖，同年8月上海万科获ISO认证证书。2005年，万科建设和谐社区，成就万科新里程；同年9月春申万科城荣获“2005年詹天佑大奖优秀住宅小区金奖”。2006年，红郡项目获2006年度上海最受欢迎楼盘“特别大奖”。2007年2月，上海万科新里程一期B标工厂化住宅楼全面启动。植根上海、承启无限。经历了将近18年的发展，上海万科始终秉持“对客户，意味着了解你的生活，创造一个展现自我的理想空间。对投资者，意味着了解你的期望，回报一份令人满意的理想收益。对员工，意味着了解你的追求，提供一个成就自我的理想平台。对社会，意味着了解时代需要，树立一个现代企业的理想形象”。的经营宗旨，一路走来，从发展到壮大，并已成为中国房地产行业领跑者。

【上海新松江置业（集团）有限公司】为区管重点国有企业，于1997年3月成立，公司注册资金2.86亿元。是原松江县房管局与原松江县土地局合并后，将上述两局中的企业及未合并单位整合而成。根据区委区政府有关指示精神，2006年11月上海新松江置业（集团）有限公司迎来了第一次重组与和上海城凯置业有限公司合并（合署办公）归属于建交委。2008年12月上海新松江置业（集团）有限公司第二次重组，将上海城凯置业有限公司、上海广源房地产开发有限公司、上海松江茸城动拆迁有限公司划归集团。2014年经区国资委批准为经营性公司。2016年12月，上海松江公共租赁住房投资运营有限公司股权划入集团。所属有共有3家二级公司，上海松江公共租赁住房投资运营有限公司、上海市松江第一房屋征收服务事务所有限公司（上海松江茸城动拆迁有限公司），上海广源房地产开发有限公司，其中集团总部具有房地产开发二级资质。

公司目前有六大工作任务：一是动迁安置房建设；二是城中村改造；三是公租房管理、人才公寓建设；四是公建代建；五是资产管理和房地产开发；六是动拆迁及土地征收服务。公司每年的开发建设量都超过20万平方米。新松江置业定位予以保障民生型住宅需求为基础、积极面向市场从事城市更新的功能性房地产企业，主要从事松江区旧城改造、政策保障性房地产和公共租赁住房的开发、建设、运营，以及相关基础设施、商业设施的配建、经营，致力于通过市场化运作，完善松江住房保障体系，满足松江城市更新需求、促进房地产市场健康发展、为建设宜居乐业、“科创、人文、生态的现代化新松江”做出贡献。

公司通过不断的努力，在松江区老城建设中打造了强有力的品牌，锤炼了一支能打善战的铁军，曾获得上海市年度住宅立功竞赛先进集体等多项市级荣誉。在今后的发展中将继续发扬“梦想平地而起，团队构筑神奇”的企业精神，为建设美丽、宜居的现代化新松江而努力奋斗。

【上海保集（集团）有限公司】保集控股集团成立于1996年，总部设在上海，是一家集地产开发、国际贸易、金融投资、产业投资、资产管理于一体，在全球拥有近40家全资子公司的多元化集团企业。

近二十年来，保集控股集团在地产开发中坚持以“造就品质生活”为使命，致力于成为最值得信赖的居住服务运营商。截至2015年底，保集控股集团总资产规模超近200亿，至今累计开发量近700万平方米。保集控股集团业务从地产+贸易发展成地产、大健康、智能制造、资产管理、金融投资等，业务开展区域从国内华东、华北走向了日本、澳大利亚、中国香港。保集启动了国际化业务布局研究探索，在香港参与收购了创业板上市公司，在澳洲成立了基金公司，积聚了在境内外购并上市公司的能量，为实现产业+基金+上市公司模式奠定了基础。

保集控股集团在新的经济形势下提出“一核三体，顺势而为”的战略定位。一核代表资本运作，通过资本市场获取资金，服务于地产、投资及产业。三体代表地产、金融投资、产业；地产作为保集的主业，今后继续创新发展；金融投资与资本运作互为依托，抓准机遇发展资产管理，以高水平的投资收益为目标，探索新的利润增长点；产业包括大健康、智能制造和贸易等业务，顺应社会对大健康、大消费的需求。

“保集”品牌通过多年精品项目的建设和客户良好口碑的积累，已赢得了市场的好评和社会的尊重。2008年被国家统计局收录为中国最大企业集团500强之一，保集控股集团2010-2016年连续七年荣获中国房地产TOP10研究组颁发的“中国房地产百强企业”称号，并在2016中国房地产百强企业研究中，蝉联“2016中国房地产百强之星”。

在裘东方董事长为核心的决策层的卓越领导下，保集奉行“创新、共享、服务”的核心价值观，将企业文化贯穿于经营活动中，优化资源配置，极大提升了企业的核心竞争力。保集用心为客户打造品质空间，为员工搭建事业平台，为合作伙伴共享发展成就，为社会创造长远价值，不断超越，全力向中国综合实力百强企业挺进，在实现保集梦的发展征程中全速远航。

第二十章 大事记（2016 年）

1 月

2016 年 1 月 1 日起全面二孩政策正式实施，人口政策的调整，有利于优化人口结构、应对老龄化冲击、增加劳动力供给，同时也有利于房地产市场的长期发展。

2 月

2 月 2 日，中国人民银行、中国银监会发布了《关于调整个人住房贷款政策有关问题的通知》，在不实施限购措施的城市，居民家庭首次购买普通住房的商业性个人住房贷款，原则上低首付款比例为 25%，各地可向下浮动 5 个百分点；对拥有 1 套住房且相应购房贷款未结清的居民家庭，低首付款比例调整为不低于 30%。对于实施限购措施的城市，个人住房贷款政策按原规定执行。

2 月 18 日，上海市公积金管理中心根据中国人民银行、住房城乡建设部、财政部印发的《关于完善职工住房公积金账户存款利率形成机制的通知》（银发〔2016〕43 号），就本市职工住房公积金账户存款利率调整作出通知，规定自 2016 年 2 月 21 日起，将职工住房公积金账户存款利率，由现行按照归集时间执行活期和 3 个月存款基准利率，调整为统一按一年期定期存款基准利率执行。

2 月 21 日，即日起调整职工住房公积金账户存款利率，目前分别为 0.35% 和 1.10%。此次调整后，职工住房公积金账户存款利率将统一按一年期定期存款基准利率执行，目前为 1.50%。

2 月 21 日，国务院发布《中共中央国务院关于进一步加强城市规划建设管理工作的若干意见》，《意见》提出，“我国新建住宅要推广街区制，原则上不再建设封闭住宅小区。已建成的住宅小区和单位大院要逐步打开，实现内部道路公共化，解决交通路网布局问题，促进土地节约利用。”

2 月 22 日，财政部等三部门发文调整房地产交易环节契税、营业税。对个人购买家庭唯一住房，面积为 90 平方米及以下的，按 1% 的税率征收契税；面积为 90 平方米以上的，按 1.5% 的税率征收契税。对个人购买家庭第二套改善性住房，面积为 90 平方米及以下的，按 1% 的税率征收契税；面积为 90 平方米以上的，按 2% 的税率征收契税。

2 月 23 日，财政部、国土资源部、中国人民银行和银监会四部委联合发文，明确提出要清理压缩现有土地储备机构、进一步规范土地储备行为、合理确定土地储备总体规模、妥善处置存量土地储备债务以及调整土地储备筹资方式、规范土地储备资金使用管理等行为。其中，要求各地土地储备总体规模，应当根据当地经济发展水平、当地财力状况、年度土地供应量、年度地方政府债务限额、地方政府还款能力等因素确定。各地土地储备总体规模，应当根据当地经济发展水平、当地财力状况、年度土地供应量、年度地方政府债务限额、地方政府还款能力等因素确定。这意味着，对于库存较大的三四线城市而言，是一大政策利好。通过控制土地供应减少商品房供应量，从而达到降低库存的目的。

2 月 23 日，上海市政府办公厅转发《市规划国土资源局等四部门关于进 一步优化本市土地和住房供应结构实施意见的通知》。通知指出，上海将要优化住房供地结构，增加中小套型住房供应比例，中心城区不低于 70%，郊区不低于 60%（部分供需矛盾突出的区域，提高至 70%）。提高商办用地供应的有效性和精准度，鼓励开发企业持有商办物业持续运营，商业物业持有比例不低于 80%，办公物业不低于 40%，持有年限不低于 10 年。

3 月

3 月 1 日，中国人民银行决定普遍下调金融机构人民币存款准备金率 0.5 个百分点，以保持金融体系流动性合理充裕，引导货币信贷平稳适度增长，为供给侧结构性改革营造适宜的货币金融环境。

3 月 5 日，李克强总理提出今年全面实施营改增，从 5 月 1 日起，将试点范围扩大到建筑业、房地产业、金融业、生活服务业。3 月 13 日，国税总局局长王军表示营改增将涉及“个人二手房交易”，由于二手房交易将影响到更大范围的购房者。

3 月 25 日，上海市政府发布《关于进一步完善本市住房市场体系和保障体系促进房地产市场平稳健康发展的若干意见》，史称“沪九条”，规定非上海户籍居民购房需连续缴纳个税及社保满 5 年及以上，拥有 1 套住房居民家庭再买自住房首付款比例不低于 50%，购房人在申请贷款时应承诺首付款为自有资金。

4 月

4 月 15 日，住建部发布新政决定阶段性降低企业社保缴费费率和住房公积金缴存比例，为市场主体减负、增加职工现金收入。这一新政主要内容包含：1. 凡住房公积金缴存比例高于 12% 的，一律予以规范调整，不得超过 12%。2. 阶段性适当降低住房公积金缴存比例政策，从 2016 年 5 月 1 日起实施，暂按两年执行。3. 生产经营困难企业除可以降低缴存比例外，还可以申请暂缓缴存住房公积金。

4 月 29 日，中共中央政治局召开会议分析研究当前经济形势和经济工作。在房地产方面，会议强调，要按照加快提高户籍人口城镇化率和深化住房制度改革的要求，有序消化房地产库存，注重解决区域性、结构性问题，实行差别化的调控政策。

5 月

自 5 月 1 日起，上海营改增试点全面推开，按照新增值税税率，建筑业和房地产业适用 11% 税率，金融业和生活服务业适用 6% 税率。国税总局局长王军表示营改增将涉及“个人二手房交易”，由于二手房交易将影响到更大范围的购房者。

5月4日，国务院总理李克强主持召开国务院常务会议，确定培育和发展住房租赁市场的措施，推进新型城镇化满足群众住房需求。为发展住房租赁市场，国务院常务会议共推出四项举措，分别从房源、公租房货币化补贴、税收以及市场规范方面，给予住房租赁市场支持。

6月

6月3日，国务院发布《关于加快培育和发展住房租赁市场的若干意见》，支持住房租赁消费，促进住房租赁市场健康发展。意见指出，到2020年，基本形成供应主体多元、经营服务规范、租赁关系稳定的住房租赁市场体系，基本形成保基本、促公平、可持续的公共租赁住房保障体系，基本形成市场规则明晰、政府监管有力、权益保障充分的住房租赁法规制度体系，推动实现城镇居民住有所居的目标。

6月21日，财政部、国家税务总局发布《关于进一步明确全面推开营改增试点有关再保险、不动产租赁和非学历教育等政策的通知》，指出，房地产开发企业中的一般纳税人，出租自行开发的房地产老项目，可以选择适用简易计税方法，按照5%的征收率计算应纳税额；房地产开发企业中的一般纳税人，出租其2016年5月1日后自行开发的与机构所在地不在同一县（市）的房地产项目，应按照3%预征率在不动产所在地预缴税款后，向机构所在地主管税务机关进行纳税申报；房地产开发企业中的小规模纳税人，出租自行开发的房地产项目，按照5%的征收率计算应纳税额。

7月

7月5日，司法部发布关于废止《司法部、建设部关于房产登记管理中加强公证的联合通知》的通知，继承房产、分房遗嘱、赠予房产、涉外涉港澳台房产所有权转移等有关房产登记事项可以不用公证。

7月29日，住房城乡建设部、国家发展改革委、工业和信息化部、人民银行、税务总局、工商总局、银监会等七部门联合印发了《关于加强房地产中介管理促进行业健康发展的意见》（以下简称《意见》）。《意见》要求，中介机构不得强迫委托人选择其指定的金融机构，不得将金融服务与其他服务捆绑，中介机构不得提供或与其他机构合作提供首付贷等违法违规的金融产品和服务，不得向金融机构收取或变相收取返佣等费用。金融机构不得与未在房地产主管部门备案的中介机构合作提供金融服务。中介机构在门店、网站等不同渠道发布的同一房源信息应当一致。中介机构不得发布未经产权人书面委托的房源信息，不得隐瞒抵押等影响房屋交易的信息。中介机构要在经营场所醒目位置标识全部服务项目、服务内容、计费方式和收费标准，各项服务均须单独标价。

8 月

8 月 16 日，住房城乡建设部、国家发展改革委、工业和信息化部、人民银行、税务总局、工商总局、银监会七部门联合召开新闻发布会，共同解读了七部门此前联合印发的《关于加强房地产中介管理促进行业健康发展的意见》。

9 月

9 月 6 日，住建部发布贯彻《法治政府建设实施纲要（2015 ～ 2020 年）》的实施方案。方案表示，完善房地产宏观调控。根据房地产市场分化的实际，坚持分类调控，因城施策。坚持加强政府调控和发挥市场作用相促进，使房地产业与经济社会发展和群众居住需求相适应。方案强调，建立全国房地产库存和交易监测平台，形成常态化房地产市场监测机制。实施住宅用地分类供应管理，完善和落实差别化税收、信贷政策。建立公开规范的住房公积金制度，改进住房公积金提取、使用、监管机制，支持居民合理住房消费。

10 月

10 月 8 日，上海市住建委、规土局联合下发“沪六条”。上海市住房城乡建设管理委、市规划国土资源局联合下发《关于进一步加强本市房地产市场监管促进房地产市场平稳健康发展的意见》（以下简称《意见》），提出在继续严格执行《关于进一步完善本市住房市场体系和保障体系促进房地产市场平稳健康发展的若干意见》（即“沪九条”）的基础上，进一步强化市场监管，加大执法力度，规范市场秩序，坚决遏制房价过快上涨态势，确保本市房地产市场平稳健康发展。《意见》共包括六条措施，分别为：1. 进一步加大商品住房用地供应力度；2. 进一步加强商品住房用地交易资金来源监管；3. 进一步加强新建商品住房预销售管理；4. 严厉查处房地产市场违法违规行为；5. 全面实行存量住房交易资金监管制度；6. 加强政策解读和宣传。

10 月 14 日，国务院发布《互联网金融风险专项整治工作实施方案》，明确表示未取得相关金融资质的房地产企业不得利用 P2P 以及众筹平台从事房地产业务，严禁“首付贷”；取得相关金融资质的，不得违规开展地产金融相关业务。

10 月 21 日，银监会在召开的第三季度经济金融形式分析会上提出了 7 项措施，其中第二条严控房地产金融业务风险，严格执行房地产贷款业务制度要求与调控政策；规范各类贷款业务管理，严禁违规发放或挪用信贷资金进入房地产领域；加强理财资金投 资管理，严禁银行理财资金违规进入房地产领域。

10 月 30 日，中共中央办公厅、国务院办公厅正式发布《关于完善农村土地所有权承包权经营权分置办法的意见》，实行农地所有权、承包权、经营权“三权分置”，这是继家庭联产承包责任制后农村改革的又一大制度创新。

11月

11月3日，为切实贯彻落实上海市房地产调控要求和人民银行上海总部住房信贷工作会议精神，有效发挥行业自律在房地产金融调控中的重要作用，上海市市场利率定价自律机制发布了《关于切实落实上海市房地产调控精神，促进房地产金融市场有序运行的决议》（一下简称《决议》），进一步要求各商业银行严格落实上海市房地产调控政策，维护房地产金融市场秩序。

11月8日，住房城乡建设部网站刊发由国家发改委办公厅和住房城乡建设部办公厅联合发布的《关于开展商品房销售明码标价专项检查的通知》。从2016年11月10日至12月10日在全国范围内开展商品房销售明码标价专项检查，检查对象为房地产开发企业和房地产中介机构，对房地产开发企业在售楼盘和房地产中介机构门店明码标价情况进行检查。

11月8日，上海市税务局发布消息称，将于12月31日前缴纳2016年度个人住房房产税税款。征收对象为自2011年1月28日起上海市居民家庭在上海市新购的第二套及以上住房和非上海市居民家庭在上海市新购住房，但“家庭人均建筑面积不超过60平方米”等6种情况可减免。

11月28日，上海市住建委、人民银行上海分行、上海银监局联合印发《关于促进本市房地产市场平稳健康有序发展进一步完善差别化住房信贷政策的通知》，同日，上海市住房公积金管理委员会印发《关于调整本市住房公积金个人贷款政策的通知》，从严执行商业银行及公积金差别化信贷政策，这是在“沪九条”“沪六条”基础上，楼市调控再度“重拳出击”。《通知》规定，自11月29日起，居民家庭购买首套住房（即居民家庭名下在本市无住房且无商业性住房贷款记录或公积金住房贷款记录的）申请商业性个人住房贷款的，首付款比例不低于35%。在本市已拥有1套住房的，或在本市无住房但有住房贷款记录（包括商业性或公积金住房贷款记录）的居民家庭申请商业性个人住房贷款，购买普通自住房的，首付款比例不低于50%；购买非普通自住房的，首付款比例不低于70%。上海市住房公积金管理委员会同时印发了《关于调整本市住房公积金个人贷款政策的通知》，一是严格执行公积金差别化信贷政策。在区分首套和二套购房的前提下，调高对第二套改善型购房的首付比例至普通商品房50%和非普通商品房70%、二套普通商品房贷款利率上浮10%、二套普通商品房个人贷款高限额下调10万元，并停止向已有两次公积金贷款记录的职工家庭再行发放贷款。二是体现公积金制度的公平性、可持续和风险可控。借款人以公积金缴存账户余额确定贷款额度的倍数从40倍下降到30倍；严格执行住建部还款能力的计算比例调减为每月还本额占工资基数不超过40%，以及对第二套改善型住房认定标准的口径。

12月

12月12日，国家发改委称，已于近日同财政部印发《关于不动产登记收费标准等有关问题的通知》，明确不动产登记收费标准及收费减免政策，规范不动产登记收费行为，保护不动产权利人合法权益。通知明确，实行“房地一体”登记，即将现行房屋及其建设用地分别登记、两次收取登记费，统一整合为一次登记、只收取一次登记费。廉租住房、公共租赁住房、经济适用住房和棚户区改造安置住房所有权及其建设用地使用权办理不动产登记，实行零费率。住宅类不动产登记收费标准为每件 80 元，非住宅类不动产登记收费标准为每件 550 元。

12 月 14 日，中央经济工作会议在北京召开。会议提出，要坚持“房子是用来住的、不是用来炒的”的定位，综合运用金融、土地、财税、投资、立法等手段，加快研究建立符合国情、适应市场规律的基础性制度和长效机制，既抑制房地产泡沫，又防止出现大起大落。要在宏观上管住货币，微观信贷政策要支持合理自住购房，严格限制信贷流向投资投机性购房。“房子是用来住的、不是用来炒的”“严格限制信贷流向投资投机性购房”，中央经济工作会议这一表述引发高度关注，可以预期，明年想要投资投机性购房，就比较困难了，因为炒房行为会受到严格的限制。

第二十一章　房地产开发企业

房地产开发企业（一级资质）

编号	企业名称	法人代表
1	上海城建置业发展有限公司	周松
2	上海陆家嘴金融贸易区开发股份有限公司	徐而进
3	上海城开（集团）有限公司	季刚
4	上海地产（集团）有限公司	冯经明
5	农工商房地产（集团）股份有限公司	张志刚
6	上海市漕河泾新兴技术开发区发展总公司	刘家平
7	上海瀛通(集团)有限公司	陈伟峰
8	上海城投置地(集团)有限公司	戴光铭
9	上海景瑞地产（集团）股份有限公司	陈新戈
10	上海安居房产开发有限责任公司	李卫东
11	上海顾村房地产开发（集团）有限公司	盛友兴
12	上海华丽家族(集团)有限公司	王伟林
13	华能房地产开发公司	赵如冰
14	上海嘉宝实业（集团）股份有限公司	钱明
15	上海绿洲投资控股集团有限公司	管育民
16	上海西部企业（集团）有限公司	董素铭
17	天地源股份有限公司	俞向前
18	上海新黄浦置业股份有限公司	王伟旭
19	上海鹏欣房地产开发有限公司	姜照柏
20	经纬置地有限公司	陈经纬
21	中邦置业集团有限公司	卫平
22	中华企业股份有限公司	姜维
23	上海永业企业(集团)有限公司	钱军
24	上海汇成房产经营有限公司	张德敏
25	旭辉集团股份有限公司	林中
26	上海静安地产（集团）有限公司	刘毅
27	复地（集团）股份有限公司	张华
28	上海中环投资开发（集团）有限公司	胡礼刚
29	上海嘉定区房地产（集团）有限公司	陈爱民
30	上海万科房地产有限公司	陈东彪
31	上海建工房产有限公司	蒋志权
32	上海中虹（集团）有限公司	徐廉芳
33	上海中星（集团）有限公司	徐孙庆
34	大华（集团）有限公司	金惠明
35	上海金外滩（集团）发展有限公司	陈永亮

房地产开发企业（二级资质）

编号	企业名称	法人代表
1	上海巨龙房地产有限公司	戚时明
2	上海外高桥集团股份有限公司	刘宏
3	上海张江房地产有限公司	倪伟忠
4	上海豪都房地产开发经营有限公司	屠海鸣
5	上海证大置业有限公司	王辅捷
6	上海东苑房地产开发（集团）有限公司	侯抗胜
7	上海奥林匹克置业投资有限公司	陈阳庆
8	上海市宝山区房产经营公司	张培明
9	上海金山新城区建设发展有限公司	吴珺
10	上海嘉房置业发展有限公司	徐表德
11	上海曹峰置业有限公司	王正春
12	上海平土实业（集团）有限公司	李彦斌
13	金大元集团（上海）有限公司	顾文元
14	上海华辰房地产开发有限公司	朱永兴
15	上海枫围房地产有限公司	张萍
16	上海保利佳房地产开发有限公司	夏文伟
17	上海安裕置业有限公司	胡兵
18	上海联鑫房地产有限公司	屠旋旋
19	上海博锦房地产开发中心有限公司	朱骏
20	上海仓桥房产经营有限公司	唐菊芳
21	上海日月明房地产开发(集团)有限公司	秦宝君
22	上海市上投房地产有限公司	王卫平
23	上海市天宸股份有限公司	叶茂菁
24	上海江浙置业集团有限公司	毛卫强
25	上海朋大置业有限公司	张卫娟
26	上海昌鑫（集团）有限公司	陈招贵
27	上海康桥实业发展（集团）有限公司	汤柳鹋
28	上海仲义建设实业有限公司	许金龙
29	上海世博土地控股有限公司	皋玉凤
30	上海佳铭房产有限公司	徐学青
31	上海建佳房地产开发有限公司	胡建国
32	上海潼港置业有限公司	徐赐祥
33	上海中万置业投资有限公司	任国龙
34	上海振龙房地产开发有限公司	周国强
35	上海联益房地产实业公司	王菁
36	上海盛青房地产发展有限公司	陈晓燕
37	上海晟地集团有限公司	陈伟兴
38	上海同丰房地产开发有限公司	袁楚丰
39	上海上南房产有限公司	吴玲莺
40	上海亚通置业发展有限公司	沈建良
41	上海云间房地产开发有限公司	王澍陶
42	上海张江高科技园区置业有限公司	彭望爵
43	上海新黄浦(集团)有限责任公司	周海鹰
44	上海漕河泾开发区经济技术发展有限公司	桂恩亮
45	上海临港新城投资建设有限公司	俞建龙

房地产开发企业（二级资质）

编号	企业名称	法人代表
46	上海南汇房地产开发经营有限公司	姚龙飞
47	上海康妙置业有限公司	陶国兴
48	上海华飞投资集团股份有限公司	石耀飞
49	上海罗店房地产有限责任公司	金海龙
50	上海金牛房地产有限公司	沈伟平
51	上海慧创现代服务园发展有限公司	丁雪祥
52	上海鉴诚韵置业有限公司	徐军
53	上海住宅科技置业发展有限公司	钱国忠
54	上海市龙峰企业集团有限公司	任国龙
55	上海嘉定城发置业有限公司	陈晓东
56	上海虹桥经济技术开发区联合发展有限公司	冯晓明
57	上海紫竹置业(集团)有限公司	龚建忠
58	上海星腾房产开发有限公司	桂祖达
59	上海浦程房地产发展有限公司	朱根林
60	上海金山土地开发服务公司	陈江华
61	上海圣陶沙置业有限公司	郭聪聪
62	上海松江新城建设工程服务有限公司	陈朝
63	上海中融置业集团有限公司	倪召兴
64	上海南房（集团）有限公司	马作宇
65	上海华岳房地产开发经营有限公司	孙炜
66	上海张江高科技园区开发股份有限公司	陈干锦
67	上海九韵置业有限公司	朱震宇
68	上海明旺房地产有限公司	沈宏泽
69	上海大众房地产开发经营公司	杨国平
70	上海蓝印实业有限公司	高幸奇
71	上海中通置业(集团)有限公司	袁佳旺
72	上海国际汽车城（集团）有限公司	荣文伟
73	上海浦东软件园股份有限公司	杨军
74	上海维罗纳置业发展有限公司	董希北
75	上海兴盛实业发展（集团）有限公司	张兴标
76	上海华能天地房地产有限公司	陆美芳
77	上海市外高桥保税区新发展有限公司	姚忠
78	上海麦格茂置业有限公司	赵向伟
79	上海浦东发展置业有限公司	刘朴
80	上海高新房地产发展有限公司	蒋国兴
81	上海金山卫房地产经营有限公司	黎大奎
82	上海总泉置业有限公司	陈立群
83	上海通联房地产有限公司	李东
84	中信地产(上海)投资有限公司	许志雄
85	上海华业房地产发展有限公司	陆国先
86	上海华敏置业（集团）有限公司	吴蓉蓉
87	上海爱建股份有限公司	徐风
88	上海月浦房地产开发有限责任公司	陈卫
89	上海国际汽车城置业有限公司	肖宏振
90	上海新发展房地产开发有限公司	DING FURU
91	上海东紫房地产发展有限公司	邵东明
92	上海原脉房地产开发有限公司	池通林
93	上海金山房产经营有限公司	郭骥谡
94	上海复兴建设发展有限公司	于洪
95	上海嘉实房地产发展有限公司	章亦男
96	上海奉贤住宅建设有限公司	蔡立
97	上海花木房地产开发经营公司	倪胜群
98	上海玉宇房地产开发有限公司	朱昌言

房地产开发企业（二级资质）

编号	企业名称	法人代表
99	上海隧峰房地产开发有限公司	田军
100	上海永业股份有限公司	钱军
101	上海中建申拓投资发展有限公司	高洪彦
102	上海莘松房地产有限公司	陆根良
103	上海莘盛发展有限公司	叶立培
104	上海中暨置业有限公司	郑金云
105	上海松江方松建设投资有限公司	方亚弟
106	上海松江新城投资建设有限公司	胡柳强
107	上海仁杰河滨园房地产有限公司	钟百灵
108	上海五隆置业发展有限公司	朱黎庆
109	上海金工企业发展有限公司	陈晓娟
110	上海申能房地产有限公司	姚志坚
111	上海西郊庄园房地产开发有限公司	王树清
112	上海环城置业发展有限公司	孙俊
113	上海界龙房产开发有限公司	高祖华
114	上海两港装饰材料城有限公司	胡景荣
115	上海瑞虹新城有限公司	王颖
116	上海长甲置业有限公司	赵长甲
117	上海丽华投资发展有限公司	郁玉生
118	上海爱家豪庭房地产集团发展有限公司	薛萍
119	上海刚泰置业集团有限公司	徐建刚
120	上海天祥华侨城投资有限公司	吴学俊
121	上海中冶成工置业有限公司	徐永峰
122	上海诚建建设投资有限公司	王华惠
123	龙盛置地集团有限公司	阮兴祥
124	上海罗南房地产有限公司	周建龙
125	上海三盛房地产（集团）有限责任公司	潘功成
126	上海洲海房地产开发有限公司	康龙
127	上海永圣房地产有限公司	沈俞
128	上海申昶房地产开发有限公司	盛凤祥
129	上海张江微电子港有限公司	丁磊
130	上海绿地实业发展有限公司	黄骏
131	上海源恺城建开发有限公司	李从恺
132	中国中建地产有限公司	贺海飞
133	上海陆洋经济联合发展有限公司	马友良
134	上海捷博房地产发展有限公司	瞿荣国
135	上海华门置业有限公司	王玉华
136	上海城投资产管理（集团）有限公司	刘强
137	上海绿洲花园置业有限公司	蒋旭东
138	上海新发展新团房地产开发有限公司	葛建军
139	上海舜元置业有限公司	陈炎表
140	华鑫置业（集团）有限公司	毛辰
141	上海华鑫股份有限公司	毛辰
142	上海四通国际科技商城物业公司	王云龙
143	上海沙田房地产开发有限责任公司	梁振民
144	上海金沪投资有限公司	黄少荣
145	上海兴城建设发展有限公司	沈伊行
146	上海东波房地产开发经营有限公司	黄稚燕
147	上海恒信源置业有限公司	顾仁源
148	上海致达建设发展有限公司	严彭丰
149	上海北蔡房地产发展有限公司	顾桂兴
150	上海嘉定区住宅建设综合开发有限责任公司	李俭
151	上海双鸥置业有限公司	马佩君

房地产开发企业（二级资质）

编号	企业名称	法人代表
152	上海绿地海珀置业有限公司	吴卫东
153	上海浦东星河湾房地产开发有限公司	吴惠珍
154	上海集伟投资发展有限公司	徐耀昌
155	上海开天房地产开发经营有限公司	吴斌
156	上海龙华房地产有限公司	侯军欣
157	上海临江控股（集团）有限公司	谈意道
158	上海嘉定城市建设投资有限公司	赵强
159	上海正阳投资集团有限公司	邹建明
160	上海荣联房地产有限公司	王德荣
161	上海江南造船厂房地产开发经营公司	杨青海
162	上海海东房地产有限公司	苏俊坤
163	上海汉石投资管理有限公司	姚培明
164	上海中建房产(集团)有限公司	李永芬
165	上海新高桥开发有限公司	刘樱
166	上海龙仓置业有限公司	何建树
167	上海骏丰物业有限公司	衣振涛
168	上海陆家嘴东城开发有限公司	徐而进
169	上海锦绣华城房地产开发有限公司	陈宁
170	上海欧美亚置业有限公司	林国弟
171	上海国飞绿色置业有限公司	潘锋
172	上海昕城房地产有限公司	徐宝棣
173	上海崇裕置业发展有限公司	陈尹文
174	上海周康房地产有限公司	杨昌硕
175	通用地产（上海）有限公司	沈银发
176	上海锦江国际地产有限公司	邵晓明
177	上海华纺房地产发展有限公司	白利伟
178	上海南方房地产有限公司	俞培德
179	上海万业企业股份有限公司	朱旭东
180	上海东上海联合置业有限公司	黄兆伟
181	上海浦陈房地产开发经营有限公司	赵茂祥
182	上海保辉房地产开发有限公司	林隆彬
183	上海枫枫房地产置业有限公司	沈纪根
184	上海百倍置业有限公司	李文新
185	上海金禧房地产开发有限公司	阮其惠
186	上海东方城市花园有限公司	山佳明
187	上海祁连房地产开发总公司	李惠良
188	上海朱家角房地产发展有限公司	蔡利平
189	上海象屿置业有限公司	王澍陶
190	上海广昊房产集团有限公司	夏品云
191	上海祝桥新镇投资发展有限公司	顾林昌
192	上海康发房产经营有限公司	薛晓容
193	上海古北（集团）有限公司	戴智伟
194	上海爱法房地产经营开发有限公司	庞爱珠
195	上海新城万嘉房地产有限公司	唐云龙
196	上海浦东伟业房地产开发有限公司	张建良
197	上海金桥房地产发展有限公司	杨蔷芳
198	上海万源房地产开发有限公司	倪建达
199	上海杨浦滨江投资开发有限公司	徐建华
200	上海港房地产经营开发公司	范长清
201	上海住联房地产（集团）有限公司	朱卫杰
202	上海新松江置业(集团)有限公司	王旨
203	上海兴景房地产经营有限公司	潘建根
204	上海飞士房地产开发经营有限公司	江庆

房地产开发企业（二级资质）

编号	企业名称	法人代表
205	上海中地圣世置业有限公司	苏沪光
206	上海金韵房地产发展有限公司	朱国斌
207	上海佳运置业有限公司	沈仁兴
208	上海城申置业有限公司	夏平
209	上海绿洲房地产（集团）有限公司	王惠琪
210	上海鹏欣(集团)有限公司	姜照柏
211	上海电力房地产有限公司	包辰震
212	上海地纬（集团）股份有限公司	郁鑫
213	上海松山房地产开发有限公司	张义才
214	上海中城企业集团房地产有限公司	林宁光
215	上海亚联置业有限公司	郁建中
216	上海友谊集团置业有限公司	浦静波
217	上海昂立房地产开发有限公司	朱敏骏
218	上海汇峰房地产开发有限公司	童锦泉
219	上海万临置业有限公司	宋祥麟
220	上海黄浦建设发展（集团）有限公司	钱家琪
221	上海金房置业有限公司	谢鹤鸣
222	上海祥腾投资有限公司	于教清
223	上海营巢房产开发有限公司	王新其
224	上海乾溪置业总公司	朱红兵
225	上海山阳房产开发有限公司	朱龙明
226	上海隆宇企业发展有限公司	钱思解
227	上海千秋置业股份有限公司	杨敏杰
228	上海同盛投资集团房地产有限公司	胡晨
229	上海奉贤正阳置业有限公司	邵兴华
230	上海广洋房地产开发经营有限公司	马有良
231	上海曹路房地产开发经营公司	张新标
232	上海意得实业投资有限公司	林汝琴
233	上海信盛置业有限公司	郑朝龙
234	上海海欣建设发展有限公司	陈谋亮
235	上海泉山房地产开发有限公司	陶基劲
236	上海珠江投资有限公司	林海涛
237	上海虹房(集团)有限公司	张作理
238	上海盛帆房地产开发有限公司	盛明其
239	上海市浦东新区房地产(集团)有限公司	刘朴
240	上海富润房地产发展有限公司	徐荣璞
241	上海外高桥保税区联合发展有限公司	姚忠
242	上海同济房地产有限公司	王明忠
243	上海阳光欧洲城投资发展集团有限公司	杨文龙
244	上海万星房地产集团有限公司	董大根
245	上海通城房地产经营开发有限公司	朱建芳
246	上海新申房产建设有限公司	桑新弟
247	上海浦东土地控股（集团）有限公司	李俊兰
248	上海高远置业（集团）有限公司	邹蕴玉
249	上海凯通置业有限公司	程宏利
250	上海天歌置业有限公司	吴华
251	上海陆家嘴（集团）有限公司	李晋昭
252	上海意邦置业有限公司	张许秀
253	上海外高桥新市镇开发管理有限公司	刘樱
254	上海吉联房地产开发经营有限公司	黄勇
255	东方国际集团上海外经贸房地产开发经营有限公司	高国琳
256	保利置业集团有限公司	雪明

房地产开发企业（二级资质）

编号	企业名称	法人代表
257	上海华盛建设(集团)有限公司	陈华
258	上海信达银泰置业有限公司	周卓
259	上海中星集团新城房产有限公司	董鸿
260	上海市房地产实业有限公司	柴之元
261	上海新长宁（集团）有限公司	冯燮堃
262	农工商房地产集团上海虹阳投资有限公司	沈宏泽
263	上海金镇城镇建设发展有限公司	俞高强
264	上海徐房（集团）有限公司	冯上达
265	上海保利建锦房地产有限公司	陈冬桔
266	上海飞洲房地产开发有限公司	郑生华
267	上海石化城市建设综合开发公司	周潜
268	上海中金房地产（集团）有限公司	周传有
269	上海漕河泾开发区松江新兴产业园发展有限公司	丁桂康
270	上海鑫昌房地产开发经营有限公司	俞长仁
271	上海西上海房地产有限公司	陈德兴
272	上海江海置业有限公司	张吉明
273	上海闵行置业发展有限公司	华允弟
274	上海贝越实业有限公司	贝秋荣
275	上海张江（集团）有限公司	陈干锦
276	上海明兴房地产开发经营有限公司	黄汉兴
277	上海贵来房产发展有限公司	徐桂来
278	上海浦东金三角房地产实业有限公司	厉瞬敏
279	上海大发房地产集团有限公司	葛和凯
280	上海三林房地产开发经营有限公司	全晓军
281	上海思致置业有限公司	万思文
282	上海广顺房地产开发公司	
283	上海众众房地产开发有限公司	吴嘉禄
284	上海申马房地产实业有限公司	张志清
285	上海住德房地产开发有限公司	王建忠
286	上海界龙联合房地产有限公司	费钧德
287	上海万宇房地产（集团）有限公司	王素云
288	上海漕河泾开发区高科技园发展有限公司	桂恩亮
289	上海市申懋房地产经营公司	瞿宏伟
290	上海万科长宁置业有限公司	刘爱明
291	上海新泾房地产开发有限公司	苏菊弟
292	上海申亚房地产有限公司	李忠
293	上海中盛房地产有限公司	张宗宝
294	上海莲森实业（集团）有限公司	马献平
295	上海一方置业发展有限公司	唐钟录
296	上海静安置业股份有限公司	王中斌
297	上海市静安区房地产开发经营公司	许惟铮
298	上海静安新成置业有限公司	王永康
299	上海汽车工业房地产开发有限公司	陈德美
300	上海兴海房产综合开发有限公司	陈建荣
301	上海沪中房地产联合发展总公司	张英杰
302	上海吉富绅置业集团有限公司	斯朝富
303	上海运杰置业有限公司	陈祖新
304	景港控股集团有限公司	张页帆
305	上海建德企业（集团）有限公司	周志成
306	上海民强投资（集团）有限公司	杨春
307	上海浦西房地产开发有限公司	康峻
308	上海三友房地产有限公司	俞兴泉

房地产开发企业（二级资质）

编号	企业名称	法人代表
309	上海兴荣房地产发展有限公司	姚荣春
310	上海物资集团房地产有限公司	张健
311	上海市城市建设综合开发有限公司	梁镇海
312	上海硕诚置业有限公司	李华
313	上海泰宇房地产(集团)有限公司	黄贤芳
314	上海市机电工业房地产公司	邱志宇
315	上海东北明园实业发展有限公司	李松坚
316	上海望源房地产开发有限公司	季宝红
317	上海锦威房产开发经营有限公司	陈炎荼
318	上海市北高新（集团）有限公司	丁明年
319	上海铁路房地产开发经营有限公司	俞光耀
320	上海市工业系统房地产联合总公司	王信华
321	上海浦联房地产发展公司	樊革平
322	上海和田城市建设开发公司	曾云
323	上海不夜城联合发展（集团）有限公司	张冬平
324	上海宏润地产有限公司	周玉成
325	上海交大南洋房地产（集团）有限公司	朱敏骏
326	上海永和房地产有限责任公司	杨永法
327	上海紫元房地产有限公司	周满娟
328	上海城凯置业有限公司	金红江
329	上海振华房地产开发经营有限公司	莫少幸
330	上海申豪房地产有限公司	吴桂玲
331	上海市嘉定区建设工程（集团）有限公司	朱参参
332	上海中汇投资发展总公司	陶国强
333	上海上科实业有限公司	吴菲菲
334	上海莘闵房地产有限公司	
335	上海明泉企业（集团）有限公司	王云
336	上海建都房地产开发有限公司	万石龙
337	上海奉贤城乡建设投资开发有限公司	曹辉
338	上海奉贤城建（集团）有限公司	唐爱国
339	上海崇明房地产开发有限公司	陈浪
340	上海言青房产开发有限公司	许成旺
341	上海山鑫置业有限公司	吴振来
342	上海朋鑫房地产有限公司	封纪良
343	上海恒大房产股份有限公司	苏红雷
344	上海金桥出口加工区房地产发展有限公司	黄国平
345	上海静安城建投资有限公司	周宝森
346	上海中亚城市建设综合开发公司	王和泉
347	嘉凯城集团中凯有限公司	张德潭
348	上海桥升商贸置业有限公司	刘国忠
349	上海卫百辛（集团）有限公司	梁超
350	上海青浦房地产有限公司	王家桢
351	上海豫园商城房地产发展有限公司	梅红健
352	上海市黄浦区房地产开发实业总公司	王长宝
353	上海阳城房地产有限公司	金建明
354	上海大家置业有限公司	徐崇峰
355	上海新梅房地产开发有限公司	张静静
356	上海盛大房地产开发有限公司	石建极
357	上海市徐汇区城市建设投资开发有限公司	丁建华
358	上海市浦东新区房地产交易市场有限公司	高幸奇
359	上海华升房地产开发有限公司	蒋家艳
360	上海临港泥城经济发展有限公司	黄吉仁

房地产开发企业（二级资质）

编号	企业名称	法人代表
361	上海东方明珠房地产有限公司	凌钢
362	上海上实城市发展投资有限公司	唐钧
363	上海智富企业发展（集团）有限公司	丁勤富
364	上海万千投资开发有限公司	范俊华
365	上海新发展金汇房地产开发有限公司	葛建军
366	上海汇达建设发展实业有限公司	严建华

房地产开发企业（三级资质）

编号	企业名称	法人代表
1	上海陈氏集团有限公司	朱学干
2	上海大闻房地产有限公司	莫启康
3	上海兰开房地产开发有限公司	陆惠玲
4	上海江东土地房产开发有限公司	邵永飞
5	上海联洋集团有限公司	徐鸿昌
6	上海嘉宝奇伊房地产经营有限公司	陈正友
7	上海新耀房地产开发有限公司	王海松
8	上海堡镇房地产开发有限公司	石思九
9	上海中星集团振城不动产经营有限公司	郑诗达
10	上海上风科盛投资有限公司	陈继谨
11	上海嘉定商晟房产经营有限公司	朱冬兴
12	上海兄弟见龙苑房产开发有限公司	
13	上海广普置业有限公司	毛辰
14	上海兴吉房地产开发有限公司	潘丽峰
15	上海电子商城有限公司	王建东
16	上海泽欣房地产开发有限公司	李国华
17	上海立地房地产有限公司	陈炎荼
18	上海吴淞住宅建设开发有限公司	刘厚生
19	上海江桥建设开发有限公司	沈明兴
20	上海明华房地产有限公司	毛逸铭
21	上海美尔置业发展有限公司	孙忠清
22	上海东方金融广场企业发展有限公司	方晓忠
23	上海怡泰房地产开发（集团）有限公司	蔡勇
24	上海紫勋房地产开发有限公司	史志林
25	上海强拓房产发展有限公司	庄永华
26	上海海岛房地产开发有限公司	朱晓中
27	上海菊缘房地产发展有限公司	冯琛
28	上海中福置业控股集团有限公司	胡培毅
29	上海新世纪创业有限公司	汪建玎
30	上海同进置业有限公司	孙益功
31	上海鸿海房地产发展有限公司	忻鸿良
32	上海嘉乐房地产开发有限公司	武忠兴
33	上海龙盟房地产开发有限公司	毛志红
34	上海丰扬房地产开发有限公司	蒋铁峰
35	上海松江建通房地产开发有限公司	李月明
36	上海慧氏企业发展有限公司	谢方
37	上海通达房地产有限公司	冯伟建
38	上海国亭置业有限公司	陈一元
39	上海复旦软件园建设有限公司	杨玉良
40	上海欧筑实业发展有限公司	杨毫
41	上海金山国际贸易城市场经营管理有限公司	夏灵勇

房地产开发企业（三级资质）

编号	企业名称	法人代表
42	上海万峰房地产有限公司	黄秀文
43	上海黄浦投资（集团）发展有限公司	江丽玲
44	上海富中置业有限公司	严富源
45	上海保利金鹏置业有限公司	雪明
46	上海宏城房地产开发有限公司	高国武
47	上海宏利房地产开发有限公司	吴小龙
48	上海弘扬房地产开发有限公司	符奇荣
49	上海申惠房地产开发经营有限公司	顾瑞芬
50	上海东方国际文体休闲产业城发展有限公司	康海华
51	上海原申投资有限公司	金银华
52	上海宸东房地产开发有限公司	阮威
53	上海金金置业有限公司	唐宝良
54	上海欣达房地产经营有限公司	陆利刚
55	上海实久公司	诸成
56	上海新兴技术开发区联合发展有限公司	桂恩亮
57	上海振川物业有限公司	尹善峰
58	上海闵行房地（集团）有限公司	沈金荣
59	上海金合房地产有限公司	何晓
60	上海行通房地产发展有限公司	范桂元
61	上海海燕房地产经营有限公司	瞿富官
62	上海松辽房地产公司	毕希文
63	上海弘辉房地产开发有限公司	杜自弘
64	上海浦东唐安房地产开发有限公司	龙文明
65	上海鑫唐置业发展有限公司	黄维梅
66	上海杨浦房地产开发经营有限公司	薛小弟
67	上海金明投资集团有限公司	卢泽明
68	上海开创企业发展有限公司	丁明年
69	上海金品房产经营有限公司	徐佳时
70	上海华邸房地产发展有限公司	黄光祖
71	上海瑞禾房地产发展有限公司	姚百祥
72	上海莲申房地产有限公司	金静福
73	上海禹洲房地产投资有限公司	郭英兰
74	上海申舟房产开发经营公司	郑为民
75	上海恒和置业有限公司	何青
76	上海福乐思特房地产发展有限公司	黄崇圣
77	上海士林置业有限公司	徐勇民
78	上海春郭房地产开发有限公司	施跃鸣
79	上海兴申房地产经营有限公司	苏长荣
80	上海通盛(集团)发展有限公司	潘万盛
81	上海颛桥房地产有限公司	叶月明
82	上海佘山房地产经营开发有限公司	陈功
83	上海市外高桥保税区三联发展有限公司	李伟
84	上海博佳房地产开发有限公司	应立富
85	上海海港新城房地产有限公司	印博
86	上海九亭房地产开发有限公司	陈惠其
87	上海绿地弘途投资发展有限公司	徐荣璞
88	上海东宏房地产开发有限公司	周龙宝
89	上海品兴房地产开发有限公司	张建国
90	上海宏士达房地产开发有限公司	陶若亮
91	上海华江建设发展有限公司	闫浩
92	上海泰元置业有限公司	张春泽
93	上海康敏置业有限公司	徐锦章
94	上海兴高房地产有限公司	陈美付

房地产开发企业（三级资质）

编号	企业名称	法人代表
95	上海锦茸房地产开发经营有限公司	马立峰
96	上海市市政房地产经营公司	裴建群
97	上海鑫泰房地产发展有限公司	严志荣
98	上海嘉定区菊园房地产开发有限公司	高铭
99	上海裕生房地产发展有限公司	倪思礼
100	上海华闽房地产开发有限公司	吴蓉蓉
101	上海金高房地产有限责任公司	徐伟国
102	上海西庭网球公寓开发有限公司	Richard Johannes
103	上海东航投资有限公司	栗锦德
104	上海泰华房地产开发实业有限公司	王诚民
105	上海伟立房地产有限公司	吴四荣
106	上海华神置业发展有限公司	楼满月
107	上海亲和源置业有限公司	奚志勇
108	上海临港南汇新城经济发展有限公司	黄峰
109	上海富友房产有限公司	刁祥瑞
110	上海国际汽车城产业发展有限公司	唐忠
111	华丽家族股份有限公司	林立新
112	上海众合地产开发有限公司	吕仁杰
113	上海安都房地产发展有限公司	张杏元
114	上海嘉宏房地产有限责任公司	金红
115	上海亚龙投资（集团）有限公司	张文荣
116	上海华天房地产发展有限公司	Richard Anthony David
117	盛旅置业（上海）有限公司	朱海发
118	上海盛勤房地产有限公司	陈建方
119	上海远正置业有限公司	崔月明
120	上海庆宁置业有限公司	王祥宝
121	上海凌港置业有限公司	黄维梅
122	上海明师房地产开发有限公司	李岳庆
123	上海康桥房地产开发经营有限公司	沈惠中
124	上海市杨浦区房屋建设开发公司	刘绍旭
125	长江联合置地有限公司	闵师林
126	上海金纬房地产发展有限公司	周永兴
127	上海中惠投资控股有限公司	张剑
128	上海张江东区高科技联合发展有限公司	金明华
129	上海蔚蓝置业有限公司	封纪良
130	上海安基置业有限公司	钱美君
131	绿地地产集团有限公司	张玉良
132	上海新望房地产经营有限公司	金卫国
133	华润超智房地产开发有限公司	唐勇
134	上海建创置业有限公司	汤正华
135	华侨城（上海）置地有限公司	张立勇
136	华润（上海）房地产开发有限公司	唐勇
137	上海虹桥高尔夫俱乐部有限公司	杨思汉
138	上海松征房地产开发有限公司	李国强
139	上海深长城地产有限公司	尹善峰
140	银基发展（上海）投资控股有限公司	刘博巍
141	上海万业企业宝山新城建设开发有限公司	张峻
142	上海周房置业有限公司	周冬
143	上海新凯房地产开发有限公司	奚岳峰
144	上海美郊房地产有限公司	孙忠清
145	上海西郊庄园资产经营管理有限公司	王树清

房地产开发企业（三级资质）

编号	企业名称	法人代表
146	上海颛盛房地产有限公司	叶月明
147	上海绿地湾置业有限公司	黄敏康
148	上海弘久实业集团有限公司	洪根云
149	上海爱迪房产开发有限公司	丁卫平
150	嘉里发展(上海)有限公司	周崇廉
151	上海车墩房地产开发有限公司	金海林
152	上海瑞锦房地产开发有限公司	张锦明
153	上海漕河泾开发区华港实业有限公司	袁国华
154	上海临港书院经济发展有限公司	毛国生
155	上海华隆房地产发展有限公司	吴渭凉
156	上海绿地景汇置业有限公司	徐荣璞
157	上海海港国际贸易有限公司	范月闺
158	中集申发建设实业有限公司	麦伯良
159	上海源程置业有限公司	王政
160	上海迎博房地产开发有限公司	魏红萍
161	广东黄河实业集团上海房地产有限公司	郑强辉
162	上海临港万祥经济发展有限公司	瞿惠明
163	上海华夏房地产开发经营有限公司	柳向林
164	上海临港商业建设发展有限公司	杨国昌
165	上海环源房地产开发有限公司	邢志浩
166	上海杨浦置地有限公司	徐建华
167	上海明光房地产发展有限公司	章巨焕
168	上海康奕置业有限公司	陶国兴
169	金茂(上海)置业有限公司	陶天海
170	上海若兰投资有限公司	陈龙英
171	上海广盛房地产开发有限公司	盛凤祥
172	上海祖鼎实业有限公司	朱乐宁
173	上海嘉频房地产开发有限公司	郑好
174	上海平苑房地产开发有限公司	杨永清
175	上海徐房房地产开发有限公司	冯上达
176	上海碧橙房地产有限公司	谢琨
177	上海市卢湾区房产经营有限公司	庞立彪
178	上海东鼎房地产发展有限公司	邵东明
179	上海同济科技园有限公司	杨东援
180	上海信拓置业有限公司	罗存荣
181	上海中铁市北投资发展有限公司	张安民
182	上海信通浦皓置业有限公司	金亚春
183	百旌（上海）控股集团有限公司	章引
184	上海康都置业有限公司	金仁友
185	上海新崇建设发展有限公司	张俊
186	上海龙锡置业有限公司	谈龙彬
187	上海东扬房地产开发有限公司	高幸奇
188	上海铭源房地产开发经营有限公司	李铮理
189	上海新和置业管理有限公司	潘亚立
190	上海亚龙企业有限公司	张文荣
191	上海万科投资管理有限公司	张海
192	上海孜诚置业有限公司	朱励
193	上海金廊房地产开发有限公司	陆金光
194	上海久事置业有限公司	张建伟
195	上海兴江房地产综合开发公司	王屹
196	上海广源房地产开发有限公司	金红江
197	上海永久房地产开发经营有限公司	顾觉新
198	上海新富港房地产发展有限公司	王喆

房地产开发企业（三级资质）

编号	企业名称	法人代表
199	上海浙联房地产开发有限公司	王迪海
200	上海富林房地产发展有限公司	俞熔
201	上海中新房地产开发有限公司	
202	上海浦东陆家嘴置业发展有限公司	李晋昭
203	上海新湖房地产开发有限公司	冯希蒙
204	上海浦阳置业有限公司	王宏元
205	振丰（上海）有限公司	姚征
206	上海爱家实业有限公司	王志红
207	上海荣海房地产发展有限公司	任妙娣
208	上海绿宇房地产开发有限公司	寿柏年
209	上海安联投资发展有限公司	金杰
210	上海宝安企业有限公司	代建功
211	上海隆济建设发展有限公司	胡均
212	上海驰华房地产开发有限公司	俞美凤
213	上海众众实业发展有限公司	吴嘉禄
214	上海凯托房地产发展有限公司	张文耀
215	上海先达房地产发展有限公司	马守中
216	上海富都世界发展有限公司	李晋昭
217	上海金山土地整理发展有限公司	沈文强
218	上海华谊集团房地产有限公司	江秋霞
219	上海恒顺远置业有限公司	蔡东巍
220	上海泗泾房地产开发经营有限公司	慎永明
221	上海同润投资(集团)有限公司	范荣
222	上海虹桥东苑置业有限公司	沈慧琴
223	上海久阳房地产开发有限公司	李德伟
224	上海东开置业有限公司	陆斌
225	上海锦和置业有限公司	郁敏珺
226	上海杨泰房地产开发有限公司	郑建国
227	上海复鑫房地产开发有限公司	张华
228	上海新湾投资发展有限公司	王洪伟
229	上海三新企业发展有限公司	张明园
230	上海莘闵宝铭房地产开发有限公司	王荣铭
231	上海星际房地产发展有限公司	陈少东
232	上海新徐房地产开发有限公司	廖茸桐
233	上海群达置业有限公司	赵斌
234	上海杨浦科技创业中心有限公司	林旭伟
235	中国二十冶集团有限公司	张进贤
236	上海大业房地产开发有限公司	黄苏东
237	上海中大股份有限公司	周先强
238	上海招商奉瑞置业有限公司	王晞
239	上海虹叶置业发展有限公司	谭国平
240	上海招商奉盛置业有限公司	王晞
241	上海上泰置业有限公司	黄敬捷
242	中海发展（上海）有限公司	齐大鹏
243	上海骏丰置业发展有限公司	曲桂仕
244	上海汇鑫房地产有限公司	曹凌雯
245	上海金午置业有限公司	施建
246	上海歌信置业有限公司	王华生
247	上海浦东现代产业开发有限公司	花明
248	上海亚东房地产有限公司	张益堂
249	上海华世置地有限公司	林秀芳
250	上海欧港置业有限公司	周仕供
251	上海建浦房地产有限公司	须绍宗

房地产开发企业（三级资质）

编号	企业名称	法人代表
252	上海桑园置业有限公司	姜世良
253	上海瑞明置业有限公司	胡问鸣
254	上海莘城实业有限公司	薛晓路
255	上海西北盛唐房地产有限公司	叶子生
256	上海嘉城兆业房地产有限公司	达伟
257	上海境逸房地产有限公司	张少波
258	上海市黄浦区职工住宅开发有限公司	陈波
259	上海闵行区杜行沿浦房地产经营有限公司	赵茂祥
260	上海博泰房地产发展有限公司	凌福昌
261	上海鑫荣房地产综合开发有限公司	邵惠国
262	上海岭南实业有限公司	高幸奇
263	上海松江工业区房地产开发有限公司	李伟
264	上海氯碱化工房产开发经营有限公司	王锦淮
265	上海恒杰房地产开发有限公司	朱益民
266	上海浦东川城房地产经营开发有限公司	杨秋菊
267	上海万兆房地产发展有限公司	宋小云
268	上海东方明珠置业有限公司	徐辉
269	上海汇华房地产有限公司	钱荣德
270	上海凌桥房地产有限公司	朱晓丹
271	上海荣惠置业有限公司	屈国明
272	上海新竹房地产有限公司	毛裕华
273	上海闵行公房资产经营有限公司	陈耀辉
274	上海泰江置业发展有限公司	林华中
275	上海富盛经济开发区开发有限公司	张振飞
276	上海漕河泾房产开发有限公司	杨铁牛
277	上海大柏树房地产开发经营有限公司	王福民
278	上海好世置业有限公司	薛晓路
279	上海博捷房地产开发有限公司	任金荣
280	上海强健房地产开发有限公司	徐瑞平
281	上海六合房地产有限公司	董建军
282	上海泰银置业有限公司	张春泽
283	上海市公房资产经营(集团)有限公司	张永恒
284	上海华阳房地产开发有限公司	薛金林
285	上海南市房地产经营有限公司	鲍伟忠
286	上海亿峰置业有限公司	高凤飞
287	上海北桥房地产有限公司	陈惠民
288	上海招商置业有限公司	王晞
289	上海新嘉房地产发展有限公司	吴荣辉
290	上海江湾房地产开发经营有限公司	沈龙海
291	上海天亿置业发展有限公司	刘爱明
292	上海晶松房地产开发有限公司	沈华其
293	上海康桥半岛(集团)有限公司	王煦菱
294	上海香溢房地产有限公司	王根宝
295	上海瑞华置业（集团）有限公司	孟明荣
296	上海爱家投资管理有限公司	王志红
297	上海服装机械城企业发展有限公司	王科威
298	上海绍盛房地产发展有限公司	娄冬虎
299	上海申丰房地产开发有限公司	蒋镇林
300	上海康达房地产实业有限公司	席建华
301	上海新景房地产开发有限公司	孟明荣
302	上海沪总送变电房地产经营公司	寿冠阳
303	上海联农房产有限公司	施嘉伟
304	上海市龙威房地产有限公司	黄骏

房地产开发企业（三级资质）

编号	企业名称	法人代表
305	上海海泰房地产（集团）有限公司	丁劲松
306	上海中钱房地产开发有限公司	潘辽原
307	上海地杰置业有限公司	苏红雷
308	上海金居投资管理有限公司	朱黎庆
309	上海平安欣仑物业发展有限公司	孙建德
310	上海三象房产发展有限公司	朱皓
311	上海碧云房地产开发有限公司	朱耀家
312	上海宝地置业有限公司	周竹平
313	上海方舟房地产开发有限公司	朱小弟
314	上海泰日房地产有限公司	曹纳弟
315	上海培润实业发展有限公司	樊培力
316	上海东苑利景置业有限公司	侯抗胜
317	上海浦东富成房地产有限公司	唐钟录
318	上海虹桥房地产有限公司	王缨
319	上海汇裕置业有限公司	张海威
320	上海金罗店开发有限公司	任晓威
321	上海东方康桥房地产发展有限公司	王煦菱
322	上海环恒房地产有限公司	蔡永康
323	上海平高企业集团有限公司	俞跃良
324	上海江兴置业有限公司	孙德兴
325	上海昌大房地产发展有限公司	蒋元昌
326	上海新天鸿高尔夫物业发展有限公司	彭中州
327	上海新舒房地产开发有限公司	曾文星
328	上海双拥文化园投资开发有限公司	缪世鸿
329	上海振亭房地产开发有限公司	曾振波
330	上海森泽房地产有限公司	王雅美
331	上海颛元置业有限公司	牟震
332	上海颐和置业有限公司	卫福才
333	上海陆发房地产开发有限公司	陶开辽
334	上海鸿顺置业发展有限公司	卢福
335	上海景荣置业有限公司	吴宝林
336	上海新闵房地产联合发展有限公司	李怀靖
337	上海五角场（集团）有限公司	王德来
338	上海宝域房地产发展有限公司	薛荣坤
339	上海申东房地产开发有限公司	富心荧
340	上海复旦科技园股份有限公司	朱克勤
341	上海华宝房地产发展有限公司	
342	上海庙行房地产开发经营公司	朱国忠
343	上海新练塘城建开发有限公司	沈明
344	上海由由房地产开发有限公司	王福祥
345	上海闵行区商业建设有限公司	林亚夫
346	上海烟草集团房地产开发经营公司	周永森
347	上海申新房地产开发有限公司	杭鹏浩
348	上海金色紫都房地产有限公司	黄文仔
349	上海景秀置业发展有限公司	王正舜
350	上海信建房地产集团有限公司	赵正科
351	上海源东房地产开发有限公司	李从恺
352	上海盛昶房地产开发有限公司	盛凤祥
353	上海城桥房地产开发经营有限公司	庞志云
354	上海东苑兆业房地产发展有限公司	侯抗胜
355	上海峥宸房地产有限公司	沈文贵
356	上海南方国际购物中心有限公司	王雁
357	上海中福（集团）有限公司	高象柱
358	上海张江集成电路产业区开发有限公司	葛培健
359	上海东方城乡房地产开发经营有限公司	陆永兴
360	上海莘南房地产开发有限公司	谢德光
361	东方海外（上海）投资有限公司	曾文星
362	上海银河房地产经营有限公司	马新高
363	上海安新华诚实业发展有限公司	陆美芳
364	上海东陆房地产发展有限公司	吴永康
365	上海同文置业有限公司	肖小凌
366	上海浩城置业有限公司	孙龙根
367	上海金栋房地产开发有限公司	金守红
368	上海强生房地产开发经营公司	孙冬琳
369	上海新崇房地产开发有限公司	张俊
370	上海宝静置业有限公司	高俊骅
371	上海绿庭房地产开发有限公司	俞乃奋
372	上海市北置业发展有限公司	朱朝晖
373	上海金山嘴房地产开发有限公司	朱龙明
374	上海谷元房地产开发有限公司	高天国
375	上海益海房地产开发有限公司	奚德龙
376	上海浦东南汇房地产有限公司	钱文台
377	上海银都商城发展有限公司	陈秀钦
378	上海银欣房地产有限公司	杜锦豪
379	上海连兴经济发展合作公司	马友良
380	上海莎海实业（集团）有限公司	王卫兵
381	上海万博房地产开发有限公司	黄志源
382	上海亚达投资发展有限公司	李忠
383	上海新天地置业发展有限责任公司	黄建春
384	上海市工业区开发总公司	叶敞
385	上海长峰房地产开发有限公司	童锦泉
386	上海名鹰房地产发展有限公司	芮永祥
387	上海昌辉企业发展有限公司	苏萍
388	上海上投置业发展有限公司	陈申
389	上海英达莱置业有限公司	胡逢祥
390	上海科事发房地产有限公司	陈剑
391	上海锦迪城市建设开发有限公司	王中斌
392	上海静安公房资产经营有限公司	许惟铮
393	上海众立房地产开发有限公司	夏莲珊
394	上海梅山房地产开发经营有限公司	周荣龙
395	上海申城房地产开发实业总公司	李春农
396	上海华鑫物业管理顾问有限公司	张厚伟
397	上海市房屋实业有限公司	孙明基
398	上海三和房地产有限公司	顾建国
399	上海东鹤房地产有限公司	童彬彬
400	上海乔华房产经营管理有限公司	李珩
401	上海珠街阁房地产开发有限公司	王安德
402	上海恒舜置业有限公司	潘凤杰
403	上海尚晋实业有限公司	黄奕雄
404	上海衡泰房地产有限公司	朱晓东
405	上海振威投资发展有限公司	魏宝龙
406	上海安盛房产开发有限公司	陈勤帮
407	上海裕康房地产有限公司	何齐元
408	上海凤翔房地产开发有限公司	匡放
409	上海越盛房地产开发有限公司	宋世敏
410	上海徐泾房地产有限公司	邵国旗

房地产开发企业（三级资质）

编号	企业名称	法人代表
411	上海锦城房地产有限公司	叶贵勋
412	上海久青房地产开发经营有限公司	黄有根
413	上海恒力房地产发展有限公司	顾宝林
414	上海前晋企业(集团)有限公司	张汉钫
415	上海民都置业有限公司	谢飞
416	上海北杰旺房地产有限公司	丁明年
417	上海环龙房地产开发经营有限公司	钱一
418	上海跃进房地产开发有限公司	励一鸣
419	中铁二十四局集团上海房地产开发有限公司	白圻业
420	上海裕都房地产开发有限公司	张钧
421	上海汇京置业发展有限公司	杜元龙
422	上海源丰投资发展有限公司	黄成林
423	上海康德利房地产经营有限公司	胡礼刚
424	上海松城房地产有限公司	沈杏芳
425	上海万业企业两湾置业发展有限公司	程光
426	上海彩虹房地产有限公司	陈建彬
427	上海长宁房地产经营有限公司	卓越强
428	上海汇丽房地产开发有限公司	吴镔
429	上海贡霄房地产开发有限公司	蔡为超
430	上海鸿越实业有限公司	周保云
431	上海佳源置业有限公司	方壮源
432	上海五角场房地产开发公司	邢志浩
433	上海公房实业有限公司	包永镭
434	上海华商房产发展公司	张引浩
435	华润置地（上海）有限公司	唐勇
436	上海世茂房地产有限公司	许世坛
437	上海亚萌置业有限公司	李剑峰
438	上海九城置业有限公司	李文壅
439	上海市城镇建设发展有限公司	游玉云
440	上海市金辉工业房地产发展公司	常振华
441	上海清水颐园房地产有限公司	
442	上海陆家嘴城市建设开发投资有限公司	毛德明
443	上海中坤置业有限公司	陈伟元
444	上海莱建置业有限公司（暂定资质）	田发永

第二十二章 部分物业管理企业

物业管理企业（一级资质）

编号	企业名称	法人
1	上海深和平物业管理有限公司	赵迎莉
2	上海盛高物业服务有限公司	陈军
3	北京中铁第一太平物业服务有限公司上海分公司	周士杰
4	苏州易亚物业管理有限公司上海分公司	林力功
5	中海物业管理有限公司上海分公司	魏民
6	北京燕侨物业管理有限公司上海分公司	郑永军
7	上海诚信中宁物业服务有限公司	罗登科
8	浙江鸿翔物业管理服务有限公司上海兴瑞物业管理分公司	麻永明
9	北京戴德梁行物业管理有限公司上海分公司	林启贤
10	上海中一物业管理有限公司	张春春
11	上海保利物业酒店管理集团有限公司	王明礼
12	苏州悦华置合物业服务有限公司上海分公司	储高平
13	深圳市盛孚物业管理股份有限公司上海分公司	董振雷
14	新工(厦门)物业管理服务有限公司上海分公司	王建勇
15	上海市申江两岸开发建设投资（集团）有限公司	戴志伟
16	兆丰国际(上海)有限公司	桃飞龙
17	上海公益物业管理有限公司	郭惠明
18	上海金樱览胜商业资产管理有限公司	吴敏
19	上海士林置业有限公司	李子塘
20	上海益力实业有限公司	金正国
21	上海金光外滩置地有限公司	黄柏年
22	上海中航物业管理有限公司	高文田
23	上海仁恒物业管理有限公司	周铁群
24	上海景瑞物业管理有限公司	陶敏
25	上海德律风置业有限公司	江永兴
26	上海宏阳物业有限公司	徐定进
27	上海生乐物业管理有限公司	柏志成
28	上海延吉物业管理有限公司	周强
29	上海浦东房地产集团物业管理有限公司	仇峻炜
30	上海圣维仕物业管理有限公司	罗维
31	上海虹桥经济技术开发区物业经营管理有限公司	林航
32	上海芸绮物业管理有限公司	闫智广
33	上海永绿置业有限公司	钱杰
34	上海东方大学城物业管理有限公司	周强
35	上海古北物业管理有限公司	徐跃明
36	上海孜诚置业有限公司	朱励
37	上海金地物业服务有限公司	闫智广
38	港联物业服务（上海）有限公司	黄建邦
39	上海虹达物业管理有限公司	朱有荣
40	上海富都物业管理有限公司	毕海琳
41	上海三湘物业服务有限公司	张涛

物业管理企业（一级资质）

编号	企业名称	法人
42	上海东方航空物业有限公司	张杰
43	上海浦江物业有限公司	肖兴涛
44	上海招商局物业管理有限公司	石寒
45	上海中星集团申城物业有限公司	沈杰
46	上海联源物业发展有限公司	耿海宁
47	上海安荣物业管理服务有限公司	傅平
48	上海申能物业管理有限公司	徐致丰
49	上海复欣物业管理发展有限公司	袁德炯
50	上海文化物业管理有限公司	杨侃
51	狮城怡安（上海）物业管理有限公司	徐新
52	上海紫泰物业管理有限公司	沈雯
53	上海万科物业服务有限公司	黄圣
54	上海阳光投资（集团）物业管理有限公司	袁玉俊
55	上海陆家嘴物业管理有限公司	李晋昭
56	上海上置物业管理有限公司	李耀民
57	上实物业管理（上海）有限公司	巢爱莲
58	中海物业管理（上海）有限公司	罗肖
59	上海新世纪房产服务有限公司	王卫平
60	上海丰诚物业管理有限公司	王克活
61	上海东湖物业管理公司	李风
62	上海采林物业管理有限公司	陈才林
63	仲量联行测量师事务所（上海）有限公司	吴允燊
64	上海瑞创物业管理有限公司	姚炯
65	上海新长宁（集团）仙霞物业有限公司	张金秀
66	上海农工商旺都物业管理有限公司	张志敏
67	上海百联物业管理有限公司	陈宇伟
68	上海明华物业管理有限公司	顾凤惠
69	上海宝钢源康物业管理有限公司	杨建君
70	上海威斯特物业经营有限公司	张亮
71	上海科瑞物业管理发展有限公司	张一民
72	上海上房物业服务股份有限公司	周超
73	上海地铁东方置业发展有限公司	刘耀民
74	上海欧鼎物业管理有限公司	田明鑫
75	上海新金桥物业管理有限公司	潘建中
76	中信泰富（上海）物业管理有限公司	卢建华
77	上海新市北企业管理服务有限公司	王若冰
78	上海中企物业管理有限公司	朱建华
79	上海锐翔上房物业管理有限公司	张圣哲
80	上海华敏物业管理有限公司	纪蕊
81	上海复瑞物业管理有限公司	徐骏
82	上海新湖物业管理有限责任公司	叶正猛
83	上海中远物业管理发展有限公司	申延财
84	上海上勤物业管理有限公司	徐伟
85	上海同涞物业管理有限公司	翁国强
86	深圳市特发物业管理有限公司上海分公司	刘春根

物业管理企业（一级资质）

编号	企业名称	法人
87	深圳市华侨城物业服务有限公司上海分公司	丘学梅
88	上海上水市南物业管理有限公司	任星伟
89	上海益中亘泰物业管理有限公司	朱春堂
90	深圳市金地物业管理有限公司	张明
91	北京世邦魏理仕物业管理服务有限公司上海分公司	LUKE PETER
92	上海中浦物业管理有限公司	陈文忠
93	嘉里建设管理（上海）有限公司	周崇濂
94	上海漕河泾开发区物业管理有限公司	由杨
95	上海外高桥物业管理有限公司	钟林富
96	长城物业集团股份有限公司上海分公司	陈耀忠
97	深圳市开元国际物业管理有限公司	郑涛
98	上海兴桥盛物业有限公司	孙胜大
99	无锡金马物业管理有限公司上海分公司	顾建洪

物业管理企业（二级资质）

编号	企业名称	法人
1	上海中仪物业有限公司	李峰
2	上海安亦物业服务有限公司	张红军
3	上海长柳实业有限公司	陆惠剑
4	上海国际医学园区管理有限公司	乔仲欣
5	上海乐伊物业管理有限公司	袁文战
6	上海真贤物业管理有限公司	吉建平
7	上海复医天健医疗服务产业股份有限公司	方强
8	上海智富物业管理有限公司	丁冬梅
9	上海金陵投资有限公司	陶力
10	上海静安地产集团物业有限公司	姜蓉
11	上海明嘉物业管理有限公司	吴政明
12	上海金洋芸绮物业管理有限公司	陈春萍
13	上海庆有余物业管理有限公司	路明
14	上海东泰物业管理有限公司	张艳
15	上海瑞永投资有限公司	孙金祥
16	上海安盛物业有限公司	陈勤帮
17	上海国际贸易中心有限公司	高文伟
18	上海优扬物业管理有限公司	荣玉
19	上海海存物业管理有限公司	郑善挺
20	上海沙田物业管理有限公司	赵小凤
21	上海纺织物业经营管理有限公司	郑峰
22	上海大至物业管理有限公司	任鹏
23	上海钰鼎物业管理有限公司	张振武
24	上海华寿物业管理有限公司	凌雅婷
25	上海盈尚物业管理有限公司	张武
26	上海金榜物业有限公司	李德敏
27	上海鑫铭物业管理有限公司	李兵
28	上海阳光工联物业管理有限公司	袁玉俊
29	上海仲源物业有限公司	邵连祥
30	上海欣晨物业管理有限公司	陈捷
31	上海马桥物业管理有限公司	顾志兴
32	上海不凡物业管理有限公司	张月师
33	上海新轻物业管理有限责任公司	王立安
34	上海联昌物业管理有限公司	赵春波
35	上海嘉隆物业管理有限公司	温春晖
36	深圳市太平物业管理有限公司上海分公司	王泰勤
37	上海居怡物业管理有限公司	焦宏宇
38	上海宜安物业管理有限公司	周斌
39	上海洋安物业管理有限公司	郑国强
40	无锡九龙仓物业管理有限公司上海分公司	张震亚
41	上海逸思曼企业管理服务有限公司	孙新忠
42	浙江保亿物业服务有限公司上海分公司	董菁
43	深圳市鼎太物业管理有限公司上海分公司	刘喜淑
44	上海东慧庄原物业管理有限公司	侯新娟

物业管理企业（二级资质）

编号	企业名称	法人
45	上海宝鼎物业管理有限公司	施晖
46	上海宏华物业管理有限公司	赵洪文
47	上海洲建物业服务有限公司	李琼
48	上海众联物业管理有限公司	陈立
49	上海赛宝物业发展有限公司	龚建功
50	上海天伟物业管理有限公司	曹耕
51	上海丛中笑物业管理有限公司	易光志
52	上海意利物业管理有限公司	俞培勇
53	上海奥菲思房产经营管理有限公司	黄忠和
54	上海兆安物业管理有限公司	李学军
55	上海长宜物业管理有限公司	张帆
56	上海耐嗣实业发展有限公司	谭为忠
57	上海晨昊物业管理有限公司	刘月琴
58	上海益镇物业管理有限公司	刘文洋
59	上海智强物业管理有限公司	成汝旗
60	上海仰宏物业管理有限公司	陈轶阳
61	上海博嘉物业管理有限公司	潘智峰
62	上海世茂物业服务有限公司	卓亚岚
63	上海沪东财富国际广场物业管理有限公司	贺征
64	上海吉利物业管理有限公司	龚华
65	上海信缘物业管理有限公司	朱小晶
66	上海和迅物业管理有限公司	杨锦塑
67	上海意晟物业管理有限公司	岳章旭
68	上海中乔物业管理有限公司	钟巧萍
69	上海东亚明华物业管理有限公司	徐闯
70	上海晟新物业经营管理有限公司	沙贤捷
71	上海锋颖实业有限公司	陈荣
72	上海沪杰物业管理有限公司	马孟杰
73	上海长风生态商务区物业经营管理有限公司	陈敏
74	上海吾诚物业管理有限公司	陈锦兰
75	上海鑫遥物业经营管理有限公司	康文华
76	上海远基物业管理有限公司	武文勇
77	上海虞新物业管理有限公司	张颖
78	上海奉缘物业服务有限公司	徐伟勇
79	上海铭杰物业管理有限公司	李花
80	上海盛政物业管理有限公司	周学高
81	上海勤涛物业管理有限公司	朱涛
82	上海跃盛物业管理有限公司	潘春飞
83	上海华暄投资管理有限公司	张蔚
84	上海万正物业管理有限公司	杨志强
85	上海城开商用物业发展有限公司	黄非
86	上海宝房(集团)大楼物业管理有限公司	沈国斌
87	上海奉房置业有限公司	夏平
88	上海新寓物业管理有限公司	贺亮

物业管理企业（二级资质）

编号	企业名称	法人
89	上海松茂物业管理有限公司	周明辉
90	上海上安物业管理有限公司	颜维新
91	上海惠乐物业有限公司	贾晓霞
92	上海华宇物业有限公司	张金兴
93	上海纺原物业有限公司	李红兵
94	上海瑞福物业有限公司	丁勤发
95	上海浦东东龙物业有限公司	盛龙德
96	上海航新物业管理有限公司	陈素珍
97	上海青浦第一物业管理有限公司	石坤华
98	上海申舟物业有限公司	顾继海
99	上海彩虹房屋物业管理有限公司	陈建彬
100	上海民盈城投物业管理有限公司	刘原君
101	上海万群物业管理有限公司	黄竟成
102	上海申松物业管理有限公司	张华
103	上海能宝物业有限责任公司	张建中
104	上海中凯物业有限公司	叶荣强
105	上海磊成物业管理有限公司	高品良
106	上海绿岛物业发展有限公司	徐文渊
107	上海欣城物业有限公司	季俊
108	上海兴虹物业管理有限公司	徐永康
109	上海北城物业有限公司	沈峥
110	上海东昱物业管理有限公司	林海清
111	上海茸盛物业管理有限公司	费永兴
112	上海南汇惠房物业管理有限公司	姚龙飞
113	上海安华物业管理有限公司	刘斌
114	上海高境物业管理有限公司	路治华
115	上海申厦物业有限公司	谈正懿
116	上海保集物业管理有限公司	郭美君
117	上海环连物业管理有限公司	俞建荣
118	上海北外滩物业管理有限公司	刘水淋
119	上海万涓物业有限公司	张团胜
120	上海瀛通物业管理有限公司	陈伟峰
121	上海宝月物业管理有限公司	文华国
122	上海纪联物业管理有限公司	潘丽华
123	上海永福物业有限公司	俞晓洁
124	上海爱建物业管理有限公司	万雯娟
125	上海泰发物业管理有限公司	宋丽萍
126	上海锦南物业经营有限公司	余建国
127	上海北安物业管理有限公司	刘学金
128	上海安得物业管理有限公司	黄振荣
129	上海申华物业有限公司	张宝林
130	上海友全物业管理有限公司	童琳
131	上海中西物业管理有限公司	张明亮
132	上海民德物业管理有限公司	王永林

物业管理企业（二级资质）

编号	企业名称	法人
133	上海瑞业物业管理有限公司	崔明军
134	港力物业管理（上海）有限公司	李成伟
135	上海国光物业管理有限责任公司	韩瑾
136	上海杨行物业管理有限公司	顾七妹
137	上海宝嘉物业管理有限公司	王惠国
138	上海华园物业管理有限公司	乐晖晔
139	上海高建物业有限公司	余丽敏
140	上海营巢物业管理有限公司	王丹花
141	上海掌心物业管理有限公司	丁跃峰
142	上海民强物业管理有限公司	杨春
143	上海汇银物业管理有限公司	杨文新
144	上海欣源物业管理有限公司	张燕
145	上海现代金晨物业管理有限公司	陈伟
146	上海兴城物业有限公司	汤锡渊
147	上海海尚物业管理有限公司	程栋
148	上海东莲物业管理有限公司	顾桂兴
149	上海三杨物业公司	奚顺利
150	上海爱德华物业管理有限公司	童志群
151	上海建跃物业管理有限公司	施晶
152	上海丹意物业管理有限公司	张龙标
153	上海万庄物业管理有限公司	李证君
154	上海吴泾物业管理有限公司	华泵明
155	上海见畅物业有限公司	夏灵机
156	上海合众企业发展有限公司	周金妙
157	上海强丰物业管理有限公司	吴连强
158	上海高桥石化物业管理有限公司	徐志刚
159	上海安必盛物业管理有限公司	俞世杰
160	上海宏苑物业管理经营有限公司	王培华
161	上海永平置业有限公司	韩军
162	上海轩宇物业管理有限公司	朱正冕
163	上海新张江物业管理有限公司	张雷
164	上海畅苑物业管理有限公司	缪金荣
165	上海锦江物业管理公司	蔡湧钧
166	上海开伦物业管理有限公司	李兴元
167	上海光大会展中心有限公司	朱慧民
168	上海凯基置业有限公司	陈远腾
169	上海玉星物业管理有限公司	周明
170	上海南房集团物业管理有限公司	张纪明
171	上海中建物业管理有限公司	梅元鼎
172	上海银顺物业管理有限公司	丁彦伟
173	上海通翼物业有限公司	刘世宝
174	上海徐体物业管理有限公司	吴贤康
175	上海中青酒店物业管理有限公司	吴为圣
176	上海富锦物业管理有限公司	须福根

物业管理企业（二级资质）

编号	企业名称	法人
177	上海利马物业管理有限公司	傅正平
178	上海大柏树物业有限公司	黄培东
179	上海江湾物业管理有限公司	秦树华
180	上海顺达物业管理有限公司	李克非
181	上海广厦物业管理有限公司	章建平
182	上海虹叶物业管理有限公司	方震
183	上海琮元物业管理有限公司	顾雨杰
184	上海华东房产物业有限公司	朱汎
185	上海中房物业管理有限公司	肖立荣
186	上海锦润物业管理有限公司	朱文俊
187	上海太实物业管理有限公司	陈铭刚
188	上海永开置业有限公司	董连云
189	上海永佳物业管理有限责任公司	卫永强
190	上海同科物业管理有限公司	沈田华
191	上海康旺物业有限公司	火钧
192	上海新桃源物业管理有限公司	陈粱
193	上海南汇团房物业管理有限公司	顾根龙
194	上海杨房物业管理有限公司	戴建东
195	上海宝房通河物业管理有限公司	曹锦根
196	上海世德物业管理有限公司	董雪春
197	上海长峰物业管理有限公司	童锦泉
198	上海同进物业服务有限公司	杨德林
199	上海嘉宝物业服务有限公司	邵龙
200	上海浦华物业管理有限公司	吴世颖
201	上海春川物业服务有限公司	张春来
202	上海理家物业管理有限公司	孙志强
203	上海新贵盛物业管理有限公司	梁珊珊
204	上海齐佳物业管理有限公司	吴光明
205	上海大华物业管理有限公司	高凤妹
206	上海天吉物业管理有限公司	俞爱明
207	上海千亿物业有限公司	沈川
208	上海昌悦物业管理有限公司	王维
209	上海现代时尚商业管理有限公司	高幸奇
210	家利物业管理（上海）有限公司	周伟淦
211	上海张江物业发展公司	秦伟明
212	上海世江物业管理有限公司	方瑞康
213	上海孙林物业管理有限公司	吴孙林
214	上海浦东新区高桥物业发展公司	戈雅敏
215	上海浦东新区新川物业公司	马闻明
216	上海中慧物业管理有限公司	狄延银
217	上海东方物产物业管理有限公司	骆国芬
218	上海隆庆物业管理有限公司	马卫昌
219	上海久阳滨江酒店有限公司	李德伟
220	上海浦东利群物业有限公司	奚培鸿

物业管理企业（二级资质）

编号	企业名称	法人
221	上海中邦物业管理有限公司	卫平
222	上海老西门物业管理有限公司	忻善康
223	上海爱家物业管理有限公司	薛萍
224	上海长安物业管理有限公司	张永芳
225	上海仟宸置业发展有限公司	孙辉
226	上海硕业物业管理有限公司	姚舟琦
227	上海银帆物业管理有限公司	胡玮
228	上海宝矿钻石物业有限公司	徐玉梅
229	上海浦东新区花木物业公司	李爱明
230	上海伟发物业有限公司	张勤国
231	上海松开物业管理有限公司	潘菊华
232	中观物业管理（上海）有限公司	姚郁
233	上海金桥物业有限公司	吴志明
234	上海捷森物业服务发展有限公司	潘文静
235	上海谷海物业管理有限公司	杨仓兵
236	上海广同物业有限公司	陆昶
237	上海吉波物业管理有限公司	吴忠强
238	上海美兰湖物业管理有限公司	冯达绮
239	上海盛宇物业经营服务有限公司	陈俊伟
240	上海格多物业管理有限公司	周克明
241	上海外高桥保税物流园区物业管理有限公司	邢廉弟
242	宏腾物业服务（上海）有限公司	张国正
243	上海先行信汇物业管理有限公司	陈鑫德
244	上海西房物业管理有限公司	毛妮娜
245	上海华天物业管理有限公司	陈伟能
246	上海豪斯物业管理有限公司	牛建荣
247	上海文广物业管理有限公司	郑东海
248	上海古北房产租赁有限公司	徐跃明
249	上海国际汽车城物业管理有限公司	宋斌
250	上海乔爱物业管理有限公司	郭祖晃
251	上海南汇周房物业管理有限公司	汤德兴
252	上海启华物业管理有限公司	诸谨华
253	上海永恒物业管理有限公司	黄爱平
254	上海乾溪物业管理有限公司	张建兴
255	上海宝房友宜物业管理有限公司	顾爱林
256	上海欣康物业经营管理有限公司	朱明祥
257	上海奥林匹克物业管理有限公司	甘木荣
258	上海高博物业管理有限公司	王巍
259	上海悦华物业管理有限公司	吴椴华
260	上海泰喜物业管理有限公司	陈华
261	上海欣周物业管理有限公司	毛逸清
262	上海永南物业管理有限公司	黄石
263	上海龙邸物业管理有限公司	周雪春
264	上海风华物业管理有限公司	沈明华

物业管理企业（二级资质）

编号	企业名称	法人
265	上海华城物业有限公司	刘晓莹
266	上海振鹊物业管理有限公司	陆添翼
267	上海豫园旅游商城物业管理有限公司	蒋建军
268	上海汇佳物业管理有限公司	郑来兴
269	上海浦东世纪花园物业管理有限公司	黄兆伟
270	上海美佳物业管理有限公司	许盾
271	上海殷润物业管理有限公司	诸葛小梅
272	上海陆家嘴双乐物业管理有限公司	彭小林
273	上海锦茸物业管理有限公司	马立峰
274	上海国寿物业管理有限公司	钱新荣
275	上海洋泾物业公司	计闯
276	上海锦驰物业管理有限公司	崔伟亮
277	上海良宇物业管理有限公司	王晓峰
278	上海轻工物业管理有限公司	季作林
279	上海瀛海三幸物业管理有限公司	于庆新
280	上海巨星物业有限公司	杨锡荣
281	上海英达方物业有限公司	邢荣华
282	上海电力物业管理有限公司	胡幸一
283	上海怡东物业管理有限公司	梁兵
284	上海达安物业管理有限公司	马夏良
285	上海家宝物业管理有限公司	周湘理
286	上海房地集团物业服务有限公司	陈仁
287	上海欣茂物业管理有限公司	倪云珠
288	上海阳厦物业管理有限公司	赵文伍
289	上海南汇新房物业管理有限公司	黄健
290	上海实开物业管理有限公司	吕清远
291	上海安洁物业管理中心	彭冬其
292	上海硕雅物业管理发展有限公司	夏晓光
293	上海国顺物业管理有限公司	季晓峰
294	上海颐景园物业管理有限公司	缪岳忠
295	上海诚成物业管理有限公司	郭永富
296	上海新东慧物业管理有限公司	俞卫
297	上海佳信物业管理有限公司	徐国良
298	上海菁泓实业有限公司	罗强
299	上海保力皇都物业管理有限公司	李琳
300	上海莘闵物业发展有限公司	水朕哲
301	上海实红物业管理有限公司	孙振富
302	上海爱仁物业有限公司	花爱民
303	上海锦日物业管理有限公司	毛利茂
304	上海精舍物业管理有限公司	张伟方
305	上海六角物业管理有限公司	郑书坦
306	上海中鑫物业管理有限公司	钮心体
307	上海中城集团物业公司	许建国
308	第一太平戴维斯物业顾问（上海）有限公司	ROBERT MCK-ELLAR

物业管理企业（二级资质）

编号	企业名称	法人
309	上海禾和物业管理有限公司	魏晓龙
310	上海同康物业管理有限公司	陆忠明
311	上海景鸿物业管理有限公司	张企龙
312	上海沙林物业管理有限公司	李伟佳
313	上海大众物业管理有限责任公司	张文华
314	上海海鸿福船物业管理有限公司	陆伟
315	上海恒联物业有限公司	忻智发
316	上海上远物业管理有限公司	王世平
317	上海绿安物业管理发展有限公司	吴晓晖
318	上海虹康物业管理有限公司	金亮
319	上海金晨物业经营管理有限公司	盛正廷
320	上海亚大物业发展有限公司	马永仪
321	上海驰骋物业管理有限公司	施嘉霖
322	上海绿洲物业管理有限公司	徐平康
323	上海新驰物业有限公司	张爱华
324	上海外经贸物业管理有限公司	张建新
325	上海诸翟物业管理有限公司	陆成
326	上海真如物业有限公司	余舒浩
327	上海安居物业有限公司	刘蒨
328	上海曹杨物业有限公司	陈建伟
329	上海科房物业管理有限公司	李东波
330	上海市工联物业公司	夏晓民
331	上海瑞运物业管理有限公司	孟明荣
332	上海天鸿尊逸物业管理有限公司	董军
333	上海金辉物业有限公司	周喆
334	上海住安物业管理有限公司	张美康
335	上海建纬置业发展有限公司	郭永富
336	上海新青浦物业管理有限公司	朱强
337	戴德梁行房地产咨询（上海）有限公司	张国正
338	上海新城物业有限公司	沈杰
339	上海申通物业管理有限公司	陈海涛
340	上海锦城物业管理有限公司	王芬芬
341	上海新纺物业经营管理有限公司	陆富荣
342	上海金明房地产物业管理有限公司	贺德文
343	上海中环陆家嘴物业管理有限公司	黄有训
344	上海燎原物业有限公司	王永庆
345	上海馨城物业管理有限公司	王建华
346	上海振新物业管理有限公司	陆建初
347	上海联讯物业管理有限公司	李建超
348	上海沪西物业有限公司	汤宝龙
349	上海建玮物业管理有限公司	葛克申
350	上海协沁物业管理有限公司	徐善庆
351	上海祥和物业管理有限公司	何芝恒
352	上海华谊集团置业有限公司	章志德

物业管理企业（二级资质）

编号	企业名称	法人
353	上海新新物业管理有限公司	周永强
354	上海中山物业有限公司	赵南祥
355	上海邮政物业管理有限公司	盛伏
356	上海普陀物业有限公司	曹青
357	上海东渡物业管理有限责任公司	茆春梅
358	上海华欣物业管理有限公司	刘代伟
359	上海遥瞻物业管理有限公司	朱军
360	上海柏泽房地产咨询有限公司	应峻立
361	上海新秀物业管理有限公司	陈敏学
362	上海朴优仕物业管理有限公司	陈蔚伦
363	上海长升工程管理有限公司	陆士明
364	上海乐道物业管理有限公司	徐军
365	上海申新虎城物业管理有限公司	赵德明
366	上海汉仁物业管理有限公司	朱汉仁
367	上海亭东物业管理有限公司	沈连兴
368	上海吉和物业管理服务有限公司	毛本和
369	上海凯晨物业管理有限公司	吴登林
370	上海车城物业管理有限公司	李思践
371	上海福聚商业经营管理有限公司	宋颖犁
372	上海人民企业集团物业管理有限公司	佘沪敏
373	华基美信(上海)物业管理有限公司	陈学忠
374	上海新曹杨集团物业管理有限公司	王罗弟
375	上海天颐物业管理有限公司	姜节湧
376	上海国昕物业管理有限公司	包建国
377	上海翔禧物业管理有限公司	王婷
378	上海陆家嘴贝思特物业管理有限公司	毕海琳
379	上海外滩物业有限公司	肖兴涛
380	远雄物业（上海）有限公司	李至春
381	上海警虹物业管理有限公司	应惠敏
382	上海良友物业管理有限公司	沈国辉
383	交银企业管理服务（上海）有限公司	周笑雷
384	上海海港新城物业服务有限公司	徐忠
385	申杰环境发展（上海）有限公司	陈升
386	上海益健物业管理有限公司	庞华
387	上海佳禹物业管理有限公司	谢忠云
388	上海诚信中宁物业管理有限公司	钱润
389	上海景征物业管理有限公司	丁爱国
390	上海新盛元物业管理有限公司	孙爱民
391	南京朗诗物业管理有限公司上海分公司	田明
392	上海路劲物业服务有限公司	吴晓林
393	广州星河湾物业管理服务有限公司上海分公司	霍淑芬
394	佳兆业物业管理（深圳）有限公司上海分公司	罗汉敦
395	上海锦宾物业管理有限公司	王惠超
396	上海金伟颐家物业管理有限公司	李建

物业管理企业（二级资质）

编号	企业名称	法人
397	上海民逸物业管理有限公司	郭文斌
398	上海凯德置地物业管理有限公司	曾文星
399	上海绿洲中亿置业有限公司	陈卫东
400	上海安锐盟企业服务有限公司	刘伟
401	上海闵华物业管理有限公司	郑必春
402	上海五角场物业管理有限公司	赵振华
403	上海新长宁集团天山物业有限公司	李士华
404	上海新长宁集团新华物业有限公司	朱木深
405	上海虹桥临空经济园区物业管理有限公司	陆建峰
406	上海川北物业有限公司	颜志奇
407	上海殷行物业管理有限公司	魏均平
408	上海汇虹物业管理有限公司	顾维彬
409	上海海顿物业管理有限公司	王志康
410	上海新长宁集团华阳物业有限公司	刘成砖
411	上海新长宁集团大楼物业有限公司	柏左安
412	上海新长宁集团新程物业有限公司	张治钧
413	上海方达物业经营公司	徐伟国
414	上海长风物业有限公司	贾祖亮
415	上海永乐物业有限责任公司	吴剑嵘
416	上海新长宁集团遵义物业有限公司	胡文虎
417	上海闵碧物业管理有限公司	马传宝
418	上海吴安物业管理有限公司	曾焱
419	上海徐房物业有限公司	张惠荣
420	上海至诚环境服务有限公司	凌永富
421	上海上工物业发展有限公司	梅喜连
422	上海地矿物业管理有限公司	许锋
423	上海浚浦物业发展有限公司	卞政明
424	上海大桥物业管理有限公司	陆松桥
425	上海莘旺物业管理有限公司	姜桂品
426	上海平凉物业管理有限公司	许国强
427	上海易达物业管理有限公司	瞿洪飞
428	上海邦龙物业管理有限公司	陈兆源
429	上海上钢物业公司	李庆荣
430	上海锦龙物业管理有限公司	许经锡
431	上海九海金狮物业管理有限公司	葛静
432	上海海阳物业管理有限公司	徐超
433	上海淮海商业集团置业发展有限公司	刘金红
434	上海朗泰医院后勤管理有限公司	李冠群
435	上海西潭子物业管理有限公司	陈文兵
436	上海佳灵杰物业管理有限公司	夏守忠
437	上海地益物业管理有限公司	夏继秋
438	上海辰星物业管理中心	余新民
439	上海荣苍物业管理有限公司	华豪平
440	上海舜得物业管理有限公司	韩燕敏

物业管理企业（二级资质）

编号	企业名称	法人
441	上海城投置业管理有限公司	赵勇
442	上海浦钦物业管理有限公司	刘家兴
443	上海东宁物业经营管理有限公司	吴粉强
444	上海华鑫物业管理顾问有限公司	朱大祁
445	上海建盛物业服务中心	李雅京
446	上海金加园物业管理有限公司	潘建中
447	上海伟康卫生后勤服务有限公司	袁文国
448	上海万达广场商业管理有限公司	李耀汉
449	上海文通物业有限公司	陆文达
450	上海胜百电力物业管理有限公司	蔡志伟
451	上海中融物业管理有限公司	倪绍兴
452	上海铭弘经济发展有限公司	虞晓敏
453	上海申江怡德投资经营管理有限公司	曾风
454	上海智仕物业管理有限公司	徐志平
455	上海朗悦酒店物业管理有限公司	任佳
456	上海优联物业管理有限公司	施立新
457	凯德商用房产管理咨询（上海）有限公司	吴顺永
458	上海美通物业管理有限公司	郭晓旭
459	上海景冠物业管理有限公司	汪华
460	上海五星浦江物业经营服务有限公司	于晓峰
461	上海新诚物业管理有限公司	夏顺忠
462	上海振翔物业管理有限公司	郑胜明
463	上海威狮堡物业管理有限公司	丁中华
464	上海申华金融大厦有限公司	翟锋
465	中外运上海集团物业发展有限公司	汪兴刚
466	上海金桃物业管理有限公司	张惠忠
467	上海新长征物业管理有限公司	王伟明
468	上海创环物业管理有限公司	谢吉华
469	上海置友物业管理有限公司	周韧
470	上海化学工业区物业管理有限公司	杨延辉
471	上海房地大厦物业管理有限公司	蔡宽余
472	上海瑞强物业管理有限公司	何乃明
473	上海天为物业管理服务有限公司	赵永明
474	上海四平物业管理有限公司	陈益明
475	上海方正置业有限公司	朱海
476	上海普陀大楼物业有限公司	张亮
477	上海鼎高物业管理有限公司	顾新荣
478	上海银程物业管理有限公司	赵福元
479	上海欣赛物业管理服务有限公司	古钦
480	上海江湾物业管理有限公司	秦树华
481	上海捷艾尔物业管理有限公司	谈晓冬
482	上海一百第一太平物业管理有限公司	张建华
483	上海华仕物业管理有限公司	郭忠
484	上海辰展物业管理有限公司	朱刚

物业管理企业（二级资质）

编号	企业名称	法人
485	上海爱生特商用物业管理有限公司	黄文华
486	上海荣广商务中心有限公司	胥荣庆
487	上海三凯物业经营管理有限公司	钟林富
488	上海共贸物业管理有限公司	黄淳
489	上海临南物业经营管理有限公司	吴建明
490	上海同济物业管理有限公司	吴俊东
491	上海浦东新区潼港物业管理有限公司	孙惠强
492	上海爱心物业有限公司	丁锡林
493	上海广汇物业管理服务有限公司	金为贤
494	上海丽都苑物业管理有限公司	孔金林
495	上海华府天地物业管理有限公司	宋家妹
496	上海正昌物业管理有限公司	李正武
497	江苏辰星物业管理有限公司上海分公司	冯晨晨
498	上海银顶峰物业管理有限公司	顾泉源
499	上海圆外物业管理有限公司	颜黎敏
500	上海家佳物业有限公司	冯晨曦
501	上海证大物业管理有限公司	付磊
502	上海浦东新区潍坊物业公司	朱彬伟
503	上海贝成物业管理有限公司	韩良
504	上海伟莱物业有限公司	黄新华
505	上海勇博物业管理有限公司	姜啸
506	上海恒豪基业物业服务有限公司	李胜平
507	上海正阳物业管理有限公司	邹建国
508	上海新金翔物业管理有限公司	张圣哲
509	上海绿宇物业管理有限公司	李海荣
510	金茂（上海）物业服务有限公司	丁建军
511	上海军盛物业管理有限公司	王钧
512	上海丰柏物业管理有限公司	姚佳全
513	上海百特物业管理有限公司	周翼
514	上海明新物业管理有限公司	王芳
515	上海家必安物业管理有限公司	俞宏欢
516	上海枫宇物业管理有限公司	沈爱根
517	上海北方物业管理有限公司	薛在庭
518	上海春晖物业管理有限公司	沈晓弟
519	上海新东湖物业管理有限公司	李凤
520	上海百永物业管理有限公司	秦秦
521	上海戴发物业管理有限公司	代宜学
522	上海悦聘物业管理有限公司	陆月美
523	上海浦东华沙物业有限公司	王文喜
524	上海同丰物业管理有限公司	黄云兰
525	上海世浩物业管理有限公司	钱小弟
526	上海中福联合物业管理有限公司	龚洪昌
527	上海振南物业公司	张永明
528	上海暄龙物业管理有限公司	石凤香

物业管理企业（二级资质）

编号	企业名称	法人
529	上海星跃物业管理有限公司	罗寒冰
530	上海悦佳物业管理有限公司	沈峥
531	上海晟际物业管理有限公司	MUN HON PHENG
532	上海科箭物业服务有限公司	陈岳才
533	上海恒筑置业有限公司	刘宝全
534	上海凡根物业管理有限公司	申凡根
535	上海平浦物业管理有限公司	盛洁
536	上海新电后勤服务有限公司	毛霆
537	上海号众物业管理（集团）有限公司	陈当号
538	上海奕文物业管理有限公司	刘婷婷
539	上海家善物业管理有限公司	张屿钒
540	上海安邸物业管理有限公司	陈晓峰
541	上海舜苑华物业管理有限公司	李学军
542	上海豪家物业管理有限公司	陈浪
543	上海新黄浦资产管理有限公司	冯岚
544	上海联洋物业服务有限公司	姜三根

物业管理企业（三级资质）

编号	企业名称	法人
1	上海恒茂物业管理有限公司	裘孟钢
2	上海祥瀛物业管理有限公司	舒章琪
3	上海富宁物业管理有限公司	赵力
4	上海京达物业管理有限公司	郑国荣
5	上海嘉朱物业管理有限公司	丁惠娟
6	上海菊苑物业管理有限公司	肖建新
7	上海浦东新区潼港物业管理有限公司	张春

第二十三章　部分房地产经纪企业

编号	企业名称	交易套数	交易面积
1	上海中原物业代理有限公司	499	53 813.72
2	上海九间伴房地产经纪有限公司	263	18 572
3	上海中原物业顾问有限公司	242	22 912.46
4	上海智恒加诚房地产经纪有限公司	155	11 431.49
5	上海住商房地产经纪有限公司	122	12 801.04
6	上海康健房屋置换有限公司康健新村分公司	100	6 369.74
7	上海远见房地产经纪有限公司	99	10 700.66
8	上海先原房地产经纪有限公司	93	9 740.1
9	上海鼎铭房地产经纪有限公司	70	7 450.8
10	上海我爱我家房地产经纪有限公司大木桥路分公司	69	3 927.18
11	德佑房地产经纪有限公司	59	6 684.1
12	上海晟曜资产管理有限公司	49	5 548.53
13	美联物业顾问（上海）有限公司	45	5 005.06
14	上海南宏房地产服务有限公司	42	3 576.29
15	上海兴荣企业有限公司	32	4 294.3
16	上海乐居房地产经纪有限公司	31	2 374.28
17	上海安廷房地产经纪事务所	30	2 196.17
18	上海盛家房地产服务有限公司桂林西街分公司	26	1 443.22
19	上海汇成房产置换有限公司	26	1 616.46
20	上海虹民房地产经纪有限公司	24	1 401.03
21	上海天地行房地产营销有限公司	23	6 280.04
22	上海双宏房地产经纪服务部	20	1 484.95
23	上海良友房屋销售有限公司第五十五分公司	20	1 426.05
24	上海信义房屋中介咨询有限公司	19	2 559.93
25	上海三千石房地产经纪有限公司	19	3 208.24
26	上海双缘房地产经纪服务部	19	1 585.83
27	上海劲升房屋咨询有限公司	19	1 108.42
28	上海神舟房地产咨询有限公司	18	1 640.54

29	上海房屋交换有限公司黄浦业务一部	17	795.69
30	上海置怡房地产经纪有限公司桂林路分公司	15	946.6
31	上海枫林房地产经纪有限分司	15	1 135.51
32	上海百和房地产经纪有限公司	14	1 308.69
33	上海明明房产经纪有限公司田林东路分公司	13	670.93
34	上海臣信房地产经纪有限公司	13	1 556.37
35	上海水乡房产经纪事务所	13	1 244.19
36	上海托尼房地产经纪有限公司	13	1 113.4
37	上海立秦行房产经纪有限公司	13	1 131.74
38	上海祥天房地产经纪事务所	12	1 207.84
39	上海承衡房地产经纪有限公司	12	980.59
40	上海申馨房屋置换有限公司鹤庆置换部	12	676.52
41	上海君都房地产经纪事务所	12	822.21
42	上海盛家房地产服务有限公司	12	751.07
43	上海吉杰房地产经纪有限公司第五分公司	12	649.52
44	上海祥福房地产经纪事务所	12	1 002.97
45	上海市立房地产置换有限公司	12	650.55
46	上海房屋置换股份有限公司	11	655.2
47	上海天盟房地产经纪有限公司	11	733.65
48	上海虹民房地产经纪有限公司第六分公司	11	429.49
49	上海创林房地产经纪有限公司	11	607.46
50	上海虹民房地产经纪有限公司茅台路分公司	11	472.66
51	上海旺运房地产经纪有限公司	11	662
52	上海景乐房地产经纪事务所	11	476.51
53	上海卫百辛房地产经纪有限公司	10	742.07
54	上海吉伴房地产经纪服务部	10	723.35
55	上海高乐房产经纪有限公司	10	499.58
56	上海太平洋房屋服务有限公司	10	892.08
57	上海欧伦房产经纪事务所	10	574.71
58	上海恒祥房地产经纪有限公司	10	736.27
59	上海天田房地产经纪有限公司	10	1 806.38
60	上海招发房地产经纪服务部	10	834.68
61	上海湟中房地产经纪有限公司	10	1 069.26

第二十四章　部分房地产估价企业

编号	企业名称	资质	法定代表人
1	上海地维房地产估价有限公司	一级	徐智芬
2	中城联行（上海）房地产土地评估有限公司	一级	应恩杰
3	上海瑞汇房地产土地估价有限公司	二级	赵小萍
4	上海方圆房地产估价有限公司	一级	周之仁
5	上海涌力土地房地产估价有限公司	一级	林平
6	上海大儒房地产估价有限公司	二级	张纪文
7	上海盛北房地产估价有限公司	二级	陆琼
8	上海大儒房地产估价有限公司	二级	张纪文
9	上海盛北房地产估价有限公司	二级	陆琼
10	上海申宁房地产评估有限公司	三级	李德富
11	上海中企华诚信房地产估价有限公司	二级	孙锡安
12	上海远东赢信房地产估价有限公司	一级	刘桂霞
13	上海加策房地产估价有限公司	一级	徐刚
14	戴德梁行房地产咨询（上海）有限公司	一级	张国正
15	上海彬诚房地产评估咨询有限公司	一级	李彬
16	上海港城房地产土地估价有限公司	一级	施正官
17	上海国众联土地房地产咨询估价有限公司	一级	时磊
18	上海沪宁房地产估价有限公司	一级	倪华
19	上海上资房地产估价有限公司	一级	张新杰
20	上海金虹房地产估价有限公司	一级	王宇
21	上海达亚沪中房地产估价有限公司	二级	俞昂
22	上海众佳房地产估价有限公司	三级	龚展翼
23	上海财瑞房地产土地估价有限公司	一级	孙鸣红
24	上海耀华房地产估价有限公司	一级	占迎喜
25	上海美联房地产估价有限公司	二级	缪姝颖
26	上海科东房地产土地估价有限公司	一级	王伟
27	上海百盛房地产估价有限责任公司	一级	丁光华
28	上海申杨房地产土地估价有限公司	一级	马军

29	上海申房房地产估价有限公司	一级	朱石敏
30	上海申价房地产评估有限公司	一级	姚树德
31	上海新智房地产估价有限责任公司	三级	郑波涛
32	上海房地产估价师事务所有限公司	一级	李建中
33	上海建经房地产估价咨询有限公司	一级	王建忠
34	上海富申房地产估价有限公司	一级	杨承云
35	上海宏大房地产估价有限公司	三级	朱宁宇
36	上海公允房地产估价有限公司	三级	刘渊
37	上海立信中诚房地产土地估价有限公司	一级	朱莹政
38	上海大雄房地产估价有限公司	一级	胡耀清
39	上海安大华永房地产土地估价咨询有限公司	一级	许蓓
40	上海城市房地产估价有限公司	一级	袁东华
42	上海城乡房地产估价有限公司	二级	陆琼
43	上海国衡房地产估价有限公司	一级	龚明荣
44	上海国城土地房地产估价有限公司	一级	余晔涵
45	上海同信土地房地产评估投资咨询有限公司	一级	严秋霞
46	上海友达土地房地产评估有限公司	一级	金晔
47	上海八达国瑞房地产土地估价有限公司	一级	张晓实
48	上海光华房地产估价有限公司	一级	许耀华
49	上海信衡房地产估价有限公司	一级	朱雯
50	上海仲衡信银房地产评估有限公司	一级	李翠华
51	上海东洲房地产土地估价有限公司	一级	周佩祥
52	上海沪港房地产估价有限公司	一级	常宝君
53	上海东方房地产估价有限公司	三级	倪军
54	上海上审房地产估价有限公司	三级	朱伟明
55	上海上咨资联房地产估价有限公司	二级	龚皑
56	上海万隆房地产土地估价有限公司	一级	袁梅
57	上海万千土地房地产估价有限公司	一级	刘卫国
58	上海上睿房地产估价有限公司	二级	金琦
59	上海普荟房地产估价有限公司	三级	孙超君
60	上海琳方房地产估价有限公司	三级	郭文尉
61	魄恩（上海）房地产评估有限公司	三级	张萍
62	上海日成房地产估价有限公司	三级	赵贺军

63	上海道宜房地产估价有限公司	三级	陈建军
64	上海德大房地产估价有限公司	二级	陆丽华
65	上海博乐房地产估价有限公司	三级	卢俊华
66	上海博沃房地产估价有限公司	三级	李秋贵
67	上海乐岛土地房地产估价有限公司	三级	陈曼飞
68	上海天平房地产估价有限公司	二级	李平
69	上海铁林房地产估价有限公司	三级	姜涛
70	上海纬临房地产估价有限公司	三级	葛亮
71	上海中鉴房地产估价有限公司	三级	邱瑜
72	上海众扬房地产估价有限公司	三级	哈琼雯
73	上海典裕房地产评估有限公司	三级	刘成炎
74	上海集联房地产估价有限公司	三级	王艳
75	上海宏贤房地产估价有限公司	三级	孙健
76	上海申威房地产估价有限公司	二级	冯郁芬
77	上海建川房地产估价有限公司	三级	张苏东
78	江苏大新房地产地价评估有限公司上海分公司	分支机构	林小妹
79	广州第一太平戴维斯房地产与土地评估有限公司上海分公司	分支机构	甘启善
80	博文房地产评估造价集团有限公司上海分公司	分支机构	高岚
81	江苏苏地行土地房产评估有限公司上海分公司	分支机构	林鹏杰
82	江苏苏信房地产评估咨询有限公司上海分公司	分支机构	高容华
83	山东三鑫房地产不动产评估咨询有限公司上海分公司	分支机构	史永康
84	深圳市戴德梁行土地房地产评估有限公司上海分公司	分支机构	顾悦如
85	深圳市国策房地产土地估价有限公司上海分公司	分支机构	忽树佳
86	中财宝信（北京）房地产土地评估有限公司上海分公司	分支机构	蔡周耆
87	中证房地产评估造价集团有限公司上海分公司	分支机构	呙中玲
88	江苏金土地房地产评估测绘咨询有限公司上海分公司	分支机构	林印月
89	杭州登鑫房地产估价有限公司上海分公司	分支机构	田高
90	北京仁达房地产评估有限公司上海分公司	分支机构	顾骏
91	深圳市世联土地房地产评估有限公司上海分公司	分支机构	张勇
92	重庆汇丰房地产土地资产评估有限责任公司上海分公司	分支机构	李泉
93	深圳市鹏信资产评估土地房地产估价有限公司上海分公司	分支机构	吴婷